JN272454

▲細長い石室(前橋市前二子《まえふたご》古墳)　前橋市にある大室《おおむろ》古墳群の前二子・中二子・後二子の三つの古墳は全長100m級の前方後円墳で，6世紀の築造。なかでも前二子古墳の石室は死者の世界にふさわしく壁面が赤くいろどられている。

►富岡《とみおか》製糸場(錦絵《にしきえ》)　木骨煉瓦《もっこつれんが》造りの和洋折衷《せっちゅう》の繰糸《くりいと》場。大きなガラス窓を取りつけ，左右に設置した300の釜を前に工女が整然と作業している，奥行141mもある工場内部を遠近法で描いた。工女たちが定着しないのが悩みの種であった。

▲古墳時代のムラ(渋川《しぶかわ》市黒井峯《くろいみね》遺跡)　２ｍもの軽石層の下から古墳時代のムラが発見された。６世紀中ごろに，背後にみえる榛名山《はるなさん》の二ツ岳が噴火したためである。

▼古墳時代の水田跡(高崎市御布呂《おふろ》遺跡)　榛名山の火山灰の下から，大畦で囲まれ，さらに小畦で区切られた水田跡が発見された。小区画の水田は保水性を高めるためのものであった。

▲死をいたむ埴輪《はにわ》(高崎市観音山《かんのんやま》古墳出土)　6世紀後半につくられた観音山古墳には多くの埴輪が置かれていた。当時の葬送のありさまを語るものであろう。

▼豪族の居館跡(高崎市三ツ寺Ⅰ遺跡)　三ツ寺Ⅰ遺跡の居館跡は古墳時代の首長層の居館を代表するもので，濠で囲まれた居館の内部は柵《さく》で区画され，掘立柱の建物群，祭祀の場が認められる。

▲上野国分寺《こくぶんじ》想像図　国府《こくふ》の西方に七重塔がそびえる僧寺《そうじ》，その東には尼《に》寺《じ》，さらに北東には山王廃寺があった。

◀多胡《たご》碑(高崎市吉井町)　和銅4(711)年の多胡郡の建郡を伝える碑。6行・80字の銘文がある。上野三碑の一つ。特別史跡。

▼奈良三彩《ならさんさい》小壺(前橋市桧峯《ひのきみね》遺跡出土)　赤城山の麓の桧峯遺跡から発見された奈良三彩の小壺のあざやかな色彩は，当時の人びとの豊かな色彩感覚を示すものである。

▲薗田《そのだ》太郎成家《なりいえ》，往生の図(『法然上人絵伝』26巻)　薗田太郎成家は，鎌倉時代に桐生のあたりで活躍した御家人であった。大番役《おおばんやく》で上洛した彼は，法然の教えをうけ出家した。帰国後は浄土信仰中心の生活をとげた。

►栄朝《えいちょう》禅師像(安中市蓮華寺《れんげじ》，複製)　上野国那波《なは》郡あるいは武蔵国比企《ひき》郡の出身という。栄西《えいさい》から天台の顕密《けんみつ》・臨済禅《りんざいぜん》を学び，承久3(1221)年には長楽寺《ちょうらくじ》を開創した。また板鼻《いたはな》に観音有縁《うえん》の地(蓮華寺)を開いたとも，伝えられる。県重要文化財。

▲鉄造阿弥陀如来《あみだにょらい》坐像(前橋市善勝寺《ぜんしょうじ》, 高さ90cm)　仁治4(1243)年の銘をもつ阿弥陀如来坐像は胸の厚さ，肩のなめらかな線など，重量感が鉄製であることによりさらに強まる。重要文化財。

◀仁治《にんじ》の板碑《いたひ》(富岡市下高尾)　仁治4(1243)年2月26日の銘をもつ。種子《しゅじ》は金剛界五仏と薬師の梵字《ぼんじ》。高さ2.76mにおよぶ壮大な板碑で，県重要文化財。署名している31人はすべて壬生《みぶ》・小野・藤原など，本姓で名前を記している。

► 泰西王侯図《たいせいおうこう》　藤岡《ふじおか》市の時宗満福時《じしょうまんぷくじ》に泰西王侯図2幅と赤達磨《あかだるま》絵の南蛮《なんばん》絵がある。世俗画ではあるが，譲原《ゆずりはら》とその周辺には四万田織部《よもたおりべ》をはじめとするキリシタンがおり，なかに満福寺の檀家もいたので，信者が秘匿したのかもしれない。重要文化財。

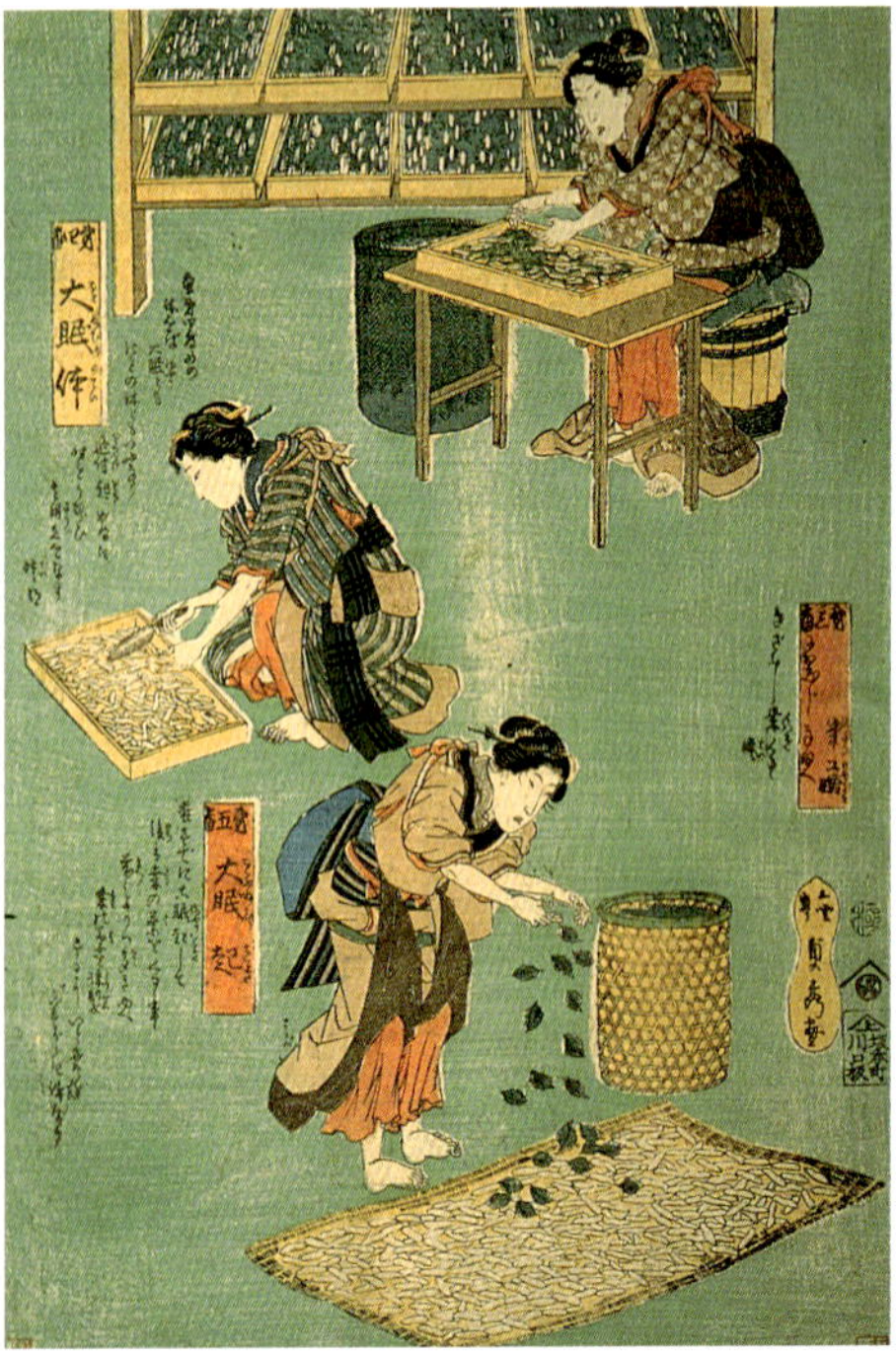

◄ 養蚕錦絵《にしきえ》　絹織物・生糸・繭《まゆ》を生産する蚕糸《さんし》業は現金収入源となり，上州の産業経済を活性化した。なかでも自然条件に左右され豊凶を繰り返す養蚕業は，合理的飼育法を模索するとともに神仏に豊蚕を祈願し，数多くの錦絵に美化されて描かれた。

▲榛名富士図《はるなふじ》　春木南湖《はるきなんこ》に学び上毛南画《じょうもうなんが》を完成させた金井烏洲《うじゅう》の筆。嘉永4（1851）年10月3日に吾妻郡の俳人新井天朗《てんろう》とともに榛名に遊び，帰路酒《しゅ》間《かん》に芙蓉《ふよう》(富士)の奇なる様《さま》を写したという。赤城山《あかぎやま》を描いた「赤壁夜遊《せきへきやゆう》図」など画業がもっとも充実した56歳のときの作。

◀境街糸市繁昌《さかいまちいといちはんじょう》之図　烏洲の弟で谷文晁《ぶんちょう》らに南画を学んだ金井研香《けんこう》の筆。慶応2（1866）年の人波でにぎわう糸市を俳画風に描いた。『江戸繁昌記』を著した寺門静軒《てらかどせいけん》が，横浜開港後，生糸取引がさかんになり「洋銀は地に舗《し》くように多い」と賛を寄せている。

►イコン　日本ハリストス正教会の創建者ニコライは明治10(1877)年に勢多《せた》郡水沼村(桐生《きりゅう》市黒保根《くろほね》町)などを布教した。近くの桐生市梅田《うめだ》町では青木熊《あおきくま》太郎《たろう》が入信し，桐生最初の近代的織物会社の成愛社《せいあいしゃ》を設立，工場内に説教所を設けた。このイコンはその遺品である。

▼尾瀬《おぜ》　尾瀬ケ原は，標高2346ｍの燧《ひうち》ケ岳《がたけ》の火山活動でせき止められて形成された高層湿原。ミズバショウなどの湿原植物の宝庫である。過剰利用による自然破壊を防止するために，尾瀬保護財団が設立された。特別天然記念物。

地方史研究協議会名誉会長
学習院大学名誉教授
児玉幸多　監修

企画委員　熱田公—川添昭二—西垣晴次—渡辺信夫

群馬県の歴史 目次

西垣晴次—山本隆志—丑木幸男　編

群馬県の歴史

風土と人間――自然に育まれた上州人気質

鶴の形の群馬県●

県民に広く親しまれている「上毛《じょうもう》かるた」のうちでも「つる舞う形の群馬県」は、もっとも知られたものであろう。この群馬県という名称は、明治四（一八七一）年十月二十八日に定められた。予定では「高《たか》崎《さき》県」であったが、前日の二十七日になって「群馬県」と改められた。そのいきさつは不明だが、上州を代表する前橋《まえばし》と高崎の二つの町が、ともに上州一の大郡である群馬郡に含まれていたからかと考えられている。

県名の由来となった郡名は、奈良時代の和銅六（七一三）年の郡や郷の名を好《よ》き字に改めよ、という命令で、それまでの車評《くるまのこおり》を群馬郡と改めたことによる。「くるま」とよばれた群馬は「馬が群れる」という意味であろう。馬は奈良時代、貴重な財産であった。貴重な馬が群れている豊かな土地であり、またそうありたいという意識が、車を群馬に改めた人びとにあったことは疑えない。

風・火山・川●

群馬、上野《こうずけ》の自然とそこに住み、歴史をきりひらいてきた人びととの生活をかえりみるときに、まず、思い浮かべ、かつ、肌に感じるのは「風」、それもただの風ではなく「空っ風《からかぜ》」とよばれる、土埃《つちぼこり》を空に高く巻き上げながら北西から南に駆け抜けていく強風である。館林《たてばやし》で幼時を過ごした作家の田山花袋《たやまかたい》は、冬は赤城《あかぎ》おろしが吹荒《ふきすさ》んで、日光《にっこう》連山の晴雪が寒く街頭に光って見えた。（『東京の三〇年』）

と、風の記憶を書き残している。詩人で前橋出身の伊藤信吉《しんきち》は、

風の性質や状態をあらわす言葉はひどく少ない。空いっぱいに騒《さわ》ぐ空っ風。吹き寄せる大波小波の赤城おろし、榛名《はるな》おろし、浅間《あさま》風、南風のシタケ、ツナミ。私が知っているのはこの程度だ。ひどく少ない。そうはいっても風の土地だ。生《なま》なかの風ことばをつくったところで、そんなのは、あっという間に吹っ飛ばされてしまう。（『風色の望郷歌』）

と、風についてさらに具体的に述べている。伊藤がふれている「ツナミ」という風は、春先に吹く南風のことである。この風の名前は戦国時代の永禄年間（一五五八〜七〇）、世良田《せらだ》の長楽寺《ちょうらくじ》の僧義哲《ぎてつ》の日記「永禄日記」にも、ツナミが吹き、頭が重いと記されている。義哲は日記にしばしば風について筆を費やしている。風、空っ風と上州人との関係は、歴史とともに古いのである。二十世紀の現在も空っ風は赤城山と榛名山のつくりだした広い裾野の町や村を吹き抜けていく。

裾野に住む人びとをおそったのは風だけではなかった。縄文時代の中期には浅間山が噴火し、火山灰と軽石《かるいし》をふらせた。浅間山は四世紀の中ごろにも噴煙をあげた。榛名山の南麓の同道《どうどう》遺跡の水田の上には二〇センチあまりの火山灰がふりつもり、水田は不毛の地となった。六世紀には初頭と中ごろの二回にわたり、榛名山が火をふいた。榛名山とは吾妻《あがつま》川をへだてた黒井峯《くろいみね》の集落は短時間のうちに二メートルにおよぶ火山灰と軽石のために覆いつくされてしまった。まさに「日本のポンペイ」である。平安時代の天仁元（一一〇八）年、浅間山は噴火し、上野国のすべての田畠は火山灰のために全滅してしまった。江戸時代の天明三（一七八三）年の浅間焼《や》けは上野だけでなく、東北地方の天明《てんめい》大飢饉をもたらし、その熱泥流《ねつでいりゅう》は

鎌原《かんばら》村を一瞬のうちに埋没させてしまった。まさに上野国は火山灰と災害の国であった。しかし、人びとはこの度重なる災害にひれふしていたわけではない。四世紀に火山灰のため同道遺跡の水田は壊滅してしまったが、発掘の結果、その水田の上に新しい小規模な水田が造成されていることが判明した。これは四世紀の噴火にかぎるものではない。自然の災害にまけず、それを復興するための力強い意志の存在は、上州に住んできた人びとの精神の形成に無関係ではなかった。

赤城と榛名のひろがる裾野の平野部を、「坂《ばん》東太郎《どうたろう》」とよばれる利根《とね》川が流れる。応永年間（一三九四〜一四二八）の大洪水により流路は大きくかわる。しばしば洪水により人びとをなやました。近世に河川開発がなされ、人と物の動きは利根川によることが多くなるが、中世でも神宮の荘園《しょうえん》（御厨《みくりや》）の年貢《ねんぐ》は利根川の水系によ

前橋市上空よりみた赤城山

り運ばれ、また、親鸞《しんらん》が越後《えちご》（新潟県）から常陸《ひたち》（茨城県）へ移動したときも舟で利根川水系を利用している。下総《しもうさ》の千葉氏の妙見《みょうけん》信仰の源《みなもと》が上野国にあるのも、この水系による舟運の活動を背景にもつものであり、利根川が上野の経済と文化に大きな力を及ぼしたことをわすれることはできない。

上野・群馬の役割●

東国を平定した日本武尊《やまとたけるのみこと》は碓日嶺《うすいのみね》で亡き妻をしのび「吾嬬《あずま》はや」といったことから、それまでの「山東諸国」を「吾嬬国」とよぶようになったという地名説話はひろく知られている。この説話は、上野の日本全体のうちでの位置を示すものとして注目される。まず、碓氷峠は東国から都への出口、都から東国への入口であること、そうしたなかで上野国は東国のなかでは都といちばん近い国であり、都の勢力や文化が始めにもたらされる地域として性格づけられる。都の文化、勢力の前進基地であることは、都の文化とは異質の辺境の地であることでもある。辺境の地、「吾嬬国」と一括された「山東諸国」は、異民族蝦夷《えみし》の住む地域に接するところであった。この辺境も都―中央の勢力による支配体制が律令制《りつりょうせい》という形で入り込むと、坂東《ばんどう》八カ国に分割される。しかし、律令体制が解体してくると、中央の力により分割された国の枠組みが崩れてくる。将門《まさかど》の乱はその現れであった。東国では源頼朝《みなもとのよりとも》により鎌倉幕府が開かれる。幕府にとって上野は辺境である越後や信濃《しなの》（長野県）などの抑えとして機能する地域として位置づけられる。中世には鎌倉と京都の二つの路線が、上野を含む北関東の地域の動向を左右した。天正十八（一五九〇）年、徳川家康《とくがわいえやす》は関東に入部し、幕藩体制を確立すると、上野は江戸の北辺の要《かなめ》とされ、譜代《ふだい》大名や旗本《はたもと》が配置される。十九世紀初めに設けられた関東取締出《とりしまりで》役《やく》は関東全体の治安の維持にあたるものであった。これは幕府の支配体制がゆるんだ結果であったが、当時、関東全体が江戸を中心とした経済・文化のネッ

上毛かるた

い　伊香保《いかほ》温泉日本の名湯
ろ　老農船津伝次平《ふなつでんじべい》
は　花山《はなやま》公園つつじの名所
に　日本で最初の富岡《とみおか》製糸
ほ　誇る文豪田山花袋《たやまかたい》
へ　平和の使徒《つかい》新島襄《にいじまじょう》
と　利根は坂東一の川
ち　力あわせる二百万
り　理想の電化に電源群馬
ぬ　沼田城下の塩原太助《しおばらたすけ》
る　ループで名高い清水トンネル
わ　和算《わさん》の大家、関孝和《せきこうわ》
か　関東と信越つなぐ高崎市
よ　世のちり洗う四万《しま》温泉
た　滝は吹割片品《かたしな》渓谷
れ　歴史に名高い新田義貞《にったよしさだ》
そ　そろいの仕度《したく》で八木節音頭
つ　つる舞う形の群馬県
ね　ねぎとこんにゃく下仁田《しもにた》名産
な　中仙道《なかせんどう》しのぶ安中《あんなか》杉並木
ら　雷と空風義理人情
む　昔を語る多胡《たご》の古碑
う　碓氷《うすい》峠の関所跡
の　登る榛名《はるな》のキャンプ村

お　太田金山子育呑龍《どんりゅう》
く　草津よいとこ薬の温泉《いでゆ》
や　耶馬渓しのぐ吾妻《あがつま》峡
ま　繭と生糸は日本一
け　県都前橋生糸《いと》の市《まち》
ふ　分福茶釜《ぶんぶくちゃがま》の茂林寺《もりんじ》
こ　心の燈台内村鑑三《うちむらかんぞう》
え　縁起だるまの少林山《しょうりんざん》
て　天下の義人茂左衛門《もざえもん》
あ　浅間のいたずら鬼の押出し
さ　三波石《さんばせき》と共に名高い冬桜
き　桐生は日本の機《はた》どころ
ゆ　ゆかりは古し貫前《ぬきさき》神社
め　銘仙《めいせん》織出す伊勢崎市
み　水上《みなかみ》、谷川、スキーと登山
し　しのぶ毛の国二子塚《ふたごづか》
ひ　白衣《びゃくい》観音慈悲の御手
も　紅葉《もみじ》に映える妙義山
せ　仙境尾瀬沼花の原
す　裾野は長し赤城山

トワークのうちに組み込まれていたからに外ならなかった。

上野、なかでも桐生《きりゅう》を中心に養蚕《ようさん》・生《き》糸《いと》・絹織物の発展はめざましく、繁栄をもたらした。繁栄を求めて上野各地のほか越後・下野《しもつけ》（栃木県）など他国からも人びとがあつまった。技術をもった職人や奉公人が集中した。そこでは封建的な秩序や身分制度は経済の繁栄のまえに、そのかげをうすめた。賃金を手にすることのできた機織《はたおり》工女の活躍はめざましいものがあった。懐《ふところ》の豊かな女性の活動は「上州の嬶《かかあ》天下」の話を流行させる背景にもなった。江戸が東京と改められ、近代日本の中心として大きな力をもつようになり、上野の大名領・幕府領などは廃《はい》藩置県《はんちけん》により群馬県として誕生すると、群馬県は帝都の北の守りとして、江戸時代とほぼ同じ役割をもち、高崎には歩兵第十五聯隊が配置される。昭和三十六（一九六一）年、高崎・前橋は首都圏地域に指定された。新幹線と高速道路の整備による首都圏と群馬の結びつきをますます強くするものであった。

移住と発展●

上野、群馬の歴史をふりかえるときにわすれられないものに、人びとの移動・移住の問題がある。縄文時代にはじまる火山災害はそこに住む人びとに直接被害をもたらすだけでなく、彼らの生活・生産の基盤を奪った。さらには多くの人命が失われる。天明の浅間焼けとそれに続く飢饉により村の人影は少なくなった。荒廃した村の復興をはかるためにさまざまな手だてがとられたが、越後（新潟県）から働き手や女性を招きよせたのもその一つであった。三国《みくに》峠の雪をふみわけて上州にきた越後の人の数は少なくなかったのである。一方では村や家をすてる「不斗出《ふとで》」も増加する。彼らの行方はわからない。こうした人びとの移動はなにも近世にのみみえる現象ではなかった。律令制下では蝦夷対策のため東北の地に集団移住させられたし、これとは逆に帰順した蝦夷を上野国内に定住させた俘囚《ふしゅう》の郷があり、また渡来人も上野におくりこまれている。最近、県の東部に南アメリカからの多くの人の姿がみられるのも、こうした歴史の流れのなかで理解されなくてはならないであろう。

各地の人びととの交流は意識的・無意識的に、地域による壁をのりこえ、ひろく海外へ進出する空気をうみだし、また新しい文化を受け入れる地盤をつくりだすことにもなる。幕末の開港は上州の生糸を横浜の居留地の外国商社に直接売り込む在郷商人の活動をもたらしたし、明治十年代には蚕種《さんしゅ》をイタリアに直接、売込みにむかった商人もでた。こうした海外の息吹きにふれた商人たちのなかには経済的な活動だけでなく、精神面でも文明としてキリスト教を受け入れるようになったものもあった。沼田《ぬまた》・安中《あんなか》・甘楽《かんら》・原市《はらいち》・島村《しまむら》などにあいついでプロテスタントの教会が養蚕・製糸業にかかわる有力者により設立されていった。またハリストス正教会の活動も活発であった。そうしたなか、安中出身の新島襄《にいじまじょう》、高崎藩士の息子内村鑑三《うちむらかんぞう》の近代日本の精神世界に及ぼした影響ははかりしれないものがあった。

1章

上毛野の成立

みみずく形土偶(桐生市千網谷戸遺跡出土)

1 文化のあけぼの

岩宿遺跡の発見●

戦後、平和とともに多くの学問が発展したなかで、その成果が著しいものの一つに考古学とその発掘の成果がある。なかでも昭和二十一（一九四六）年と二十四年と続く、相沢忠洋《あいざわただひろ》による岩宿《いわじゅく》での更新世《こうしんせい》（氷河時代）の関東ローム層（赤土）からの旧石器の発見は、それまでの日本列島上での人間の活動は完新世《かんしんせい》の縄文時代からはじまるという通説をくつがえすものであった。その発見の場所は赤城山《あかぎさん》の東南麓の新田郡《にった》笠懸村《かさがけ》（現、みどり市）岩宿の切通しであった。この旧石器文化の存在が確認されたことで、まるでコロンブスの卵のように全国各地で旧石器文化の存在が知られるようになった。県内でも赤城山の南麓を中心に不二山《ふじやま》（桐生《きりゅう》市）・権現山《ごんげんやま》（伊勢崎《いせさき》市）・桐原《きりばら》（みどり市）・桝形《ますがた》（前橋《まえばし》市）などの遺跡の存在があきらかになった。現在では県下の後期旧石器時代の遺跡は一五〇を超える。

岩宿遺跡は昭和五十四（一九七九）年に国の史跡に指定され、旧笠懸町では史跡とその周辺の環境整備を行い、その中核をなす笠懸野岩宿文化資料館が平成四（一九九二）年にオープンした。

では、後期旧石器時代の人びとはどのような暮らしをいとなんでいたのだろうか。赤城山の南麓の台地上で発見された下触牛伏《しもふれうしぶせ》遺跡（伊勢崎市）は、二万数千年前の大規模な集落遺跡として知られている。ここでは旧石器が上下二層から発見され、下層の黒色の地層からは二〇〇〇点あまりの石器・石材が出土した。これらの遺物は直径五〇メートルの範囲に十数カ所のブロックごとにまとまり、その内側にはほとんど石器がでない広場があった。これが当時の集落であり、この広場を取り囲んで十数の集団が生活しており、その中央付近で彼らはシカ・イノシシなどの肉を炉で調理し、炉のまわりで石器やその素材の母岩の分配も行っていたらしい。ここでは当時の人びとが生活していくうえでの最小の単位の集団が複数集合して住んでいたことがうかがえる。

また、武井《たけい》遺跡（桐生市）からは一〇万点あまりの槍先形尖頭器《せんとうき》を中心とする石器や、蒸し焼き料理に用いられたとみられる拳《こぶし》ほどの大きさの石が大量にかつ重層的に発見された。ここで出土した石器に利用された石材は近くの渡良瀬《わたらせ》川からのもののほか、栃木県・長野県などからのものもみられ、この時代の物と人の交流、交易が広い範囲におよんでいたこともあきらかになった。ナウマンゾウ・オオツノジカなどの化石からみて彼らの生活はこうした大型の哺乳動物、それにウド・ゼンマイ、ヤマゴボウ・ユリ根・クルミなどの植物によりささえられていたと考えられている。

岩宿遺跡（みどり市）と出土した尖頭器

さまざまな縄文の遺跡●

平成四（一九九二）年、新しい注目すべき縄文時代の遺跡が、県の北部で発見された。矢瀬《やぜ》遺跡（みなかみ町）である。今から約四〇〇〇年前から二三〇〇年くらい前までの縄文時代の後期から晩期に生活していた人びとの遺跡である。生活の場となった竪穴《たてあな》住居は一五軒、このうちの七号住居跡の中央には石で囲まれた炉があり、炉の四隅がでっぱった「四隅袖付炉《よすみそでつきろ》」と名づけられた珍しい炉があった。さらに、住居群の内に墓（配石墓群《はいせきぼ》）があり、この墓域が広がると邪魔になる竪穴住居を移転させており、この矢瀬の遺跡に住んだ人びとにとって中央にある墓が大きな意味をもっていたことがうかがえる。ここにはまわりに石垣をめぐらした水場や利根川の河原から運びあげられた石をしきつめた祭りの場と考えられる一画もある。さらに集落のなかにはおそらく空に高く伸びていたとみられ

中央に「四隅袖付炉」をもつ竪穴住居跡(みなかみ町矢瀬遺跡)

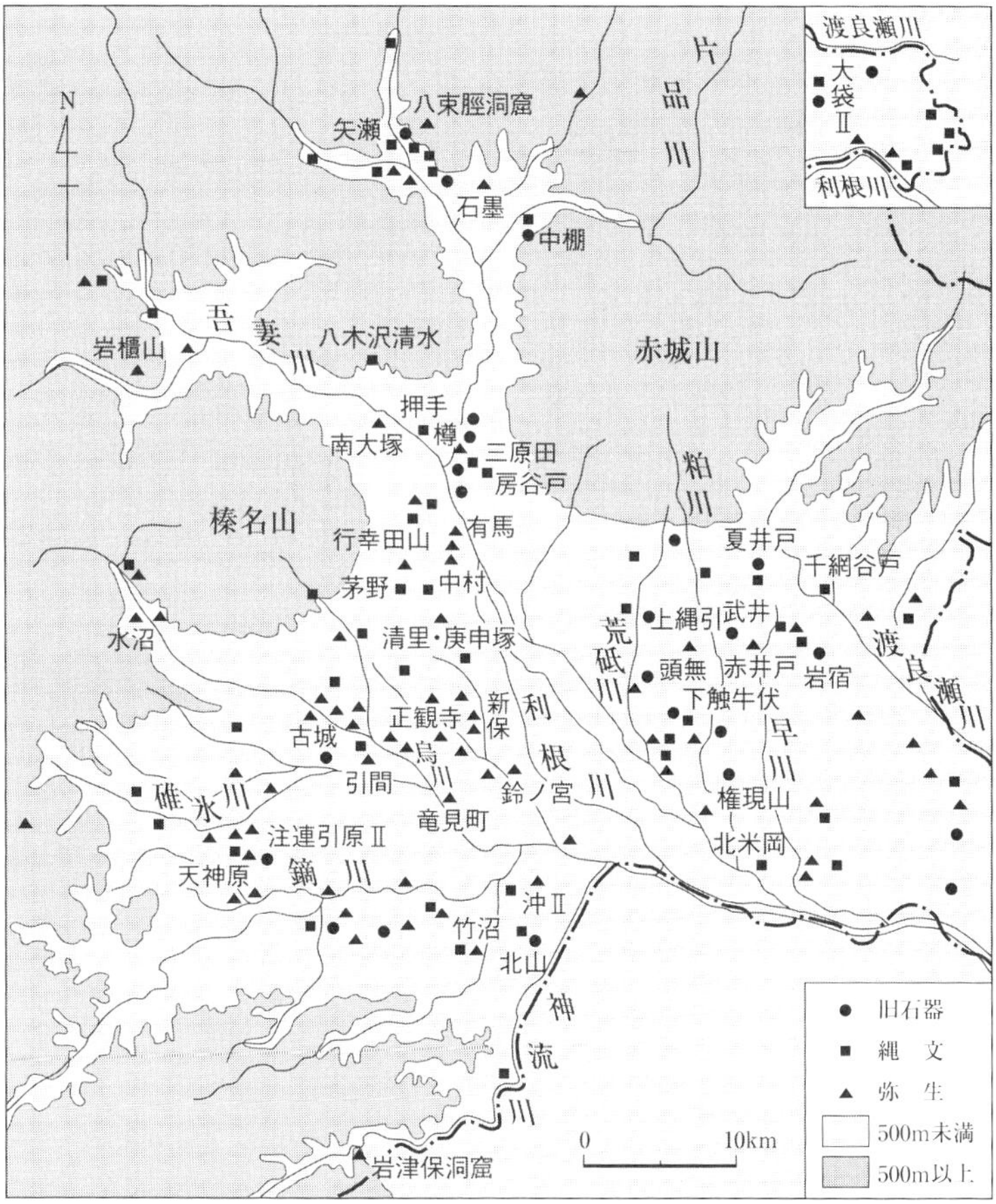

旧石器・縄文・弥生時代のおもな遺跡

る木の柱の跡も発見されている。これらの遺物や遺構は縄文人の精神生活の一端をさぐることの可能性を示すものである。

矢瀬遺跡より古い四〇〇〇年から五〇〇〇年前の縄文中期の遺跡として、赤城山の西麓台地から三原田《みはらだ》遺跡（渋川《しぶかわ》市）が発見された。住居跡は三三三軒におよんだ。ただすべてが同時期のものではなく同一の時代にはせいぜい十数戸ぐらいであった。このことは縄文時代の集落が住居の型式をかえながらも定住生活が続けられていたことを示すものとして注目すべきことであった。この三原田遺跡から南西に直線で四キロ、利根《とね》川の対岸、榛名山《はるなさん》の麓に行幸田山《みゆきだやま》遺跡（渋川市）がある。三原田と行幸田山の二つの遺跡は、そこで使用されていた土器、特徴のある平面が楕円形の卵形住居など共通するものが多く発見されており、両遺跡が中期後半の同時代に共存していた可能性が考えられている。縄文時代の社会の性格をあきらかにする方向を示すものである。

丘陵や台地から発見されることの多い縄文時代の遺跡からはイノシシ・シカ・ツキノワグマ・キジなどの骨が出土している。また、陥《おと》し穴も検出され、縄文人の獣の捕獲方法を知ることができる。このほかにクルミ・クリ・ドングリ・トチなどの炭化したものも多く出土しているし、行田《おくなだ》Ⅰ、Ⅱ遺跡（安中《あんなか》市）からはクッキー状の炭化物がみつかっており、なにかの食物を加工した物と考えられる。県東部の板倉《いたくら》町の一〇カ所ほどの貝塚からは、シジミ・カキ・ハマグリとともに早期・前期の土器がみられ、海産物も縄文人の食卓にみられたことが知られる。縄文人の身のまわりをかざったものとして装身具がある。なかには県内では産出が確認されていない翡翠《ひすい》の大珠がさきの三原田遺跡などから出土している。その翡翠がどこの地で産出したのか、当時の交易を考えるうえでの材料を提供するものである。また、土製の耳飾りが榛名山の麓の榛東村《しんとう》の茅野《かやの》遺跡から多量に出土し、千網谷戸《ちあみがいと》遺跡（桐生《きりゅう》市）から出土した一〇〇〇個以上の耳飾りとならぶものとして注目されている。ここで製作された耳飾りは関東各地の女性をかざったものかもしれない。

縄文人の集落での生活の一端を示すものに、土の穴の内側に石で長方形や楕円形をくんでつくられた配石墓がある。なかでも後・晩期の天神原《てんじんばら》遺跡（安中《あんなか》市）は配石墓のうえに環状列石《かんじょうれっせき》がならび、そのまわりの溝からは掘立柱の建物や石棒《せきぼう》祭祀の跡がみられ、これらの場所を外界からへだてるように周堤がめぐらされ、死者を埋葬した場所に特別な感情をいだいていたらしいことがうかがえる。住居は周堤の外側に位置しているのもこの推測を裏づけるものである。

弥生文化の広がり●

農耕を基盤とする弥生文化の展開は、それまでの狩猟や採集を中心にゆっくりと社会を変化させていた縄文文化の生活を大きくかえるものであった。弥生文化は群馬の縄文文化のうちから自然に成長してきたものではなかった。土器の様相からみると、弥生文化は西の長野県側からと南関東からの二方向からはいりこんできたようで、新しい弥生文化は前の縄文文化と共生しながら、しだいにその比重を高めていった。農耕が生活をささえるようになったから、弥生人の住む場所も西部の山間地域や桐生市のような扇状地の傾斜面や丘陵、平野部の藤岡《ふじおか》市を中心とする自然堤防上の微高地などに展開していった。さらに中期後半から後期には集落は高崎《たかさき》市北部の榛名山麓に濃密に分布しており、そこでは立地からいくつかに分類して考えられている。まず、自然堤防の微高地に住居があり、生活をささえる生産域は後背湿地にあるもので、新保《しんぼ》遺跡などがこれにあたる。新保遺跡では一一五軒以上の住居がみつかり、大溝からは多くの木製農具とともにシカ・イノシシなど一〇〇〇点以上の骨が出土し、狩猟も盛んになされていたことが知られる。また、河岸段丘上に住んで、段丘の下の沖積地を生産域とするものや、低い台地に住み谷地に生産域があるものもある。さらに、台地に住居があるが、水田の適地が近辺には現在のところみあたらないものもある。これらでは弥生時代にさかのぼる可能性もある水田の跡が発見されている。

　昭和五十一（一九七六）年、関越自動車道の建設により発見された高崎市の日高《ひだか》遺跡は、それまで弥生時代の水田として知られていた静岡県の登呂《とろ》遺跡の水田が最小でも八四二平方メートルであるのにたいして、日高の水田は四五〜七五平方メートルがもっとも多く、そのあり方の違い、さらには水田跡に残された足跡の存在も人びとの注目をあびた。日高の水田は浅間山の噴火のときに降下した浅間C軽石によっておおわれて発見された。当時の研究段階では、噴火は弥生時代とされていたから当然、弥生の水田と考えられたが、その後の研究により浅間C軽石をふらせた浅間山の噴火は古墳時代の四世紀前半であったことが判明した。ただ、古墳時代の軽石におおわれた日高の水田がいつの時期から耕作されていたのかは今後の課題である。では、県内での確実な弥生時代の水田はどこか。現在のところ高崎市の並榎北《なみえきた》遺跡の水田といわれており、浅間C軽石の下に数センチの黒色土と砂層をはさんで発見されている。

　弥生時代の県下の墓制で注目されるのは再葬墓《さいそうぼ》の存在である。土葬した遺体が骨になったときに掘りだし、土器におさめ、改葬したもので、県下では一三例が発見されている。なかでも利根川上流の左岸の標高七四五メートルの石尊山《せきそんさん》中腹の八束脛洞窟《やつかはぎどうくつ》遺跡（みなかみ町）が問題を提出した。ここからは土器・管《くだ》玉《たま》、南海産のオオツタノハガイなどの貝輪片、イノシシの牙の飾り玉などの遺物のほかに、大量の焼かれた人骨と穴のあけられた歯と骨（手の指）が発見された。穴のある歯と骨は改葬されるときに遺体からとられ、それを親しい人びとが首飾りなどとして身につけていたものと考えられる。再葬の習俗は現在でも南島の島々にみられるが、それと弥生時代の再葬墓とどのように関連するのか、問題は今後に残されている。

弥生時代の葬法としては、周囲に溝を掘り、土を盛りあげた方形周溝墓《ほうけいしゅうこうぼ》があり、つぎの古墳時代との関係が考えられている。方形周溝墓は初めはマウンド（土盛り）があるとは考えられていなかったが、資料が蓄積されるにつれて、マウンドの存在があきらかになってきた。県下でも古墳時代のものではあるが黒井峯《くろいみね》遺跡（渋川市）で厚い軽石におおわれた下から盛り土をもつ方形周溝墓が発見されている。さらに集落における墓域のあり方も、日高遺跡のように生産域（水田）の西側に広がる低台地の東側には方形周溝墓・壺棺墓などの墓があり、水田の東側には住居跡が発見され、ここが居住域であったことが知られる。縄文の集落とは違い墓が居住域から分離されてきているのである。それはそこに住む住民の精神生活にも変化をおよぼしたものであろう。

2　古代東国の中心地

前方後円墳の築造●

「しのぶ毛の国二子塚」と「上毛かるた」にうたわれている二子塚《ふたごづか》とは、小山が二つ連なった形をした古墳、つまり前方後円墳のことであり、県内には一〇〇基以上存在した。

前方後円墳は県下では四世紀前半に出現する。なかでももっとも古いとされるのは前橋天神山《まえばしてんじんやま》古墳である。全長は一二六メートル、埋葬施設は割竹形木棺《わりたけがたもっかん》とよばれる内部を刳《く》り抜いた半截の木をあわせたもので、その周囲を粘土《ねんど》で厚くおおっているので粘土槨《かく》とよばれる。棺のうちには三角縁四神四獣鏡《さんかくぶちししんしじゅうきょう》（二面）を含む鏡五面のほか、大刀・剣・鉄鏃《てつぞく》などの武器、ヤリガンナ・ノミなどの工具といった豊富な副葬品がおさめられていた初期の古墳では東国最大のものである。

四世紀の前期古墳は、分布からみて二つの中心地域が認められる。その一つは、高崎市東部の全長九〇メートルの前方後方墳である元島名将軍塚《もとしまなしょうぐんづか》古墳、正始元（二四〇）年の銘をもつ三角縁神獣鏡《しんじゅうきょう》などが出土した蟹沢《かにざわ》古墳を始めとして、高崎市の倉賀野《くらがの》地区や佐波《さわ》郡玉村《たまむら》町周辺、さらに前橋市東南部の全長一三〇メートルの前方後方墳である前橋八幡山《はちまんやま》古墳、径二三メートルの円墳の朝倉《あさくら》二号古墳などがある。もう一つは、太田《おおた》市周辺で、全長一二三メートルの前方後円墳である朝子塚《あさこづか》古墳、全長六〇メートルの前方後方墳の寺山《てらやま》古墳、全長八四メートルの前方後円墳の八幡山古墳、推定全長八〇メートルの前方後円墳である矢場薬師塚《やばやくしづか》古墳、さらに栃木県足利《あしかが》市の全長一一六・五メートルの前方後方墳の藤本観音山《ふじもとかんのんやま》古墳などが知られている。これらの古墳は、弥生時代後期の樽式土器をもつ集落のある山間部から山麓部にかけての地域とははなれた平野部を中心とした地域に築造されており、弥生文化との連続性を認めることはできない。平野部には石田川《いしだがわ》式土器をもつ集落が出現する。この地の古墳をつくった勢力が外部から進出してきたものであることを示している。石田川式土器が東海地方の影響をうけたものであることは、これらの勢力が西からおよんできたことも語っている。なかでも天神山古墳から出土した三角縁神獣鏡二面のうちの一つは、奈良県の桜井茶臼山《さくらいちゃうすやま》古墳出土のものと同じ鋳型によるものであり、古墳をつくった勢力と畿内の勢力とが深くかかわっていたことを示している。

前方後円墳の成立は地域を政治的に統合した在地の首長があらわれてきたことを物語っており、日本列

❖コラム

牛馬群れ成す「日本のポンペイ」

渋川市の黒井峯《くろいみね》遺跡は、「日本のポンペイ」とよばれている。榛名山の噴火によって古墳時代のムラが瞬時に埋没したもので、イタリアの都市遺跡ポンペイと同様、当時の社会復元におおいに役立つ遺跡である。一つの例として日本初の家畜小屋の発見があげられよう。黒井峯遺跡では、細長い仕切りや、水の溜まるようなくぼみの伴った不可解な建物が合計五棟発見されている。このくぼみの土壌を化学分析にかけたところ、牛の脂肪酸が検出された。同様に付近の畠の土壌も分析した結果、家畜の糞尿の成分が検出されたのである。これらからこの建物は、牛を一頭ずつ仕切りに収める家畜小屋であり、その糞尿はくぼみに集められ、畠に肥料として撒《ま》かれていたことが判明したのである。当然、ここで飼われていた牛は、施肥ばかりでなく耕作や荷駄運び、搾乳《さくにゅう》、皮製品などさまざまに利用されていたことであろう。また、黒井峯遺跡の南東にある白井北中道《しろいきたなかみち》遺跡では、馬の蹄《ひづめ》跡がたくさん検出されており、これをもとに畠の休閑地を放牧地に利用する「三圃式農業《さんぽしきのうぎょう》」の成立を推測する説さえだされている。ともかく、火山灰で荒れはてた土地を人びとは家畜の力を借りながら開拓し、輸送から肥料まで畜益をあますことなく生活に投入していったさまがあきらかとなったのである。ところで馬が日本列島に導入されたのは五世紀にはいってからのことである。牛はさらにさかのぼるが、ともに家畜化されて急速に普及したことは、当時の農村社会に大きな発展をもたらしたことであろう。家畜小屋の発見から広がる古代社会像は、これまでの畜産農業史、社会経済史の研究に大きな打撃をあたえるほど、躍動的で「生活臭」の強いものなのである。

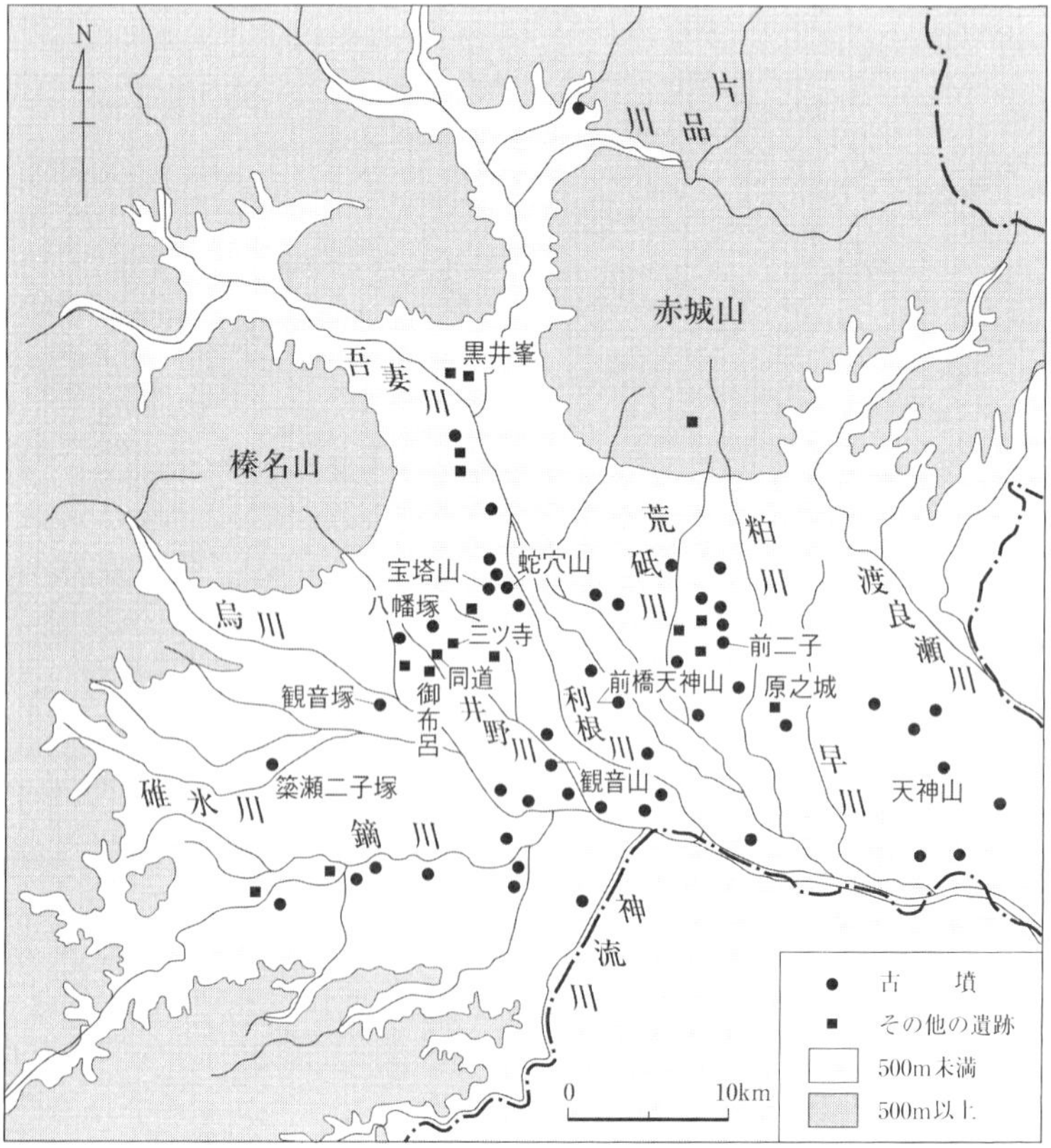
N
片品川
赤城山
黒井峯
吾妻川
榛名山
荒砥川
粕川
渡良瀬川
宝塔山
蛇穴山
八幡塚
三ツ寺
烏川
同道
御布呂
井野川
前二子
前橋天神山
原之城
観音塚
利根川
早川
観音山
天神山
築瀬二子塚
碓氷川
鏑川
神流川
古墳
その他の遺跡
500m未満
500m以上
0
10km

古墳とその他の遺跡

島全域でいっせいにおこったものである。もっとも古い前方後円墳が大和《やまと》（奈良）・吉備《きび》（岡山）地域に集中しており、全国的な古墳造営が大和政権の主導のもとに各地に広まったことがわかる。

こうして出現した、上毛野《かみつけの》地域で最初に造営された古墳には埴輪《はにわ》はみられず、そのかわりに壺がおかれていた。前橋天神山古墳の墳丘の頂上には粘土槨の真上《まうえ》にあたる位置に、これを取り囲むようにして複数の壺がおかれ、壺形土器は口の部分が二段にくびれて開くもので、底に孔があけられている。これらの壺は元島名将軍塚古墳などでも認められた。四世紀の後半に築造された朝子塚古墳は後円部頂上に壺形埴輪・器台《きだい》形埴輪などがおかれていた。五世紀初めには、器台形埴輪に壺形埴輪がのせられて一体となった朝顔《あさがお》形埴輪がうまれ、器台形埴輪からは円筒埴輪もうまれてきた。上毛野地域でも埴輪がつくられるようになる五世紀中ごろには赤堀茶臼山古墳（伊勢崎市）のように豪族の居館を示す九棟もの家形埴輪が発見されている。それは死後の住みかを示すものと考えられている。県下出土の埴輪には造形的にすぐれたものが多いことでも知られている。

天神山古墳の長持形石棺●

高崎市の倉賀野古墳群を構成している全長一七一・五メートルの前方後円墳である浅間山《せんげんやま》古墳や太田市にある全長一六八メートルの前方後円墳の宝泉《ほうせん》茶臼山古墳は他の追随を許さない大きさである。このように、五世紀になると墳丘が大型になり、立派な堀をそなえ、本格的な埴輪を樹立するようになる。この両古墳に続く規模をもつものは全長一二三メートルの大鶴巻《おおつるまき》古墳（高崎市）をのぞけば、七、八十メートル級以下である。このことは、前代の前橋・高崎地区の前橋天神山古墳と太田周辺の朝子塚古墳に結実した連合体がより強力な支配権を掌握する形でそれぞれ浅間山古墳、宝泉茶臼山古墳を成立させたものと考えられる。これらは同時期に上毛野地域に並存した二大勢力であった。

太田天神山古墳は全長二一〇メートルの東日本最大の規模をもつ前方後円墳で、近畿地方のものに似た長持形石棺《ながもちがたせっかん》をもっており、円筒埴輪の特徴も含めて考えると、五世紀の中ごろの築造とみられる。この時期の古墳としては、全長一二五メートルで天神山古墳と同じ形式の長持形石棺をもつ伊勢崎市の御富士山《おふじやま》古墳があるほか、墳丘の周囲に円筒埴輪が、墳丘の頂上には家形埴輪と器財埴輪が樹立されている全長五九メートルの赤堀茶臼山古墳などが知られている。このうち太田天神山古墳は群を抜いており、五世紀前半に並存した二大地域勢力を統合する形で、太田周辺の勢力の主導のもとに地域連合体が成立したものとみられ、古墳の造営に大和政権が深くかかわっていたと考えられている。

畿内を中心に分布する長持形石棺を使用した古墳は関東では群馬県の二例のみであり、大和政権から派遣された工人によってつくられたものとみられ、大和政権がその地位を承認し、保証したものであり、政権に参画するような有力豪族の墳墓であろう。このことは、全国的に同じではなく、地域差があることから、上毛野地域が大和政権と深いつながりをもった有力地域であったことを示している。

古墳の副葬品には、大量の武器・武具・農工具などの鉄製品がおさめられており、貴重品であった鉄製品を独占していたことは支配者の基盤が祭祀権の掌握から、軍事・生産面の掌握へと変化していったことを物語っている。

三ツ寺I遺跡と古墳文化の変容●

五世紀後半になると、太田天神山古墳のように突出した規模の前方後円墳はなくなり、前方後円墳のなかった地域にも、高崎市の保渡田《ほどた》古墳群のように、全長一〇〇メートル級の古墳がつくられるようになる。

このことは以前に比べて豪族の支配した集落の規模が拡大していることを示し、また、この時期には多くの新しいムラづくりも行われている。

集落と密接にかかわる水田についても、同道《どうどう》遺跡（高崎市）など周辺の平野部を中心に広域の農地がみられることから、その規模が大きくなり、あらたに開発されたものも多いことがわかる。つまり、新しい農耕技術の導入によって、大規模な灌漑施設をつくり、より広い面積を水田にすることができるようになったのである。また、高崎市の下芝五反田《しもしばごたんだ》Ⅰ遺跡・同Ⅱ遺跡にみられるように、直前の住居跡が埋没途中であるにもかかわらず、畠地化されており、標高の高い所へも農耕地が拡大したようすがうかがえる。これらによって、地域の生産基盤が大幅に強化され、それまで一部の豪族にかぎられていた前方後円墳の築造があらたに力をつけてきた豪族たちにまでおよんだのである。このような新興豪族たちに対して、大和政権は各地への進出をはかるため、あらたな開発技術を積極的に供

舟形石棺（高崎市八幡塚古墳）

与したものと思われる。このような背景のもとに三ツ寺《みつでら》I遺跡（高崎市）の居館も出現してきたのである。三ツ寺I遺跡の周辺には保渡田古墳群の二子山古墳・八幡塚古墳・薬師塚古墳があり、ともに一〇〇メートル級の前方後円墳で、三代続いた地域の首長層の墓とみられている。このうち、五世紀の第4四半期に築造された八幡塚古墳では中堤の一角の、円筒埴輪が長方形にならべられた区画から、大量の人物埴輪・動物埴輪がみつかり、その配置から首長権の継承の儀式を示すものではないかとの見方もされている。三ツ寺I遺跡は、これら首長が執務を行い、かつ生活した場所であり、大規模な濠と古墳の葺石《ふきいし》を思わせる石垣で囲まれた強固な防備をもつ居館跡である。そして、その周辺には同道遺跡にみられたような農地が広がっていたのであり、このように豊かな経済基盤と強力な軍事基盤を確立したことによって、首長権を世襲するようになっていったものと思われる。

さらに、生産力の飛躍的な上昇によって古墳の様相は大きくかわる。一定の範囲内に小規模な古墳が密集してつくられる群集墳の成立がそれである。これまで、大型の古墳に埋葬されてきた首長よりも下位のものでも古墳を築造することができるようになったのである。

この時期、前方後円墳にならべられた円筒埴輪は、大きさや形・製作技法において画一的になる。これは、上毛野地域においても、前方後円墳の増加に伴い埴輪の需要がふえ、近畿地方からもたらされた組織的な埴輪生産の新技術のもと、専門に埴輪をつくるムラがうまれてきたのである。また、群集墳のなかでも規模の大きい古墳には埴輪をならべるようになる。

横穴式石室が東日本に登場してくるのは六世紀にはいってからである。安中市の簗瀬《やなせ》二子塚古墳、前橋市の王山《おうやま》古墳・前二子《まえふたご》古墳などが初期の横穴式石室をもつ代表的な古墳である。これらは、この時期の最大規模の前方後円墳であり、金銅でかざった装身具・大刀・馬具や甲冑類などの豪華な副葬品を伴っていたとみられ、武器や武具を模した器財埴輪が墳丘頂部におかれるようになった。

観音山古墳と観音塚古墳●

六世紀の中ごろに榛名山はふたたび大きな爆発をおこし、大量の軽石をふらせている。渋川市の黒井峯遺跡からは、このときの軽石で埋めつくされたムラがそっくり姿をあらわした。大小の竪穴住居跡とそれが掌握した平地住居群がみつかり、倉庫や納屋・家畜小屋などもあり、水田や畠の生産域も調査された。そして、これらすべての施設は道によって有機的に結ばれていた。黒井峯遺跡の集落構造はこれまで不明であった古墳時代の集落研究に多くの資料を提示している。

六世紀後半から六世紀末葉ごろの前方後円墳は、墳丘や石室の規模とともに墳丘上の埴輪、石室内の副葬品の内容がきわめて充実している。高崎市の観音山《かんのんやま》古墳は、この榛名山噴出の軽石を用いて巨大な石室をつくっており、多量の遺物が出土した。そのなかには、奈良県の藤ノ木《ふじのき》古墳の出土品に類似の大帯や法隆寺の献納宝物にみられるような銅製水瓶もあり、墳丘には人物・器財埴輪などがならべられていた。観音山古墳は築造当初の状態に復元整備され、出土遺物は県立歴史博物館に展示されている。また、観音塚古墳は巨石巨室の横穴式石室をもち、馬具や承台付蓋鋺《うけだいつきふたわん》などの貴重な金銅製の遺物を多数伴っていた。

この時期の前方後円墳は、平野部を中心として全長七〇〜一〇〇メートルほどの比較的大型のものが相互に距離をおいて認められる。このあり方が、それぞれにかかわる首長層が直接支配していた地域の広がりを示しているのである。しかしながら、これらの地域が律令制下の郡に対応するものというわけではない。とくに、上野《こうずけ》国の中心である群馬郡とその周辺部に観音山古墳、観音塚古墳、総社《そうじゃ》二子山古墳、天川《あまがわ》二子山古墳と集中している点が注目される。

ところで、上毛野地域を含む東国ではこのころ盛んに前方後円墳をつくっていたが、それ以外の地域では前方後円墳の数は大きく減少している。このことは、大和政権からその地域支配を認められ、前方後円墳をつくってきた首長が、大和政権への従属度を増したがために円墳などをつくるようにかわってきたのである。そのことからみると、この時期の東国はほかの地域とは異なり、大和政権が直接的に支配下におこうとして、より強い関心をもっていたことがわかる。

これらの前方後円墳は系譜関係からみると、大きく二つの形態があるようだ。一つは、それ以前にすでに充実した首長墓が継続してつくられている、いわゆる伝統的な勢力にかかわるものと、もう一つは、以前にはこれに直接連なるような顕著な首長墓が認められない地域に、この時期になって突然めざましい成長をとげた新しい勢力のもので、これらの古墳の勢力範囲には、これとほぼ同時期の全長五〇メートル前後あるいはそれ以下の小規模な前方後円墳が複数存在しているのが一般的である。

六世紀後半のこの時期の石室には、さきにのべた榛名山の軽石である角閃石《かくせんせき》安山岩が盛んに用いられた。とくに顕著な分布がみられるのは、旧利根川流路の前橋市から伊勢崎市にかけての地域と高崎市東部から玉村町にかけての地域であり、総社二子山古墳・桂萱大塚《かいがやおおつか》古墳・山王《さんのう》二子山古墳や観音山古墳などがおもなものである。

また、この時期には円筒埴輪とともに観音山古墳のような墳丘に人物埴輪や動物埴輪が大量に樹立されているものもある。さらに、伊勢崎市の地蔵山《じぞうやま》古墳群や高崎市吉井《よしい》町の神保下條《じんぼしもじょう》二号古墳などのように群集墳を形成するような小型の円墳《えんぷん》に至るまで、ほとんどの古墳に埴輪が用いられるようになった。

近畿地方では六世紀後半の早い時期に前方後円墳がつくられなくなり、首長層の墓は、方墳《ほうふん》や円墳へとかわっていった。上毛野地域においては、六世紀後半から末の時期の観音山古墳や観音塚古墳を最後に前方後円墳が消滅している。これに伴って、墳丘上の埴輪の配列が行われなくなり、前庭とよばれる石室の入り口前に付設された台形状に開く広場のような空間が設けられた。また、玄門などの入り口部分の構造や整然とした石室空間、複雑な加工石材を用いた壁体構造など石室が構造物としてより完成度の高いものとなっていった。さらに、副葬品の量が激減し、被葬者の生前の地位を示すような少量の刀剣類、装身具などが中心となった。このように、前方後円墳の消滅する時期をさかいに、古墳の内容は大きく変化したのである。

総社古墳群と山王廃寺●

群馬県の終末期古墳の特色として、截石切組積《きりいしきりくみづみ》石室の存在をあげることができる。これは、直方体に加工したいわゆる截石を使用した石室である。そして、石室の壁面構成に石材の一部をL字状にかきとって、たがいに接する石材を鉤《かぎ》の手状に組み合わせる切組積の手法が特徴的である。切り石加工の石材を天井石にも使用している奈良県の岩屋山《いわややま》古墳は七世紀中ごろの築造と考えられている。上毛野の截石切組積石室はこの影響下で成立したとみられるので、高崎市の山《やま》ノ上《うえ》古墳をもっとも古く位置づけた場合、七世紀中葉に築造されたと考えられる。そのつぎの段階として、宝塔山《ほうとうざん》古墳のように硬質の石材を巧みに加工するようになり、もっとも完成された段階のものとして蛇穴山《じゃけつざん》古墳がある。截石切組積の古墳はきわめて稀なものであり、ほとんどのものが平野部に面する台地上に位置していて、これらの被葬者が一定の階層以上のものであったことがわかる。

ところで、各地域ごとに存在した前方後円墳の消滅以降に、これを直接継承した首長墓は認められない。そのようななかで、唯一、前橋市の総社古墳群のみが、その最後の前方後円墳とみられる総社二子山古墳に続いて七世紀前半に大型の方墳である総社愛宕山《あたごやま》古墳を築造している。総社古墳群の成立は、この勢力が上毛野地域の頂点に到達したことをうかがわせるものである。総社古墳群は利根川の右岸に形成された群馬県の古墳時代後期を代表する大型古墳群で、五世紀後半の遠見山古墳からはじまり、六世紀初頭には横穴式石室をもつ王山古墳が築造された。王山古墳ののち、消滅した古墳もあるが総社二子山古墳、愛宕山古墳、宝塔山古墳、蛇穴山古墳という変遷をたどることができる。

王山古墳は全長七五・六メートルの前方後円墳で、墳丘には偏平《へんぺい》な川原石を互目状に整然と葺いており、羨道《せんどう》・玄室《げんしつ》は細長く、玄室壁面に赤色顔料が塗布されていた。総社二子山古墳は総社古墳群のなかではもっとも大きな前方後円墳で、全長は約九〇メートル、後円部と前方部の両方に横穴式石室をもつ特異な構造である。このうち、後円部石室は県内でも最大規模の観音塚古墳・総社愛宕山古墳に匹敵する大きさであり、六世紀後半に後円部、続いて前方部の順に石室がつくられたのである。

総社愛宕山古墳は一辺約五六メートルで周堀まで含めると九〇メートル以上にもなる大型の方墳で、巨石を用いた石室のなかには凝灰岩《ぎょうかいがん》製の刳抜《くりぬき》式家形石棺がおかれているが、東国ではたいへん珍しい例である。

宝塔山古墳は古墳群の中央に位置する一辺約六〇メートルの方墳で、石室の入り口の前には前庭《ぜんてい》が設けられ、羨道から前室、玄室という複室構造となっている。截石切組積石室の壁面には漆喰《しっくい》が塗られ、玄室には家形石棺がおかれており、愛宕山古墳と同様に、大和政権の大王に直接つかえる人びとに匹敵するような勢力をもった人の墓と考えられる。また、石棺の脚部には格狭間《こうざま》が鋭い切り口で彫られていて、山王《さんのう》廃寺の根巻石の石材加工技法と類似しており、七世紀後半の築造とみられる。これにみられる石材加工技術や完成度の高い石室構造が、その後各地につくられた截石切組積石室に対して大きな影響をあたえている。

　蛇穴山古墳は宝塔山古墳の東にある方墳で、墳丘は二段築造で葺石《ふきいし》があり、前庭も設けられている。截石切組積石室はきわめて精巧にできており、壁面は漆喰が塗られていて、表面がふっくらとした感じに仕上げられた石材加工の技法は山王廃寺の塔心礎《しんそ》と類似している。県内ではもっとも新しい七世紀後半の築造で、石室の完成された美しさをそなえている。

　総社愛宕山古墳以降のものは、大和政権を構成した主要なメンバーが用いた墳墓の構造や築造技術の影響を強くうけているのである。これは、総社古墳群の被葬者たちが大和政権と深く結びついた地方豪族であり、上毛野地域の支配の頂点に立つ地位を認められた豪族

宝塔山古墳の石室（前橋市）　正面に家形石棺がみえる。

と考えることができる。

山王廃寺跡は総社古墳群の西方にあり、その南には上野国府《こうずけこくふ》跡が広がり、南西一・五キロには上野国分《こくぶん》寺《じ》がそびえるという、古代における上野国の中心部に建立されている。発掘調査によって、金堂、塔、礎《そ》石《せき》建物、掘立柱建物、竪穴住居などがみつかり、東に塔、西に金堂をもつ法起寺《ほっきじ》式の伽藍配置であることがあきらかになり、寺域は二町四方ほどの広がりが想定された。山王廃寺跡からは、日枝《ひえ》神社の境内にある塔心礎や石製鴟尾《しび》・根巻石といった石製品や瓦が多数出土し、これらの石製品は山王廃寺の往時をしのばせるものである。この他に大量の塑像片が出土し、白鳳期から天平期にかけてのものと考えられている。これらの塑像は法隆寺の塔本塑像に匹敵する精緻なものも含まれていて、中央からの技術者の手によるものと想定されている。山王廃寺の創建は瓦などからみて七世紀後半でも早い時期で、上植木《かみうえき》廃寺（伊勢崎市）や寺井《てらい》廃寺（太田市）とともに県内最古の寺院である。また、上野国分寺の修造期の軒丸瓦《のきまるがわら》と同じ笵《はん》でつくられたものが七種類出土しており、両寺の深いつながりが認められる。さらに、推定寺域の南東の隅からは、鎮壇具とみられる緑釉《りょくゆう》水注や緑釉埦・皿、銅鋺、軟質の須恵器坏・埦などが出土していて、これらが山王廃寺に伴うものであれば、十一世紀代までは存続したものと考えられる。

ところで、「放光寺」と篦《へら》書きされた瓦の出土によって、山王廃寺は放光寺《ほうこうじ》という名の寺であったことがわかった。放光寺は辛巳歳《かのとみのとし》（六八一年）の紀年をもつ高崎市の山ノ上《やまのうえ》碑と、一〇三〇年ごろに作成された「上野国交替実録帳」に定額寺《じょうがくじ》としてみえる。定額寺資財帳が国司交替制度と関わりをもって作成されていることから、多量の同笵瓦の出土などは、山王廃寺が国司の管轄下にあった事実を物語っているとみられ、存続の時期もほぼ一致することから、山王廃寺は二つの資料にみえる放光寺と同一の寺院と考えられた。

山王廃寺にかかわる具体的な氏族名は不明であり、山ノ上碑にみえる佐野三家との関わりについてもあきらかではない。しかし、内容豊富な石製品とその加工技術が宝塔山・蛇穴山両古墳の石室にみられるものと共通していることから、畿内の先端技術の直接的な導入のもと、総社古墳群と同一の豪族によって山王廃寺も建立されたと考えられる。

2章

国分寺のいらか

「上野国交替実録帳」(九条家本『延喜式』紙背文書)

1　上野国の誕生

上毛野国から上野国へ●

大化二（六四六）年の正月、難波《なにわ》（大阪）の長柄豊碕《ながらのとよさき》宮でいわゆる「大化《たいか》の改新《かいしん》の詔《みことのり》」がだされたと『日本書紀』には記されている。そこには行政組織として国《くに》・郡《こおり》・里《さと》が設けられ、そうして里は五〇戸で一里としたことがみられる。さて、六九四年から七一〇年まで都であった奈良県の藤原京《ふじわらきょう》から「上毛野国車評桃井里大贄鮎」という荷札として用いられた木簡《もっかん》が出土している。改新の詔からほぼ半世紀たっている。しかし、そこには改新の詔にある郡ではなく評《こおり》がみられる。藤原京の時代には国・評・里という行政組織が活動していたのである。当然、『日本書紀』にみえる「改新の詔」の信用性にかかわってくる。学界でにぎやかに論議された問題である。この評・郡問題に限っていえば、現在は『日本書紀』の編集作業が進められていた奈良時代には評ではなく郡が用いられていたから、評の字を現行の郡として採用したものと考えられている。

律令制下の上毛野《かみつけの》国（八世紀になり上野《こうずけ》と二字に改められた）には、十世紀の『和名類聚抄《わみょうるいじゅうしょう》』によると郡は一四郡。都からの東山道で最初に位置する碓氷《うすい》郡から片岡《かたおか》、甘楽《かんら》、多胡《たこ》、緑野《みとの》、那波《なは》、群馬《くるま》、吾妻《あがつま》、利根《とね》、勢多《せた》、佐位《さい》、新田《にった》、山田《やまた》、邑楽《おうら》と続く。この一四郡に一〇二郷（里を改称）が属した。この郡のうち群馬郡は「くるま」とよばれている。それは和銅六（七一三）年五月の郡郷の名前は二字として好《よ》き字を用いよ、という命令により車を改めたものである。十世紀には一四郡であるが、このうちの多胡郡は和

『和名類聚抄』記載の上野国の郡・郷

郡	郷
碓氷郡	飽馬　石馬　坂本　儀部　石井　野後　駅家(なし)　俘囚(なし)
片岡郡	若田　多胡　高渠　佐没(沼)　長野
甘楽郡	貫前　酒甘　丹生　那非(那波)　端下(湍下)　端上(湍上)　宗伎(宇伎)　有只(有旦)　那射　額部(額田部)　新屋(新居)　小野　抜鉾(抜鉢)
多胡郡	山奈(山宇)　織裳　辛科　大家　武美　俘囚(なし)　八田
緑野郡	林原　小野　升茂　高足　佐味　大前　山高(高山か)　尾張　保美　土師　俘囚(なし)
那波郡＊	朝倉　鞘田　田後　佐味　委文　池田　韮束(荒束)
群馬郡＊	長野　井出　小野　八木　上郊　畦切　島名(嶋名)　群馬　桃井(なし)　有馬(なし)　利刈(なし)　駅家(なし)　白衣(なし)
吾妻郡＊	長田　伊参　大田
利根郡＊	渭田　男信　笠科　呉桃
勢多郡＊	深田　田邑(邑田)　芳賀　桂萱　眞壁　深渠　深沢　時沢　藤沢(なし)
佐伊郡＊(佐位郡)	名橋(多橋)　雀部　美侶　佐井　淵名(渕名)　岸新(なし)　反治(なし)　駅家(なし)
新田郡＊	新田　滓野(澤野)　石西　祝人　淡甘　駅家(なし)
山田郡＊	山田　大野(丈野)　園田　真張
邑楽郡	池田　疋太　八田　長柄

刊本により記載，(　) 内は高山寺本。＊は高山寺本の「下野国」に記されている。

銅四年に片岡・緑野・甘楽の三郡から三〇〇戸を割《さ》いて新しく設けられたものであった。

律令国家の支配の要《かなめ》とされたのが、国司が行政をとった国の役所である国衙《こくが》であり、国衙のある国《こく》府《ふ》の地であった。上野の国府の所在地は現在の前橋《まえばし》市の元総社《もとそうじゃ》町付近であることは広く認められているが、中世の蒼海《おうみ》城の建設にはじまる開発のため、その遺跡の所在を確認するには至っていない。周辺には国分寺《こくぶんじ》跡・国分尼寺《こくぶんにじ》跡・総社神社があり、上野国の中心であったことは否定できない。

上毛野の豪族たち●

律令国家体制をつくりあげていくためにはそれ以前から勢力をもっ

奈良・平安時代の上野国要図(『群馬県史』通史編２より作成)

❖コラム

羊大夫の伝説

多胡《たご》碑は、古く文人・墨客《ぼっかく》によって紹介され、とくに江戸時代以降は江戸でも関係者のあいだでは著名な存在であったようである。松浦静山《まつらせいざん》の『甲子夜話《かっしやわ》』にも碑の傍から石棺が出土し、棺のなかの銅板にＪＮＲＩという文字があり、また碑の下から十字架が発見されたこともあったと伝えている。ただＪＮＲＩのＪはＩであり、「ユダヤ人の王ナザレのイエス」の意味である。一方、地元の高崎市吉井町周辺では「お羊様《ひつじ》」とよばれて、古くから信仰の対象になっている。このことが、風化しやすい牛伏砂岩でできた多胡碑が、今日まで良好な状態で伝来することになった重要な要素であるらしい。石碑の形態や、碑文中にみえる「羊」の字によって、多胡碑が「羊大夫」の墓石であると考えられたのである。いったい「羊大夫」とはどのような人物と考えられていたのだろうか。

このことに関する現状での最古の史料は、十四世紀に成立したとされる『神道集《しんとうしゅう》』である。『神道集』は、比叡山の唱導の徒をたばねていた安居院《あぐい》の関係者によってまとめられたものである。その第七の「上野勢多郡鎮守赤城大明神事」のなかに「羊大夫」のことがふれられている。

「地頭の伊香保大夫は利根川から西の七郡のうちで足の早いことで知られた羊大夫を呼び出し都への報告を託した。彼は正午に上野国多胡庄を出発し都に上れば未《ひつじ》（午後二時）には都で命令をうけ、申《さる》（午後四時）の時には上野国に帰ってくるので、羊の大夫とよばれる。彼は申の半ば（午後五時）に群馬郡の有馬《ありま》郷をたち、日の暮れには京の三条室町《さんじょうむろまち》に到着することができた」というのが、羊大夫についての伝承である。

ていた各地の豪族を新しい体制のうちに組み込んでいく必要があった。大化元（六四五）年の八月視察・監督のため中央から東国に官人が派遣された。上毛野国には紀麻利耆拕臣《きのまりきたのおみ》・三輪君大口《みわのきみおおくち》・河辺臣百依《かわべのおみももより》がその任にあたった。彼らとかかわった土地の豪族として朝倉君（公）・井上君の二氏の名前が記録されている。このうちの朝倉君氏は那波郡に「朝倉郷」があるから、この地を本拠とする豪族であったらしい。井上君氏の本拠は不明であるが、ともに律令体制を地域に構成していくうえで無視できぬ存在であった。朝倉君氏が現在知られているかぎりでは、国府の所在地にもっとも近い地域に位置していることもそうした考えをささえるものである。朝倉君氏の活動は奈良・平安時代をつうじてみられ、律令国家体制下でも豪族として存在していたことがうかがえる。そのほかの豪族としては鏑《かぶら》川流域の多胡・甘楽両郡に物部《もののべ》君氏、碓氷・吾妻両郡に石上部《いそのかみべ》君氏、勢多郡の郡領としての上毛野朝臣氏、佐位・那波両郡に檜前部《ひのくまべ》君氏、群馬・甘楽郡の壬生《みぶ》氏などが知られている。彼らの勢力はたがいに重複しながら活動していた。そうしたなかでも国名を名乗った上毛野氏の存在が強く印象づけられているが、彼らが地域と深く結びついていた確証は非常に薄く、むしろ中央で活動した官人としての性格が濃い。

ミヤケの行方●

「大化の改新」とよばれる七世紀後半の一連の政治改革は、地域支配にとっての重要問題を多く含んでいた。とくに、それまでの大和政権の地域支配の拠点としてのミヤケ（屯倉・三家・御宅など）の停廃などをめぐっては、上毛野地域のミヤケもその例外ではなかった。

上毛野地域のミヤケというと、まず思いだされるのが「緑野屯倉」と「佐野三家」である。「緑野屯倉」は、『日本書紀』安閑二年五月丙午条に全国的にミヤケが設置されたように記述されるいくつかの記事のなかに含まれている。実際にはそれらのミヤケが、地域の実情に応じて前後関係をもって設置されたとみられるので、記事の期日その日に設置されたわけではない。この屯倉の設置は「武蔵国造」の継承に関する内紛に関与して懲罰的に設置されたとする考え方が強調されたことがあるが、可能性の域をでるものではないだろう。

一方「佐野三家」は、山ノ上《やまのうえ》碑にその名がみえ、金井沢《かないさわ》碑の「三家子孫」もこれに関係するものとみられる。山ノ上碑にみえる「放光寺《ほうこうじ》」は、近年の調査の結果前橋市《まえばし》(旧群馬郡)に所在する山王廃寺《さんのう》であると考えられ、その創建時の瓦を供給しているのは、碓氷郡方面の窯《かま》であるらしい。同時期の決定的な史料はないに等しいが、複数の律令制的郡単位や、個別氏族の勢力範囲を越えた動員が可能であった政治力の存在の背後に屯倉の存在を考えることも可能と思われる。

残存地名や出土文字資料などの検討から、緑野と佐野以外のミヤケの存在をさぐる試みがみられるようになり、富岡《とみおか》市一宮《いちのみや》町の貫前《ぬきさき》神社周辺や前橋市下大屋《しもおおや》町の上西原《かみにしはら》遺跡周辺、桐生市新里《にいさと》町周辺、高崎市吉井《よしい》町、高崎《たかさき》市若田《わかた》町などが候補地としてあげられている。

上野三碑

県下には「上野三碑」として、いずれも国の特別史跡に指定されている「山ノ上碑」(高崎市山名《やまな》町山神谷)、「金井沢碑」(高崎市山名町金井沢)、「多胡碑」(高崎市吉井《よしい》町大字池《いけ》字御門《みかど》)の三つの碑がある。三碑が注目されるのは、「山ノ上碑」が西暦六八一年、「多胡碑」が和銅四(七一一)年、「金井沢碑」が神亀三(七二六)年と七~八世紀のものであり、その所在地がともに鏑川と烏《からす》川の合流点付近にあり、さらに「山ノ上碑」は五三字、「金井沢碑」一一二字、「多胡碑」八〇字と文字が碑面にきざみこまれ、この地域の七~

多胡碑は建郡の「記念碑」か?

「昔を語る多胡の古碑」というのは、群馬県地域で生まれ育ったものでは知らない人はいないほど周知の、「上毛かるた」の一節であるが、多胡碑の語る昔というのがなんなのかまで思う人はあまりいないだろう。多胡碑は、要するに郡の成立の根拠になる文書の、石でできた写しである。

多胡郡の建郡は、政策の種類としては「廃置国郡」という分類になるが、養老公式令《ようろうくしきりょう》によれば、論奏式《ろんそうしき》で取りあつかわれる問題であった。論奏式は、中国の発日勅と奏抄式という、皇帝の命令を下達するための文書様式をあわせてつくられた。そこでは実際の政策決定についての天皇の関与の度合いが問題になる。

多胡郡設置の和銅四（七一一）年は、大宝令《たいほうりょう》の実施されていた時代で、藤原不比等《ふじわらのふひと》によって改訂され、ながらく実施に移されなかった養老《ようろう》令制にくらべると、天皇の意志がより直接的に伝達される形式になっていたという指摘もある。そのことが、本来あるべき「太政官符」ではなく「弁官符」という書式を採用している理由かもしれない。

多胡郡設置段階の上野国守である平群安麻呂《へぐりのやすまろ》は、美濃国席田《むしろた》郡の設置にも関係し、この種の事業には練達の官僚であった可能性がある。今日でさえ情報公開は、遅々として進まないのであるから、実際の文書の受け渡しにたずさわったものでなければ、多胡碑の文面はつくることができないだろう。

コンクリートによる破損の補修のために、現在では確認できなくなっているが、台石にはまるソ

❖コラム

ケット状の部分に「國」という文字がみられたという。真偽は確かめようがないが、これらのことは、多胡碑が地域内部から自然に成立したものではない——多胡郡設置が中央政府の意向によって実施されたことを示しているのではないか。

碑文中にみえる藤原不比等は、地域編成に熱心な政治家であったとされる。多治比三宅麻呂《たじひのみやけまろ》も能吏で有名な人物であるが、事前に関東地方を視察している。

そのようにみてくると、比較的時期の近接する上野三碑が、多胡郡の範囲内に集中して残存することは、より緊迫した背後関係が想定されるようになってくるだろう。一般にいわれる山ノ上碑・金井沢碑にみえる仏教信仰というのも、かなり生臭い印象が残るのである。

多胡碑文の拓本

山ノ上碑（傍線は筆者。以下同じ）

辛巳の歳集月三日に記す
佐野の三家と定め賜える健守命の孫黒売刀自、此れ
新川の臣の児斯多々弥足尼の孫大児の臣に娶いて生める児
長利僧が母の為に記し定める文也　放光寺僧

多胡碑

弁官符す（上野国司／宜く多胡郡を建置すべき事／上野国
の片岡郡・緑野郡・甘楽郡の三郡内の三百戸を并せて（郡
成給羊）
多胡郡と成せ／和銅四年三月九日甲寅
宣／左中弁正五位下多治比真人
太政官穂積親王／左大臣正
二位石上尊、右大臣正二位藤原尊

金井沢碑

上野国群馬郡下賛郷高田里
三家の子孫、七世父母と現在父母の為に
現在侍る家刀自・他田君目頬刀自・又児加
那刀自・孫物部君午足・次𩖍刀自・次乙𩖍
刀自の、合わせて六口、又知識を結ぶ所の人三家毛人
次知万呂・鍛師礒ア君麻呂の合わせて三口が
是の如く知識を結び、天地に誓願仕え奉る
石文なり
神亀三年丙寅二月二十九日

八世紀の歴史を知る手がかりをあたえてくれるからである。

三碑のうち、「山ノ上碑」「金井沢碑」の二碑と「多胡碑」とはやや性格が異なる。「山ノ上碑」「金井沢碑」はともに地元のミヤケの関係者の仏教信仰を語るものであり、またそこにみられる人名は当時のこの地方の住民の血縁関係を示すものとして多くの議論のあるところである。刀自《とじ》という家の管理にあたる女性の名が多くきざまれているところに、当時の上野の社会の性格の一端をうかがうことができる。「山ノ上碑」は截石切組積の横穴式石室をもつ終末期古墳のかたわらに建っていることもあり、墓誌あるいは墓

碑であろうと考えられている。

「山ノ上碑」「金井沢碑」の二碑が地元とゆかりの深さを示すのに対し、「多胡碑」は碑にきざみこまれた字体、碑文の内容などからも中央との関係をより強く語るものである。まず、字体は二碑が古風であるのに、六朝《りくちょう》の影響をうけた楷書体《かいしょたい》であり、碑は自然石ではなく表面をなめらかに加工した碑面にきざまれている。碑文は『続日本紀』の和銅四年三月六日の多胡郡設置の条をもとに記されたものであり、そこには左大臣・右大臣など中央政府の要人の名前がみられる。碑文の文字は明瞭であるが、それをどのように解釈するかについてはさまざまな意見があり、共通する見解にまで至っていないのが現状である。ただ、古くから問題になっている文字瓦の「羊子三□」については、人名ではなく「辛科郷」の「辛」の異体字ではないかという意見が強くなっている。

「多胡碑」をめぐる問題は、多胡郡という行政単位をあらたに設置することを決めた中央政府の方針と関係する。八世紀の大宝令《たいほうりょう》が制定される以前から奈良時代の天平期に至るまで地域の行政単位はしばしば手直しがなされていた、そこには大化以前のミヤケによる地域区分をあらたに再編成しようとする意図もあったとされる、多胡郡の新設もそうした意図によるものではないか、と考えられる。そうした視点からみると、この時期に上野国守平群朝臣安麻呂《こくしゅへぐりのあそんやすまろ》がのちに美濃《みの》国でも建郡に関与していることは、多胡郡の新設が中央政府の一定の政策によるものであることを示している。このような郡の新設には武蔵国高麗《こま》郡や新羅《しらぎ》《にいくら》郡の例に知られるように渡来人の移住が伴った可能性がある。しかし美濃国席田《むしろた》郡の例によって知られるように、その居住は永続するものではなかった。渡来の人びとがどのような役割をはたしたのかはなお解明されるべき問題であろう。

2　都・東山道・上野国

上野国と東山道

古代の東国の男子にとって遠く九州の地に赴く防人《さきもり》は大きな負担の一つであった。防人のひとり他田部子《おさたべのこ》磐前《いわさき》は、

　　ひなくもり　碓氷の坂を越しだに　妹が恋しく忘らえぬかも

防人として故郷の上野をはなれるにあたり、「碓氷の坂を越えただけで、もう妹のことが恋しくなり、忘れられないな」（土屋文明）とその気持ちを『万葉集』に残している。彼がこうした気持ちになったのは、碓氷峠が上野と他国である信濃との境であったからでもある。

ただ、古代の碓氷峠は現在の国道一八号線のとおる碓氷峠（九五七メートル）ではなく、それより南の入山峠《いりやま》であったらしい。都から信州、上野を越えて東北地方にむかう幹線道である東山道《とうさんどう》も入山峠をとおっていたわけである。では東山道は上野国ではどのような状態であったのか。一つ確かなのは碓氷川の谷をでたところの平野部に条里《じょうり》型の地割りがみられるが、その計画的な地割りを斜めに国府の方向に直線状にのびている地割りが認められ、発掘調査によると、この地割りが道路であったらしいこと、その道幅は五メートルほどで、両側に一メートルを超える側溝の存在、また「路」という字がみられる墨書《ぼくしょ》土器も地割りに近い平安時代の住居址から発見されていることなどが知られている。さらに、伊勢崎市や太田市など東毛地域からこれこそ古代の東山道ではあるまいかと思われる大規模な道路状遺構が検出されている。

道幅一二メートルで両側に側溝におよぶものである。

　都への道、都からの道は陸上の道は東山道だけであったのか。子磐前の歌とともに『万葉集』には巻三の田口益人《たぐちのますひと》の歌がある。田口益人は和銅元（七〇八）年の三月に上野守に任命され、任国である上野に赴く旅での歌である。


　廬原の清見の埼の美穂の浦の　寛けき見つつもの思いもなし

　昼見れど飽くかぬ田児の浦大王の　命恐み夜見つるかも

三保の浦と田子の浦の風景をよんだものである。益人は上野国に都から赴くのに海沿いの東海道を利用している。あるいは赴任にあたっての荷物の量から馬の背でなく船を利用したことも考えられる。そうしたときには東京湾から河川を利用して上野国府へと進んだこともあったであろう。

　上野の人びとの足は都のある西にばかりむけられていたわけではなかった。奈良時代の和銅七年十月、上野を含む四カ国から二〇〇戸が蝦夷《えみし》対策のために東北地方の出羽《でわ》に移住を命じられている、移住はこの年だけでなく、翌年の五月には関東地方の相模《さがみ》・上総《かずさ》・常陸《ひたち》・武蔵《むさし》・下野《しもつけ》の五カ国と上野国

東山道の発掘(高崎市御布呂《おふろ》遺跡)

から一〇〇〇戸が陸奥《むつ》に、さらにつぎの年の九月には一〇〇戸が出羽に、また、翌年の二月にも一〇〇戸がやはり出羽に移住させられている、各国の合計でしか示されていない年もあるが、平均してみると少なくとも四〇〇戸の人びとが上野より自然条件のきびしい東北の地に強制的に移住させられたことになる。一郷五〇戸とすると八郷の人たちが姿を消したことになる。八郷というと碓氷郡、佐位郡が八郷だし、多胡郡は七郷だから四年ほどのあいだに一郡の人が消えたことになる。防人のように彼らは生れ故郷と別れるときにその気持ちを歌に託さなかったが、帰ることのない移住の旅にでた彼らの気持ちを想像することはできよう。

上野国の生産物●

律令制のもと十世紀ごろの上野国は、一四郡、郷は一〇二郷、人口は出挙《すいこ》からの推定によれば、一三万四六〇〇人、耕地面積は三万九三七町であったと考えられている。東北地方への移住にみられたように、人びとの移動も少なくなかった。律令制の下で人びとは物と労力と二つの面で負担をおっていた。藤原京から発見された木簡のうちに「上毛野国車評桃井《もものい》里大贄《おおにえ》鮎《あゆ》」と記されたものがある。群馬郡桃井郷から干した鮎を献上したときに荷札としてつけられたものである。この鮎が上野国の税の最初の資料である、藤原京につぐ平城宮からは、緑野郡小野《おの》郷の物部鳥麻呂の戸から中男《ちゅうなん》（一七～二〇歳）のだした鹿のかわりの

木簡（「上毛野国車評桃井里大贄鮎」）

『延喜式』にみえる上野国の住民の負担(カッコ内は数量)

年料供進雑物	細貫《ヌキ》筵(60枚)，小町席(300枚)，食莚(1枚)，絁(50疋)，商布(2000段)，檑子《ライシ》(4合)，紫草(2300斤)
年料別納租穀	10,745石
年料別貢雑物	筆(100管)，零羊角(6具)，杏仁(3斗)，膠(12斤)，樺皮(4張)
交易雑物	絁《キヌ》(50疋)，布(1509端)，商布(7731段2尺2寸8分)，苧(80斤)，席(900枚)，細貫席(60枚)，紫草(2300斤)，鹿革(60張)，履料牛皮(20張)，檑子(4合)
夏調糸	麁糸，絁
調	緋帛(50疋)，紺帛(50疋)，黄帛(80疋)，橡帛(13疋)，絁(310疋)，紺布(50端)，縹布(15端)，黄布(30端)，榛布(35端)，緋革(15張)
庸	布
中男作物	麻(105斤)，細席，漆，紙，紅花
出挙	正税(30万束)・公廨(30万束)
	国分寺料(5万束)，興福寺料(3万束)，文殊会料(2000束)，薬分料(1万束)，学生料(1万束)，修理池溝料(4万束)，救急料(12万束)，俘囚料(1万束)，勅旨御馬秣料(4720束)，繋飼御馬秣料(5900束)，占市牧牛直(4315束)
年料雑薬(15種)	青木香(10斤)・黄芩(10斤)，黄蓍《ヤハラクサ》(10斤)，細辛(64斤)，芍薬《エヒスクスリ》(20斤)，当帰(20斤)，升麻(3斤2両)，防風(60斤)，銅牙(5斤)，干地黄(1斗)・胡麻(1斗)，蜀椒(1斗)，麥門冬(8升)，附子(4斗)，猪蹄(4具)
蘇	13壺(5口各大1升・8口各小1升)

品物があったことを示す木簡が出土している。これらの品物は当時、上野国で生産されていたものである。その全貌は十世紀ごろの状況を語る『延喜式《えんぎしき》』にみえる。これらのなかには「年料別納租穀」のように上野国にいる官人の給与となるものもあるが、実に多様な品が都に運ばれたことが知られる。都まで二九日かかって運ばれたなかに「蘇《そ》」つまり現在のチーズがある。乳製品であり、その背後には牛や馬の飼育がある。実は上野国は甲斐《かい》・武蔵・信濃《しなの》とならび「御牧《みまき》」の設けられている国で、信濃の一六牧につぎ、九牧がおかれ、そこから五〇疋の馬が貢上されている。国内には官牧のほかに私牧もあり、馬の飼育は盛んであり、都から種馬も送られてきている。こうした馬の飼育はのちの武士の活躍とも関係して

くる。九つの官牧は利刈《とかり》・有馬島《ありましま》・沼尾《ぬまお》・拝志《はやし》・久野《くの》・市代《いとしろ》・大藍《おおあい》・塩山《しおやま》・新屋《にいや》であるが、その所在地を確定するまでには至っていないが、子持《こもち》村、渋川《しぶかわ》市・中之条《なかのじょう》町・月夜野《つきよの》町（現みなかみ町）・下仁田《しもにた》町・甘楽《かんら》町・前橋市などの県の北西部の山間地帯に想定されている。

上野国の貢納物で注目されるのは繊維製品である。税としておさめられた調・庸の実物は正倉院《しょうそういん》に遺され、上野国関係の銘文もある。その一つには「上野国佐位郡佐位郷戸主梔前部黒麻呂庸布壱段 長二丈八尺 広二尺四寸 天平感宝元年八月 主当国司介正六位上勲十二等茂□□□ 郡司大領外梔前部君賀味麻呂」と墨で記されている。この銘文は納税の記録であるから、

国名・郡名・郷名（里名）・戸主某（戸口某）・税目・布一端・法量（二行）　年月日　担当国郡司名（二行）

という形式により記されており、国印が三カ所程度捺印されている。法量は税目によって差があるが、幅は、最大「二尺四寸」（約七〇センチ）に統一されている。納税のために国衙の工房で調製されたのではないかと考えられている。

考古学的調査のなかで、布生産を裏付ける遺物として紡錘車《ぼうすいしゃ》がある。紡錘車それ自体は、弥生時代からみられるもので、繊維を撚って糸をつくるための道具である。紡錘車の全県的な出土状況は次頁図に示すとおりである。各時代にわたって使用されたことがうかがえる。機織りは典型的な女性労働である。日常的な需要をまかなうためだけのものであれば、平安時代以降のような紡錘車の増加はないはずである。

高崎市吉井町矢田《やた》遺跡では、古墳時代後期以降を中心に、七五〇軒以上の住居跡が確認されている。ここでは紡錘車の出土量の多さが注目され、そのなかには「物部」の文字をきざまれたものもあって、この

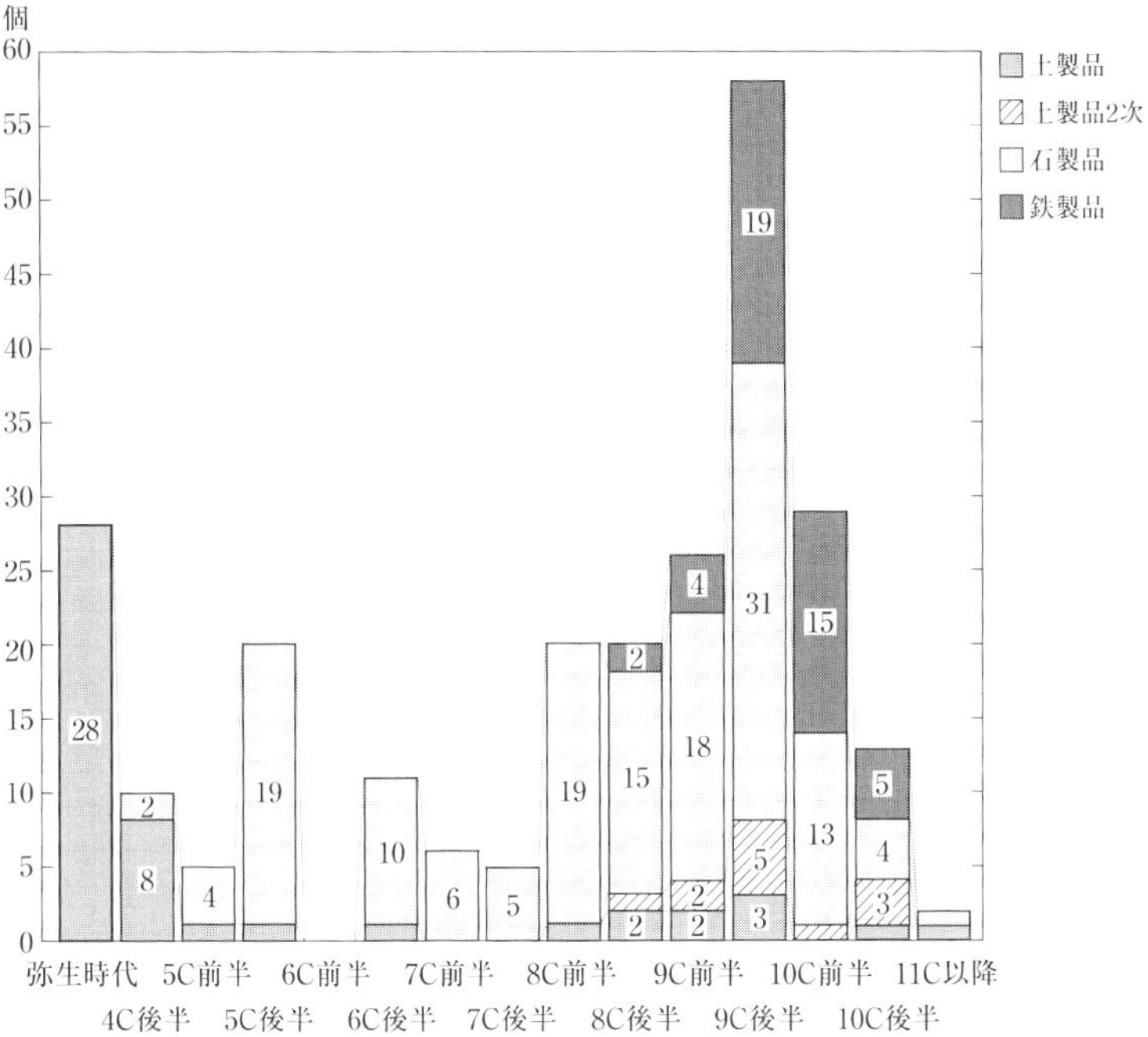

群馬県内における紡錘車の変遷(「古代布生産と在地社会」『群馬の考古学』による)

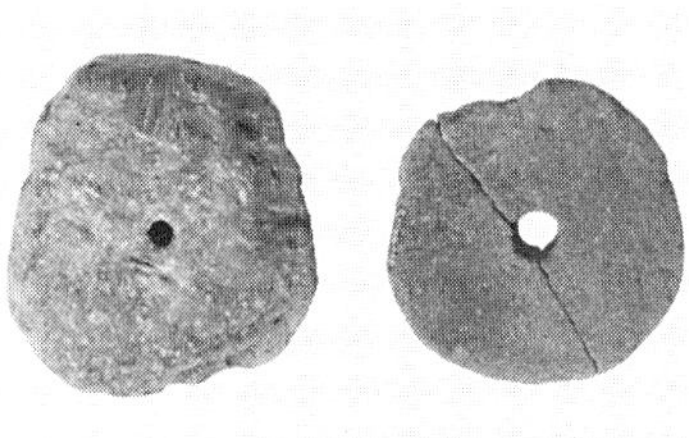
石製紡錘車(高崎市吉井町矢田遺跡出土)

馬埴輪(太田市塚廻り4号墳出土)

集落遺跡が『続日本紀』や『和名類聚抄』に見える「（多胡郡）八田郷」の一部に相当すること、主要な住人に「物部」氏がいたことなどがあきらかになった。

矢田遺跡は、集落の存続期間が古墳時代中期以降平安時代まで各時代にわたって紡錘車は出土する。このことは日常的に糸の需要＝布生産をこの遺跡に住んだ人びとが行っていたことを示している。ところが、奈良時代前半（多胡郡の設置時期である）ごろから住居跡軒数当たりの紡錘車の出土量がふえ、同後半にピークに達する。このことは、律令制度下での徴税の実態にかかわっている可能性がある。それ以前の時期には、自家消費分の余剰で対応できたものが、対応しきれなくなったのではないか。税に対応するための増産が試みられるようになったことが、この紡錘車の増加にあらわれているのではないかと考えられる。しかも、その増加傾向は律令制の徴税機構が変質した平安時代中期以降にはふたたび減少してしまう。

縄文・弥生までの土器生産も女性の手になるものが多いとされ、モチーフやデザインも芸術性にとんでいる。ところが、古墳時代以降の土器は、とくに須恵器を中心に没個性になり、実用本位のものばかりになる。租税の一部に組み込まれる窯業に関係する労働は、かなりの重労働で主として男性によると推定される。手間暇をおしむ必要のない段階から、能率が優先されるようになるにしたがい、本当によいものは減少してくる。布生産に関しても、これらとほぼ同様の事情が想定できるのではなかろうか。

上野国府と国分寺●

山王廃寺の南方の元総社町に総社神社が鎮座している。総社というのは、平安時代に国司が国内の神社を個々に参拝するのを簡略化するために一カ所に合祀したものである。総社神社の御神体は国内の神社名を書き連ねた「上野国神名帳」で、五四九社の神名が記されている。これと隣接する元総社小学校校庭でみつかった大型の掘立柱建物や周辺の地名、推定東山道の位置などからこの周辺に律令制の地方政治の拠点である国府が想定されてきた。

近年、その東側の区画整理や牛池川《うしいけ》の改修に伴う調査で、「国厨《くにのくりや》」「曹司《ぞうし》」と書かれた墨書土器や人形《ひとがた》、斎串《いぐし》などが出土し、これら国府に伴う施設や、そこでの特徴的な行為を示す遺物によって、この近辺に国府がおかれていたことはほぼ間違いないと考えられるに至った。国府跡は中世には長尾《ながお》氏の居城の蒼海《おうみ》城となったが、現在宅地化が進んでいるため、かつてみられた土塁や堀の痕跡が認められなくなってきた。蒼海城は、西は染谷《そめや》川、北と東は牛池川を外堀とした範囲であったことが残された絵図からうかがえ、国府の広がりについても参考になる。

上野国の国府は十世紀ごろに成立した『和名類聚抄』によれば、群馬郡におかれていたことがわかり、当時の国はその規模によって大国・上国・中国・下国の四段階に分けられており、上野国は上国であった。そして、国務にあたる国司は、守《かみ》（長官）、介《すけ》（次官）、掾《じょう》、目《さかん》という四等官から構成されており、上野国は守、介、掾、目がそれぞれ一人で、このほかに史生《ししょう》という書記官が三人いた。ところで、弘仁二（八一一）年に大国となってからは、掾と目が大掾・少掾・大目・少目に分かれていたため、二人の増員となった。また、天長三（八二六）年に親王任国制が定められ、上総・常陸・上野の三国の国守には親王が任命されることになった。このため、任国に赴かない親王の国守にかわって、介が実質的なトップとなった。

国のなかは郡、さらに郷に分かれていて、『和名類聚抄』から知られる十世紀段階の上野国は一四郡からなっていた。しかし、これらのうち多胡郡は和銅四（七一一）年に周辺三郡の六郷を割《さ》いて建郡されたものであり、多胡碑はその建郡の状況を記すものである。

藤原宮出土の木簡に「上毛野国車評桃井里大贄鮎」と書かれたものがある。これによれば、上野国はかつては上毛野国であり、群馬（郡）も車（評）とよばれていたことがわかる。評・里はそれぞれ郡・郷に対応する行政区画である。

郡は郷の数によって、五段階に分けられているが、その規模に基づいて郡司の定員も定められていて、

上野国分寺創建期の軒瓦の文様

上野国分寺塔跡

上野国の郡はいずれも中郡以下である。郡衙において有力な在地の勢力が郡司として地方政治の末端をになっていた。伊勢崎市の十三宝塚《じゅうさんぼうづか》遺跡や前橋市の上西原《かみにしはら》遺跡はそれぞれ佐位郡衙、勢多郡衙との見方もされてきたが、近年、伊勢崎市の三軒屋遺跡が佐位郡正倉跡と考えられた。

国府の西方、高崎市群馬町の東国分の集落のなかに、天平《てんぴょう》の華《はな》とうたわれた上野国分寺の金堂や塔の跡が往時の面影をとどめている。上野国分寺跡は昭和五十五（一九八〇）年から六十三年まで発掘調査が行われ、寺域は金堂を中心に一辺が約二町（約二一八メートル）の長さの築垣で四方を囲まれていたとみられ、南辺の中央には南大門の基壇が確認された。また、金堂は基壇と礎石の一部が残っており、塔は金堂の西南西にあり、削平が進んだ基壇と礎石が残っていた。そして、講堂跡とみられるものや金堂の周囲にあった回廊と推定される遺構も検出された。このような成果をふまえて現在、史跡整備が進められている。寺域南辺の築垣の復元は土台の土をつきかためた版築工法をとっており、金堂・塔の抜き取られていた礎石はあらたにおぎない、周囲には化粧石をならべ基壇を復元した。

上野国では、天平感宝元（七四九）年五月に碓氷郡の外従七位上の石上部君諸弟《いそのかみべのきみもろと》が、同年閏五月には勢多郡少領の外従七位下の上毛野朝臣足人《かみつけののあそんたるひと》が、それぞれ国分寺に物資を献じたことにより外従五位下をさずけられた。このような献物叙位の記事から地方の豪族の協力によって国分寺の造営が進んでいったようすがうかがえる。しかし、復元成った築垣の外からみると、国分寺のなかのようすはまったくわからず、当時も塔・金堂などの甍《いらか》がみえるだけで、一般民衆からはかけ離れた存在であったと思われる。

上野国分寺跡から出土した瓦は、おもに創建期のものがみどり市の窯跡で、修造期のものが吉井・藤岡《ふじおか》方面で生産されている。また、国分寺で用いられた軒瓦と同じ文様のものが、ほかの寺院跡からも出土しており、山王廃寺では七種類の軒丸瓦が認められ、国分寺との密接な関係が想定される。ところで、創建期の瓦には、「勢」「佐位」「山田」「薗田」のように郡郷名を押印したものがあり、国分寺の造営にあたって郡や郷を単位とした瓦の生産と供給がなされたことがわかる。また、修造期のものには「大伴」「山字物部子成」のように人名や、地名に人名を加えたものがしばしばみられ、とくに多胡郡内の地名が圧倒的に多いことから、多胡郡に居住する人たちが国分寺の修造に主導的な役割をはたしたものと考えられる。

平安時代の国司交替のさいの文書である「上野国交替実録帳」には、上野国分寺に安置されている仏像を修理し、彩色したという国司の主張がみられる。国分寺や定額寺《じょうがくじ》の管理運営は国司にまかされており、国司は一〇のうち二、三を修理すれば、実績として考課の対象とされたのである。このような状況であったからこそ、国分寺も衰退の一途をたどったのである。

緑野寺と道忠教団●

平安仏教の一つ真言《しんごん》宗の創始者空海《くうかい》は、嵯峨《さが》天皇の厚い信頼のもとに、弘仁七（八一六）年には、紀伊《きい》国（和歌山県）高野山《こうやさん》内に金剛峯寺《こんごうぶじ》を開くことが認められる。空海が中国（唐《とう》）で学んできた密教修行の道場として、金剛峯寺は大きな役割をはたすことになる。空海は他方、みずからが請来した密教の経典を全国で書写させることで、密教を広めようと考えた。弘仁六年四月五日、陸奥にいる法相《ほっそう》宗の徳一《とくいつ》に、

自分が中国に学んだ秘蔵の法門（密教）の経典は日本に少なく、このため、密教の教えを広く人びとに伝えることができない。そこで人びとの力を借りて、これらの経典を書写して教えを弘めたいと思っている。ついては自分の弟子康守をそちらに派遣いたしますので、彼の書写の仕事を助けていただければ幸いです。

という内容の手紙をだしている。このとき、空海のもとからもたらされた経典の一つが「金剛頂一切如来真実摂大乗現証大教王経」（金剛頂瑜伽経）であった。今、京都の高山寺《こうざんじ》に残るこの経の奥書をみると、弘仁六年六月十八日に「上野国緑野《みどの》郡浄院寺《じょういんじ》」で教興《きょうこう》が写経主となって、その経をうつしたことが記されている。空海自身は上野の地に足を運び、地元の人びとに相対して布教することはなかったが、国内にこれまでなかった密教の経典を書写させ、その内容を知らせるという方式で、その教えを関東の地に広めていったのである。

教興が書写の仕事をした緑野郡浄院寺（藤岡市浄法寺）は、空海だけでなく、空海のライバルであった最澄《さいちょう》とも深い関係のある寺で、上野国の仏教史を考えるうえで忘れてはならぬ存在である。浄院寺は鑑《がん》真《じん》の弟子である道忠《どうちゅう》開基の寺で、緑野寺、浄法寺ともよばれた。写経にあたった教興も東国の化主《けしゅ》とよばれた道忠の弟子の一人である。

経典の書写による布教は、空海によってはじめられたものではない。延暦十六（七九七）年、最澄は一切経の写経を発願する。この仕事は比叡山《ひえいざん》にある最澄の門下だけでは手にあまる仕事であったから、七大寺を始めとする寺々の協力を求めることになった。そのなかに、

東土上野国　般若《はんにゃ》浄土院　道忠大禅師
信心弟子等　教興及道応　助写一切経
同法弟子等　道俗諸施主

と、浄土院＝浄院寺、教興の名前をみることができる。このとき、道忠らは二〇〇〇余巻の大小経律論《りつろん》を書写し、それを比叡山におさめた。

空海・最澄は、ともに写経という手段により地方への布教を進めたわけである。しかし、こののち、最澄はみずから上野の地に赴き、その布教を強化する。そこには二つの理由が考えられる。

第一に、最澄の一切経写経に対し、空海はあらたに中国からもたらされたこれまで誰も日本でみたことのない最新の密教の経典「金剛頂瑜伽経」を東国の地にもたらした。あきらかに当時の知識層である僧たちの関心は空海に集まる。最澄は一歩遅れた。それをとりもどすためには、みずから東国に赴くことが必要であった。

第二に、空海が手紙をだした徳一をめぐる問題があった。徳一は最澄とするどく対立していた法相宗の学僧で、藤原仲麻呂《ふじわらのなかまろ》（恵美押勝《えみのおしかつ》）の子ともいわれるが、その素性は不明である。最澄門下の伴国道によると、坂東《ばんどう》の国々には正しい天台《てんだい》の教養が広まっていない。それは常陸に住む徳溢（徳一）が権教（法相宗）を広め、天台の教えを誹謗《ひぼう》しているからにほかならないという。事実、前橋市にある西光寺《さいこうじ》は、現在は天台宗だが、「上野国志」によれば弘仁年中に法相宗の徳一により開かれたという。弘仁年間（八一〇〜二四）に法相宗の力が上野国におよんでいたらしいことがうかがえる。

弘仁八年、坂東にくだった最澄は、法華経をそれぞれ一〇〇〇部うつし、三月に下野国大慈寺（小野寺）で、五月には上野国緑野寺で、その写経を宝塔におさめ、大衆《だいしゅ》を前に法華経を講じた。このとき、下野では五万人余、上野では九万人余が集まったという。最澄は大衆への布教活動とともに上野・下野の両国から一〇人の僧を選び、伝法灌頂《かんちょう》をさずけている。そのうちの円澄《えんちょう》と広智《こうち》の二人は弘仁八年五月十五日、緑野寺の法華塔の前で灌頂をさずけられている。広智と円澄は翌弘仁九年三月十五日、同じ緑野寺で二〇〇人もの人びとに結縁《けちえん》灌頂をさずけている。最澄の坂東下向がいかにその教線をのばしたかを示すものである。

このときの広智は空海が弘仁六年三月二十六日に徳一にあてた同様の手紙を送った人物である。浄院寺で写経にあたった道忠門下の教興も灌頂をさずけられている。空海が布教の手がかりにしようとした僧たちが、最澄側についたわけである。

最澄が坂東の地で空海や徳一にかかわって人びとをひきつけた理由はどこにあったのだろうか。単に最澄が当時にあっては辺境の地と考えられていた坂東に姿をみせたからというだけではなかった。それは法相宗の徳一とのあいだにたたかわされた「三一権実論争」によって示された最澄の宗教的信念に人びとが強くうたれたためであった。この天台宗と法相宗の論争は最澄が坂東にくだる数年前から奈良や京都ではじめられた、それぞれの宗の根本にかかわる大論争で、内容にふれる余裕はないが、最澄は法華経をよりどころに「一切衆生悉皆成仏」つまりすべての人びとは現世の身分がどうであれ成仏できるのだと説いたのに対し、徳一は最澄が根拠とした法華経の教えは仮のものであり、成仏には「五姓各別」と、現世の身分に左右されるのだとした。律令国家の辺境の地として不安な状況のもとにあった上野の住民にとって、最澄の「一般民衆も仏教の救済の対象となる」という考えは、大きな救いをもたらすものであったことは疑えない。最澄の背後には弘仁八年五月、緑野寺の宝塔の前に最澄の教えを聞くために集まった九万人といわれる大群衆がいたのである。

式内一二社●

古代の神社を知るためによく用いられるものに十世紀の『延喜式』の神名帳がある。上野国では表に示したように、貫前《ぬきさき》神社以下一二社がみえる。なかでも貫前・伊加保・赤城の三社は神祇官《しんぎかん》での名神祭に列し、

『延喜式』の神名帳

郡名	式内社	郷数	国内神名帳
碓氷		8	9
片岡	小祝神社	5	5
甘楽	貫前神社(名神，大)，宇芸神社	13	17
多胡		7	8
緑野		12	8
那波	火雷神社，倭文神社	7	8
群馬	伊加保神社(名神，大)，榛名神社，甲波宿禰神社	13	122
吾妻		3	7
利根		4	16
勢多	赤城神社(名神，大)	9	14
佐位	大国神社	8	6
新田		6	7
山田	賀茂神社，美和神社	4	6
邑楽		4	8
計	12社	103郷	241社

「上野国神名帳」は総社本により，神名の示されたものに限った。

大社としてあつかわれ、ほかの九社とは待遇が違い、上野国を代表する神社とされていた。表ですぐ気づくことは、式内社の存在しない郡が七郡あるということである。これはその七郡に神社が存在しなかったのではなく、そこの神社では神祇官との関係がなかったという理由による。また、国史現在社として中央に知られながらも、『延喜式』にみえない波己曽、委《し》(倭)文《どり》・小高・若伊賀保・丹生・稲裹などの神社もある。

貫前神社の鹿占《しかうら》の神事で鹿の骨に焼錐をさす前に、神職は国内の神々を神事の場に勧請するため、「上野国神名帳」という、中世には作製されていた帳面に載る、上野国内の神々の名前を読みあげる。そこにはすべての郡に神社がみられる。この「上野国神名帳」は、国司が赴任してきたとき、最初の仕事として行う国内の神社への巡拝の手間をはぶくために、国衙の近くに国内の神々すべてを勧請して設けた総社で、神事のときに読みあげるために作製されたものである。

十世紀の延喜の神名帳が都の神祇官の台帳にあるものを基礎にした、いわば中央との結びつきを中心としたという性格が、郡に一つも神社がないというやや特異な神社分布をもたらした。これに対して、総社が全国的に成立したのが平安時代の末とされるから、「上野国神名帳」の成立もそれをさかのぼることはなく、古代末期から中世にかけての神社分布を示すものといえよう。

ここにみえる神社は、地元を中心としてまとめられたものである。「上野国神名帳」では、延喜神名帳にみえる一二の神名にくらべて二四一と、神々の名前がはるかに多い。それだけ当時の人びとと神社や神々の関係を考える材料が豊富である。多胡郡と群馬東郡の物部明神、群馬西郡の車持明神と車持若御子《わかみこ》明神などは、それぞれ物部氏、車持氏のまつった神であり、そうした豪族の所在地を知る手がかりをあたえてくれる。

同名の神は、新屋明神（碓氷・甘楽・群馬東郡・利根郡）、咲前明神（碓氷・片岡）、水沼明神（緑野・群馬西郡）、榛名若御子明神（群馬西郡・勢多）などがあり、同じ神をまつる集団の分布をうかがわせる。郡御《こおりみ》玉《たま》明神が緑野・多胡・群馬東・利根・勢多・佐位・新田・邑楽の八郡にみられる。郡御玉とは国の下部区域である郡の霊をまつったものである。

同じく碓氷・勢多両郡の若国玉明神、那波の国玉明神、群馬東郡・佐位両郡の大国玉明神の神名のうちにみえる国は、律令国家の国ではなく、小国家のそれを意味するものだし、これに加えて片岡・甘楽両郡にみえる県《あがた》明神の県は、律令体制以前の国《くにの》造《みやつこ》の支配単位であったから、上野国内では山間部の吾妻郡をのぞいて、すべての郡に地域の霊を神格化した神がまつられていたことになる。それは律令国家体制のうちに組み込まれながらも、古くからの信仰を維持していた東国上野の性格の一端を示すものといえよう。

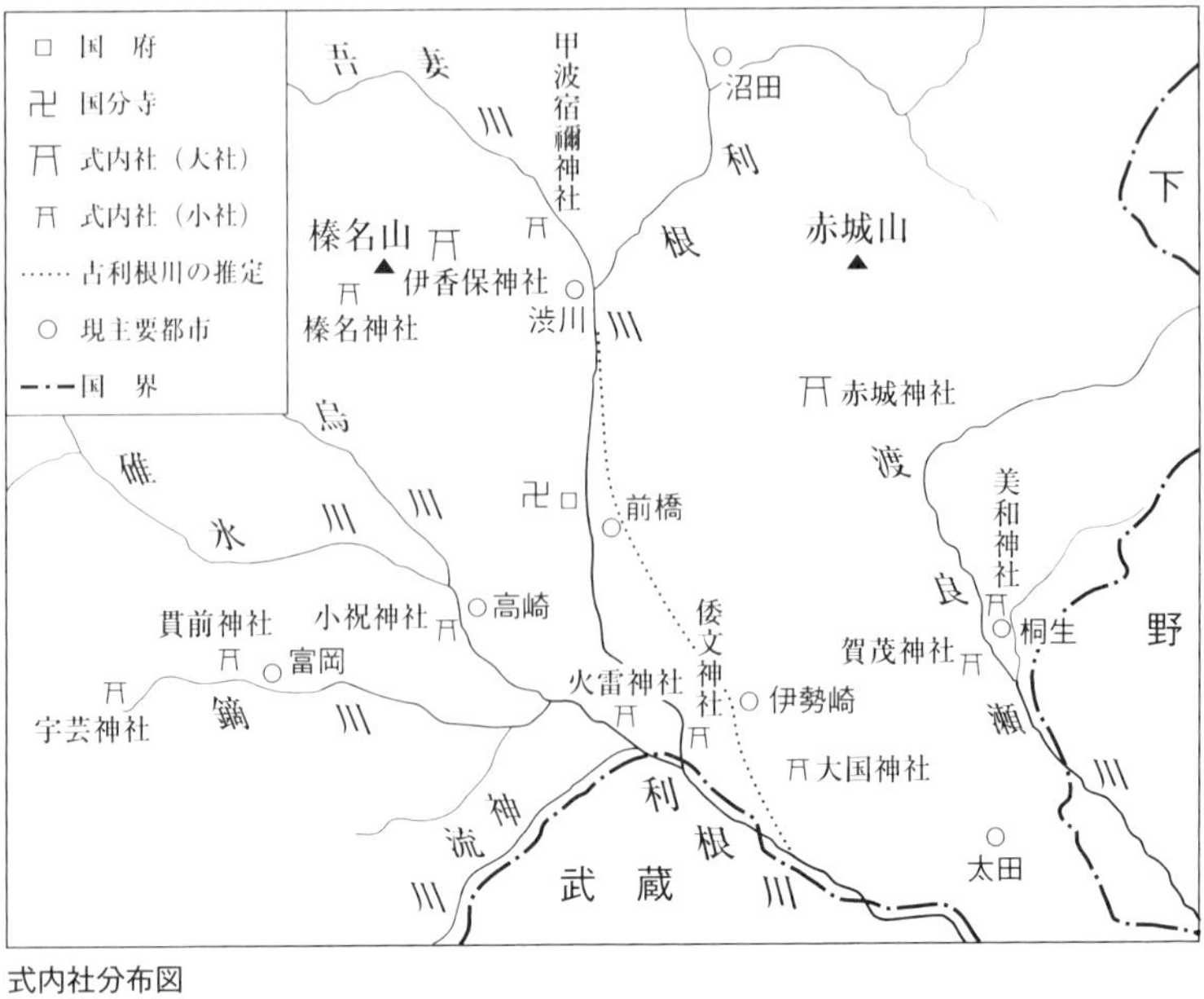

式内社分布図

3　ゆらぐ上野国

俘囚の反乱●

九世紀も後半になってくると、一連の征夷戦争は、前線の北上に伴って、掃討するべき対象である「蝦夷」が捕捉できない状態になってきた。蝦夷の多くが「俘囚《ふしゅう》」となって、一応「王化」に服したことになっていたからである。彼らのなかには東国地域からの移住者たちとは逆に、東国地域へ移住させられる人びとがいた。彼らは、国家にとっての忠実な公民となるため、「化内」地域に強制連行され、差別的に集住させられていた。その大まかな地域分置の傾向は、俘囚料の分布によってうかがわれる。上野国に関しては、大東急記念文庫本『和名類聚抄』の郷名などで碓氷・多胡・緑野の各郡に「俘囚」が知られているが、これは全国的な傾向とは異なる。

いずれにしても東北地方に比較的近い上野国は、「俘囚料」の規模からみて、隣接地域に準じる多人数の「俘囚」をかかえていたことは、ほぼ間違いない。そして、その分散居住は国府の影響力の比較的強い西毛地域の三郡に、きびしい監督のもとで郷単位に配置された。このことは逆に、みずから「獅子身中の虫」をかかえこむことになった。

現実問題としての俘囚は、おとなしく王化にしたがってばかりいたのではない。まず嘉祥元（八四八）年に、丸子廻毛らが上総《かずさ》国で反乱をおこし、五七人が処分された。「およそ群盗の徒、これより起こる」と評価された。彼らの反乱は貞観十七（八七五）年五月に下総《しもうさ》国、七月に下野《しもつけ》国、元慶七（八八三）年二月に上総国市原《いちはら》郡で四〇人の俘囚が蜂起し、これをしずめるために兵一〇〇〇人が動員されている。上野では俘囚の反乱は記録されてはいないが、決して安穏であったとは思われない。

将門の乱と上野国●

九世紀末から一〇世紀にはいると、上野国の律令体制の秩序は大きく乱れてくる。律令制下の国という枠組みがくずれてくるのである。日本武尊《やまとたけるのみこと》が東国平定の任務をおえ、碓日嶺《うすひのみね》で東南にひろがる東国の地をのぞみ征討の間に喪った弟橘姫《おとたちばなひめ》をしのび「吾嬬《あづま》はや」といい、それから以後、山東諸国を「吾嬬国」とよぶようになったという『日本書紀』にみえる地名説話はよく知られている。ここでは山東諸国がひとまとめに東国とされた。その東国が律令体制下にはいることで、上野以下八カ国に細分されたのである。律令体制の乱れは国ごとに分断されていた、律令以前の東国というより広くかつ古くからの枠組みを表面化することになったわけである。

寛平元（八八九）年四月、東国賊首あるいは東国強盗首ともよばれる物部氏永《もののべのうじなが》が活動を開始した。氏永がとらえられたのは一〇年あまりたった昌泰三（九〇〇）年五月のことであった。物部氏は上野国の西部に勢力をもつ豪族であった。氏永が一〇年ものあいだ、活動しえたのは、その背後に物部一族の存在があったことによるものであろう。しかし、氏永は上野国の賊首ではなく東国の賊首とよばれているのは、彼の活動範囲が上野一国にとどまらなかったことを示すものである。では、氏永はどうして東国一円を活動の舞台となしえたのか。第一には律令以前の東国という結び付きの存在が考えられる。第二にはその活動を可能にした馬の存在である。昌泰二年というと氏永がとらえられる以前のことである。政府は上野国の申請により相模《さがみ》国の足柄坂《あしがらざか》と上野国の碓氷坂という東海道・東山道の東国の出入口にあたる二カ所に関を設けることを決めた。理由は馬を利用し、その機動力を発揮し、東山道と東海道をまたにかけて活動する彼らをおさえこむためであった。「僦馬《しゅうば》の党」とよばれる強盗と氏永の活動は重なりあう部分が少なくなかったことと思われる。氏永らがとらえられたことで平安な生活が上野国に戻ったわけではない。延喜十五（九一五）年の二月、信濃と武蔵の両国から上野介の藤原厚載が上毛野基宗らのために殺された旨の情報が都にもたらされた。上野の出来事が信濃・武蔵から連絡されたのは、上野での事件が上野だけにとどまらず周辺の、つまり東国全体の問題となるからであろう。しかも事件のときに大掾の藤原連江は上毛野基宗らの下手人をおさえることもなく賊首となにかひそひそ話をしていたのである。国衙の機能が働いていなかったことを語るものである。

　こうした状態の上野国に災いをもたらしたのが平将門《たいらのまさかど》の乱である。将門の軍は前後二回、上野国に姿をあらわす。第一回は将門の行状を都に報告するため上洛する平貞盛《さだもり》を下総の本拠から一〇〇騎あまりの兵とともに、信州の千曲《ちくま》川をはさんで合戦におよんだときである。承平八（九三八）年四月のことである。このとき、将門一行が上野国のどこを通過したのか、またその通過による被害についてはわからない。第二回目は翌天慶二（九三九）年十二月、下野から十五日に上野にはいった将門は国司藤原《ふじわら》尚範から政治のシンボルの上野国印と財政のそれである正倉の鎰《かぎ》を奪い、尚範を追放した。そこに巫女《ふじょ》が神がかりとなり、八幡大菩薩が将門に皇位をさずけるという託宣《たくせん》をし、これをうけ、将門はみずから新皇《しんのう》（新しい天皇）と名乗り、坂東の国々の国司を任命した。このとき、上野守とされたのは常羽《いくは》御厨《みくりや》別当《べっとう》多治《たじ》経明《つねあき》であった。将門は翌三年二月、平貞盛・藤原秀郷《ひでさと》らの連合軍により射殺され、約一〇年にわたる東国全体をまきこんだ戦乱は終わりを告げる。将門の乱は、律令制の国の枠を超えた東国を舞台にたたかわれたことにまず注目すべきであり、またこの乱の平定に力のあったのは、律令による国衙の軍隊ではなく源氏・平氏の棟梁《とうりょう》に率いられた私的な兵力であったことは、律令体制の運命を知らせるものであった。一方、戦乱の舞台となった国々の被害は大きかった。二年間も調庸雑物が免除されるほどであった。秩序は回復しない。寛弘二（一〇〇五）年、国司の橘忠範《たちばなのただのり》は凶賊をとらえるため下野・武蔵・上総・下総・常陸の国々に追捕使《ついぶし》の官符のくだされんことを願い、その願いは認められている。東国の枠のなかで凶賊の活動が続いていることを示すものである。嘉保元（一〇九四）年、京都では上野国は「本より亡弊の聞えあり」とされ、翌年には上野国の一カ年の調庸雑物が免除されている。いかに疲弊が大きかったかをうかがわせるものである。

国衙と侍●

長元三（一〇三〇）年、上野国司は藤原家業《いえなり》から藤原良任《よしとう》にかわった。新司良任は前司家業に対して、国衙の資材や財政状況とその責任の所在について問いただし、前司家業は弁明した。その史料が断片的ながら残っているので（「上野国交替実録帳」）、十世紀後半から十一世紀初頭の上野国衙の実情をみよう。前司家業の職務遂行状況はあまりかんばしくはなかったが（当時としては普通であったらしいが）、(1)以前から減少していた財源の正税稲を三万束補塡した、(2)万寿二（一〇二五）年には抜鉾《ぬきほこ》大明神（貫前神社）、同四年には赤城明神《あかぎみょうじんしゃ》社を修造した、(3)金光明寺《こんこうみょうじ》（国分寺）の金堂・講堂の仏像を修理・彩色した、などなどの努力をしていた。

ただ律令政治の基本台帳である戸籍は十世紀後半五回分がつくられていたが、長徳三（九九七）年の火災によって焼けてしまい、その後は作成されていない。また土地制度の基本である班田《はんでん》図・校田《こうでん》図も多くは有名無実となり、残っていても破損したものが少なくなかった。国衙の建物や国分寺の破損状況も著しく、その修復は逼迫した財政状況では思うようにならなかった。前司家業の応答のなかからは、やるべきことの二〜三割もできれば十分である、との考え方がうかがわれる。

上野国衙がこうした状況におちいったのは十世紀の後半からであり、とくに長徳三年の火災による被害が大きかった。ちょうどこの時期に源《みなもとのよりのぶ》頼信が上野国司（介）になり、赴任していた（「御堂関白記」、「河内守源頼信告文案」など）。そのときの逸話が『今昔物語集』（巻二十五第十一話）にある。源頼信の縁者たる藤原親孝《ちかたか》も頼信にしたがって上野国府に勤め、近くの家に住んでいた。あるとき、親孝の家で児（親孝の子）が罪人の人質にとられた。このものは盗みを働き罪人となり、藤原親孝の家につながれていたが、手枷《かせ》・足枷を解き、逃げようとしたが逃げきれず、親孝の子を人質にとって、屋敷内の壺屋（私室）にたてこもったのである。そのとき親孝は「館」にいたが、知らせがきたので家のようすをみておどろいたが、「御館ニ参リテ申サム」として、主人（源頼信）のもとに走っていった。源頼信は、あわてふためいて走ってきた親孝の振舞をいましめるとともに、太刀一つをさげて親孝の家にいき、罪人（盗人）とやり合う。結局盗人は人質を放つ。頼信は「郎等《ろうとう》」に命じて盗人を召しださせたが、罪を許し、解放してやった。

上野守（親王任国なので正式には介である）源頼信は縁者藤原親孝を伴って任国に赴いていたのである。頼信も「兵《つわもの》」であるが、親孝も「極《きわめ》タル兵」であった。このころ、国司に任じられると、都で武芸に長じた兵をさまざまな縁でやとい任国にくだる、ということが盛んに行われている。頼信と親孝もそうであったろう。守頼信は「館」に住み、親孝はその近くに家を構えていた。この時期の国務の正式機関は「国庁」であったが、受領《ずりょう》の住居たる「館」が実質的な政庁になっていた。この盗人も館でさばかれて親孝屋敷に禁獄されたのであろう。また守頼信につかえる「郎等」たちもいて、盗人捕縛にあたっている。彼らのなかには、都からくだってきたものもいたであろうが、上野国の人びともいたのである。

この源頼信はこののち常陸国司（守）になるが、隣国下総の豪族平忠常《たいらのただつね》を攻めた（『今昔物語集』巻二十五第九話）。国司源頼信の軍勢は「館ノ者共」と「国ノ兵共《つわものども》」で構成されていた。「国ノ兵共」は地方豪族軍であり、このときは国司の要請をうけて出兵したのである。それに対して「館ノ者共」は「館」（国司）につかえる存在であり、私的従者である。この時代、武芸にすぐれたものが国司となり地方にくだることが多く、すると地方豪族のなかには国司の住まいの宿直などをして主従関係にはいる。こうして国衙を舞台にして、国司と国内豪族の主従関係がうまれたのである。「侍」という身分が出現したのであるが、彼らは武芸をみがき、国司が交替してもまたつかえるところとなった。上野国府にもこうして「侍」が出現し、国司につかえたのである。国司は彼らを伴って、一宮の神事に参加したり、狩を行ったりした。

豪族は以前、郡司の地位につき、地方政治をになっていた。ところが十世紀以降、郡という単位は実態を失っていた。「上野国交替実録帳」によれば、郡庁の正殿である「庁屋」がない郡が少なくとも六郡におよび（片岡、利根、勢多、佐位、山田、邑楽）、管理施設たる「館」の倒壊している郡が六郡もある（片岡、甘楽、緑野、那波、勢多、山田）。確保した税を保管する「正倉」はどの郡においても機能していない。こうして「郡務」はほぼ壊滅状態におちいっていた。税の徴収は民間の有力な百姓の倉（里倉）を媒介にしていた。郡が実質を失い、豪族たちのなかには直接国司につかえるものも多くなり、国衙の下級官人化していった。また都の貴族の家人《けにん》になるものもいて、直接中央に結びつくようになった。

浅間山の噴火と荘園制●

延久元（一〇六九）年二月、後三条《ごさんじょう》天皇は寛徳二（一〇四五）年以降に立てられた荘園《しょうえん》を停止するとの命令をだし、閏十月にはそのための機関として記録所を太政官庁内に設置した。そこでは各荘園の証拠書類が検査されたのである。上野国土井《つちい》荘は藤原氏の荘園であり、長元年中（一〇二八～三七）の公験《くげん》（立荘の証拠となる文書）をもっていたが、このとき停止させられた。それは上野国司が、「土井荘は賀茂神社の祭費用、また内蔵寮の毎年官物のために紅花を負担する所なので、これが完全に荘園化されると困るので、停止してほしい」と主張したためである。こうして土井荘は「三条院記録（所）の創《はじめ》、停止せらる」ところとなった（「後二条師通記」）が、荘園化を進める動きは強いものがあり、寛治五（一〇九一）年十一月には藤原師実《もろざね》の家司《けいし》藤原惟信《これのぶ》が荘園化の動きを推進し、上野国司高階業房《たかしなのなりふさ》のもとに出向いている（「同前」）。藤原惟信らは都の人であり土井荘を政府全体に公認させようとして活動している人物であるが、現地には彼らと結びついて、みずから開発した「私領」を有利なものにしようとする人びとがいた。「地主《じしゅ》」「開発《かっほつ》領主《りょうしゅ》」とよばれた人たちである。

ところが、天仁元（一一〇八）年、上野国はほぼ全体が火山災害におそわれた。七月二十一日に浅間山《あさまやま》が大噴火をおこし、煙は高くふきあげ、猛火は山嶺を焼き、沙礫は上野国中に飛び、灰燼は上野国庁の庭に積もったのである。浅間山はこの五〇年ほど前からたびたび煙をあげていたが、このときは特別であり、上野国司からの報告が朝廷にもたらされたのは九月五日直前であった（「中右記」）。国司の報告が作成されたのは八月下旬と考えられ、大噴火から約一カ月後である。上野国司の驚愕のようすがうかがわれる。

爆発の日（七月二十一日）は太陽暦九月五日にあたる。この時期は中稲の開花期であり、火山灰降下は稲に大きな打撃をあたえたのであった。前橋市・高崎市から伊勢崎市・太田市にかけての発掘現場からは、

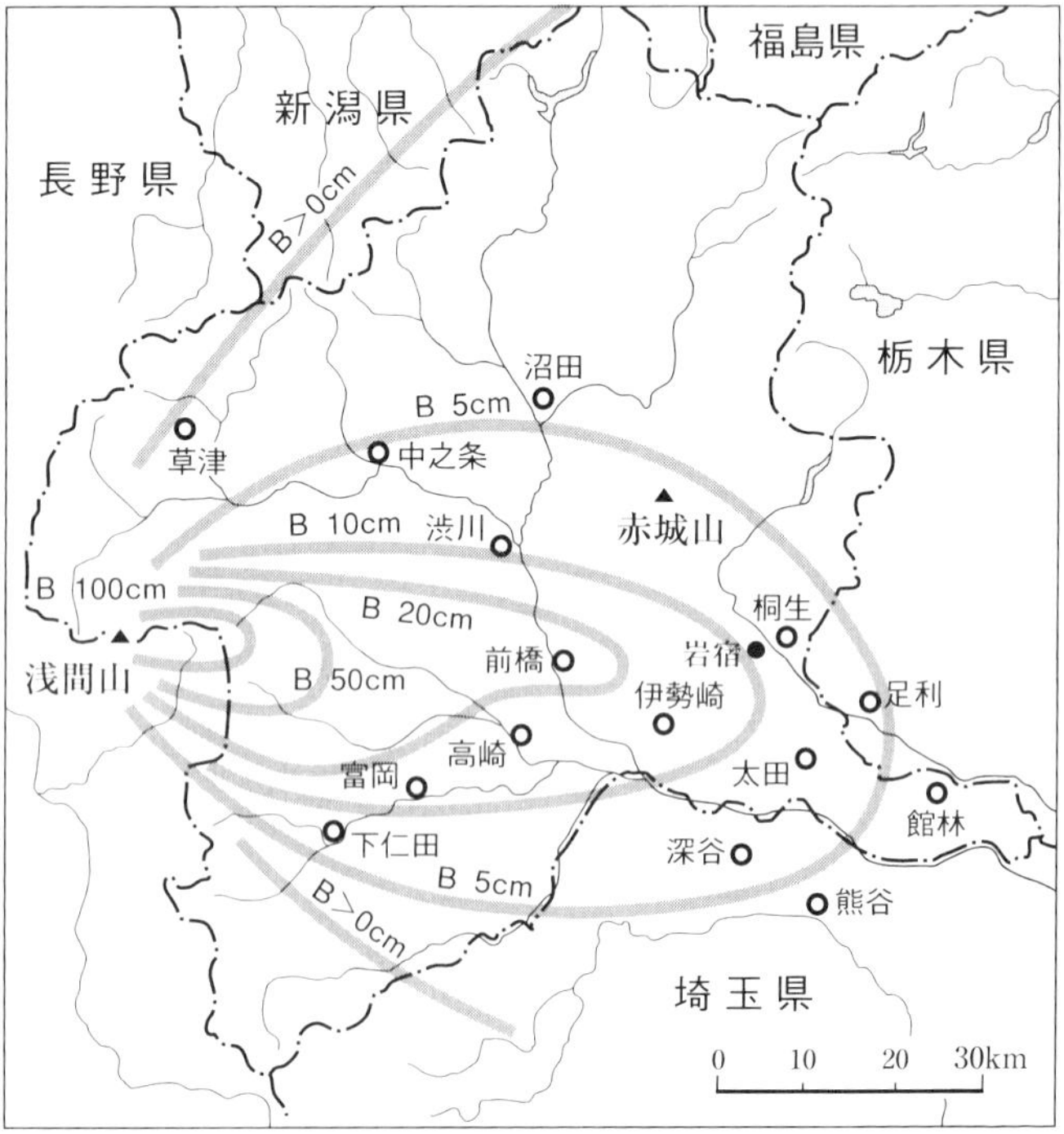

火山灰の降下範囲（新井房夫「関東地方北西部の縄文時代以降の示標テフラ層」『考古学ジャーナル』157号による）

このときの浅間火山灰が確認されている。火山灰層は五センチから二〇センチであるが、降下した直後はその何倍もあったとみられる。この災害の大きさが想像されよう。

　この災害からの復興はすぐにはじまった。火山灰層のうえには畠がつくられ、幅四〇～五〇センチの畝がならぶようになる。おそらく土を運んで来て畠を造成したのであろう。水田はとくに水の豊富なところでは再開可能であったろうが、多くは放置されていた。復興（開発）は畠が主要で、野地、山野などとなり、雑穀や桑の栽培がいっそう比重を増していった。元永二（一一一九）年、関白《かんぱく》藤原忠実《ただざね》は上野国内の五〇〇〇町歩を荘園化しようとした。忠実の家司である平知信《とものぶ》が集積した所領であるが、知信は「山川藪沢《さんせんそうたく》の地」であることを主張していた。山・川の藪地だ、というのである。五〇〇〇町もの大規模な土地だが、水田はわずかであり、大部分は山野である、と理由づけしている。結局、白河《しらかわ》上皇は上野国司の意見を採用して、この五〇〇〇町の荘園化を停止した（「中右記」）。だが平知信が集積した五〇〇〇町の土地は、もともと現地に開発者がいる。「山川藪沢の地」といわれるが、山野としての開発を推進している人びとがいる。現地の開発者たちはみずからの権益を有利にしようと、関白藤原家の家司に土地をあずけたのである。藤原氏を領主にもとうとする動きがこののちも続く。大治四（一一二九）年に藤原実隆が上野国内にもつ所領の「免判」（荘園化）を求めたのも（「長秋記」）、こうした背景があろう。

　こうした荘園形成の動きは上野国全体に広がった。北毛では土井出《つちいで》・笠科《かさしな》荘・三原《みはら》荘、西毛では高山《たかやま》御厨・石井《いしい》荘・菅野《すがの》荘、中毛では桃井《もものい》保・渋川《しぶかわ》保・長野《ながの》郷・細井《ほそい》御厨・玉村《たまむら》御厨、東毛では新田荘・園田《そのだ》御厨・邑楽御厨などなどである。伊勢神宮の荘園である御厨が多い。これは伊勢の神職（権禰宜）たちが荘園獲得に東国で積極的な活動をしていたのである。

火山災害と地震●

天仁元（一一〇八）年の浅間山の噴火は荘園の成立と深くかかわったが、発掘調査の進展により多くの発見をもたらした。

このときの浅間山の噴火の爪痕は、昭和四十年代の後半に県内でも大規模な発掘調査が盛んに行われるようになるにつれてあきらかになってきた。火山灰（浅間B軽石層）におおわれた水田遺構がみつかり、その平行関係や交点の間隔から条里制水田の可能性が指摘されたのである。そして、浅間B軽石層は平安時代末期の状況を知るための鍵となる地層として大きな役割をはたした。県内各地の水田の発掘は、この地層の存在と無関係ではない。

この浅間B軽石層下の水田の調査資料が集積されてくると、その開田の時期の違いもわかってきた。高崎の平野部では奈良時代にまでさかのぼるとみられるが、高崎市北部は、水田の下から平安時代の住居跡が検出される場合があり、かつては集落が形成されていた居住域にまで生産基盤である水田がつくられるようになったのである。

桐生市の砂田《すなだ》遺跡では、山崩れの堆積物が河川に流れ込んで引きおこされた泥流《でいりゅう》によって埋没した水田遺構が調査された。また、同市の蕨沢《わらびさわ》遺跡では地割れを伝わった噴砂が検出され、地割れの上半部には泥流がはいりこんでいた。このことから、大規模な地震によって地割れができ、地下では液状化現象によって噴砂が発生し、地上では山が崩れて谷を埋め、泥流となって流れだした。つまり、蕨沢遺跡の地割れによって、地震と泥流が短時間のうちに発生した一連の自然現象に起因するものであることがわかった。この地震や泥流が発生した時期は、六世紀中葉の榛名山の噴火によって降下した軽石層と十二世紀初頭の浅間山B軽石層にはさまれた時期であることはわかっていた。ところが、砂田遺跡の流路から出土した土器によって九世紀の第1四半期であることがあきらかになった。
『類聚国史《るいじゅうこくし》』の弘仁九（八一八）年の記事に「七月に相模、武蔵、下総、常陸、上野、下野国といった関東地方各地で広範囲にわたって地震が起こり、山が崩れ、いくつかの里は埋まってしまうという状況であった。土砂にのまれ、押しつぶされた人びとはとうてい数えることができないほど多数であった」という大きな被害が記されており、砂田遺跡や蕨沢遺跡などの赤城山南麓の地震災害がこの記事に符合するものとみられる。

そして、最近、前橋市の中原《なかはら》遺跡ではこのときの洪水層によって埋まった水田を広範囲に調査したが、その結果、注目される事実があきらかになった。ほぼ一町（約一〇九メートル）四方を画するように大畔がみつかったのは浅間B軽石層下の水田と同様だが、そのなかの区画は南北を半分に分けたのち、それぞれを縦長に五等分しているのである。これは、典型的な半折型の条里地割りである。つまり、長辺三〇間、短辺一二間からなる区画に一〇分割されているのである。これまで、浅間B軽石層下の水田で条里制の復元が試みられてきたが、奈良時代の土地制度を平安時代も終わりに近い時期の水田で検討することには一町の地割りはみつけることができても無理があった。ところが、条里制施行時にきわめて近い時期の水田がみつかり、それが教科書どおりの形であらわれたのである。これによって、今後の条里制を含めた古代社会の解明が期待される。

古墳時代の水田は組織的な復旧が行われている。しかし、砂田遺跡では水田は復旧されずに、畠として陸稲栽培が行われていた。このことは、前橋市の荒砥前田《あらとまえだ》遺跡でも同じように、泥流の真上《まうえ》で畠作耕地がみつかり、水田の埋没後は畠作にきりかわったことがわかる。これらの遺跡では、律令制下であるにもかかわらず、もはや復旧がなされなくなっていたのである。

新田荘の形成

代表的な荘園である新田荘の形成プロセスをみることにしよう。新田荘は金剛心院《こんごうしんいん》の荘園として出発する(『民経記寛喜三年八月紙背文書』)。金剛心院は鳥羽《とば》上皇の御願寺であり、仁平三(一一五三)年から造営が開始され、翌(久寿元)年に落慶供養がなされた。この造営事業には藤原家成《いえなり》・家明《いえあき》父子が大きくかかわっているが(「兵範記」)、彼らを中心とするグループがその財源としての荘園確保に動いた。一人が上野国司藤原重家《しげいえ》であり、家成の女婿である。もう一人が中央政界で活躍する藤原忠雅《ただまさ》であり、新田荘の実質的な領主となる。そして源義重《よししげ》がいる。都育ちの兵《つわもの》である義重は父義国《よしくに》とともに下野足利に下向していたが、京都との往復を繰り返していた。現地では足利から渡良瀬《わたらせ》川(現在の矢場川)を越えて金山丘陵近辺に進出していた。

保元元(一一五六)年鳥羽上皇が死去し、都で内乱(保元の乱)がおこったが、勝利者となった後白河《ごしらかわ》天皇は新制をだし、荘園整理令をだした。このとき、上野国では新田荘と園田御厨が審査対象となったが、両方とも公認された。新田荘は、金剛心院が本家、藤原忠雅(左衛門督)が領家となり、翌(保元二)年藤原忠雅は源義重を、現地管理者である「下司職《げしき》」に任命した(「正木文書」)。

左衛門督家《さえもんのかみけ》政所《まんどころ》下《くだ》す　上野国新田《にったの》御庄《みしょう》官等《かんら》

源義重

右の人、地主たるによって下司職《げしき》に補任す件《くだん》の如し、御庄官等宜《よろ》しく承知すべし、件によって之を用

いよ、あえて違失すべからず、故に下す、

保元二年三月八日

（署判者略す）

源義重は「地主《じしゅ》」であるので、下司職に任命する、という。この時期の「地主」とは国衙によって公認された私領主のことであり、公領に私力を投入して利益をあげることができた。この私領主としての権益が新田荘を形成する原動力であったが、それは新田郡西部を場としてきずきあげられていた。のちに義重が妻・子にゆずった「こかんの郷々」（一九郷）がこれに該当すると考えられるが、それは早川・石田川沿いに分布している。こうして新田郡に新田荘が樹立され、この荘園（下司職）を本領とする源義重は新田氏を称することとなった。

古代上野国の西と東●

「上野国交替実録帳」は、同時代とその前後の地域の状況に関する情報を多く含んでいるが、その不動底敷稲項のなかで、群馬郡に相当する部分が「東郡上条・下条、西郡上条（・下条）」と三ないし四分割された形で表記され、片岡郡も「豊岡郡」という表記になっている。この前後の時期の群馬郡の「分割」に関する史料は、「上野国交替実録帳」のほかに『和名抄』国郡部注記や「神名帳」などがあるが、前者では分割時期について、後者では東・西群馬郡の範囲についての情報が主として含まれている。

この段階の「郡」の分割は、和銅四（七一一）年の多胡郡の設置などとは基本的に異なる性格のものである。九世紀以降、戸籍・計帳制度の形骸化によって、律令制度本来の個別人身支配の続行が不可能になり、徴税は土地を単位とするものにならざるを得なくなった。戸籍・計帳制度が機能していた段階では、ほぼ六年ごとの班年の結果、人口の異同に応じて郷の範囲は変化し、郡も必ずしも一定のものではなかった。そのような契機で、「廃置国郡」が実施されることも、それが地域的にも時期的にも例外的な場合が多かったにせよ、絶無ではなかった。

しかし、戸籍・計帳が機能せず、郡も単なる地域名称として固定化すると、以前地域の有力者が任命されていた郡司よりも、はるかに小さな権能しかもたない徴税のためのさまざまな名称の役人がみられるようになってきた。このことは、間接的には郡家《ぐうけ》の機能低下に関係している。担当業務も、徴税のみに偏重し、かつての郡域を網羅できないものであった。その徴税単位は、かつての郷単位であったり、郡を機械的に分割し、あらたな郡・郷・保・条などの単位を設定することになる。

このことは、別の面からみると国司の権限の強化につながってくる。各地方は、中央貴族の「草刈場」として位置づけられ、きびしい収奪の対象となる。上野国を含む東国地域もその例外ではなかった。

郡の範囲の固定化に関係するが、最下層の単位には耕作者の名をつけて、すべてを把握しようとする努力がなされた。上野国も畿内近国地域と類似した推移をたどっていた。しかし、畿内近国と大きく異なるのは、以前にくらべ相当に縮小してしまった国府に納税を継続する地域―したがってその負担は倍増している―がある一方で、とくに東国地域では郡単位の大規模荘園が成立してくることである。

少なくとも上野国では、国府所在郡である群馬郡を中心として、西方に位置する郡と東方に位置する郡とでは内容に差がある。郡単位の大規模荘園は、主として東方の郡に成立してくるのである。

この二つの大きなまとまりについて、東方の郡としてはまず佐位郡や新田郡が代表としてあげられるだろう。豪族や地名の分布などを考慮すると、那波郡は佐位郡に、邑楽郡は新田郡にやや従属する傾向があるが、とくに後者についてては決定的なものではない。山田郡については、最近大規模な製鉄遺跡の存在が確認されるなど、国家的な水準で注意を要する地域であることがあきらかになってきている。ミワ神とカモ神とが同一郡にまつられていることは、交通関係の重要地点であることに関係している。また、山田郡周辺は、下野国東部・武蔵国北部などとともに、全国的にみても小規模な郡が集中しており、律令制成立以前にむしろ中心的な役割をはたした可能性がある。さらに勢多郡は、国府所在郡に隣接しており、その影響がみられる。

西方に位置する諸郡の中心は、いうまでもなく群馬郡であるが、政治的に注意されるのは、甘楽郡ないし多胡郡である。とくに後者にはさまざまな要素が集約的にあらわれてくる。鏑川流域は、和銅四年以前にはほぼ甘楽郡一郡であったが、さらにその前には甘楽郡・多胡郡それぞれにミヤケが存在したらしいことは、前項にのべたとおりである。同じくミヤケの存在が明瞭なのは緑野郡であるが、位置関係からみて多胡郡に所在したとみられるミヤケとの関係が問題になってくる。

これらのことは、基本的には自然境界としての意義が高かったと思われる旧利根川を境にしている現象としてもよいだろう。そのほかの河川は、それを中心に共同体が形成する場合にくらべると、隔絶性はやや見劣りがするように思われる。むろん古代までの農業技術上、克服しきらない大間々《おおまま》扇状地などの存在が、開発余地などの関係で集落分布に強く作用していることは軽視できない。また、山間地域が大半を占める吾妻郡・利根郡も他の一二郡と同等に考えることはできないだろう。機械的な分類はできないが、現在の利根川が前橋～高崎台地を横断する形で流れることや、律令制的郡と相関のない都市の成立によって不明瞭になっている部分を差し引いても、地域の個性は残ってくる。

3章

鎌倉に結ばれる武士団

宮田不動尊(渋川市)

1 新田義重の御家人化

淵名系武士団の展開

赤城《あかぎ》山の裾野は広い。とくに南・東は広大であるが、平安時代中期以降、この地域にも荘園《しょうえん》・御厨《みくりや》・保《ほ》・郷《ごう》などの新しい所領がうまれ、そこを苗字の地とする武士団が急成長した。藤原秀郷《ふじわらひでさと》の流れにある兼《かね》行《ゆき》は十一世紀中ごろには「淵名大夫《ふちなだゆう》」と称して、淵名に拠点をもつようになった。淵名には十二世紀前半に仁和寺法金剛院《にんなじほっこんごういん》領の荘園（淵名荘）がうまれるが、淵名大夫兼行の子・孫がこの荘園形成にかかわったとみられる。淵名大夫兼行は那波《なは》郡淵名に権益（私領）をきずき、それが淵名荘へと発展していったのである。

この系統からはやがて武士団が輩出する（次頁系図参照）。邑楽《おうら》郡の薗田《そのだ》氏（薗田御厨在地領主）、佐貫《さぬき》氏（佐貫荘在地領主）、勢多《せた》郡の大胡《おおご》氏（大胡郷）、山上氏（山上保）、深栖《ふかず》氏（深津郷）、林《はやし》氏（拝志荘）、佐位《さい》郡の佐井氏、那波郡の那波氏、また下野《しもつけ》国の足利《あしかが》氏（足利荘）もいる。この藤原系一族が赤城山麓東・南に広く蟠踞《ばんきょ》したのは十二世紀であるが、その根源となったのは淵名大夫兼行であった。

また一方、西上州鏑《かぶら》川流域は河岸段丘がみごとに展開する。そこには秩父児玉《ちちぶこだま》党の有道《ありみち》氏一族が分布していった。有道氏は遠峯《とおみね》にはじまるが、行重《ゆきしげ》・行高《ゆきたか》は母方の秩父氏の養子となり、秩父氏と強い結びつきとなり、神流《かんな》川（上・武の国境）を越えて、緑野《みどの》・多胡《たご》・片岡《かたおか》郡に進出した。山名、多子（多胡）、大類《おおるい》、白倉《しらくら》、新屋《にいや》、片山、小幡《おばた》、倉賀野《くらがの》などの諸氏がおのおのの地を本領にしつつ自立していった。ただ一族と

淵名兼行系の系図（野口実『坂東武士団の成立と発展』より作成、一部補足）

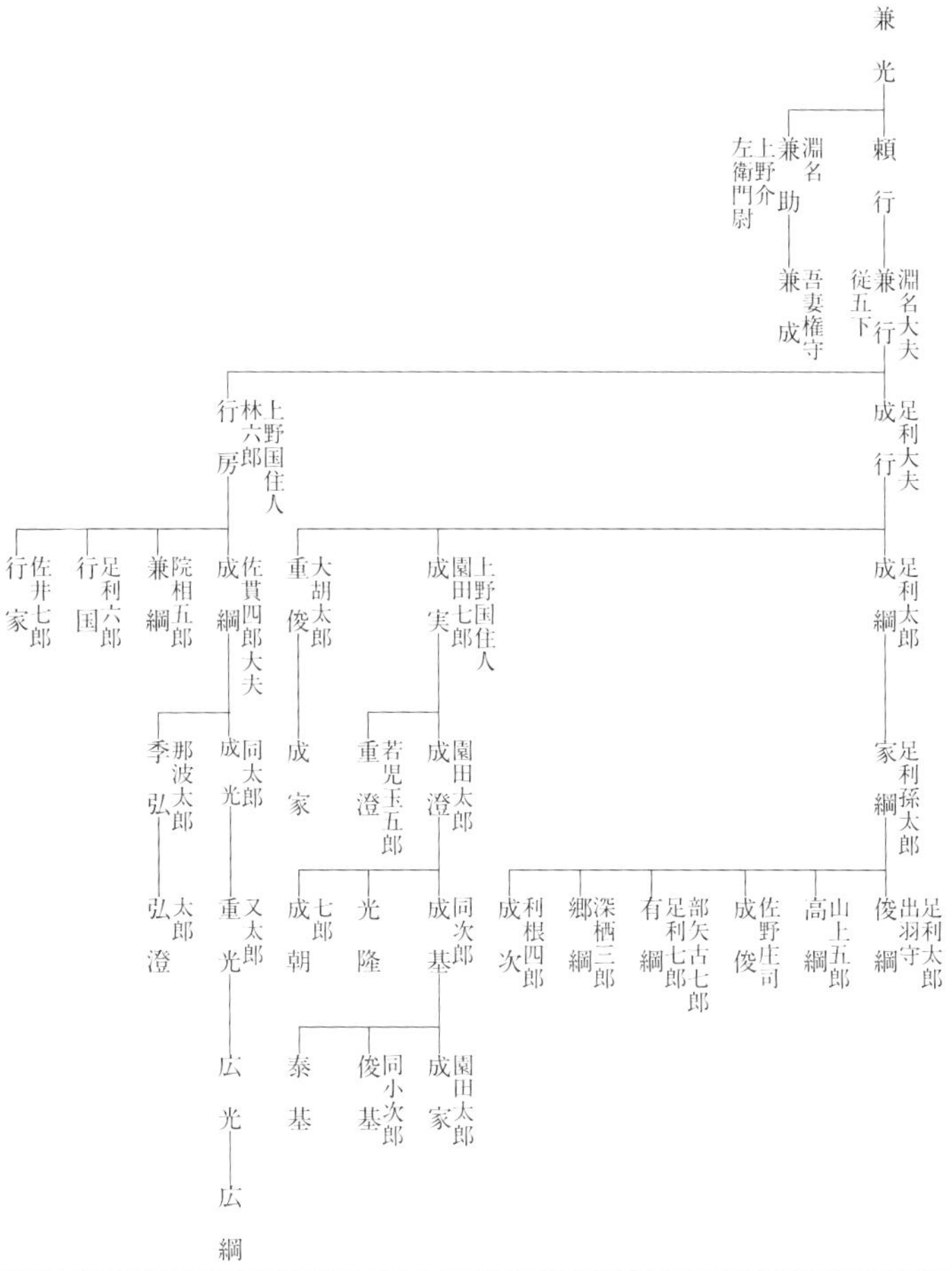

しての結びつきは強く、たとえば倉賀野八郎公行《きみゆき》も「平児玉倉賀野ノ八郎公行」（「小代伊重置文《しょうだいこれしげおきぶみ》」）とよばれているが、「平」は秩父、「児玉」は児玉党のことであり、この呼び名は倉賀野公行をとりまく社会的関係を示している。

内乱と御家人制●

久寿二（一一五五）年八月、源義賢《みなもとのよしかた》は武蔵《むさし》国大蔵《おおくら》館で甥義平《よしひら》に殺害された（『台記《だいき》』など）。義平は源家棟《とう》梁《りょう》義朝《よしとも》の子であり鎌倉を本拠に勢力を北に広げつつあった。一方の義賢は義朝の弟であるが、前々年の夏ごろから上野国多胡郡に居住し、武蔵にも進出し、秩父重隆《しげたか》の婿となっていた（『延慶本平家物語』）。義賢が居住した多胡郡は有道系一族が蟠踞していた中心地であり、おそらくその盟主となったのであろう。秩父重隆の勢力も配下にしたのだから相当なものだったと思われるが、それが甥義平（悪源太《あくげんた》といわれる）に滅ぼされたのである。妻である秩父重隆の娘は幼子をつれて山越えで信濃にのがれた。幼子は中原兼遠《なかはらかねとお》に養育され、往々上洛もし、源氏ゆかりの石清水《いわしみず》八幡宮で元服し、義仲《よしなか》となった（『平家物語』）。

治承四（一一八〇）年八月、以仁王《もちひとおう》令旨《りょうじ》（「最王勝宣旨《さいおうしょうせんじ》」とも表現される。『明月記《めいげつき》』など）を奉じて、伊豆《いず》で源頼朝《よりとも》が挙兵した。初戦では敗北したが、海路安房《あわ》国にのがれ、上総《かずさ》・下総《しもうさ》・武蔵と廻るうちに、軍勢は巨大にふくれ上がった。十月十五日には源氏ゆかりの鎌倉にはいり、ここが頼朝勢力の本拠となった（『吾妻鏡《あずまかがみ》』）。

こうして南関東は頼朝の勢力下にはいり、源平の内乱に突入したが、上野国ではどのような状況だったろうか。鎌倉の頼朝に参陣した上野の武士は当初はごく少ない。上野国は下野や信濃《しなの》とともに別の政治情勢が展開していた。信濃の木曽義仲《きそよしなか》は同年十月亡父（義賢）遺跡の多胡荘にはいり、西上州から国府にか

❖コラム

未完の巨大用水路―女堀

赤城山の南麓地帯を、縫うようにして続く巨大な用水堀遺構が存在する。幅一五〜三〇メートル、深さ三〜四メートル、長さは延々と一二・七五キロにもおよび、今日でも点々とその痕跡を認めることができる。地元ではこれを女堀《おんなぼり》とよんでおり、女がかんざしで一夜にして掘ったとか、推古《すいこ》天皇あるいは尼将軍北条政子《まさこ》の時代に掘られたとかいう伝承が残っている。

しかし、昭和五十四（一九七九）年から五十七年にかけて圃場《ほじょう》整備に伴う発掘調査が実施されると、つぎのような事実があきらかになってきた。(1)女堀は起点前橋市上泉《かみいずみ》（標高九八メートル）の旧利根川（桃木川《もものき》）から引水し、ほぼ九五メートルの等高線に沿って東にむかい、終末点佐波郡東《あずま》村西国定《くにさだ》の独鈷田《とっこだ》（標高九四メートル）に送水するための農業用水路であること、(2)平安末期の浅間B軽石層（天仁元〈一一〇八〉年噴火時の浅間火山灰）降下後に開削されたこと、(3)工事の途中で中断・放棄され、未完成におわったこと、(4)中断の理由としては、各工区間の調整が不十分であったことや、台風などの自然災害によって河川の渡河点付近が大打撃をうけたこと、などが考えられる。

こうした調査結果をもとにすると、不明な点の多かった女堀の開削者も明確になる。平安末期、女堀の起点・通過点・終末点には、秀郷流藤原氏の大胡・大室・淵名の各氏が蟠踞していた。終末点送水を目的とした女堀は、淵名荘（大治五〈一一三〇〉年成立か）における浅間火山災害復旧事業の一環として計画され、淵名氏を中心に秀郷流藤原氏が総力をあげて取りくんだものとみられる。しかしそれは未完のまま中断され、一度も通水されることなく放棄されることになったのである。

けての地域を影響下におき、やがて十二月下旬信濃に引きあげた。これにより、物射《もののい》六郎・那波弘澄《ひろずみ》・佐位七郎・瀬下《せしも》七郎など、西毛・中毛の武士が義仲にしたがった（『延慶本平家物語』など）。また新田義重は同年九月から十二月のあいだ、「上野国寺尾館《てらおたて》」（高崎市寺尾に比定）にこもり（『吾妻鏡』）、頼朝の陣営とのあいだには距離をおいていた。木曽義仲・新田義重《にったよししげ》のこのような動きは、頼朝方からは「自立の志」を誇示するものと思われ、不隠な関係にあった。

新田義重は同年十二月下旬、寺尾城をでて鎌倉にむかい、頼朝にあい、その陣営にはいった（『吾妻鏡』）。新田義重は京都育ちであるが、父義国《よしくに》にしたがって足利に下向したのち（『尊卑分脈《そんぴぶんみゃく》』）、やがて渡良瀬川《わたらせ》を越えて東上州に進出し、新田荘（金剛心院領）の荘官（下司職《げすしき》）となっていた（「正木文書《まさき》」）。東上州は淵名系藤原一族が大勢力となっており、その中心は足利俊綱《としつな》であった。平治《へいじ》の乱で源義朝・義平が滅び平清盛《たいらのきよもり》が武家棟梁になると、足利俊綱・新田義重も平氏に接近していった。治承四年源平内乱開始当初、義重は京都にあって平宗盛《むねもり》につかえていたのである（『山槐記《さんかいき》』同年九月七日条）。この義重が「自立の志」を示し、また頼朝にしたがうに至るのである。義重のこのような政治的不安定さは在地における、また中央政界における拠点の脆弱さによるものだろうか。

新田義重が頼朝の陣に参加したあともしばらくのあいだは政治的不安定が続いた。これが寿永二（一一八三）年になると大きく変化した。頼朝勢力が上野国など北関東一帯におよんできた。この年二月下野国野木宮《のぎのみや》合戦で志田義広《しだよしひろ》とこれにくみした足利俊綱・忠綱《ただつな》父子が敗北し、志田義広は木曽義仲のいる信濃にのがれた。この結果、頼朝と義仲の仲が険悪となり、頼朝は上信国境に近い板鼻《いたはな》に軍勢を進めた。義仲は子息義高《よしたか》を人質にだして対立を回避したが（「神明鏡《しんめいかがみ》」など）、上野国西部に頼朝の軍事力がおよんだのであった。さらに十月には頼朝権力は朝廷から公認されたが（寿永二年十月宣旨）、上野国での公権の行使は安達盛長《あだちもりなが》が担当するところとなった。

源頼朝の権力が上野国におよぶと、上野国の武士たちは進んで御家人《ごけにん》となっていった。文治五（一一八九）年七月、頼朝は奥州平泉《ひらいずみ》を攻め、藤原泰衡《やすひら》と源義経《よしつね》を討った。この奥州合戦は巨大な軍事動員のもとに展開されたが、上野国からは山名義範《やまなよしのり》・新田義兼《よしかね》・佐貫広綱《ひろつな》・同五郎・同六郎広義・佐々木盛綱《もりつな》・渋《しぶ》河兼保《かわかねやす》・沼田《ぬまた》太郎、さらに高山・小林・大胡の住人も加わっている。これらの武士は北陸道将軍比企能員《ひきよしかず》にしたがい進軍したものと思われるが、頼朝軍勢にこれだけの上州武士が参加したのははじめてであった。

翌建久元（一一九〇）年になると、頼朝は伊豆配流《はいる》後三〇年ぶりに上洛したが、その供奉《ぐぶ》には全体で一〇

建久元(1190)年源頼朝上洛供奉の人びと(上野国，計23人)

人名	本拠地
高田太郎	富岡市
沼田太郎	沼田市
寺尾太郎・同三郎太郎	高崎市寺尾
佐貫六郎・同五郎・同四郎	邑楽郡
広沢三郎・同余三	太田市園田
山名義範・同小太郎	高崎市山名
新田蔵人(義兼)	太田市
徳川三郎(義季)	太田市
里見太郎(義成)	高崎市
渋河弥五郎	渋川市
桃井八郎	榛東村
大胡太郎	前橋市
深栖太郎・同四郎	前橋市
倉賀野三郎	高崎市
太(多)胡太郎	高崎市吉井町
山上太郎	桐生市
小林次郎	藤岡市

○○騎がしたがった。上野国武士でこれにしたがったものは前頁の表のとおりであり、一三人を数える。頼朝にしたがう武士が多数になってきたことがわかる（以上、『吾妻鏡』）。

　こうして上野国でも御家人制が形成されてきたが、これを確固としたのが建久四（一一九三）年の三原の狩であった。この年の頼朝は三原（吾妻郡西部）にむかい、下野の那須に移り、鎌倉にもどるとただちに富士に遊び、三カ所で狩を行っている。三原→那須→富士と坂東の国境を廻りながら、頼朝は政治的敵対者・不隠分子を慰撫・摘発しながら、各地の御家人には護衛の奉仕を求めると同時に、地域における彼らの指導的地位を安堵して廻ったのである。『妙本寺本曽我物語』によれば、三原にむかう途中、西上州の宿々では、山名・里見・高山・小林・多胡・小幡・丹生《にう》・高田・瀬下・黒河の西毛諸氏が護衛している。また三原から那須にむかう途中、利根《とね》川から赤城山にかけては、大胡・大室《おおむろ》・深栖・山上・寺尾・長野・那波・大類・新田・鳥山・佐野・佐貫・佐位・苑（薗）田などの中毛・東毛の武士が護衛している。この狩に伴う頼朝の廻国は上野国に御家人制を制度化し、幕府体制を固めていったのであった。

守護安達氏と外来御家人●

こうした頼朝権力を上野国で分担したのが守護安達氏であるが、その二代目安達景盛《かげもり》は父盛長のあとをうけて、確実に権力を強化していった。元久二（一二〇五）年六月武蔵国二俣《ふたまた》川で執権北条《しっけんほうじょう》氏の軍勢が畠《はたけ》山重忠《やましげただ》軍を破ったが、このなかには飽間《あくま》太郎・玉村太郎らをしたがえる安達景盛がいた（『吾妻鏡』）。安達景盛は飽間太郎・玉村太郎を被官《ひかん》として、鎌倉の屋敷で召しつかっていたのであろう。飽間は碓氷《うすい》郡飽間に、玉村は佐位郡玉村におのおの本拠をもつ武士であった。

　安達景盛はこうして上野国内武士をしたがえるとともに、上野国の内部にみずからの拠点を形成していた。玉村氏の本拠玉村御厨には安達屋敷と伝えられる場所があり、鎌倉鶴岡《つるがおか》から勧請されたとの八幡社（角淵《つのぶち》八幡）もある。この地に安達氏の拠点があったと思って間違いなかろう。玉村は上野国府中とも近く、水陸の交通も発達していた。義景は承元四（一二一〇）年九月に足利忠綱の遺領をさがしだし、幕府に報告し、その結果、その領地に新地頭《じとう》が任命された（『吾妻鏡』）。義景の国府指導権のもとに所領の知行《ちぎょう》替えが行われたのである。義景はまた建暦二（一二一二）年八月には上野国内での検断権執行を命じられ、寛元二（一二四四）年には彼の代官安達泰盛が上野国御家人を催促して大番役《おおばんやく》をつとめさせている（『吾妻鏡』）。

建保元（一二一三）年五月、幕府侍所《さむらいどころ》別当《べっとう》和田義盛《わだよしもり》一族が執権北条義時《よしとき》に討たれ、滅んだ。鎌倉でのこの合戦には多くの御家人が参加したが、上野国内の武士では薗田一族・高田一族が和田方に付いて破れた。薗田氏は大きな打撃をうけたものと思われるが、その後も幕府に出仕している。また和田合戦では桃井《もものい》郷が没収され、幕府につかえる藤原季康《すえやす》にあたえられた。桃井郷の領主は物射氏であったが、この合戦を契機に、承久年

玉村角淵《つのぶち》八幡宮（玉村町）　安達盛長の勧請という。

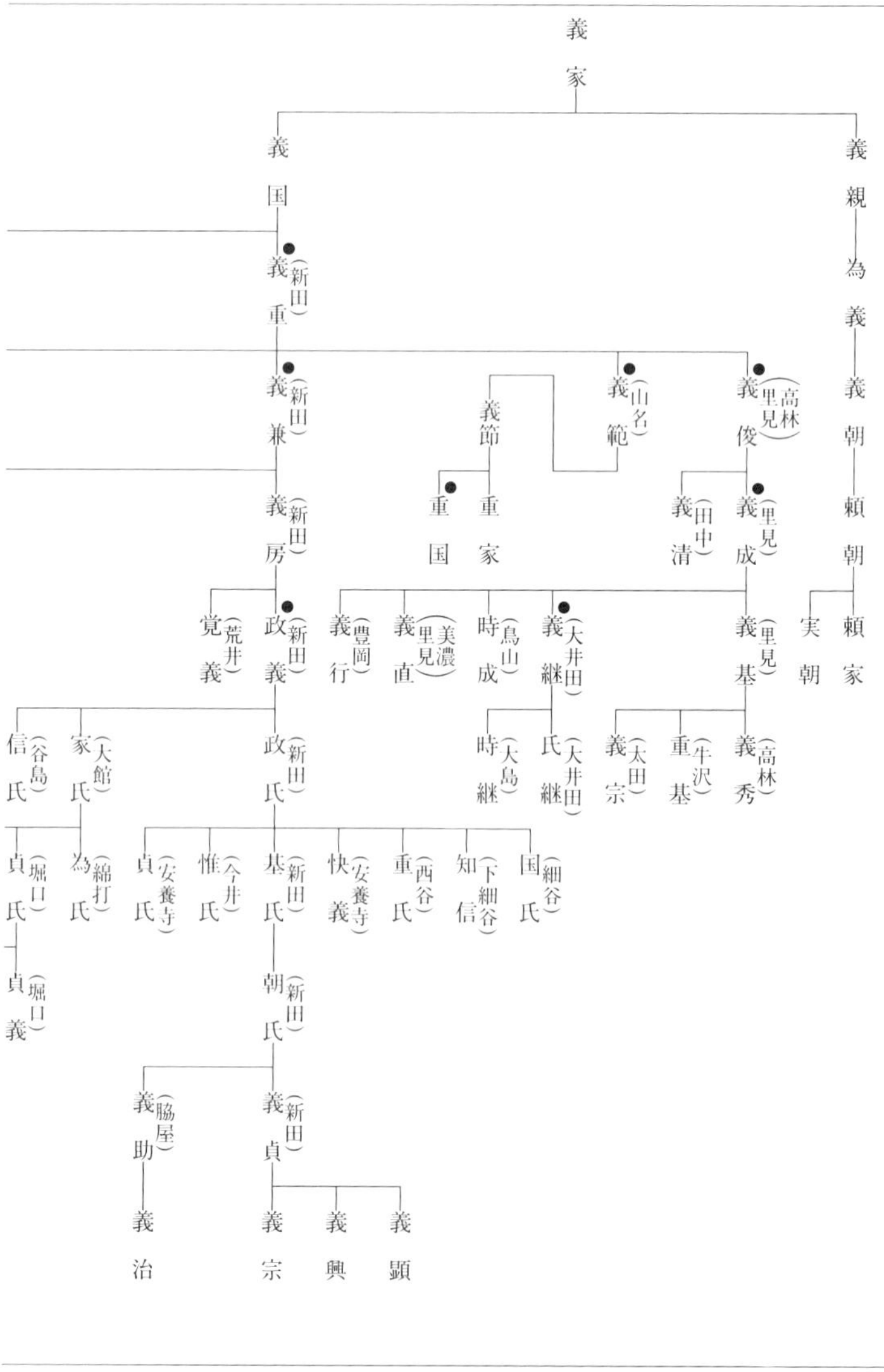

新田氏一族の系図(『新田町誌』第四巻による)

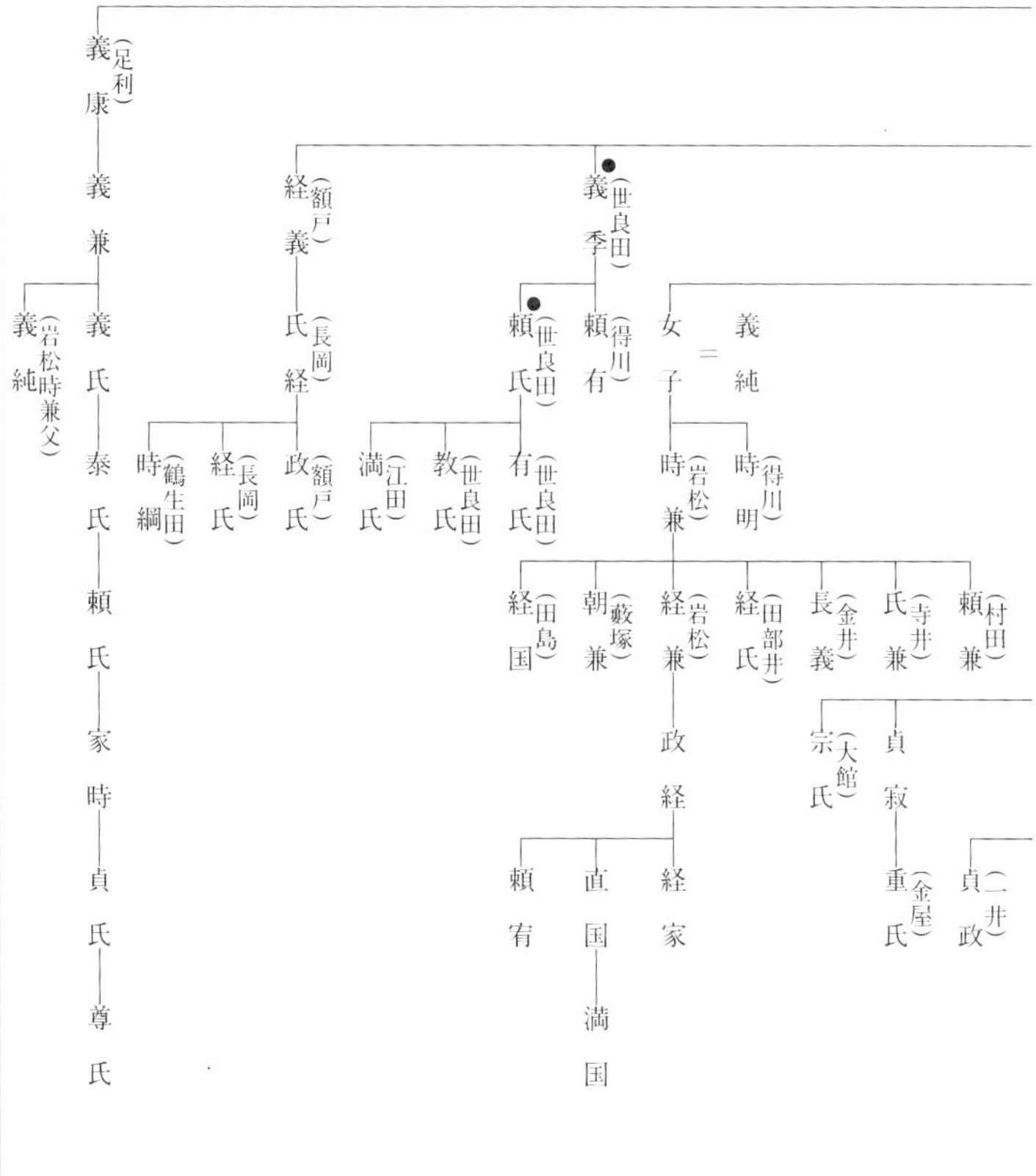

●は『吾妻鏡』登場人物，（　）内は苗字を示す。

間（一二一九〜二二）には没落していった。そして、この地域には源氏系足利氏の一族が進出してきた。源姓足利氏の祖は義康《よしやす》であるが、その孫義胤《よしたね》は桃井を称し、以後この子孫たちは桃井を名乗る。この桃井氏は没落した物射氏にかわって桃井郷現地の支配者となり、その地名を名乗ったのである。東隣りの渋川《しぶかわ》保《のほ》にもこの直後に足利系の義兼が進出し、渋川を名乗っている。こうして古代以来の物射・渋川氏が没落したのちに、足利系の桃井・渋川氏が進出してきた。上野国外から武士が新しくはいってきて、幕府御家人となっていくのである。北条氏にやぶれた和田一族のなかにも上野国の山間地帯にのがれたものもいる。興禅寺《こうぜんじ》（戦国期和田氏の菩提寺）所蔵の「和田記」「和田系図」には、和田義盛の子（八郎義国、六郎義信）が「上野国ニ退キ蟄居」したと記されている。根拠のない伝承かもしれないが、建治元（一二七五）年の確実な史料は上野国御家人として「和田五郎跡」（「跡」とは後継者）を記している（「六条八幡宮造営注文写《うつし》」）。「和田記」の伝承もあながち根拠なしとはいえないと思う。

これよりさき、幕府問注所執事《もんちゅうじょしつじ》大江広元《おおえひろもと》は那波郡に所領を得ていた。ここの領主那波弘澄は木曽義仲にしたがい、最期をともにした。おそらく弘澄の所領は没収され、幕府の管理下にはいった。これが大江広元にあたえられ、広元の子政広《まさひろ》は那波を名乗るに至る。藤原系那波にかわって中原大江系那波氏が誕生したが、その政広は藤原系那波弘澄の娘を妻にしている（『系図纂要』所収「藤原系図」）。旧来の那波氏勢力を吸収して新しい那波氏が成立したのである。東隣りの淵名荘でも同様に、藤原系にかわって、中原系の季時《すえとき》が淵名を名乗り、あらたな支配者となった。ただ幕府吏僚の御家人は鎌倉住まいであり、代官が現地を支配していたと考えられる。

新田氏と地頭職●

建仁二（一二〇二）年に死去した新田義重の跡を継承したのは義兼であった。義重の子息のうちでは義《よし》俊《とし》・義兼・義範《よしのり》・義季《よしすえ》が有力であったが、義俊は里見の祖、義範は山名氏（源系山名氏）の祖となり、新田氏本宗家は義兼がうけついだ（八六〜八七頁系図参照）。義兼は父義重の生存中からも幕府に出仕し（義重と頼朝は疎遠が続く）、御家人としての地位を確保していた。父義重は新田荘下司職の地位を領家《りょうけ》（藤原忠雅《ただまさ》）からあたえられていたが、この下司職が土台となって新田荘地頭職が成立した。元久二（一二〇五）年八月、新田義兼は新田荘一二カ郷の地頭職を源実朝《さねとも》からあたえられた（「正木文書」）。この史料は新田荘地頭職の初見史料であるが、御家人としての地位を確立した義兼が、新田荘における地位を地頭職として、確立したのである。新田氏の財政的基礎はここに固まり、その地位は京都政権（新田荘領家を含む）単独の力では左右されなくなった。ここに幕府御家人となった新田氏の強みがある。新田氏にかぎらず、御家人となった上州武士は、それぞれの所領の地頭職をあたえられたはずであるが、文書として現存するものは僅少である。新田氏ではこののち、荘内の郷々に分家をだし、その郷名を苗字とする一族が分立するようになっていく。

2　「鉢木」の世界

善光寺道●

松井田《まついだ》の不動寺《ふどうじ》と八幡宮は本来一体であったが（現在はそのあいだに小学校が建つ）、源頼朝が建久八（一一九七）年善光寺参詣の途中この八幡宮で休息したと、「不動寺縁起」は伝えている。頼朝の建久八年善光寺参詣は信濃・上野に伝承が多く、実行された可能性が高い。頼朝と妻政子は篤く善光寺を信仰しており、関東武士も同様であった。「曽我物語」では曽我十郎（兄）の愛妾虎御《とらご》前《ぜん》が夫の霊を鎮めつつ善光寺参りをするようすが描かれている。これはフィクションであるが、この物語が唱導文芸であったことから、物語は鎌倉後期の関東武家社会の心意を表現していると考えてよい。

「宴曲抄《えんきょくしょう》」（正安三〈一三〇一〉年成立）には鎌倉から善光

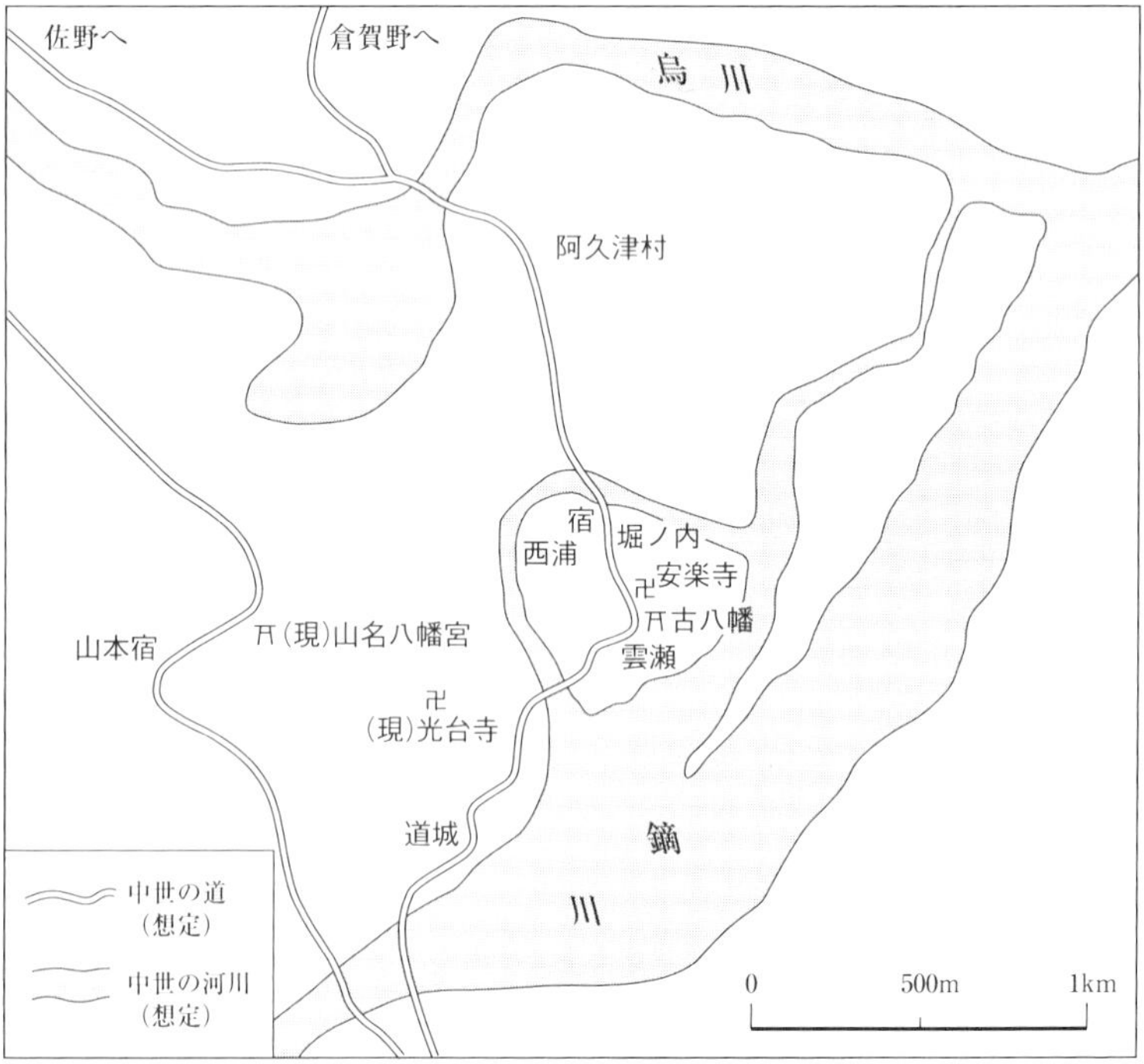

山名宿の復元図

寺修行にむかう道中が歌物語としておさめられ、その道中の地名もうたいこまれている。また「真《ま》名《な》本《ぼん》曽我物語」にも上野から信濃にぬけるあいだの交通の要衝が記述されている。これらから交通路を復元してみると、児玉宿（埼玉県）→山名宿（高崎市）→板鼻宿（安中市）→松井田宿（安中市）となろう。このルートは神流《かんな》川を越えて上野国にはいり、鏑川を渡り山名宿に至る。ここから観音山《かんのんやま》丘陵沿いに北上し（鎌倉街道の伝承がある）、指出《さしで》でまた川を渡り、台地上を板鼻に進む。

この交通路の拠点には宿《しゅく》が成立していた。「宿」は文芸作品にだけでなく古文書にも表現される。山名宿は鎌倉末期の小代伊重置文にみられ、南北朝初期には「宿在家《しゅくざいけ》」も確認される。鎌倉中期から宿とその在家が存在していたとみてよかろう。また他の史料では「くもせ在家」とあるが、宿《しゅく》も雲瀬《くもせ》も現地に小字名として残っている。山名郷のなかに宿が生まれ、地名となったのである。宿には、旅人に泊りを許す施設とともに、芸人や遊女、さらに商人・手工業者・高利貸も集まっていた。それだけに混沌とした世界であり、宗教者の活躍する場でもあった（中世の山名宿・山名八幡は現在の山名八幡の東約一キロの地点に

板鼻の聞名寺（安中市）

あったと考えられる）。

板鼻宿

善光寺道は一部東山道と重なる（板鼻から信濃東部のあいだ）。板鼻は東山道と鎌倉—善光寺道の分岐点である。「義経記《ぎけいき》」では奥州にむかう途中義経は臣下となる伊勢《いせ》三郎義盛《よしもり》に出会っているが、伊勢の屋敷と伝承される地も残っている。僧栄朝《えいちょう》は比叡山《ひえいざん》から東国に赴くに板鼻に至り草庵に一泊したという（「長楽寺記」）。このように板鼻は東山道筋の交通の要衝であったが、さらに鎌倉—善光寺ルートの要衝にもなったわけである。

それだけでない。「豊岡かけて見わたせば、ふみとゞろかす乱橋《らんばし》の、しどろに違板鼻」（「宴曲抄」）とうたわれたように、周囲には川が乱流していて、橋が何本も秩序なくかけられていた。碓氷川が低地を流れており、そこに何本かの小川がここで合流している。「墨の衣の碓氷川、下す筏《いかだ》の板鼻や」（「鉢木《はちのき》」）ともいわれて、筏交通も発達した地にもなったのである。碓氷川・烏《からす》川・利根川沿いには河岸や渡しが分布しているが、板鼻はその中心地の一つであった。

交通の発達により宗教者も多く訪れ、宗教施設も多い。板鼻八幡は平安末期からの活動が散見するし、大聖護《たいしょうご》国寺《こくじ》、称名寺《しょうみょうじ》の存在も知られるが、とくに聞名寺《もんみょうじ》が注目される。聞名寺は時宗《じしゅう》であるが、板鼻には鎌倉後期から時衆が集う道場が盛んにつくられた。正安二（一三〇〇）年十一月、律宗《りっしゅう》僧浄阿《じょうあ》は板鼻で他阿弥陀仏真教《たあみだぶつしんぎょう》（時宗二祖）にあい、三日間の問答の末に弟子になったという（「浄阿上人行状」）。他阿真教が板鼻を拠点に教えを広げていたことがわかるが、このころ彼は越後などの北陸から上野国で布教していた。聞名寺ももとはこうした道場であったろうが、一遍《いっぺん》のものと伝えられる笈《おい》を残しており、古い様式の善光寺式阿弥陀三尊像を安置している。時衆の人びとは諸国を廻りながら唱導していたが、「曽我物語」なども聞名寺を管理者とする時宗遊行僧《ゆぎょうそう》によって語られたものであろう。

謡曲「鉢木」の舞台●

ある旅の僧が佐野の渡で雪にあった。日は高く夕暮れには間があるが、あまりの大雪なので宿を借りようとした。ある家を訪れると、この僧は、やがて帰宅した主人に一夜の宿を願った。主人はあまりに貧しく泊めることができない、近くに山本の里があるから、そちらに行けば泊れます、とすすめた。だがあまりの大雪なので宿を提供することとなり、主人は旅僧に鉢植えの梅松桜を切り焚いてもてなした、という。有名な謡曲《ようきょく》「鉢木《はちのき》」の佐野の渡の場面である。この旅の僧こそは北条時頼《ときより》であり、北条家得宗《とくそう》（執権からはしりぞいても権勢を持ち続けていた）の地位にあった。貧しい家の主人は佐野常世《つねよ》であり、のちの緊急時に鎌倉に馳《は》せ参じ、北条時頼から所領をあたえられる筋書になっている。幕府の主導的位置にある

山本の宿(高崎市)　手前石室のなかには画像板碑がある。

得宗が無足《むそく》（所領を失った）御家人を救済する関係が物語のテーマとなっている。

この物語の舞台は、信濃から碓氷川沿いに板鼻、佐野と廻ってきた北条時頼のコースからいって、西上州の佐野（高崎市）とみて間違いない。佐野常世、ひいては佐野氏という武士がいたという史実は検証できないが、佐野の近くと物語上いわれている「山本の里」も山名郷の山裾深くにある山本宿とみられる（その距離も物語上の一八町とあう）。おそらく佐野の渡を舞台に設定して創作されたものであろう。

北条時頼が各地を廻って歩いたという伝承は全国的にみられるが、これがなにを意味しているか、議論の分かれるところである。廻国の地は得宗領（北条本家の所領）だとする考えもあるが、必ずしもそうとはいえない。全国を遊行して歩いた時衆（芸能者を含む）の人びとが各地のようすを得宗家に情報としてもたらしていたこととの反映であろうか。

それにしても交通路と得宗権力の関係は深い。正応年間（一二八八～九三）、信濃の小諸《こもろ》太郎の下部・下女たちは売買のために西上州のある市庭にやってきたが、そこで守護代《しゅごだい》（平頼綱《よりつな》）従人と紛争をおこし、忍傷沙汰となった、という（「諏訪大明神絵詞」）。守護代平頼綱は得宗北条貞時《さだとき》の被官であるが、市庭の支配権を行使している。頼綱自身は鎌倉にいて、彼の従人（代官《だいかん》）が現地支配をしているのである。上野国守護は弘安八（一二八五）年の霜月合戦《しもつき》により、安達氏から北条氏に移ったが、北条氏の善光寺信仰もあり、上州とくに西上州の交通路はその支配権のもとで整備されていった。このような背景の上に謡曲「鉢木」は成り立っている。

世良田の有徳人●

徳治二（一三〇七）年、覚源《かくげん》という禅僧は越後《えちご》から鎌倉にむかう途中で、上州の世良田宿《せらだしゅく》（太田市）に宿泊した。覚源に宿を提供した亭主は「サブライガマシキ人」で、仲間とともに経典を読み書写する会合をつくっていた。彼らは共同の財源をもっており、覚源は一貫文でやとわれて七日間経典の書写をしたのである（「覚源禅師年譜」）。覚源を宿泊させたのは世良田宿の住人であり、結衆して銭をだしあい、徳行を積んでいる。このような豊かな人びとを「有徳人《うとくにん》」というが、鎌倉後期には「世良田ニハ有徳人多シ」（『太平記』）といわれるように、関東では有名であった。

　世良田は長楽寺《ちょうらくじ》の門前として発達したが、水・陸交通の要衝でもあり、鎌倉時代後期には宿とし

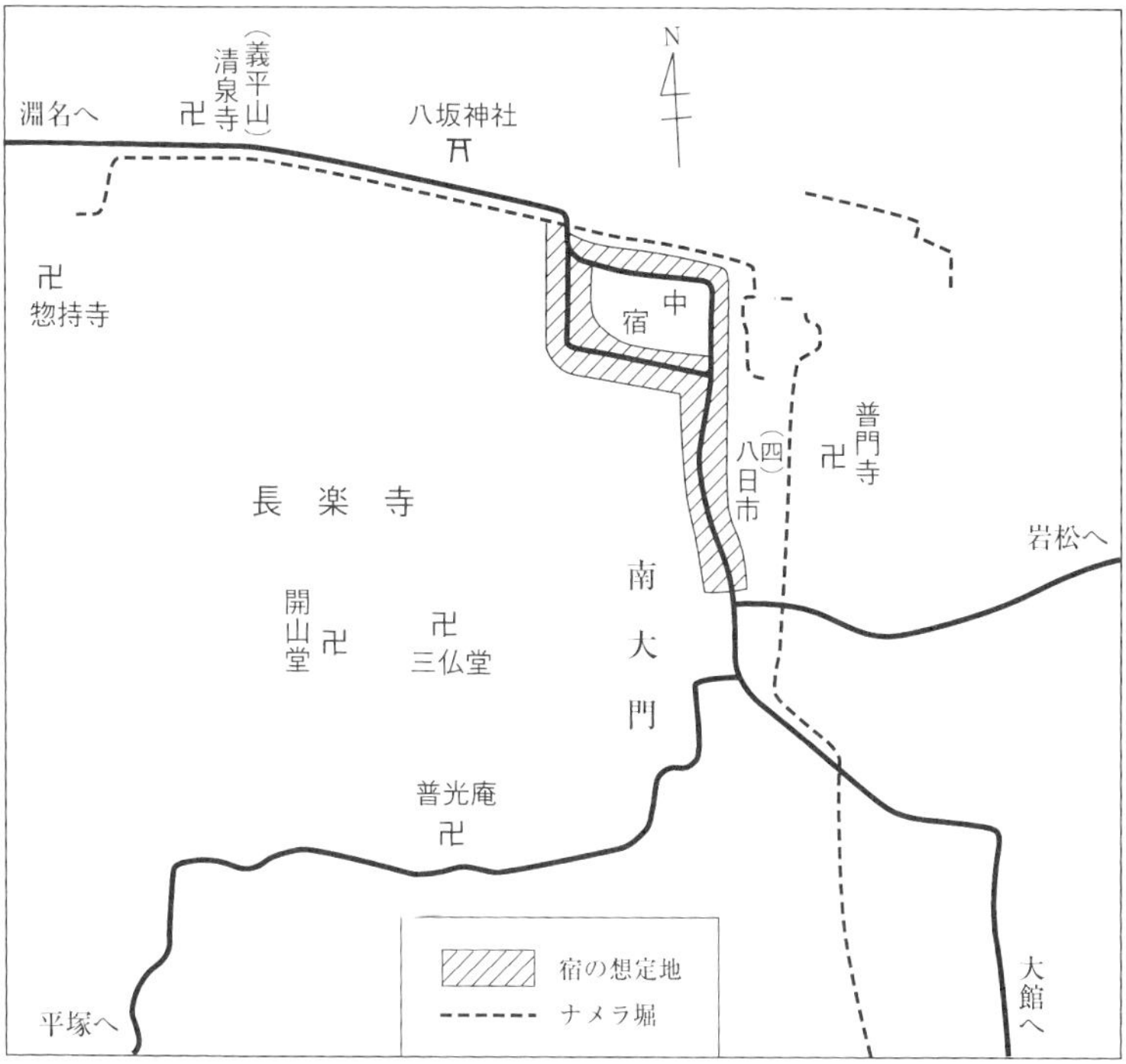

長楽寺門前世良田の宿・市復元図

て整備され、四日市・六日市の市庭が開かれ、宿の住人は長楽寺に税を負担していた（現在でも上《かみ》宿・中《かみ》宿・下《しも》宿、八日市〈四日市の転訛〉の地名が残っている）。商人・高利貸、職人が集い、活況を呈していたのである。都で知られた「世良田の刀」もここでできたえられたものだろうし（「桂川地蔵記」）、南北朝期下総法性寺《ほうしょうじ》（水海道市）如意輪観音《にょいりんかんのん》像をつくった加賀坊長慶《ちょうけい》なる人物も世良田住人と記している。世良田に集まり住んだ職人たちは交通の発達にのり、広域で営業したのである。

正和年間（一三一二〜一七）、長楽寺は大火にあい、一山は灰と帰した。この直後、大谷道海《おおやどうかい》という人物は二人の娘とともに長楽寺再建の活動を展開し、新田荘などの所領を多く買得し、寺に寄進した。大谷道海は鎌倉幕府の得宗勢力に連なる人物であり、世良田宿有徳人たちの外護者《げごしゃ》でもあった。長楽寺再建を進めた大谷道海の背後には多くの有徳人がいたのであった。

3　浄土への願い

聖域赤城山●

上毛三山の一つである赤城山の広くひろがる裾野をもつ美しい山容は、上野国に生活した人びとに今も昔も強い印象をあたえた。赤城山麓の黒保根《くろほね》・東《あずま》の二村で過去一年に死者のあった家では四月八日に必ず赤城山に登山する習慣があったことから、赤城山が死者の霊魂の集まる山上他界であったとした柳田國男の見解は、現在の民間伝承をもとにしたものであるが、赤城山が一つの他界、聖域として上州の人びとにうけとめられていたことは中世においてもかわらなかった。十世紀の『延喜式《えんぎしき》』の「神名帳」にも、国内一二社の式内社のなかで甘楽《かんら》郡の貫前《ぬきさき》神社、群馬郡の伊香保《いかほ》神社とならんで赤城山を神体とする勢多郡の赤城神社は名神、大社として別格の高い処遇をうけており、式内社は中央の神祇官の台帳に載せられたものであり、そこで高い処遇をうけていることは、赤城が中央からもとくに重要視されていたことを示している。十四世紀の『神道集』では赤城山上の大沼は赤城沼とよばれ、竜神が住み、沼は長寿不退の竜宮城につうずるとされ、また、大沼は千手《せんじゅ》観音、小沼は虚空蔵《こくうぞう》菩薩《ぼさつ》、禅頂（地蔵岳）は地蔵菩薩ともされている。一つの聖域として意識されていたことがうかがえる。

赤城の南麓の桐生市新里町山上《やまがみ》の桑畑のなかに延暦二十（八〇一）年につくられた「塔婆《とうば》石造三層塔」（山上多重塔、国重文）がある。僧道輪《どうりん》が朝廷、神祇《じんぎ》、父母、衆生《しゅじょう》、含霊《がんれい》のために如法経《にょほうきょう》をおさめたものであり、苦の世界で生きている衆生をやすらかな彼岸に導きたいというのが、造塔の趣旨であるという銘文がみられる。そのやすらかな彼岸は塔の背後にそそり立つ赤城の山上を想定したようにも考えられるの

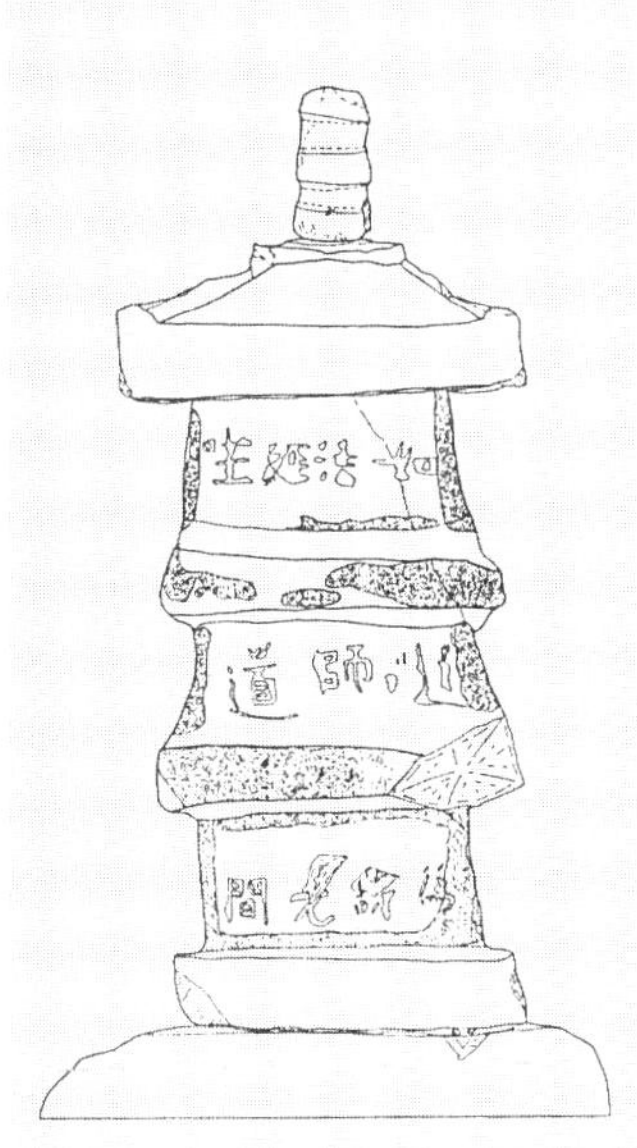

山上多重塔と同南面図（柏瀬和彦「山上多重塔の基礎的研究」『群馬県史研究』27による）

は、この地を中心に県内の石製蔵骨器《ぞうこつき》の七割が出土していることとも無関係ではない。死者の霊をまつる地域とされていたことを示すものである。赤城山をのぞむ太田市世良田町の長楽寺は、新田氏の一族世良田義季を開基とし、禅僧として名高かった栄朝を開山とした全国に知られた寺院であった。長楽寺五世の月船琛海《げっせんしんかい》は赤城山で三〇年間も山をでず、天狗を友とした了儒《りょうじゅ》という人物にあう。了儒は琛海の弟子となり、しばしば赤城山から長楽寺を訪れたという。了儒は山で修行、生活する修験者であり、了儒の生活の場である赤城山は修行の場でもあった。また、長楽寺での修行に満足できなかった峻翁令山《しゅんおうりょうざん》は寺をで、赤城山に住む乾坤長和尚から指導をうけた。彼を指導した和尚も了儒と同様、赤城山を修行、生活の場としていたのであり、さらに周防《すおう》生まれの僧空覚《くうかく》も赤城山で参籠している。これらの事例は赤城山が修験者・僧侶などの修行をする聖域とされていたことを示している。

さきの「山上多重塔」のあるあたりは山上保《やがみのほ》とよばれていた。この地に十三世紀後半の鎌倉時代に行仙《ぎょうせん》という僧侶がいた。彼は高野山で修行し、真言宗の念仏の行者として広く知られた僧であり、『念仏往生伝』とかりによばれている著作を残している。そこにはこの地を中心に生活していた七人の念仏者の往生のようすが記録されている。そこには博打《ばくち》を業《なりわい》としていた赤堀《あかほり》の男が家の西方の垣根を西方浄土へ往生するのに邪魔だとしてこわして往生したようすが記録されている。念仏が広い範囲の人びとにまで定着していたことがうかがえる。高野山ともゆかりのあった行仙が山上の地に居を定めたのは、この地が古くから聖域とされていたことと無関係ではないことに注目したい。

大胡秀村と薗田成家●

『念仏往生伝』にみえる上野の住人の一人に大胡小四郎秀村がいる。彼の行状は「源上人の消息をもって

◆コラム

草津白根山の血盆経

草津白根山《くさつしらねさん》の山頂にある湯釜から、昭和三十（一九五五）年に、薄い板に経文を墨書した柿経《こけら》が発見された。その表面には硫黄《いおう》がこびりつき、長いあいだ湯釜の水に浸かっていたことが一目でわかる状態であった。それは十五世紀のもので、そこに書かれた経文は血盆経《けつぼんきょう》であった。

この柿経は湯釜の硫黄鉱層の最下部から出土したが、その地層はおだやかな環境で堆積したもので、火山活動が盛んでない時期に静かな湖中に投げ入れられたものであることがわかる。

血盆経を池のなかに投げこむ儀礼は立山《たてやま》の血の池地獄で近世まで行われていた。それは血盆経を池に投入することによって血の池地獄に堕ちた産死者を成仏させるための救済儀礼であった。草津白根山湯釜出土の血盆経も、立山の血盆経投入供養と同様な儀礼に使われたものとみられ、その儀礼が早くも中世後期には成立していたことを示している。

ところで、山岳信仰と直結した血盆経信仰は、立山のほか恐山《おそれざん》・月山《がっさん》・妙高山《みょうこうさん》・白山《はくさん》などにみられ、修験者の関与が顕著である。草津白根山でも山麓の本山派修験が血盆経信仰とかかわったことが知られ、血盆経投入供養が修験者によってになわれていたことが推測できる。

血盆経は女人救済を説いた経典であるが、産の血が穢れたものであり、その穢れが伝染してさまざまな害悪を引きおこすとする触穢《しょくえ》思想に立脚している。霊山での血盆経投入供養は、女人救済のための儀礼でありながら、男性の修験者によって執行され、女人禁制を理由に女性を儀礼の場から排除する差別的なものであった。

亀鏡となし、一向念仏昼夜懈《おこた》らず」つまり法然《ほうねん》上人の教えの手紙を手本に念仏にはげんでいるのである。彼は大胡太郎の孫と記される。彼の祖父は在京のおりに法然と面接の機会をもち、その門下にはいり、上野に帰郷してのちも信心について不明な点があれば都の師法然に手紙で教えを求めたことで知られる大胡小四郎隆義かとされる。大胡氏は山上の地に隣接する大胡の地の御家人であり、これら在地の御家人層に浄土信仰が受容されていたことが知られる。

　大胡氏一族の浄土信仰と古くからの赤城南麓を聖域とするこの地の伝統とが無関係でないことを語るものであろう。また、浄土信仰は本来個人を中心とするものであるのに一族という集団により受けとめられているところにもこの地の信仰のあり方を示している。桐生《きりゅう》を根拠としていた御家人薗田成家《そのだなりいえ》の場合も正治二（一二〇〇）年、二八歳のときに大番役で上洛し、法然にあい、その年の十月には出家し、智明《ちみょう》と称し、以後六年間、法然の側におり、のち、須長《すなが》御厨の小倉の地で信仰生活をおくり、

薗田の角塔婆（太田市）

『神道集』にみえるおもな社寺

そのときには二〇余人の家子郎従《いえのこ》がともに出家したと伝えられている。成家も彼一人の入信ではなく、その背後にはやはり一族の信仰があったことに注目する必要がある。

浄土信仰がみられたのは赤城の南麓だけではなかった。利根川をはさんだ榛名山の麓は国府や国分寺があり、はやくから中央の文化がはいりこんでいた。「法然上人絵伝」には大胡・薗田両氏のほかに国府に住んだ明円《みょうえん》の話を伝えている。彼は遊行聖《ひじり》を引きとどめて村に道場をつくる。念仏信仰が村にうけいれられる過程を示すものである。明円は夢で法然の教えにより極楽に往生したという大導師聖覚《しょうかく》に会う。明円は聖覚の素性をたずね、彼が法然の門人であり、京の唱導の中心である安居院《あぐい》の聖覚であることを知り、上洛し、聖覚の弟憲実《のりざね》にあい、以後、毎年上洛し、信仰を深めたという。この関係は末亡人、息子、孫と続く。ここでも一族を核に浄土信仰が村に定着していく姿をみることができる。なお、安居院の人びとの手になる『神道集』に榛名山周辺の事例が多くみられるのも、明円にみられるこの国府周辺の浄土信仰に関係するものである。そこには赤城南麓とはやや性格を異にする宗教生活があったのである。

専修《せんじゅ》念仏の弾圧のため法然の一門は都から追放される。親鸞《しんらん》も越後に流された。建暦元（一二一一）年に釈放された親鸞は家族とともに信州の善光寺《ぜんこうじ》を経て、上野に足を運んだ。目的は同門の薗田成家から師法然の葬儀のようすを聞くためであった。このときに親鸞は成家から常陸や下総への布教をすすめられたともいわれる。上野の地は親鸞の信仰にとって大きな意味をもったところであった。親鸞の立場は阿弥陀如来の人びとを救うという願いを信じ、阿弥陀の力、つまり他力を信じる他力本願がそれであった。しかし、親鸞は上野の佐貫の地で浄土三部経の千部読経をはじめた。読経は自力によるものであり、それは他力本願にもとるものである。もっともこの読経は四、五日で中止されたが、彼の他力本願の信仰が上野の地で一時ゆらいだが、以後その他力本願の立場はかわることはなかった。上野は親鸞にとって、その信仰の確立した場所として忘れられぬ土地であった。

浄土の信仰は踊り念仏と「南無阿弥陀仏　決定往生　六十万人」の札を賦《くば》るという形でその信仰を広めた一遍（智真）の時宗によっても民衆のあいだに広まった。一遍は弘安三（一二八〇）年に善光寺から上野をとおり奥州に赴いたが、その上野での足跡は不明である。二代の他阿《たあ》（真教《しんきょう》）も永仁五（一二九七）年に上野の武勇を業とするもの（武士）が時衆にはいり、旅に同行したいと希望したのに対し、その土地に住んでも一筋に念仏をとなえればそれは道場での生活とかわらぬと説いている。現在、知られている上州の時宗の信者は十四世紀以後、その数を増加させており、近世には時宗の寺院は三五カ寺におよんでいる。板鼻の聞名寺《もんみょうじ》は寺伝では一遍の開基とされ、近世に縁切寺《えんきりでら》として知られる徳川の満徳寺《まんとくじ》も同じ開基伝承を伝えている。

4　内乱と上州白旗一揆

新田系諸勢力の蜂起●

元弘三（正慶二、一三三三）年五月八日早朝、新田義貞・義助《よしすけ》らの新田一族は新田荘生品《いくしな》神社に結集し、後醍醐天皇綸旨《りんじ》を三拝し、北条氏打倒の兵をあげた。参加した人びとは本宗系が多い（次頁表参照）。これらの人びとのなかには北条氏との対決に迷うものもあったが、義助の「各宣旨ヲ額《ひたい》ニ当テ運命ヲ天ニ任テ……義兵ヲ挙タラン」との発言に結束し、「笠懸野《かさがけの》」に打ちいで、上野国中央部をめざして行軍した（『太平記』巻十）。この笠懸原には世良田も含まれており（『太平記』巻三十）、義貞勢は世良田を世良田氏に委ね、上野国八幡荘にむかった。八幡荘は北条勢力の拠点たる国府・守護府に近く交通の要衝でもあり、越後・信濃の軍勢と合流したのである（「神明鏡」）。八幡荘には碓氷八幡宮があるが、この社はかつて源頼義《よりよし》が奥州征服にむかう途中源氏の氏神として八幡を勧請したという（同社縁起）。脇屋義助はここでふくれ上がった軍勢をみて、八幡大菩薩の加護とよろこんだ。以上は『太平記』の叙述であるが、ドラマチックにつくられている。実際は割り引いて考えた方がいいが、五月八日に新田で兵をあげたことは確かである。

一方、この直後（五月十二日）、新田荘世良田には、足利千寿王丸《せんじゅおうまる》（のちの義詮《よしあきら》）を中心に世良田満義《みつよし》などの軍勢が集結した。世良田も北条勢力の拠点となっており、ここを征圧することも急務であった。少なからぬ新田勢もこれに加わったとみられ、義貞自身が世良田に陣を敷いたとする説もある（『梅松論』）。ここでの軍勢集結も大規模で、常陸国武士の鹿嶋利氏《かしまとしうじ》は子息・若党を率いてこれに加わっている（「常陸無量寿寺文書」）。この軍勢は利根川を渡り、鎌倉にむかったであろうが、義貞自身はこの軍勢のなかにい

元弘3(1333)年5月8日蜂起の新田一族(『太平記』巻10)

系譜	人名
本宗系	新田小太郎義貞
	脇屋次郎義助
	大館次郎宗氏
	同　孫次郎幸氏
	同　弥次郎氏明
	同　彦二郎氏兼
	堀口三郎貞満
	同　四郎行義
里見系	里見五郎義胤
世良田系	江田三郎光義
岩松・足利系	岩松三郎経家
	桃井次郎尚義

たか、あきらかでない（利根川に沿った地域でも、このとき義貞が参詣したとの伝承をもつ寺・社もある。「竜《りゅう》燈山《とうさん》伝記」）。

義貞を中心とする軍勢は五月十一日には武蔵にはいり、十五・十六日には武蔵分倍河原《ぶばいがはら》で北条泰家《やすいえ》軍と激しくたたかった。飽間盛貞・家行はここで戦死し、同族宗長は十八日相模村岡（藤沢市）で討ち死にしたが、新田軍は勝利し、軍勢はここで大きくふくれあがった。

鎌倉を攻めおとすと、やがて新田・足利の対立がはじまる。関東でも千寿王丸の権威が上昇していく。上野国内では、建武三（一三三六）年初め、足利方の佐野義綱らが新田荘に攻めいり、笠懸原で合戸《ごうど》（額）氏家《け》人《にん》を討ち取り、利根川を渡り西毛にはいり、板鼻で合戦を展開した。新田側の反抗はみえず、足利勢が拡大していった。

上野守護宇都宮氏綱

建武五（暦応元、一三三八）年閏七月新田義貞が越前藤島《えちぜんふじしま》で戦死し、新田勢力が没落すると、内乱はやがて足利氏の分裂にむかった。足利直義《ただよし》は兄尊氏《たかうじ》と対立したが、直義には上杉《うえすぎ》氏が、尊氏には高《こう》氏が支持勢力についていた。観応元（正平五、一三五〇）年ごろから軍事的対決となり（観応《かんのう》の擾乱《じょうらん》）、関東でも上杉憲顕《のりあき》と高師冬《こうのもろふゆ》の対立となって展開された。

上野国守護は南北朝内乱開始以来上杉氏が就任していたが、観応の擾乱により尊氏方の宇都宮氏綱《うつのみやうじつな》が守護となり、約一〇年間続けた。観応二年の暮れ、宇都宮氏綱軍勢は笠懸・世良田・那波の地で上杉方軍勢を打ち破る。この過程で大胡氏・佐貫氏、新田大嶋義政《おおしまよしまさ》・山上公秀《やまがみきみひで》・赤堀時秀《ときひで》らが宇都宮方に加わり、上杉方の長尾平三・孫六・景忠さらに桃井直常《なおつね》を破っている（『太平記』巻三十）。赤堀時秀などは戦功により所領安堵状《あんどじょう》があたえられたが、宇都宮氏綱は守護としての実権を行使していった。

新田大嶋義政は淵名荘を「御書《ごしょ》をもって拝領した」と主張し（「宇都宮文書」）、同義高は雀袋・戸矢《とや》郷を「拝領したと称」している（「蜷川親治文書」）。この「拝領」は将軍家（尊氏）からのものだが、これには守護宇都宮氏綱の力が強く関与していたと思われるし、多胡荘を現地で押さえている神保《じんぼ》太郎左衛門尉らも同様の存在であろうか（「佐々木文書」）。

康安元（正平十六、一三六一）年十一月鎌倉府執事《しつじ》畠山国清《くにきよ》が失脚し、上杉憲顕が復活すると、上野国守護も宇都宮氏綱から上杉憲顕に還《かえ》った。宇都宮氏代官芳賀禅可《はがぜんが》は翌年板鼻に陣を敷いて上杉勢を迎え撃ったが、やぶれて、下野国にしりぞいた。これを追撃する軍勢のなかに「白旗《しらはた》一揆」の人びとがいたが、このとき彼らは「高名顔《こうみょうがお》」であった、という（『太平記』巻三十九）。

白旗一揆の活躍

内乱の最中に各地ではさまざまな軍事集団が結成され、足利氏その他を上意とあおいだ。関東では白旗一揆や平《へい》一揆が結成され、足利氏の軍事力として重要な役割をはたした。

白旗一揆は「上州・武州の白旗一揆」といわれるように武蔵北部から上野にかけての武士が結集したものであった。白装束で白馬にのり、白旗を差していた（『太平記』巻三十一）。白旗一揆は貞和四（正平三、一三四八）年河内《かわち》国四条畷《しじょうなわて》の合戦に幕府方として登場して以来一貫して室町幕府・鎌倉府の命令にしたがっていることから、足利氏（源氏）の直属軍としての性格が強く、「白旗一揆」と称したのであろう。

この白旗一揆は関東でも、文和元（正平七、一三五二）年武蔵野合戦（足利尊氏が新田義興《よしおき》らの蜂起を鎮圧する）、貞和二（正平十八、一三六三）年、武蔵苦林野《にがばやしの》合戦（公方《くぼう》足利基氏《もとうじ》が芳賀禅可を討つ）、康安二（正平

十七、一三六二）年畠山国清《くにきよ》の乱（討伐を命ずる公方足利基氏の軍勢催促）などにみえる。だが最大のものは康暦二（天授六、一三八〇）年から隣国（下野）におこった小山《おやま》の乱であった。下野国では宇都宮氏と小山氏がおのおの北部、南部に勢力を張り、守護権も分割されて行使されていた。康暦二年五月十六日小山義政と宇都宮基綱《もとつな》（国綱《くにつな》嫡子）が合戦し、宇都宮方では基綱が討ち死にしたのを始め、大きな打撃をうけた。鎌倉公方足利氏満《うじみつ》はただちに軍勢を派遣し、やがて小山氏は屈服し、小山義政は自害した（永徳二〈弘和二、一三八二〉年）。この過程は順調に進んだとはいえず、公方氏満は軍勢を最大限に動員するために、康暦二年暮れから使者梶原道景《かじわらみちかげ》を上洛させた。梶原は将軍足利義《よし》満《みつ》にあい、白旗一揆の動員許可を求め、許された（「空華《くうげ》日工《にちく》夫略集《ぶりゃくしゅう》」）。白旗一揆の活躍は翌年四月以降にはみられるが（「集古文書」）、永徳二年の小山鷲城《わしじょう》・糟尾《かすお》城・長野城攻めに顕著となる。彼らは「大将の下知《げち》を得ずして」攻撃し、勝ち目なしとみれば帰国し、ふたたび加わっては「一番か〻り」（先懸《さきがけ》）をやってのけた（「鎌倉大草紙」）。ま

長野氏墓地（高崎市来迎寺）　長野氏は上州一揆の中心であった。

た手負《ておい》・打死《うちじに》のものは恩賞に浴したが、後日の軍忠状にも「白旗一揆」として参加したことを強調した（武蔵の高麗清義《こまきよよし》など）。このとき上野国から白旗一揆として参加した人びととの具体的名前はわからないが、武蔵に接した地域の人びとであろう（西毛児玉党、東毛那波・舞木《まいぎ》氏など）。小山の乱はその後も若犬丸《わかいぬまる》自害（応永四〈一三九七〉年）まで続くが、白旗一揆の動きは定かではない。

禅秀の乱●

応永二十三（一四一六）年十月、鎌倉で戦乱がおこった。公方足利持氏《もちうじ》と前管領上杉氏憲《うじのり》（法名禅秀《ぜんしゅう》）との対立であるが、上杉氏内部の争い（山内《やまのうち》と犬懸《いぬかけ》）もからんでいた。上野国の武士では岩松満純《いわまつみつずみ》・渋河左《さ》馬助《まのすけ》・舞木太郎、児玉党の大類・倉賀野氏が禅秀方に味方した。とくに岩松満純は禅秀の娘を妻としており、禅秀方の「張本」といわれた。一方、公方方の上杉憲基《のりもと》には羽継《はねつぐ》修理太夫・同彦五郎のほか木部・寺尾・白倉などの上野国関係の武士が近仕していた。また舞木氏では宮内丞は公方持氏方に加わり、岩松満純と合戦し、生捕りにし、鎌倉に差しだしたという（「鎌倉大草紙」）。

この戦乱の余波は上野国北部の利根荘（沼田市・利根郡川場《かわば》村）にあらわれた。ここでは「応永廿三年関東大乱以後」白旗一揆が地頭職《じとうしき》をあたえられたと主張して、現地を押領している。この白旗一揆では那波宗元《むねもと》が荘園領主の代官となっていて、万里小路《までのこうじ》家からの指示をうけていた（「建内記《けんないき》」）。那波氏は鎌倉府奉公衆《ほうこうしゅう》にもなっているが、現地では白旗一揆の代表格として、利根荘知行にあたっていたのである。

こうしてみると、禅秀の乱に際し、白旗一揆は公方持氏側に加わり、その恩賞として利根荘地頭職をあたえられたものと思われる。その後は「諸公事《くじ》免除」と称して税を一〇カ年以上対捍《たいじ》している（同前）。

4章

上州一揆の時代

岩松尚純自画像

1　上杉勢力の増大

上杉氏勢力の形成●

南北朝時代以降上野国守護職《こうずけこくしゅごしょく》はほぼ上杉《うえすぎ》氏に独占されていく（宇都宮氏綱《うつのみやうじつな》をのぞく）。上杉氏は関東管領《かんとうかんれい》の地位も独占するようになり、武蔵《むさし》・伊豆《いず》・越後《えちご》の守護職をも兼帯する。京都の将軍家との結びつきも強く、関東地方に大きな政治力をもっていた。

上杉家はこの時期、山内《やまのうち》・犬懸《いぬがけ》・扇谷《おおぎがやつ》などに分かれていたが（次頁系図参照）、上野国守護となるのは山内上杉氏であり、とくに憲顕《のりあき》—憲方《のりかた》—憲定《のりさだ》の系統である（しかも、この系統が関東管領でもあった）。上杉氏の権勢が上野国において確立されたのは憲定の時期であるが、彼は将軍義満《よしみつ》との近しい関係もあり、上野国内における守護領が幕府から安堵された。鳥屋《とや》郷（甘楽《かんら》郡甘楽町）・南雲《なぐも》（渋川《しぶかわ》市）・長野郷（高崎《たかさき》市）・八幡《やはた》荘（安中《あんなか》市・高崎市）・春近《はるちか》領（散在）などがそれであり、ほかに欠所地（謀反《むほん》人からの没収地）もいくつかもっていた。これらの所領は憲定以前からの上杉氏の所領であり、この前後から細分されて、鎌倉の寺・社に寄進されていく。長野郷では西柴《にししば》村半分・箕輪《みのわ》本郷が明月院《めいげついん》に、東荒浪《ひがしあらなみ》村が鶴岡《つるがおか》八幡宮に寄進されている。また八幡荘鼓岡《とおか》村は円覚寺《えんがくじ》に、春近領では片山《かたやま》（高崎市吉井《よしい》町）・萩原《はぎわら》（前橋《まえばし》市）が鶴岡八幡宮に寄進された。上杉氏は所領を分割して寺・社に寄進しながらも、現地の支配権は掌握しており、代官《だいかん》をおいて統治していた。また長野郷東荒浪村のかわりとして下総《しもうさ》国幸嶋《さしま》荘弓田《ゆだ》郷（茨城県岩井市）を寄進したりして、他国の上杉氏所領と結びつけながら、全体を動かしている。しかも寄進先の円覚寺・鶴岡八

上杉氏系図（『新潟県史』通史編による）

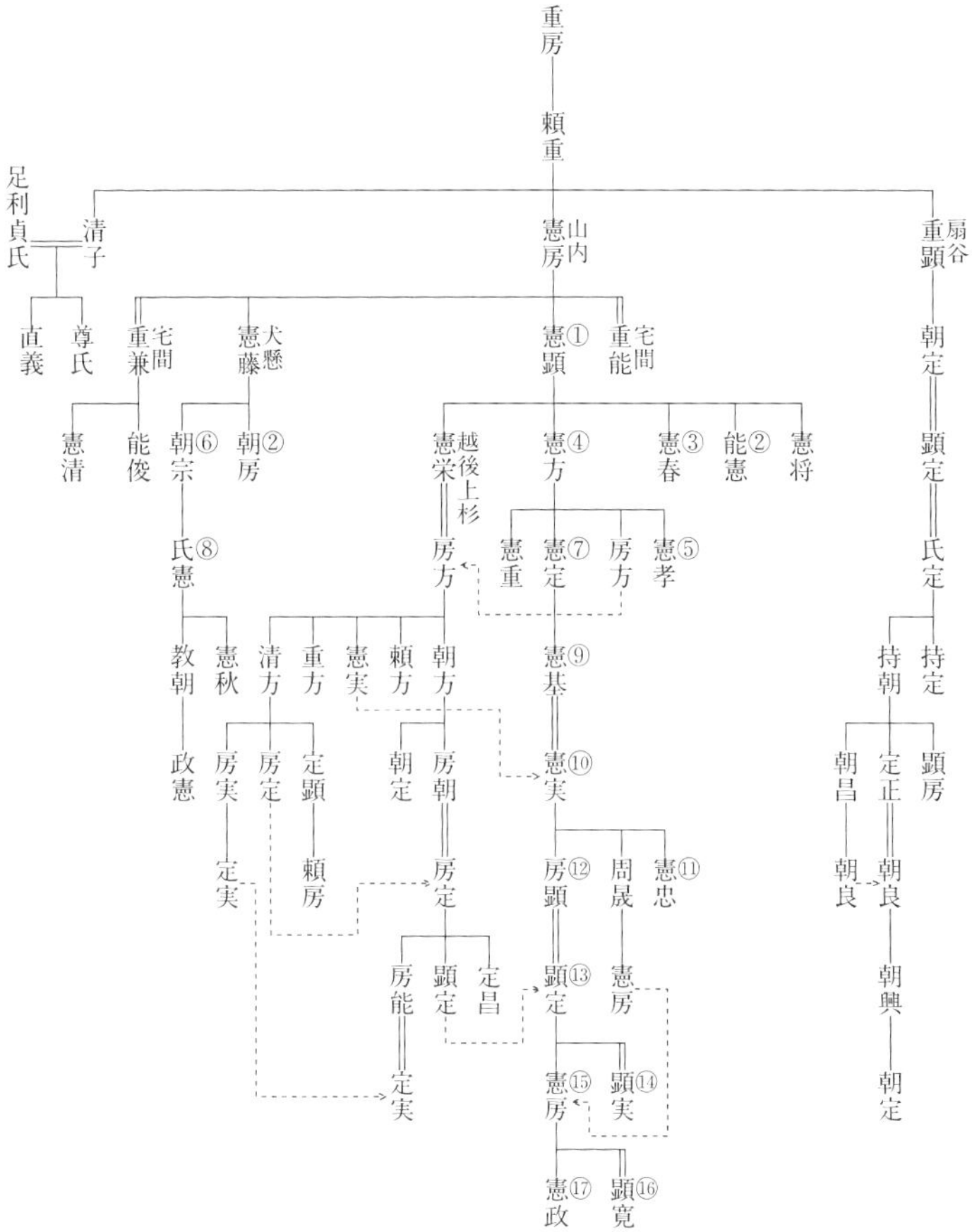

数字は関東管領の歴代数，┈┈は養子にはいった経路。

幡宮などは関東管領の地位と連動するものであり、上杉氏の関東での政治勢力の動きのなかに上野国内の所領が編成され、動かされているとみられる。

上杉氏の所領のなかには浄法寺《じょうぼうじ》土左《とさ》入道跡・大胡《おおご》上総《かずさ》入道跡などの欠所地もみられるが、関東地方では欠所地処分権は鎌倉公方《くぼう》のもとにあった。ところが上杉憲定は上野国内における欠所地 計《はからい》 沙汰（処分）権を、応永八（一四〇一）年将軍義満から公認された（「上杉家文書」）。この結果、公方足利満兼《あしかがみつかね》は翌年山上《やまがみ》駿河五郎跡の処分を憲定に委ねている（同前）。欠所地処分権を得た上杉氏はさらに強力な権限を上野国内で行使するようになっていく。上野国における上杉氏権力を現地でささえたのは代官長尾《ながお》氏であった。長尾氏は白井《しろい》長尾（渋川市）、惣社《そうじゃ》長尾（前橋市）、鎌倉長尾（上武国境）の三系統に分かれるが、上野国内で力をもったのは第一に惣社長尾氏であった。長尾憲明《のりあき》は応永十七年十一月三日に瀬下成忠《せしもなりただ》とともに府中妙見寺（高崎市）に梵鐘を奉納していることから、この時期には府中《ふちゅう》（惣社）に拠点を形成していたことがわかる。応永十年に上杉憲定は上野国国衙《こくが》職を将軍義満からあたえられており（「上杉家文書」）、上野国衙を領有していた。こうした背景のもとで長尾憲明は代官として府中に居を構えていたものと思われるが、応永三十一年十二月には丹生《にう》郷（富岡《とみおか》市）の岩松満長《いわまつみつなが》への沙汰付けを管領家から命ぜられており（「正木文書」）、上野国守護代の役目をはたしつつある。府中には上杉氏被官《ひかん》瀬下氏も居を構え（瀬下屋敷の伝承地あり）、また長尾氏と縁の深い御霊神社も勧請された。惣社・府中には上杉—長尾系の勢力が、この時期、急速に広がっていったのである。

つぎに白井の長尾氏であるが、ここの空恵寺《くえじ》には長尾氏歴代の墓地がある。もっとも古い銘は応永二十三年であり、ここへの長尾氏の進出も応永年間（一三九四〜一四二八。おそらくその後半）であった。また円忠《えんちゅう》（鎌倉長尾景房《かげふさ》）が応永三十二年八月十四日に死去した旨を記す宝篋印塔《ほうきょういんとう》もあるが、これは子息景仲《かげなか》が父の供養のために建立したものである。ただ白井には鎌倉時代以来の白井氏が存続しており、享徳《きょうとく》の乱（享徳三〈一四五四〉年）では上杉方に加わっている。白井への長尾氏の進出は応永年間以後みられるが、現地では白井氏と競合していたのである。

また上武国境に勢力をもった鎌倉長尾氏のうち満景《みつかげ》は、上杉家《いえ》政《まさ》をささえ、家臣団の最上位に立つ「山内家務職《かむしき》」についた最初の人物であるが、応永二十三年上杉禅秀《ぜんしゅう》の乱に際して、上杉憲《のり》基《もと》に近侍し、討ち死にしたという（「鎌倉大草紙《おおぞうし》」）。その後「家務職」は総社長尾の忠政《ただまさ》に移る。

洪水と河川の変流●

この時期利根川《とね》は現広瀬川《ひろせ》を流れていたが、たびたびの洪水により現利根川にかわった。応永三十四（一四二七）年は前年の水涸れが一挙に洪水になり（「赤城年代記」、『神道大系25』）、大きな被害をおよぼした。下野国《しもつけ》足利《あしかが》では六月二十三日から洪水となり、七月十日、九月三日には大洪水があり、多くの人馬が死亡した、という（「鶏足寺世代血脈《けいそくじせだいけちみゃく》」）。また親子兄弟を失ったものも多く、

御料橋からのぞむ利根川（右奥は赤城山）

飢饉となり、他国に流浪することにもなった（同前）。利根川は「今の利根川は応永の変流にて」といわれるように（『上野名跡志』）、「応永」年間に現流となった。応永三十四年の大洪水の結果と思われる（翌年にも大洪水があった）。

この年玉村御厨《たまむらみくりや》では台風と洪水による被害が大きく、百姓たちは惨状を代官に訴えた。代官が領主（鎌倉極楽寺《ごくらくじ》）に報告したところによると、上手田《かみのて》・斉田《さいだ》（佐波《さわ》郡玉村《たまむら》町）の百姓は銭方《ぜにがた》（畑方）の年貢は普通におさめるが、米方《よねがた》（田方）は損害分を免除してくれないので毛《け》（稲）を苅りとらないでいる、また福《ふく》島《じま》・南玉村《なんぎょくむら》・下之手《しものて》（玉村町）では相応分の米をおさめる、と百姓はいっている（「金沢文庫文書」）。こうして現利根川右岸（南側）に位置する玉村御厨は、洪水の被害を直接うけたのである。史料の上であきらかなのは玉村御厨だけであるが、上野国東部の利根川流域は大きな被害をうけたものと思われる。佐貫《さぬき》荘板倉《いたくら》（邑楽《おうら》郡板倉町）は洪水の被害の多いところであり、各家は水塚《みつか》という一段高い塚に別棟を建てて、生活物資や舟を保管している。洪水時にはこの舟が交通手段となるのである。東毛地帯はまた利根川と渡《わた》良瀬《らせ》川の合流地帯でもあり、それだけに洪水の多いところでもあった（渡良瀬川の現流への変化もこの応永三十四年とも推定される）。

玉村御厨では代官は「府中様（守護、上杉氏）」の力を借りて年貢を確保しようとしているが、上杉氏権力はこうしたところでも力を発揮していたのである。

上野白旗一揆の変質

鎌倉では公方足利持氏《もちうじ》が個性を発揮するようになり、京都の将軍と対抗する傾向が顕著になった。これを宥《なだ》める管領の上杉憲実《のりざね》とは対決するところとなり、永享十（一四三八）年八月には持氏は、上野国に退去していた憲実を討つため、兵を率いて鎌倉を出発した。京都の幕府側もすばやい対応で、持氏追討を命ずる後花園《ごはなぞの》天皇綸旨《りんじ》をだした。上野国から家臣長尾忠政とともに武蔵に進撃した上杉憲実は、十月十九日武蔵分倍原《ぶばいはら》で持氏軍を破り、鎌倉を攻略した。持氏は翌年自害に追いこまれたが、管領憲実の動きは複雑だった。幕府へ持氏助命を嘆願したり、仏門にはいり（長棟《ちょうとう》と号す）、また自殺をもはかっている。このときは家臣の高山越前守・那波内匠助が止めたが、この人びとは上野国に本拠をもつ武士団の一員である。上杉氏と上州武士（とくに中毛・西毛地帯）との深い結びつきがみられる。

永享十二年三月には、持氏の遺子安王丸《やすおうまる》・春王丸《はるおうまる》が持氏残党に擁せられ、常陸西部で挙兵し、やがて結城氏朝《うじとも》の結城城に迎えいれられた。また宇都宮等綱《とうつな》・小山広朝《おやまひろとも》・那須資重《なすすけしげ》など旧持氏派の人びとが応援するところとなった。一方、幕府側には、政界復帰した上杉憲実を始め、管領上杉清方《きよかた》、上杉持朝《もちとも》、千葉胤《あつ》直《なお》らを中心に、関東全域から武士が動員された。

結城合戦に参加した上野一揆の人びと

人　　名	本　拠　地
高山宮内少輔	高山村
赤堀左馬助	伊勢崎市
和田備前守	高崎市
和田八郎	〃
和田左京亮	〃
大類中務丞	〃
倉賀野左衛門尉	〃
倉賀野五郎	富岡市
寺尾上総入道	高崎市
寺尾右馬助	〃
長野周防守	〃
長野宮内少輔	〃
長野左馬助	〃
一宮駿河守	富岡市
一宮修理亮	〃
発智上総三郎	沼田市
那波大炊介	伊勢崎市
那波左京亮	〃
那波刑部少輔入道	〃
沼田上野三郎	沼田市
小林山城守	藤岡市
綿貫越後守	高崎市
綿貫多利尻丸	〃
綿貫亀房丸	〃

「結城戦場記」より作成。

こうして結城合戦は巨大な戦乱へと発展したのであるが、翌年四月には結城城は陥落し、結城氏朝は自害し、安王丸・春王丸も京都へ送られる途中殺された。この合戦に出陣した上州の武士も多く、大きな影響をうけた。西毛の小幡《おばた》氏では二人が結城方として、また二人が幕府方として出陣している。小幡豊前守・同九郎は結城側にいたが、前者は豊嶋大炊助《としまおおいのすけ》とたたかい、後者は千秋民部少輔《ちあきみんぶのしょうひつ》とたたかったが、おのおの首を討ちとられている。また小幡三河守は上杉清方（管領、上野国守護）被官として出陣し敵の首を討ちとったし、同伊賀守は桃井家人《もものいけにん》と一色《いっしき》家人の首をとった（「結城戦場記」）。小幡一族が敵・味方に分かれて別々の陣に属し、たたかったのである。このような傾向は岩松氏でもみられ（家純《いえずみ》と持国《もちくに》）、武士団の家内部で惣領《そうりょう》制秩序がくずれ、嫡子・庶子が独立した行動をとったことを示している。

また、この合戦には「上野一揆」（白旗《しらはた》一揆）として幕府方に参加した人びとの名前がみられる（前頁表参照）。その数は一三氏二四人にのぼり、これらの人びとで合計二四の首をとっている。一方で上杉清方被官として出陣した上州武士も九氏一一人いる。そして発知《ほっち》・高山・那波・和田では、「上野一揆」と「清方被官」に一人ずつ参加している。上野一揆に参加しているもののうち四氏では、同族のものが上杉氏被官に編成されているのである。上野一揆（白旗一揆）にも上杉氏の力が浸透しつつあり、また上杉被官勢力が大きくなっていくことがわかる。合戦後における所領給付のことを考えると（欠所地預置《あずけおき》も含めて）、上杉氏と被官との関係は一時的なものではなく、定着していくとみてよかろう。

上州一揆がこうして上杉氏の影響をうけると、反発するものもでて、一揆全体に分裂がおこってくる。享徳の乱では上州一揆の大半は上杉氏にしたがったが、赤堀下野守（時綱《ときつな》）は公方足利成氏にしたがっている。また文明八（一四七六）年の長尾景春《かげはる》の乱では、長野為兼《ためかね》だけが景春方にしたがっている（為兼はこのころ「一揆旗頭《はたがしら》」といわれた)。一揆が政治権力の分裂と歩みをともにするようになり、地域ごとの小勢力へと分解していったのである。

2 岩松氏の権勢

持国と家純

西上州で上杉氏勢力が増大している時期、東毛では岩松氏が勢力圏をきずいていた。新田《にった》地方では新田氏本宗家没落後、岩松直国《なおくに》が鎌倉公方基氏《くぼうもとうじ》に結びつきつつ、支配権を掌握していった(『尊経閣所蔵武家手鑑』所収、五月七日足利基氏書状など)。その子満国《みつくに》も公方満兼《みつかね》の奉公衆《ほうこうしゅう》となり、応永年間(一三九四~一四二八)には新田荘全体が鎌倉府の御料所《ごりょうしょ》(直轄領)となった。同時に満国は検地を実行して庶子《しょし》知行地《ちぎょうち》・

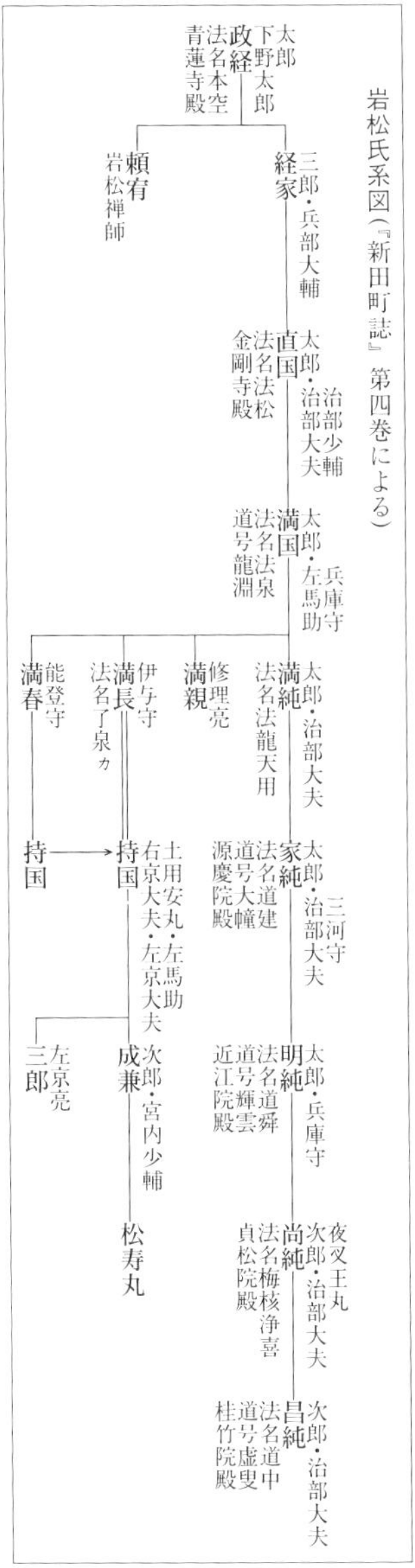

岩松氏系図(『新田町誌』第四巻による)

寺社知行地の貫高を把握し、所領支配を強化している。実際の支配権は岩松満国がにぎっており、鎌倉府は上分だけを取得する関係にあった。

　鎌倉府体制と結びついた岩松氏勢力のこうした発展は、禅秀の乱で、大きな影響をうけた。満国の子満純《みつずみ》が禅秀方に味方して、殺害された（前述）。このとき、父満国や兄弟（満長、満春）が禅秀方に加わった徴候はない。だが一家滅亡の危険におちいったのである。満国は応永二十六（一四一九）年二月孫土用安丸《とよやすまる》（満春の子）に「新田庄并びに国々本領等」をゆずり、「惣領職」たる（代官として満春）ことを定めた（「正木文書」）。土用安丸は叔父満長の養子にもなっているので、その所領をも継承したらしい。こうして岩松氏では幼児土用安丸に所領を集めていき、難局を切り抜けようとした。土用安丸は永享七（一四三五）年以前には元服して、左馬助《さまのすけ》、やがて右京大夫《うきょうだゆう》・左京《さきょう》大夫の官途についた（京兆家《きょうちょうけ》）。また、禅秀に与同した満純の子息は難をのがれ、諸国を流浪したが、一六歳のとき、室町将軍義教《よしのり》にみいだされ、元服《げんぷく》して長純《ながずみ》（のちに家純）と名乗り、京都四条に宿所をあたえられた。三河守、やがて治部大輔《じぶのだいひつ》を称すが（礼部家《れいぶけ》）、将軍義教は関東政策の一環として彼を重用した。

　持国は結城《ゆうき》合戦では結城方につき、その落城後も、持氏《もちうじ》遺子萬寿王丸《まんじゅおうまる》の擁立に活躍し、白河石川氏に書状を送り、まもなく鎌倉に還御すると伝え、その実現に力を尽した。公方となった成氏《しげうじ》が享徳三（一四五四）年管領憲忠《のりただ》を殺害して大乱になって以降も持国は成氏方につき、翌年には佐位《さい》・那波《なは》郡に進攻し、戦功をあげた。持国はこの年、上野国内などの多くの欠所地を書きあげ、成氏から安堵をうけた。また新田荘知行分注文を作成して、自己の支配地（新田荘全域）を確定するとともに、新田荘における未来欠所地処分権と守護使不入の権限をも、公方成氏に公認させたのである。

家純は結城合戦には上杉方に加わって出陣したが、その後は京都に戻っていた。関東における情勢が膠着したのを打開しようとする幕府は、長禄二（一四五八）年、足利政知《まさとも》（のちの堀越《ほりごえ》公方）を関東に下向させようとし、同時に岩松家純を下向させて、同族持国を切りくずそうとした。岩松家純家臣横瀬国繁《よこせくにしげ》は持国被官伊丹《いたみ》氏にあてて「主君様近々に御下りの事候の間御申す事候」といっており、主君（足利政知）を関東に迎えて、一致協同して奉仕するよう、要請している。この年八月、持国側提案の八項目のうち三項目を承諾して、両者は合意し、持国は幕府方に付くこととなった。

だが持国は公方成氏との友好を完全にすてってはいなかった。寛正二（一四六一）年ごろ、持国父子は成氏に内通したとのことで、家純によって殺害された（足利義政御内書案《ごないしょ》）。持国の子には二郎（宮内少輔）と三郎（左京亮成兼《さきょうのすけしげかね》）がいたが、このとき父とともに殺されたのは二郎らしい。こうして岩松氏は家純によって統一されるところとなった。

文明元（一四六九）年二月、新田金山《かなやま》城取立の儀式が行われ、城普請《しろふしん》は七〇日あまりで、完成した。この年八月のある日、国繁以下城衆は家純を由良原《ゆらはら》まで迎えにでた。そして金山城の横瀬国繁《くにしげ》亭において、一族・家臣が集い、一結した。屋形《やかた》（家純）は中央に座し、左側には新野・西谷・矢嶋・高林・富沢・福沢などの旧京兆家派、右側には渋河・田中・綿打・脇谷・村田などの旧礼部家派、さらに被官中、あるいはかかえられた牢人衆も座している。主君への初献のお酌は成繁（国繁の子）からはじまり、しだいに不同になったが、全体が国繁の指南で進められた（以上、「松陰私語」）。岩松氏一統は家臣横瀬国繁の権勢強化の道でもあった。

横瀬国繁の台頭

金山城主岩松家純は武蔵五十子陣《むさしいかっこじん》とのあいだを往復していたが、やがて文明八（一四七六）年長尾景春の乱により、五十子陣が崩壊し、同九年子息明純《あけずみ》を伴い金山城に帰還した。

ところが家純―明純の親子は、政治路線の違いから対立し、明純が追放されたのである。明純は上杉顕定《あきさだ》との接近を画策し、独自に軍事協約を結んだ。これに怒った家純は三カ条の起請文《きしょうもん》を作成し、明純をも含めて一味同心することを求めた。その三カ条には、(1)都鄙《とひ》大途以外には合力《ごうりき》しない、(2)他家合力の者は明純たりとも勘当する、(3)壁書《かべがき》（家法）の執行は横瀬国繁が代官となってこれにあたる、というものであった。明純はついに同意することなく義絶され、西国行脚《あんぎゃ》にむかった、という（「松陰私語」）。岩松氏の内部分裂はこれによって回避された。同時に家法執行代官たる横瀬国繁の権勢がいよいよ強化されていった。

横瀬国繁は康正元（一四五五）年十二月の武蔵須賀《すが》合

金山城鳥瞰図

戦に、父（信濃《しなの》入道、貞国《さだくに》）とともに出陣し、疵をこうむっている（父は討死）。これは上杉・長尾軍に加わってのことであるが、主君家純とともに一貫して幕府・上杉方に立っていた。このようななかで長尾氏に接近したらしく、文明三年には長尾左衛門尉《じょう》景信と協同して足利赤見《あかみ》城を攻めおとしている。さらには大室《おおむろ》七郷では横瀬宗稟《むねしげ》が判物《はんもつ》をだし、それを長尾尾張守（忠景、上杉氏家宰《かさい》）が遵行していた、という（「松陰私語」）。この宗稟は特定できないが、横瀬氏と上杉氏家宰長尾氏が所領安堵で協力しているのは興味深い。またこのころ、薗田《そのだ》荘などを現実的領有下においており、薗田荘の権利をもつ小山持政《おやまもちまさ》に難儀をかけている（新潟県南魚沼市「関興寺《かんこうじ》文書」）。

文明四年になると、足利鑁阿寺《ばんあじ》に対して、甲乙人《こうおつにん》の狼藉《ろうぜき》を禁止する旨の制札をだしている（「鑁阿寺文書」）。この制札は鑁阿寺側の要望で発給されたと考えられるが、寺側では岩松氏ではなく、横瀬国繁の発給を求めたのである。

上野を訪れた人びと●

中世の武将や在地の有力者の教養として広く普及したものに、連歌《れんが》がある。著名な連歌師は各地から招待をうけ、武将たちの連歌会を指導したが、そうした指導をうけることは、彼らにとっては一つの名誉でもあり、また全国を旅している連歌師からさまざまな情報を直接耳にすることは政治・軍事両面にとり、たいへん有益なことであった。連歌師の宗祇《そうぎ》は文正（一四六六年）から文明の初め（一四六九年）にかけ関東にその姿をみるが、上野では新田の岩松家純、白井《しろい》の上杉定昌《さだまさ》、館林《たてばやし》の赤井綱秀《あかいつなひで》などの武将との交流が知られる。宗祇の弟子の宗長《そうちょう》も宗祇の死後も上野に姿をみせる。彼は新田の岩松尚純と「何色百韻」をよむ。尚純は岩松の道場（青蓮寺）にて連歌会を主催するなどして宗長と歓談するが、その歌の力量は、

『新撰菟玖波集《しんせんつくばしゅう》』に九句も選ばれるなど、連歌の名人として世に知られていた。彼は『連歌会席式《れんがえせきしき》』や連歌句集の『新編抄《しんぺんしょう》』などの連歌関係の著作をしており、戦国時代の地方文人として注目すべき存在であった。

　文明十八（一四八六）年の七月、越後から三国峠を越えて、京都の聖護院《しょうごいん》の門跡である道興准后《どうこうじゅごう》が上野にはいった。彼の父、弟共に関白《かんぱく》をつとめており、名門の出身である彼の旅の目的は熊野三山検校《けんぎょう》もかね、のちに本山派として山伏を束ねる地位にあった聖護院の門跡としての旅であった。そのため伊香保《いかほ》・草津《くさつ》などの名所に立ちよることもなく、聖護院配下の大蔵坊《だいぞうぼう》・杉本坊《すぎもとぼう》にそれぞれ一〇日あまりも滞在しているのも、配下の山伏・先達を組織化していたためと考えられる。こうした道興の努力などにより本山派が形成されていくのである。

　道興が宿泊した大蔵坊の関係文書には、熊野《くまの》・三島《みしま》・伊豆山《いずさん》・箱根《はこね》などの名称がみられ、これら天台《てんだい》宗系の山伏により霊場のネットワークが形成されていたことがうかがえる。なかでも熊野への信仰は古く平安時代の末に

青蓮寺（太田市）　宗長も連歌会を開いた時宗の道場。

大窪太郎の一三歳の娘が熊野参りをしたことが知られている（『平治物語』）。彼女が一人で熊野までいけたわけではなく、当然彼女をつれていった先達の存在が考えられる。大蔵坊もその一人である在地の先達としては、利根荘の「くやの宰相」「大宮の若狭」狸塚の円蔵《えんぞう》坊、円光《えんこう》坊などの名前があり、また、道者《どうじゃ》としては高山・小林・桃井・畠山・渋川・岩松・里見・鳥山などの各氏の名前が知られている。新田荘の神田のうちに熊野のそれが二町みられることや、信州と上州にまたがって社殿をもつ熊野神社に正応五（一二九二）年四月に「松井田一結衆十二人」が鐘を献じているのも熊野信仰の存在を示すものである。

熊野にならび注目されるのは伊勢信仰である。上野には神宮の荘園《しょうえん》である御厨が高山《たかやま》・青柳《あおやぎ》・細井《ほそい》・玉村・薗田《そのだ》・広沢《ひろさわ》・須永《すなが》・寮米《りょうまい》・邑楽《おうら》と数多くあったことからも、伊勢御師《おし》の活躍があった、御師は毎年定期的に信者（檀家）をまわり、御祓いや大麻と土産をくばっていた。永正十五（一五一八）年、外宮《げぐう》の御師久保《くぼ》倉藤三《くらとうぞう》は一冊の帳面（道者日記）を残している。彼の上野への御祓い配りの旅はこの年で二二年目になる。帳面には三八二人の檀家の名がみえ、上野では三二人がみえ、彼らが在地の有力者であったことがその名前から知られる。藤三は御祓いと土産の帯（三六筋など）などをくばり、初穂《はつほ》として七貫六〇〇文と二分を得ている。これは信仰の証である御祓いをくばるとともに、経済活動をしていた状況を知ることができる。こうしたさまざまな人びととの交流により上野に新しい文化がうみだされてくるのである。

3　平井城主上杉憲政

上杉家権力の分裂●

公方足利成氏が古河《こが》に本拠をおいたのに対抗して、上杉氏は武蔵五十子に陣を定めた。この両者の争いが長く展開していくが、上杉氏側では内部から反対勢力があらわれた。白井城に拠点をもっていた長尾景春は武蔵鉢形《はちがた》城にはいり、文明八（一四七六）年五十子陣を攻めたのである。このため上杉氏は上野国に分散するところとなった。長尾景春がこうした行動にでたのは主君上杉顕定《あきさだ》が長尾家家督に叔父忠景《ただかげ》を選んだことによるが、上野国内にも景春支援勢力が形成されていた。長野左衛門尉為兼《ためかね》は文明九年の武蔵用土《ようどが》原《はら》合戦には景春方として参陣し、討ち死にした。彼は「上州一揆旗本」と称されるほどの力をもっていたが、白井長尾氏と誼《よしみ》をつうじていたのである（上州一揆の多くは上杉方についた）。長野為兼は箕輪《みのわ》城主である長野業正《ながのなりまさ》の一族であるが、その長野業正は「白井長尾一家箕輪城主長野信濃守業正」（「双林寺伝記」）といわれるように、白井長尾氏と「一家」を成していた。おそらく婚姻関係を媒介にしていたのであろう。こうした支援勢力があり（おそらく武蔵や相模《さがみ》にも）、長尾景春は独立勢力となったのであるが、上杉氏との対決を強める公方成氏の支援もうける。また主家の上杉家では管領顕定が、景春と対抗するために、扇谷上杉氏とも協力する。

この二勢力の合戦が文明九年に、瀧《たき》・島名《しまな》（高崎市）、片貝（前橋市）、荒牧（同）、引田《ひきた》（前橋市富士見）、和田（高崎市）、観音寺原《かんのんじばら》（同）、漆原《うるしばら》（北群馬郡吉岡《よしおか》町）、広馬場《ひろばば》（北群馬郡榛東《しんとう》村）などで展開された。広馬場では両陣共に大雪にあい、戦いは中止され、こののち和睦へと進んだ。公方成氏は幕府とも和解し、使用し続けた「享徳」年号も二十七年（文明十年）で終わりを告げるが、長尾景春勢力は依然として存在し続けた。

上杉顕定は上野国内に拠点をいくつかもっていた。平井城（藤岡市）は憲実の代から山内上杉氏が住したが、顕定も文明十年にはここをも居所とした（「喜連川判鑑《きづれがわはんかがみ》」）。平井城の遺構は今も残るが、鮎《あゆ》川に沿って立地し、断崖を利用した城郭は防衛機能にすぐれており、山内上杉氏の防衛拠点となった。城下の三島神社は顕定の勧請という。顕定はまた、八幡荘板鼻《いたはな》（安中市）や玉村角淵《たまむらつのぶち》（佐波郡玉村町）に館を所持していた。板鼻も角淵も水陸両方の交通要衝に位置していて、顕定の積極的姿勢があらわれている。

板鼻は南北朝時代以来上野守護府がおかれていたと考えられ、山内上杉氏ゆかりの地である。文亀二（一五〇二）年八月二十八日、顕定は板鼻海竜寺《かいりゅうじ》で亡母十三回忌の法事をいとなんだ。鎌倉の建長寺《けんちょうじ》・円覚寺から長老三人をよんだ大きな法事であったが、長老らは「管領御館《かんれいみたち》」に招待された。位の低い僧たちは「顕定御館」に招かれた。「管領御館」と「顕定御館」は同じものと考えられるが、この館は板鼻にあった。この法事全体は、仏事奉行長尾能登守（定明、上野国守護代）・布施奉行尻高《しったか》左京によって運営されたが、また「顕定ノ御宿《おんやど》」「僧中ノ刷《あつかい》」などは依田徳昌軒《よだとくしょうけん》があたった（依田氏の本拠は信濃）。顕定がこうした法事に力をそそぐのも上杉家中を一つにまとめあげようとする努力のあらわれである。

永正四（一五〇七）年、越後では守護上杉房能《ふさよし》が守護代長尾為景《ためかげ》に追われ、上野国の顕定をたよろうとしたが、敗死した。この動きに対して、関東では長尾景春が為景支持に動き、白井・沼田城を押さえた。上杉顕定も永正七年、長尾定明（上野守護代）や上州一揆を率いて越後にはいり、越後府内（直江津《なおえつ》）を攻略した。しかしこの年六月二十日上田荘《うえだ》長森《ながもり》合戦で敗死してしまう。

顕定の死後、管領は顕実《あきざね》が、上野国守護は憲房《のりふさ》が、おのおの継承したが、この両者が対立していく。顕実は公方政氏《まさうじ》（成氏の子）の弟であるが、上杉顕定は養子にしており、これを管領にすると生前から決めていたのである。一方、公方家では政氏・高基《たかもと》の父子が対立していたため、上杉憲房（上野国守護）は高基と結んだ。公方家、管領上杉家も分裂しており、それが相互に結びつき、しかも長尾景春もいて、複雑な対立関係が展開したのである。

上杉憲政●

享禄四（一五三一）年管領となった上杉憲政《のりまさ》は平井《ひらい》城を中心にして、上杉勢力を再建していった。平井城周辺の地域を「料所」（直轄領）として、被官などに給付しながら、家臣編成を強化している。下大塚《しもおおつか》郷（藤岡市）が原駿河《はらするが》入道にあてがわれて以来、原氏は内匠助《たくみのすけ》・長命丸《ちょうめいまる》と主従関係を強めている。このほか直轄領として秋畑《あきはた》郷（甘楽《かんら》郡甘楽町）、綿貫《わたぬき》郷（高崎市）などが確認されるが、平井城周辺の一帯（神流川・鏑《かぶら》川にはさまれた地帯）がそうであったと考えてよい。被官人としては原氏のほか、倉賀野中務少輔《くらがのなかつかさ》・同与次《よじ》、高山図書助《ずしょのすけ》、小林平四郎、依田源左衛門尉、本庄宮内少輔（実忠《さねただ》）、小幡、白倉らがいた。

これらの人びとは本領を安堵されるとともに、家臣に編成されていた。とくに倉賀野中務少輔・同与次は、もと上州一揆構成員であったが、憲政が発給する文書の奏者となっており、憲政権力の中枢にいた。ただこれらの人びとも独自性は喪失しておらず、天文二（一五三三）年鶴岡八幡宮再建のため上州に訪れた神主と北条氏綱《うじつな》の使者に対して、勧進奉加に参加している。このとき上杉憲政は「河越扶助《かわごえふじょ》」（河越城の上杉朝興《ともおき》を援助する）ためと称し、河越を攻める北条氏綱主催の勧進は拒否していた（「快元僧都記《かいげんそうずき》」）。

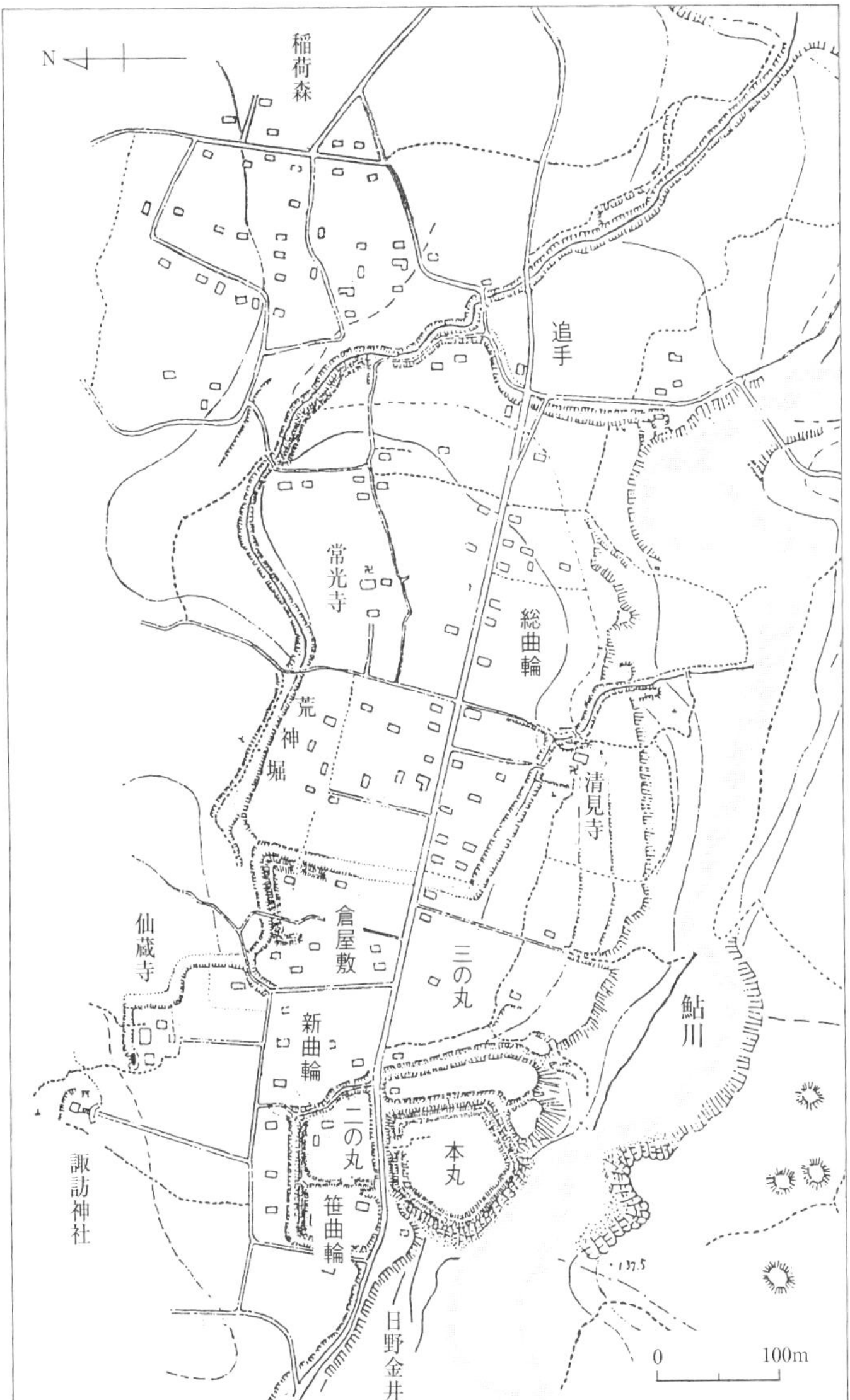

平井城図(群馬県教育委員会事務局文化財保護課編『群馬県の中世城館跡』による)

憲政の被官のうちには信州出身の依田源左衛門尉がいたが、また信濃小県《ちいさがた》郡の海野棟綱《うんのむねつな》は本国を追われ、上野国の憲政をたよっている。そうしたためか、憲政も天文十年に信濃に出兵している（「諏訪社神使《じんし》御頭《おとう》之日記」）。

天文十五年四月、北上する小田原《おだわら》北条氏軍勢のため河越城は陥落した。援助のため出陣した憲政の大軍も大きな被害をこうむった。倉賀野三河守らは憲政の「馬廻り衆」（親衛隊）であったが討ち死にした。また原内匠助も四月二十日に討ち死にしている。憲政自身はやっとの思いで命をつなぎ、平井城に戻った。

信州勢との結びつき●

天文十五（一五四六）年十月、今度は碓氷《うすい》峠を越えて、信州に出兵した。信州に勢力を広げた武田晴信《たけだはるのぶ》（信玄《しんげん》）を討つことが目的であったが、武田方の巧妙な戦術に大敗した（「北条九代後記」）。この年の憲政出兵を疑問とする考えもあるが、飯富《おぶ》兵部少輔（東信の武士）は天文十五年十月七日、昨六日の笛吹峠（碓氷）においで「上杉衆」との「一戦に及んだ」ところ比類なき働きをしたとする武田晴信感状《かんじょう》をあたえられた（「彰考館武家雲箋《しょうこうかんぶけうんせん》」所収）。

憲政は、翌天文十六年、さらにその翌年にも信濃に出兵している。十六年七月下旬から八月上旬にかけて佐久郡志賀《しが》城（長野県佐久市）で武田軍勢と信州笠原氏がたたかったが、八月六日には「関東衆」が大勢討ちとられ、同十一日には志賀父子・高田父子が討ちとられた（「高白斎記《こうはくさいき》」）。この高田氏は西上州高田（富岡市）に本拠をもつが、志賀氏の「モロオヤ」（親）であった。「関東衆」は憲政によって派遣された軍勢とみてよい。

同十七年正月から二月には小県郡上田原《うえだはら》（上田市）にて、武田軍と村上義清《むらかみよしきよ》軍の合戦が行われたが、ここに小林平四郎が村上軍の一員として参加した。北信の村上義清は佐久の大井《おおい》貞清《さだきよ》と同盟していたが、この大井が管領（上杉憲政）に援助を要請したのである。憲政家臣の小林平四郎は「合力《ごうりき》」（援軍）の条件に所領給付をだし、一万疋（一〇〇貫）の地を大井貞清から約束された。村上義清は二月十四日合戦で板垣信方《いたがきのぶかた》らを討ちとったので勝利は間違いない、はやく参陣してほしい、と小林平四郎に書き送っている（「小林家文書」）。この直後小林平四郎も出陣し「走り廻《めぐ》り」（活躍）をした。

この年も十月になると、憲政輩下にあった小幡尾張守（憲重）は国峯《くにみね》城（甘楽郡甘楽町）に拠り、小田原北条氏と結びつき、平井城攻撃を行った。このときも小林平四郎は憲政方としてよく働き、疵をこうむったが、秋畑村を恩賞としてあたえられた。小幡氏では武田方と結ぶものもいて、甘楽谷でもさまざまな勢力が抗争する段階になってきたのである。

一方、本拠地平井における憲政は周辺寺院の支援を積極的に展開する。平井常光寺《じょうこうじ》（藤岡市）の僧秀翁竜樹《しゅうおうりゅうじゅ》を

貫前神社(富岡市一ノ宮)

支援するとともに、瀧（高崎市）の慈眼寺《じげんじ》の住持には自分の弟を送りこみ（恵胤阿闍梨《けいいんあじゃり》）、綿貫七カ郷を寄進している。また信濃佐久竜雲寺《りゅううんじ》の檀那にもなっている（「太田実録」）。ここは佐久の大井氏が再建した寺であるが、十石《じっこく》峠を越えて平井と佐久は結びついており、上杉憲政の支援も十分考えてよい。こういう前提があるからこそ、大井貞清は援軍（「合力」）を要請できたのである。さらに貫前《ぬきさき》神社修理を進める神職一宮左衛門太郎には「国役《くにやく》」差配を認めている。

　ところが北上する小田原北条氏の力は押さえがたく、那波刑部大輔《ぎょうぶのだいぶ》（宗俊《むねとし》）も北条氏康《うじやす》に心がわりし、「河西衆《かさいしゅう》」（利根川西の人びと）も那波に与同した。このため憲政も支持勢力がなくなり、ついに天文二十一年四月、平井城を退去し、越後の長尾景虎《かげとら》をたよるところとなった。憲政の越後への退出コースは、人目をさけたためか、三国峠越えではなく、清水峠を越えている。みなかみ町湯原《ゆはら》はこのコース沿いにあるが、ここには多くの憲政伝承が残る。ここまで憲政と同道した秀翁竜樹は老齢のため清水峠越えを断念し、一庵を設けて、ここに残ったという。これが建明寺《けんめいじ》となり、憲政木像を今も安置している。

5章

戦乱の時代と暮らし

金山城(太田市)　虎口南側の脇曲輪東端から発見の石組排水路。

1　箕輪城の編成替え

北毛と西毛●

子持山《こもちやま》以北の地域は自然空間としてまとまりをもった地域であり、独自性がある。冬の気候は越後《えちご》に似て雪が多い。この地域からでた発智《ほっち》氏や尻高《しったか》氏のなかには越後の地に赴き、そこに根をはったものもいる。永禄三（一五六〇）年秋（旧暦八月）上杉憲政《うえすぎのりまさ》と長尾景虎《ながおかげとら》は関東に出陣した。三国《みくに》峠から宮野《みやの》城（利根《とね》郡みなかみ町）にはいり、沼田《ぬまた》城を攻撃したのである。このとき沼田地方には伝統的勢力の沼田氏のほかに北《ほう》条《じょう》孫次郎《まごじろう》もいたが、沼田氏らは長尾勢力につき、北条方は戦いにやぶれ、数百人が討ち死にした。長尾方についた沼田勢力としては、沼田・小川《おがわ》・岡谷《おかや》右馬亮《うまのすけ》・尻高左馬助・発智刑部少輔《ぎょうぶのしょうひつ》・沼田権三郎《ごんざぶろう》・和《わ》田図書助《だずしょのすけ》・発智小四郎・恩田《おんだ》孫五郎・同与右兵衛尉・久屋《くや》内匠助《たくみのすけ》・金子《かねこ》監持丞《けんもちのじょう》・松井《まつい》大学助・阿左美《あさみ》小《こ》三良《さぶろう》がいるが（「関東幕注文《かんとうまくちゅうもん》」）、彼らはほとんどが沼田氏の親類・家風のものである。沼田氏を中心とする同族的結合が展開していたのであり、これを長尾景虎が軍事的に編成したのである。

沼田城はこのときすでに築かれていたが、材木《ざいもく》町・本《ほん》町・鍛冶《かじ》町の三町割立ては永禄三年に行われたと伝えられており（「沼田根元記」）、長尾氏の軍事編制下にはいり、城を核とする城下、さらに地域社会の編成が進行していくことになった。やがて河田長親《かわだながちか》（長尾上杉家臣）が沼田城にはいり、沼田地域も政治的には安定する。

長尾景虎は沼田城攻略ののち、厩橋《うまやばし》城（前橋《まえばし》市）・那波《なは》城（伊勢崎《いせさき》市）・館林城などを攻めて、大部分は攻略して、翌永禄四年には相模《さがみ》方面にはいり、三月には鶴岡《つるがおか》八幡宮の社前で上杉憲政より関東管領職をゆずられ、上杉を名乗る（政虎《まさとら》、のちに輝虎《てるとら》・謙信《けんしん》）。

上野国《こうずけ》における上杉勢力の拠点としては厩橋城が重要であった。沼田城―白井《しろい》城（渋川《しぶかわ》市）と結ぶ線上に位置するとともに、西毛方面への前線基地となったのである。厩橋城は延徳元（一四八九）年、長野《ながの》一族の宗賢《むねかた》がきずいたものとされ、そののち長野氏が城主を続けていた（「前橋風土記」）。ここを長尾上杉勢が攻撃したのであるが、長野藤九郎《とうくろう》・同彦七郎、さらに大胡《おおご》氏・引田《ひきた》氏がしたがうところとなった（「関東幕注文」）。厩橋にはいった上杉憲政は赤城《あかぎ》神社に「越山《えつざん》」（関東出陣）成功を願った。赤城神社は中毛・東毛の武士の信仰が厚く、影響力があった。翌永禄四年十二月には北条高広《きたじょうたかひろ》と河田長親《ながちか》二人は連署して、三夜沢《みよさわ》赤城神社に対して、軍勢狼藉《ろうぜき》停止の制札をあたえている。この二人が厩橋城の城主であるが、こののち北条高広とその子（景広《かげひろ》）が継承していく（河田は沼田城主となる）。

一方、烏《からす》川流域から碓氷《うすい》川流域の地方、さらに甘楽《かんら》の谷筋は信州との交流が多く、信州出身の武士の進出もあった（依田《よだ》氏・鎌原《かんばら》氏・浦野《うらの》氏など）。この地方には天文年間（一五三二～五五）ごろから武田勢の影響がみられ、小幡宗家《おばたむねいえ》のように武田家にたよる形で一族争いを展開するものもいた。

長尾景虎（上杉謙信）の関東出兵により、西毛の武士のなかでも上杉方に属したものもいるが（たとえば和田喜兵衛は謙信直属の身となり、永禄四年の信州川中島合戦にも側近として仕えた〈松平文庫所蔵「川中島合戦図」〉）、完全に上杉方となったわけではなかった。武田信玄は上杉方の影響力を排除し、みずからの勢力圏をきずきあげようとして、永禄四年十一月高田城（富岡市）を攻略し、国峯《くにみね》城（甘楽町）を攻撃した。こうして一挙に甘楽谷を征服した武田勢は倉賀野《くらがの》を攻め、和田に圧力をかけた。倉賀野では左衛門五郎直《なお》行《ゆき》と橋爪若狭守がこれをふせぎ、上杉謙信から感状をあたえられている。和田城（高崎《たかさき》市）の和田業繁《なりしげ》はたびたび信玄から書状をうけ、翌五年には武田方に属すところとなった。

武田信玄による西毛攻撃は永禄六・七年と執拗《しつよう》に展開されていき、倉賀野・箕輪がおもな攻撃対象となった。木辺《きべ》（高崎市）を攻略し、ここに陣をおいた武田勢は、翌永禄七年六月倉賀野城を攻めおとす。甘楽谷に本拠をもつ冨田《とみた》主計助《かずえのすけ》・井上《いのうえ》勘解由助《かげゆのすけ》はこのとき武田方に属し、感状をあたえられている。こうして国峯・木辺・倉賀野・和田らが押さえられ、箕輪攻撃はますます激しくなった。

箕輪城に対する武田方の攻勢は吾妻谷《あがつまだに》における真田《さなだ》勢（武田方）の動きと連動していく。吾妻谷では羽《はね》尾《お》・鎌原の争いなど同族争いが、斉藤憲広《さいとうのりひろ》（岩櫃《いわびつ》城主）と真田幸隆《ゆきたか》の対立となって展開していた。永禄六年十月岩櫃城は落ちて、城主憲広は越後にのがれる。このとき武田勢は箕輪城を攻め、城下の長純寺《ちょうじゅんじ》さら

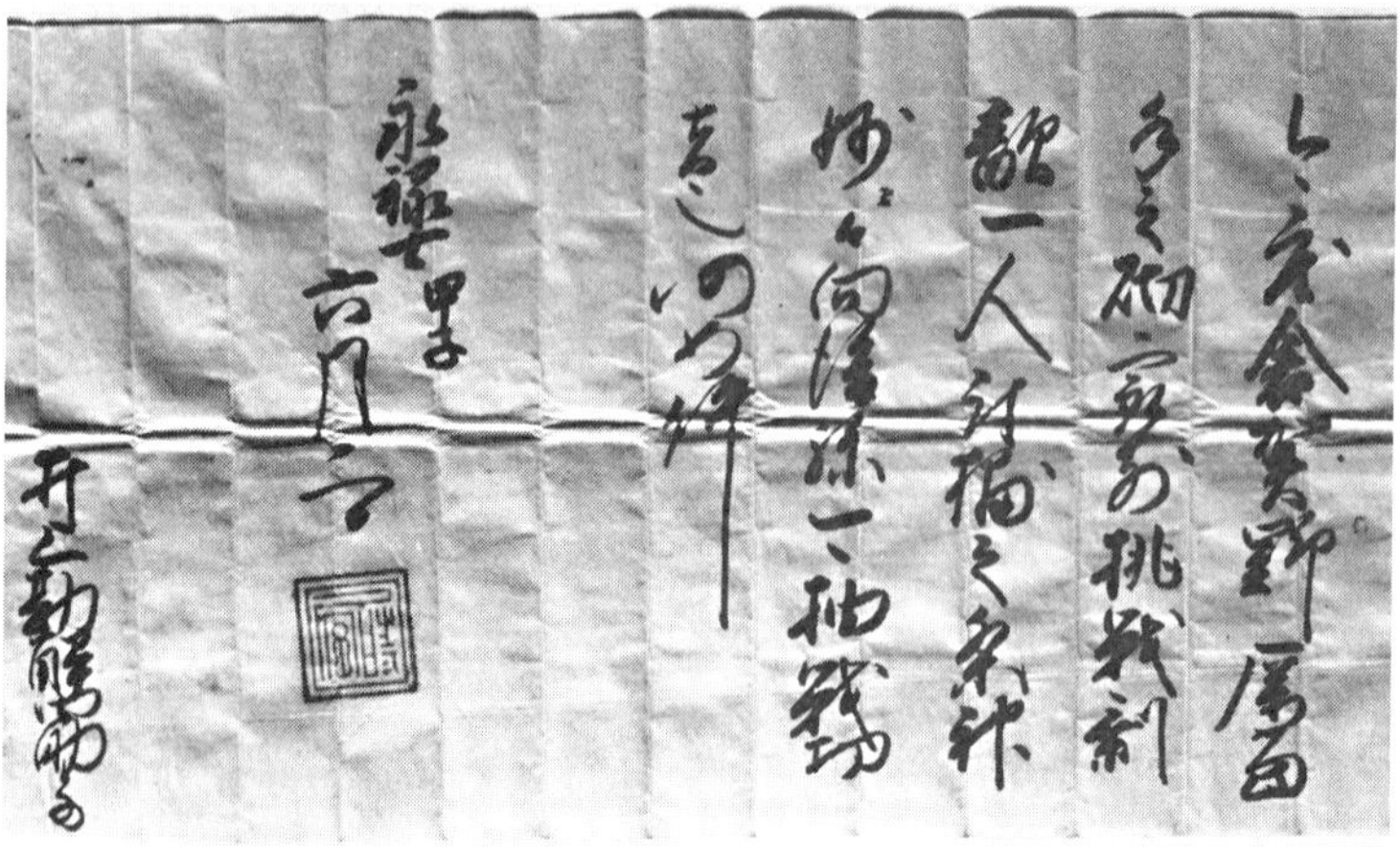

永禄7（1564）年6月2日付武田晴信より井上勘解由助あて感状（『井上家文書』）

に権田《ごんだ》（高崎市）を焼き討ちにしている（「浦野文書」）。信州出身で大戸《おおど》（吾妻郡東吾妻町）に進出していた浦野中務《なかつかさ》少輔はこの戦い（永禄六年十月）を契機として完全に武田方につき、やがて所領安堵《あんど》をうけた（永禄十年卯月）。

こうして北毛を中心とした上杉勢力、西毛を中心とした武田勢力が形成され、両者の対立構図ができあがる。吾妻谷の岩櫃城は武田方にはいり、上杉方の倉内《くらうち》（沼田）城への前線基地となる。浦野宮内左衛門

箕輪城図(群馬県教育委員会事務局文化財保護課編『群馬県の中世城館跡』による)

（中務少輔）・依田又左衛門・大井源八郎らを中心とする岩櫃城番制が整備されていくのである。

箕輪城の城番制●

箕輪城は榛名《はるな》山の麓に位置し、高台にあるため、ここからは和田・倉賀野方面、さらに惣社《そうじゃ》・厩橋方面を眺望できる。また低い山並みを二つ越えれば碓氷谷にでられる。後ろは榛名山にまもられる。軍事上絶好の要塞である。ここは長野業尚《なりひさ》が築城して以来長野氏が城主を続けていた（「長野系図」）。上杉謙信の関東出兵（永禄三〈一五六〇〉年）に際しては「箕輪衆」一九人が参陣しているが（「関東幕注文」）、その実体は城主長野業政と周辺武士との婚姻関係に基づく親類結合であった（浜川・大戸・和田・倉賀野・羽尾などの諸城主）。城主業政は謙信陣に一旦は加わったものの、上杉方でもなく、武田方でもなく、いわば地域小大名として存続していたが、永禄四年突如死亡した。武田軍勢による箕輪攻撃は永禄六年以降やむことなく続いたが、周辺武士への所領宛行《あてがい》約束による切り崩しも伴い、ついに永禄九年九月落城したのである。城主業盛《なりもり》は持仏堂《じぶつどう》で「春風に、梅も桜も散り果て丶、名にそ残れる三輪の郷かな」との辞世の句を残して自害し、家臣たちもあとを追った、という（「箕輪軍記」）。

箕輪城落城により西毛は完全に武田氏領国にはいった。永禄十年には高山定重《さだしげ》・原孫二郎・浦野宮内左衛門尉・同民部右衛門尉・安中《あんなか》丹後守・後閑《ごかん》信純・瀬下《せしも》豊後守・小幡孫十郎などは西上州に所領をあてがわれ、同時に武田氏の軍制に編入されていった。後閑信純はこの年六月後閑（安中市）をあたえられるとともに、七月一日軍役として一五騎・鑓《やり》六〇本・弓・鉄炮が定められた（「三州《さんしゅう》寺社古文書」）。また同年八月七日、信州小県《ちいさがた》郡生嶋足嶋《いくしまたるしま》神社には、武田氏領国にはいった武将たちの起請文《きしょうもん》がおさめられている。信玄に対する謀反《むほん》をおこさない旨を記した血判のものであるが、西毛の武士からのものが二三通ある。一通で同族のものまで署判しているものも多く、西毛武士が武田家との結びつきを強めていることがわかる。安中氏では景繁《かげしげ》（丹後守、左近大夫）は単独で、家繁《いえしげ》・繁勝《しげかつ》は連署《れんしょ》して起請文を提出して、一族全体で武田家に包摂されたが、あてがわれた所領（板鼻）に所在する長伝庵《ちょうでんあん》に対しては寺領安堵、草木苅取《そうもくかりとり》禁止の文書を発給している（「安中長伝寺文書」）。武田家の命令をうけつつ、領内においては支配権を行使しているのである。

西上州全体を統轄しようとする武田氏にとって、箕輪城はその中心と位置づけられ、そのための体制が整備されていった。落城後最初に送りこまれた城主は浅利右馬助信種《あさりうまのすけのぶたね》であり、つぎが内藤修理亮昌秀《ないとうしゅりのすけまさひで》である。武田信玄はこの箕輪城主に指示をあたえつつ、城番制（城の警備）を整備していった。永禄十年十一月、十二月には禰津信直《ねづのぶなお》、大井左馬助・同小兵衛尉に「箕輪在城」が命ぜられるとともに、所領があたえられている。同十二年八月には大井小兵衛尉に対し再度「箕輪在城」が命ぜられている。これらの在城衆に対してあたえられた所領は小鼻《こばな》（高崎市）・大窪《おおくぼ》（北群馬郡吉岡町《よしおか》）・本郷八郎左衛門知行地《ちぎょうち》（不明）などであり、中毛から西毛地域の所領であった。中毛・西毛の所領が「箕輪領」として編成され、城番衆の所領となったのである。

永禄十一年末から、越後上杉氏と小田原北条氏とのあいだで「越相一和《えっそういちわ》」（和平）の動きがはじまり、二年半後の元亀元（一五七〇）年三月には実現した。この結果「上州一国、武州所々岩付迄《いわつき》」が上杉領国ということになった。小田原北条氏は上杉氏に上野国支配権を認めたのであり、武田勢力は上杉―後北条ラインにはさまれるところとなった。こうした緊迫情勢のなかで、武田氏による箕輪城番制はいっそう強化されていき、内藤昌秀が城主となるとともに、所々における竹木《ちくぼく》切取りを禁じている（和田山極楽院、湯浅新七郎屋敷など）。「城御用」による竹木切取り以外は禁止したのであり、違反者は「箕輪御城」へ召しつれるよう、厳命している（「湯浅文書」）。このうち和田山極楽院での竹木切取り禁止は「箕輪在城《ざいじょう》衆《しゅう》・番《ばん》手衆《てしゅう》」にあてられている。在城衆・番手衆が編成されていることを示すとともに、彼らによる乱妨もみられたことがわかる。武田家はこうした乱妨を禁止して、西上州の資材や人夫を徴発するとともに、信州から番匠など技術者を導入して、箕輪城作事《さくじ》（工事）を遂行した。後年、武田勝頼《かつより》は「佐久郡之番匠」を箕輪に派遣したといっているが（「竜雲寺文書」）、箕輪城攻略直後からと考えてよい。

武田氏による箕輪城の編成替えはこのように進行したが、この箕輪城のなかに剣豪藤原信綱《ふじわらのぶつな》（上泉《かみいずみ》伊勢守）がいた。彼は長野信濃守につかえていたが、箕輪落城後は武田信玄に属し、内藤修理亮（昌秀）の与力《よりき》となった、という（「柳生家雑記録」）。永禄十年五月には丸目長恵《まるめちょうけい》に兵法極意を秘伝しているが、このときは「上野之住」（箕輪在城）であった（「肥後蒲池《かまいけ》文書」）。その後は京都で武芸伝授の生活をし、山科《やましな》言継《ときつぐ》邸にも出入していたが、元亀二年七月「本国」（上野国）に下向したという（『言継卿記《きょうき》』）。

2　北条領国をささえる人びと

沼田城主真田昌幸●

天正六（一五七八）年三月上杉謙信が死去すると、越後では景勝・景虎の相続争いがおこり、上野国でも両派に分かれての戦闘が展開された。厩橋城の北条《きたじょう》高広は景虎方であったが、天正七年八月には景勝と結ぶ武田勝頼に接近している。沼田城在番衆の河田長親も景虎方であったが、彼は小田原北条《ほうじょう》氏方についた。景勝は武田勝頼と同盟をくんだため（天正七年六月）、上野国内では武田勢が急速に拡大した。

真田氏は永禄年間（一五五八〜七〇）以降、吾妻地方において武田氏領国体制をになっていたが、沼田城にむかって攻勢をかけた。天正七年五月には中沢半右衛門・森下又左衛門らの在地勢力を動員して猿《さる》ケ京《がきょう》合戦に勝利をえた。沼田城内においては藤田《ふじた》能登守信《のぶ》吉《よし》が武田方につき、ついに城が開かれた。このとき少なからぬ城衆が討ち死することなく降参した。藤田信吉は武田勝頼から感状をあたえられ、城領の半分を給付されたが、沼田城そのものの経営は真田昌幸《まさゆき》が担当するところとなった。武田家は沼田在城衆に対して「真田指図」（真田昌幸）にしたがうよう命じてい

沼田城図（群馬県教育委員会事務局文化財保護課編『群馬県の中世城館跡』による）

るが（「西条文書」）、その真田昌幸は小川可遊斎《かゆうさい》・須川衆《すかわしゅう》、海野長門守・同能登守、金子美濃守、渡辺左近、西条治部《じぶ》少輔、矢沢薩摩守などを「在城衆」として編成し、沼田城の防備体制をかためた。昌幸は「地衆《じしゅう》」（在来勢力）を警戒して、彼らを懇切にあつかうようにといいながらも、「二之曲輪《くるわ》」より内側への出入は停止するよう、在城衆に命じている（「長国寺殿御事蹟稿」所収文書）。また在城衆はおのおの「曲輪」をうけとり、「御番・普請」につとめること、非番のときであっても城外に宿泊してはならないと指示されている（同前）。沼田城内の曲輪は上杉謙信によっても築造されていたが（「双玄寺《そうげんじ》旧蔵文書」）、ここに在城衆を強固にするため、いっそうの整備がはかられた。城主真田昌幸はこうして沼田城体制を強化し、家臣には城外に所領をあたえた。

沼田城は西では中山峠を越えて吾妻地方さらに信州真田と結ぶ。この交通路も整備され、後年には沼田・岩櫃両城のあいだに位置する八幡山《はちまんやま》城（吾妻郡中之条町横尾）の城番制もつくったが、この交通路の重要性のゆえである。また沼田城から東方面、尾瀬を抜けると会津《あいづ》に至る。かつて沼田万鬼斎《ばんきさい》（顕泰《あきやす》）は没落して会津にのがれ、ふたたび沼田城主に返り咲いたように、沼田と会津は往反《おうばん》が続いていたのである。天正九年六月、真田昌幸は主君武田勝頼から一四項目におよぶ指示をあたえられたが、そのうちの一つが「会津表《おもて》」と佐竹《さたけ》氏に関する事柄である。佐竹氏が奥州を統一しそうだが、その領民が武田氏分国を自由に往還できるようにせよ、また「会津表」も自由に往還できるように佐竹氏と相談せよ、というのである。会津と沼田との往還を公認し、佐竹氏との同盟を形成しようというのである。佐竹・武田の両氏のあいだでは、このころ使者が盛んに往復しているが、天正九年六月には佐竹の使者が下野佐野で躊躇《ちゅうちょ》している（「龍雲寺《りゅううんじ》文書」）。この方面には小田原北条氏が進出しており、敵国を通過するのに道に迷ったのであろう。

会津と沼田を結ぶルートはいっそう重要となっていたのである。

天正十年になると、三月、天目山《てんもくざん》（山梨県甲州市）合戦にやぶれた武田勝頼は滅亡するが、この直前から真田昌幸は小田原北条氏に接触している。八崎城《はっさき》（渋川市）の長尾氏を仲介にして、北条氏邦《うじくに》と交信しているのである（「正村正観氏所蔵文書」）。武田家滅亡の危機がせまるなかで、武田家からは一歩はなれて、独自の道を歩もうとしている。実際武田滅亡後も吾妻地方を中心に小大名化していき、吾妻から真田を結ぶ伝馬《てんま》制をもつくりあげたのである。

小田原北条氏の領国制

武田軍をやぶった織田信長《おだのぶなが》軍のなかから、滝川一益《たきがわかずます》は上野国にはいり、厩橋城で多くの国衆と対面したが、天正十（一五八二）年六月、上野・武蔵国境の神流《かんな》川にて、北条氏邦《うじくに》を先鋒とする小田原北条軍にやぶれ、本国の伊勢に逃げ帰った。北条氏の軍勢は和田城、厩橋城、箕輪城（高崎市）、大戸《おおど》城（吾妻郡東吾妻町）、松井田《まついだ》城などを攻めおとし、沼田城も攻略した。

同じころ徳川家康《とくがわいえやす》が信濃進出をはかっており、北条氏はこれと対抗するためにも西毛の統治体制を強化した。小諸《こもろ》城（長野県小諸市）が徳川軍とむかいあう前線であったが、国境に近い松井田城はこれを支援する位置にあり、支配体制の強化が求められていた。同十一年四月、小宮山甚八郎・横田八兵衛・下《しも》久三郎・山口軍八郎・神宮武兵衛《じんぐうぶひょうえ》・松井田衆中は、松井田において大道寺《だいどうじ》代官より荷物をうけとり、小諸に届けるよう、北条家から命じられている（「小板橋《こいたばし》文書」）。こうした形で小諸城の城米を確保しようとしたのである。松井田城主となった大道寺政繁《まさしげ》と代官直昌《なおまさ》（政繁の子）は「当地」（松井田城）の「御普請」（造営）を北条家から命ぜられ、本格的な城郭を造りあげた。

今日残る遺構は大道寺氏造営のものであり、堀をあらたにつくるなどして、郭・町を確立したのである。板鼻の福田氏や後閑《ごかん》又右衛門尉、さらに浦野（大戸）民部に松井田への移住がすすめられている。松井田松井田城に集住した家臣団はやがて「松井田旗本衆」とよばれるようになるが、この中心は小宮山・横田・下・山口・神宮氏らであった。彼らには、松井田城周辺に設定された「御領所」（直轄領）から所領が配分され、その「領分」（所領）が軍役をささえたのである。

松井田城から東北方向、地蔵峠（高崎市・倉渕へ越える峠）を越えて、榛名山西麓奥深く吾妻地方に抜けでたところに大戸城がある。天正十年大戸城は北条氏直《うじなお》に陥落させられると、松井田城を中心とする体制に組み込まれていく。天正十二年二月、松井田築城が一段落すると、大戸城普請がはじまった。北条家は松井田旗本衆《はたもとしゅう》である下久三郎・山口軍八郎・神宮武兵衛に「大戸之寄居《よりい》普請」のための人足提供を求めている。旗本衆の「領分之人足」として、各三〇人、合計九〇人を集めるよう指示しているのである。松井田旗本衆たちの大戸普請事業への協力が展開していくのだが、松井田・大戸間の往反がしきりとなり、地蔵峠越えのルートもいっそう整備されていった。大戸でも寄居普請が進み、大戸城代斉藤定盛《さいとうさだもり》は周辺家臣に対して郎党などを「大戸根小屋」におくようにとの命令をだす（「武州文書」）。

また大道寺氏は松井田領において本格的な検地を行っている。不動寺の寺領も検地対象となったが、寺では小田原に訴えでて、寺領安堵の印判状を得ようとした。しかし北条家では寺領は検地から除外するものの、印判状はださないことを申し送っている（「垪和康忠《はがやすただ》書状」、「不動寺文書」）。ただ不動寺も旗本山口軍八郎との接触を深めており、しだいに北条家の体制内にはいっている（山口軍八郎宛の北条家朱印状が不動寺にはいっている）。あるいは検地をのがれるのに山口氏の力をたよったのかもしれない。検地は直轄領を設定するだけでなく、在地勢力と北条家臣との結びつきを強めたのであった。

一方、東上州においては館林城・新田金山《かなやま》城が小田原北条氏に屈服し、城領《じょうりょう》制（金山城をささえるための所領編成）・城番《じょうばん》制（金山城警固の番制度）がしかれた。館林城には、赤井照康《てるやす》が上杉謙信に追放されたのち、足利から長尾景長《かげなが》がはいっていたが、その後継者顕長《あきなが》（金山城主由良国繁《ゆらくにしげ》の弟）は北条氏にしたがうところとなった。天正十三年正月には北条家の禁制が館林周辺にだされており、この年には北条氏の領国にはいった。同年二月青《あお》柳《やぎ》郷（館林市）百姓中に対して、青柳郷が「館林城領」に編入されたことを布告し、ついで百姓は帰住し農業にはげむべきこと、他人の被官《ひかん》となっていてはならないこと、大途《だいと》（北条氏当主）の筋目にしたがって活躍すべきことを説いている（「松本稔氏所蔵文書」）。北条氏は、館林城中に兵士として動員されていた百姓たちを農村に帰住させようとしており、城中のことは武士の専業にしようとしている。

赤岩渡の風景　手漕ぎの舟は昭和30年まで使用された。

高根郷《たかね》（館林市）宛禁制でも百姓たちに還住を命じており、このことがうかがわれる。屈服した長尾顕長《あきなが》はこうした北条家の措置にしたがいながら、これを補足していた。水運の重要性が高い邑楽郡から武蔵《むさし》・下総《しもうさ》・常陸《ひたち》・下野《しもつけ》国境地帯では舟を掌握することが課題となるが、長尾顕長は北条家の指示をうけて、「赤岩渡船」は北条家以外の使用禁止を通達している（「鈴木幸八氏所蔵文書」）。邑楽と北武州を結ぶ「赤岩渡船」は以前から発達していたが、さらに運航圏を広げていたらしく、利根川以東の軍陣にも脅威となるほどであった。北条家はこの渡船を一元的掌握下においたのである。また長尾顕長は新町（「新宿」ともいう。館林市）での乱妨狼藉《らんぼうろうぜき》の禁止を北条家から命じられているが（同前）、ここでも顕長の統治力が利用されている。だが顕長の役割もここまでであり、やがて足利に退去した。

新田金山城には組織的な城番制が展開された。宇津木《うつき》下総守・大井豊前守・高山遠江守・桜井武兵衛らが在城衆であったが、彼らは在城曲輪を分担しつつ、周辺に所領をあてがわれた。たとえば宇津木下総守（氏久）は北曲輪在城で、長岡・下新開に一〇〇貫文の所領をあたえられた（「宇津木文書」）。宇津木は玉村福島を本拠とした武士であるが、西上州の高山遠江守、他国の大井・桜井が在城衆に編成され、金山城は郭《くるわ》などが大きく改変され、北関東有数の城郭となった。同様に厩橋でも城番制がしかれ、西上州の後閑氏などが動員されており、またここには各地の人質もおかれていた。

北条家は松井田城・箕輪城・厩橋城・館林城・新田金山城・沼田城など、地域の中核的な城はこのように編成替えして領国体制に組み込んだが、豊臣秀吉《とよとみひでよし》との対戦がせまってくると、広汎な地衆《じしゅう》を直接掌握するようになる。赤城山南麓の女淵城《おなぶち》（前橋市）は北条氏に後援された北爪長秀が城主となるが、武蔵鉢形《はちがた》城との支援関係もあって、天正十七年ごろから総戦力体制がしかれた。検地が実施され、北爪新八郎らに給田があたえられたが、それは「陣役」のためのものであった（「北爪重一氏文書」）。ここの地衆は「女淵衆」といわれ、北爪氏のほかに吉田・大塚・岡田などの諸氏がいて、鼻毛石《はなげいし》・苗ケ嶋《なえがしま》・友成《ともなり》・深津《ふかざわ》に所領をもちあっている（「北爪文書」）。総勢二六人だが、郷村上層部が軍役体制に組織されている。

3 空っ風と生活誌

自然のなかの生活●

戦国時代の十六世紀、一人の禅僧が世良田《せらだ》の長楽寺《ちょうらくじ》に生活していた。彼はその日常生活を丹念に記した日記を残している。彼の名前は賢甫義哲《けんぽぎてつ》。その日記は永禄八（一五六五）年の正月一日から九月晦日までの二六五日間だけが残されている。このため日記は「永禄日記」とよばれる。記された日数は一年にみたないものであるが、自然環境から食事にはじまり、戦乱におよぶ日常生活をこれほど具体的に記録したものは、全国的にもみられないまことに貴重なものである。

冬に吹きすさぶ空っ風のすさまじさは、現在も広く知られている上州名物である。空っ風は十六世紀にも吹きまくる。義哲は風を記録する。一月に五日、二月に七日と風が長楽寺をゆるがす。風は一日でおさまることはなく数日にわたり吹きすさぶ。いつも日中の昼近くから吹きまくり、夕方になるとおさまる。この吹き方は十六世紀も二十一世紀もかわらない。一月の六、七、九、十日と吹いた風による埃《ほこり》は、歯痛に悩まされ、躰《からだ》も弱く、薬を欠かせなかった義哲にはたえがたく、弟子に急ぎ埃よけのための頭巾をつくらせるありさまであったし、寺から金山城につかわした僧はこの強風のため城に足止めされてしまうほどであった。風の猛威は人びとの生活に大きな影響をおよぼしていた。

義哲が生活していた時代の長楽寺の境内は築地《ついじ》と堤で囲まれ、杉林が風をふせいでいた。出入口として総門・山門があり、仏殿・塔・僧堂（前堂）方丈など一六あまりの建物や池、井戸が日記にみえる。僧らの自給のために菜園もあり、そこには大根《だいこん》・茄子《なす》・芥子《からし》・鶯菜《うぐいすな》が栽培されていた。禅宗とともにもたら

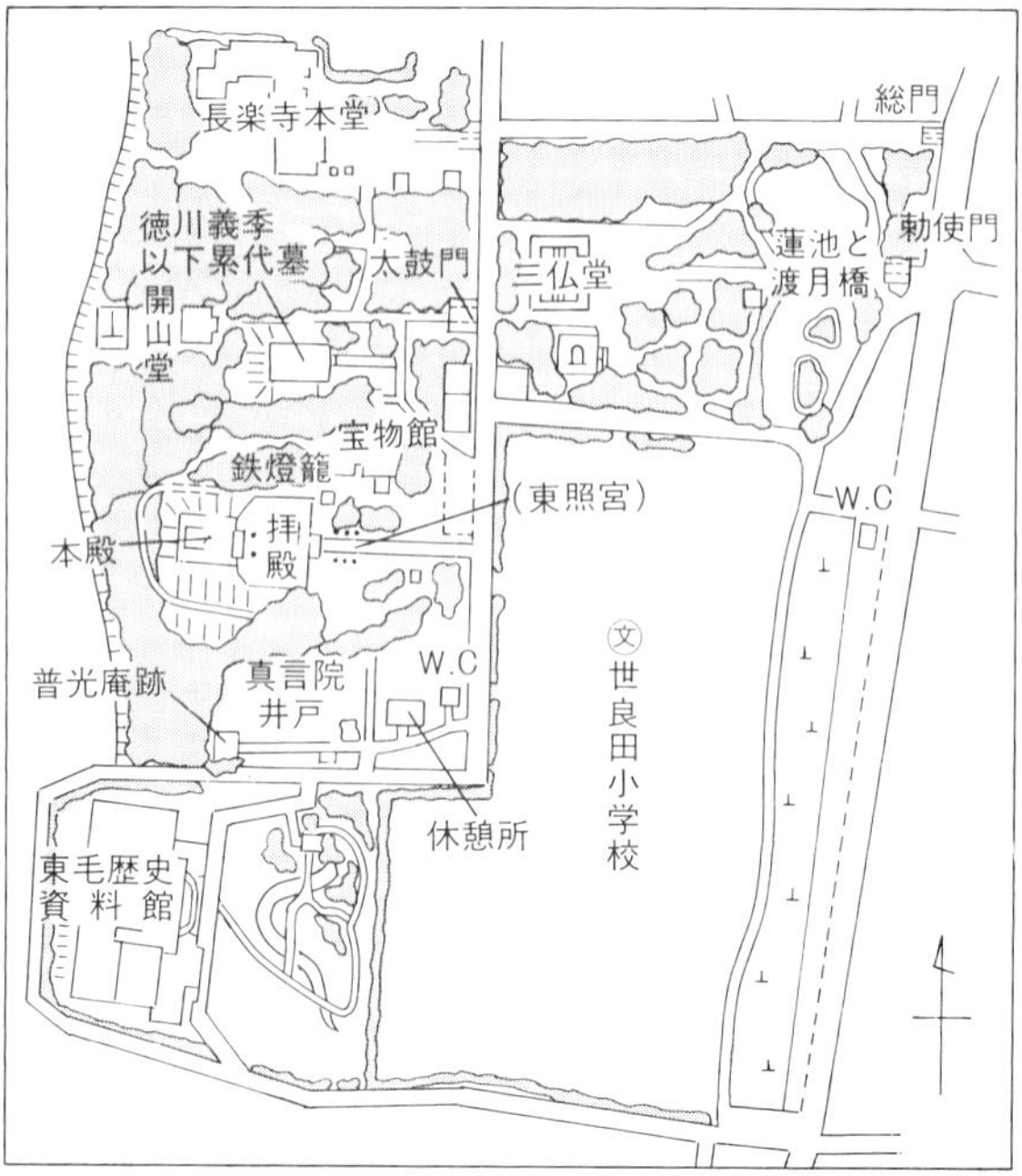

現在の長楽寺境内図

された茶もあり、僧の手で製品化され、進物にも用いられていた。また蜜柑の木もあった。

長楽寺の南には「大河有り、利根と曰う」（義堂周信《ぎどうしゅうしん》）と全国に知られた利根川が流れていた。中世には利根川の流路は固定しておらず、しばしば氾濫が繰り返され人びとの生活をおびやかしていた。なかでも応永三十四（一四二七）年秋のそれの被害は大きく、またこのときに流路が大きくかわった。永禄八年は天気が悪く、雨と雪の日が六七日もあったから、四日に一度天気がくずれた計算になる。九月は九日間の長雨で、長楽寺の南大門まで水が押し寄せてくるありさまであった。

利根川は災いをもたらしただけではない。上州に住む人びとにとって生活の動脈としての役割をはたしていた。伊勢神宮の青柳・玉村《たまむら》などの御厨《みくりや》（荘園）が利根川沿いに位置しているのも年貢を船で運ぶことと無関係ではなかった。親鸞が越後から常陸にむかったときも船を利用していたし、下総の千葉氏の妙見《みょうけん》信仰の源流が上州にあるのも利根川・江戸川の水路によるものであった（「船尾山縁起」）。

利根川などをつうじてほかの地域との交流もあった。義哲のもとには、京の筆、宇治の茶など遠く畿内からもたらされた物や、海のない上州ではとれぬ海苔・昆布などの海産物もあった。また義哲のもとには京からの知人も訪れた。物のほかに知識や情報ももたらされたのである。

音と年中行事

義哲の目覚めははやく、いつもは未明より前に鳴きだす一番鳥の声とともに床をはなれている。長楽寺の行事は太鼓で寺内の人びとに知らされる。太鼓はいわば俗世間とは別の寺での宗教生活のリズムを示すものであったし、鳥の声は自然のリズムであった。しかし、音は寺の外からも聞こえてくる。法螺貝《ほらがい》はかつては時刻を知らすために用いられていたが、永禄の義哲の時代には、緊急の合戦の知らせに用いられていた。武士の世界では合戦の知らせは法螺の音と鐘であった。寺院・宗教の世界の音と世俗・武士の世界の音は別のものであった。また、合戦に使用された鉄砲の音もしばしば寺僧たちの耳に届いていた。やはり戦乱の時代であった。長楽寺では表のように毎月の行事、年中行事が禅寺の規則により行われていた。それとともに地域に伝承されていた行事である一月二十日の灸すえ、五月五日の粽《ちまき》、六月一日の氷餅などの食物、七月の盆行事などがみられ、地域と禅宗寺院との深い関係をみることができる。

長楽寺の生活は寺領によりささえられていた。そこから当時の農民の生活をうかがうことができる。田植えは五月十五日、当時は辛亥《かのとい》の日は田植えによい日とされていた。十五日も辛亥にあたっていた。水不足のため堰《せき》を切り水の手配に住持の義哲始め長楽寺の僧たちは懸命であった。早乙女《さおとめ》三一人を含む八〇人あまりの人びとをやとい、田植えの作業が開始され、午後の二時ごろには田からあがっている。六月には草取り、九月には稲刈りがはじまる。稲は俵におさめられる。このときにも賃女をやとっている。畠は寺

長楽寺の年中行事

月　日	行　　事　　名
1．5	宗伝月忌
1．9	蓬顔月忌
1．11	吉書
1．17	百丈宿忌
1．20	廿日ヤキ，月待，宗以回向
1．22	義海和尚回向
2．15	涅槃忌
2．22	義海和尚回向
3．18	無準忌
3．20	月待
4．8	仏生日
4．14	仏誕生袈裟カケノ祝儀
5．5	端午
6．1	氷ヲトリ(氷の朔日)
6．7	天王祭
7．14	施餓鬼 } 盆
7．15	〃 } 盆
7．16	塔之餓鬼 } 盆
7．27	諏訪祭
8．1	祝儀(八朔)
8．22	義海忌
9．9	鎮守祭

「永禄日記」は1月1日～9月晦日まで残存。

内にもあり、茄子・大根・瓜・大豆・鶯菜などが栽培されていた。また、小麦の収穫されたあとには大豆が蒔《ま》かれた。しかし、長楽寺の生活をささえていたのは水田とそこでつくられる米であった。こうした田畠の生産を維持していたのが肥料であり、肥料を採取するための場所が立野《たての》であった。寺にはいくつかの野があり、そこから肥料となる草が刈りとられていた。肥料は農民にも必要であり、寺の目を掠《かす》めて草を刈り取るものがたえず、このため寺は野守をおかざるをえなかった。不法行為を発見されると鎌などの道具は没収、本人は寺に連行される。田畠の生産と肥料が深くかかわっていたことを語るものである。

食生活

義哲は全体に躰が強いほうではなかった。たえず歯の痛みがおそい、また腸も弱くしばしば下痢をもよおしていた。だから義哲が口にした食物も彼の躰にあわせたものであったと思われる。しかし、そうだとしても十六世紀の北関東での食生活をこれほど丹念に記録したものはない。

　食事の回数は三回、ないしは四回、朝は焼餅・草餅など餅が多く、昼は麺・麦飯・楊花《ようか》（雑炊）など、夜はヒキ粥・楊花・晩炊であり、昼や夜にはあまり餅は食べられていない。野菜は寺内や山野に自生したものと、畠で栽培されたものとがみられる。山ノ芋《いも》・蕗《ふき》・芹《せり》・ハコベ・蓼《たで》・山椒《さんしょう》、それに栗《くり》・椎《しい》の実《み》・柿・胡桃《くるみ》・エノキダケ・ハツタケ・ヒルタケ・松茸・竹の子などは自生のものであった。これに対し大根・蕪《かぶ》・茄子・一字（葱）・鶯菜・大豆《だいず》・小豆《あずき》・韮《にら》・大蒜・里芋《さといも》などは栽培されたものであった。なかに唐芋がみられるがこれは薩摩芋ではなく、カライモとよばれた里芋の一種のことであった。このほか壁（豆腐）、梅干、東坡（味噌）・麩《ふ》、うどん、粽などの加工食品も少なくない。禅寺では門に酒と韮や大蒜など匂いの強いものを寺内にもちこむことを禁ずる旨が記されていることが多いが、長楽寺では韮も、大蒜も食膳に供されたし、酒も行事には欠かせないものであり、冷酒は土器で、燗酒は塗物の器で飲むことになっていた。寺でもハレの日には民間と同様に粉による食物、うどんなどがだされるし、それはこの日記にも記載される。しかし、それはハレの行事に伴うものであり、それが日常の生活でも同様であったわけではない。寺の日常の食生活は米を中心とするものであった。

寺院と地域社会●

長楽寺には住持の義哲を頭に多くの僧が生活していた。彼らは俗人と区別され一山と総称されていた。大寺であるから蔵司《ぞうす》・維那《いな》・書記などの役僧のほか、塔頭衆《たっちゅう》・常住衆・老僧中・袈裟掛衆など衆という名称でよばれる僧の集団がおり、沙弥《しゃみ》・雲水《うんすい》・小僧などもいたが、その総数は不明、寺内には僧侶集団のために働く殿原《とのばら》・下女・下男・下人・小者がいたし、臨時に寺に足をとどめていた六十六部や聖《ひじり》などの遊行《ゆぎょう》の宗教家の姿もみられた。全国を遊行している彼らから各地の情報が寺にもたらされた。その情報はさらに寺とゆかりの領主の由良氏や地域の人びとのあいだに伝えられた。寺の地域との結びつきを示すものである。なお、寺にいたものとして猫の存在も知られている。

寺の門前には集落が形成されており、門前には侍がましきとよばれた人物や経済活動で財をなした有徳《うとく》人《にん》もいた。寺は門前に住む者を必要に応じて寺の雑用に動員した。また彼らは武器を手にして領主由良氏の手助けに馳せさんぜさせられることもあり、正月の寺の行事には門前の者も一山の僧とともに参加しており、寺と門前の人びとは生活上の深い関係により結ばれていた。

寺域は世俗の世界とは別の聖なる場所であったから盗みや殺生などの行為はきびしく処罰された。こうした聖なる世界は俗世間からの力をこばむ力をもっていたのは中世の世界の通例であった。長楽寺にも持ち主の手からのがれて「ハセ来」った下女や親子の女がいた。しかし、戦国の世では寺のもつこうした俗世間への力（アジール）は弱く、必死の思いで寺に逃げ込んできた女たちは持ち主のもとに戻されてしまっている。ただ、これより半世紀ほど前、同じ上州の長野氏は下室田の菩提寺である長年寺《ちょうねんじ》に対し「重科の者」でも寺の門の内にはいったならば処罰しないと告げている。まだここではアジールが生きていたわけである。

4　「近世」の胎動

百姓侘言●

北条氏の領国では郷《ごう》・宿《しゅく》・町《まち》に直接文書が発給された。これらの住人（百姓）を領国制のなかに組織しようとしているのであるが、それだけに百姓の要望もある程度聞きいれられた（まったく排除される、ということはなかった）。神流川の奥深い三波川《さんばがわ》谷（多野《たの》郡神流《かんな》町）には北谷を中心に村が形成され、北条家臣長《なが》井《い》政実《まさざね》からは「弓・やり以下の具足」の仕度を命じられていて、北条氏軍制を在地においてになっていた。

　この村は天正十四（一五八六）年に「大途」（北条氏当主、すなわち氏直）の検地を受けいれ、年貢高が一〇三貫余と定められた。この検地による年貢増分のうち一一貫余は「百姓御侘言《おんわびごと》申ニ付而御赦免」とされた。百姓の訴えにより免除されたのである（「飯塚文書」）。北条氏の検地・年貢額決定について、百姓たちの要求がいれられているのである。ただこの年の検地による年貢決定はこの村で一〇三貫余となり、四〇貫あまり増加している。北条氏の側では、たとえ一〇貫が一〇〇貫になろうと、「国法」なので許さない、といっている。百姓たちには過酷なものだが、それでも容認しているのは、さまざまな年貢が整理・一本化されて、貫高（銭）で表示されたこと、また百姓個々の耕地・山・屋敷などの所有が公認されたことにある。北谷百姓の中核たる飯塚氏は屋敷付下地が名主免として安堵されているが、それと同じに検地帳に所有田・畠が記録されたはずである（実際にはこのときの検地帳は残っていないが）。

また新保郷《しんぼ》（高崎市）も天正十一年、北条氏の「御領所」（直轄領）にいれられ、検地が実施された。その結果年貢が増加したが、その増分をめぐり、代官中沢平左衛門と百姓らとの相論《そうろん》（訴訟によって理非を争うこと）となった。両者は北条氏に召しだされ、対決をとげたところ、中沢の主張が正しいとのことになり、毎年十月晦日までに年貢八〇〇俵を進上することとなった（「反町氏由緒書」）。ここでも百姓らは裁判にやぶれはしているが、代官中沢を訴えて、訴訟主体となっている。北条氏も百姓の訴（あるいは百姓侘言）を受けいれる装置をもっていて、これが領国経営を推進している。ところでこの新保郷の百姓たちの名前は小嶋近江守・反町《そりまち》下総守・同豊前守・井草将監《しょうげん》・阿久沢九兵衛・登坂《とさか》掃部丞《かもんのじょう》というものであった。百姓といっても、苗字をもち、官途・受領を称しているのである（三波川北谷の飯塚氏も弾正忠、和泉守を称している）。

このうち反町氏は中居郷《なかい》（高崎市）にも同族が居住するほどの実力があったが、同豊前は後閑宮内大輔の下女を二〇年にわたりかかえこんでいた（「後閑文書」）。「兄弟之好《よしみ》」と主張していたのであるが、なんらかの「縁」（血縁などなど）が背景にあったのである。

天正十七年、福島郷（佐波郡玉村町）から百姓三人が妻子ともども「欠落」（逃亡）した。欠落先は三人とも異なる。弥兵衛は妻子ともに「厩橋下城」、助丞《すけのじょう》は妻子ともに公田郷《くでん》（前橋市）、与三郎は妻子ともに倉賀野。この欠落先の場所は福島郷から一〇キロ圏にあり、歩いても交流できる日常的生活圏のなかにある。彼らがおのおのの地に欠落したのは、そこで受けいれてくれる人びとがいるからであり、そうした関係は日常生活のなかでうまれていたに相違ない。

三人のうち二人の欠落先が町場（厩橋下城、倉賀野）であるように、百姓の生活は町すなわち流通の世界と結びついていた。この時期百姓は年貢を銭で支払うことが多かった。永禄八（一五六五）年新田《にった》領平《ひら》

福島郷百姓の欠落《かけおち》先略図

塚郷《つか》（伊勢崎市）の百姓たちは大豆を金山城主由良《ゆら》氏家臣の石橋与三左衛門尉に売却したが、代銭は悪銭で支払われた。百姓たちはこれに怒り、悪銭を返し、好銭を求めたが、石橋の拒否にあい、問題は長期化する（「永禄日記」）。ここでも平塚郷百姓たちの銭に対する関心の高さがうかがわれ、百姓の経営もそれだけ流通と結びついていたことを示している。

宿・町人衆中●

宿・町の住人は「町人衆《ちょうにんしゅう》」「年寄中《としよりちゅう》」とよばれ、自治的な集団を結成していた。倉賀野宿では「倉賀野町人中」が小田原北条家の伝馬需要をささえていた。そのうち、元亀三（一五七二）年武田家より分国内での馬二疋による運送を公認された堀口新兵衛、倉賀野城陥落に戦功をたて武田家より所領を給付された須賀佐渡守、彼らが「町人中」の中核的存在であり、また武士でもあった。堀口家や須賀家は陸の駄送とともに舟運にも活躍していたので、鎌倉道と倉賀野河岸の両方に接するように屋敷を構えていた。また細野・諸星《もろほし》・岡田・川又・ウスタ・中嶋・関根の諸氏が倉賀野住人として確認できるので（「高野山清浄心院日月供名簿」）、彼らも有力町人であったろう。

上杉氏の居城平井城（藤岡市）の城下は、憲政の退去後も繁栄していたが、ここでは上宿《かみじゅく》・下宿《しも》に分かれ（市としては東・西）、「まけし紬座《つむぎざ》」や「米座」の組織もみられるほどであった。ここの住人組織は「平井町年寄中」といわれるが、その中核は松村・諸星氏らであった。平井の市は三・八日の六斎市となっていて、甘楽谷《かんらたに》地域の特産物（日野絹など）の集積地としてにぎわっていたのである。

倉賀野・平井とくらべて少しくわしくわかるのが板鼻である。板鼻は上宿・下宿に分かれていて、おのおの「町人衆中」が組織されていた。上宿では出入口に「木戸」が設置されており、町人のなかから毎日六人ずつが選ばれ、そこにて昼・夜ともに「人改《ひとあらため》」を行っていた。町人のなかにはまた「町人かしら《（頭）》」といわれる人がおり、彼らは夜になると町中の人改めをしている。一般町人は商売・交易に従事しており、他所者《よそもの》とのつきあいが多い。それゆえ不隠分子に気をくばったのであろう。「かりそめ《（仮初）》の人」や「わらんへ《（童）》」の存在もうかがえる。町人は集住していたので火事への配慮も必要であり、風の強く吹く日には火焼き（野焼き）をしないよう申し合わせてもいる（「福田文書」）。こうした自治的「掟」をもちつつ、武田氏や北条氏の支配を彼らはうけとめていたのであるが、その中核には福田加賀守らがいた。有力町人はここでも武家（武田氏や北条氏）被官となっている。

板鼻は鎌倉時代以来の善光寺《ぜんこうじ》道の宿であったが、となりの安中宿は安中城下にうまれたものであり、伝馬・駄賃馬《だちんま》が発達した。滝川一益や北条氏、ついで井伊《いい》氏がここに伝馬制をしき、城下には伝馬町もうま

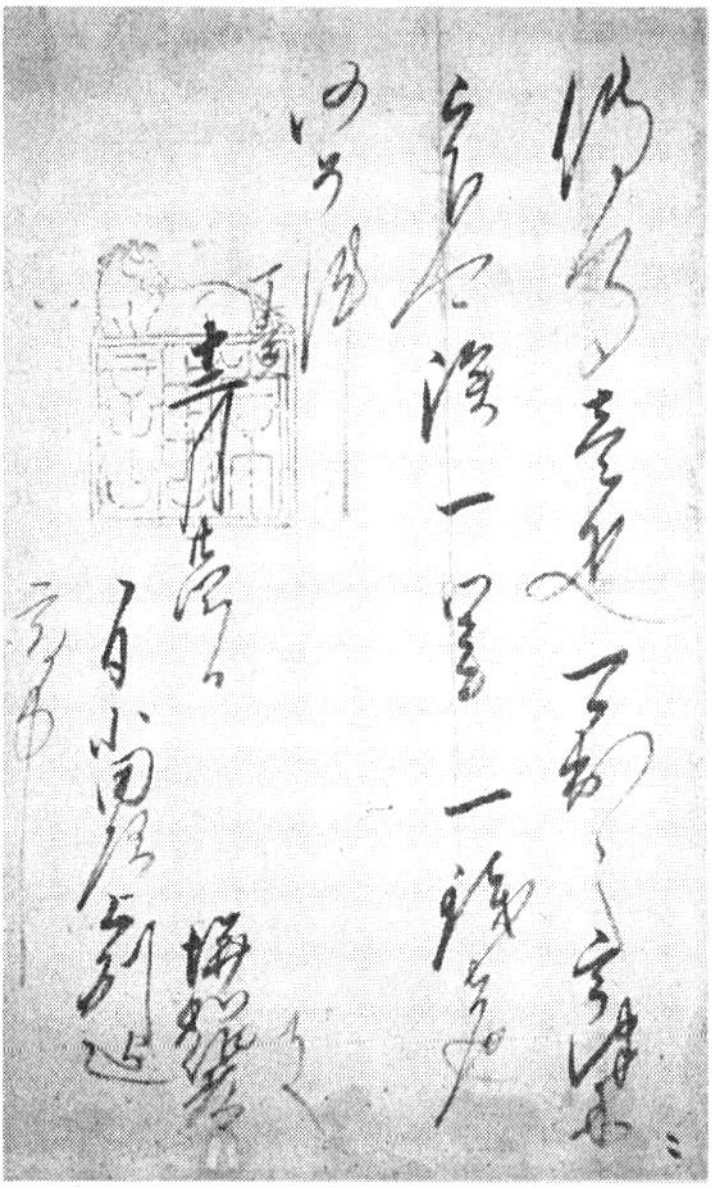

伝馬の朱印状（「宇津木文書」天正15年12月24日付北条家朱印状）

れた。天正十七（一五八九）年七月北条氏からあたえられた「掟」一二カ条では、男女とも他衆との寄合・密懐《みっかい》がとくに禁止されていて（「須藤文書」）、それだけに他所衆とのつながりの強さを感じさせる。この掟をうけとった須藤氏が安中宿衆中の中核的存在であると思われるが、統一政権のもとに入部した井伊氏の時代、さらに江戸初期になると奈良屋・樽屋などが台頭する。安中宿の伝馬は野尻伝馬ともいわれるように、律令制下には野後駅《のじりえき》があった。馬にめぐまれており、「宿中馬持」が伝馬・駄賃の活動を展開していたのである。成立したばかりの江戸幕府は「安中宿中」に対して、伝馬・駄賃の額をおのおの三二貫・四〇貫（のちには共に四〇貫）と定めていて、奈良屋市右衛門と樽屋三四郎にその扱いを命じている。また駄賃需要の多いときには「在《ざい》の馬」（村方の馬）をやとっても荷の遅れがないように努力してもいた（「丸山文庫所収文書」）。

このように西毛の交通と流通の発達は著しいものがあったが、吾妻谷においても真田氏知行のもとで発達していった。真田氏は沼田城―吾妻地方―信州上田地方と、一線に連なる地帯を知行していたから、その中間地帯たる吾妻地方は物資の輸送が盛んに行われた。岩櫃城下の平川戸《ひらかわど》宿（吾妻郡東吾妻町）の問屋業務は天正十二年十二月真田昌幸より市場《いちば》右京進《うきょうのしん》（源七郎）に安堵されたが（「一場文書」）、この人物は真田信之《のぶゆき》からも所領安堵されており、平川戸宿町人中の中核的人物であった。この宿の「町人」は天正十八年に、真田氏家臣たちが伝馬を乱用していると訴えており、「馬方」が迷惑していること、このままでは「町人」が欠落してしまうことを述べている。翌十九年正月には伝馬乱用禁止の信之朱印状を得ているが（「大鋒院殿《だいほういんでん》御事蹟稿」所収文書）、ここには馬（駄馬）で生計をたてる人びととの活動がある。平川戸宿はやがて原町に移るが、ここでも市場右京進が中心的存在であり、元和八（一六二二）年三月沼田藩主真田信吉《のぶよし》から原町郷代官に任命された（「天桂院殿御事蹟稿《てんけいいんでんごじせきこう》」所収文書）。

松井田城陥落

天正十八（一五九〇）年四月、松井田城では、攻める豊臣方軍勢と守る北条方軍勢のあいだで激しい戦闘が展開されていた。北条氏は、豊臣秀吉が天正十四年にだした「関東惣無事《そうぶじ》」令（平和令）に違反して、沼田領名胡桃《なぐるみ》城を奪取したということで、秀吉方との軍事的対決に突入していた。上野国では北条氏邦を中心にして、沼田城・厩橋城・倉賀野城・箕輪城・松井田城の総動員体制が強化され、各地では城将がその任を遂行していた。松井田では城将大道寺政繁のもとに防備体制がしかれていたが、天正十八年四月の豊臣軍勢による焼打ちは強烈であり、ついに大道寺父子は前田利家《まえだとしいえ》に降参した（「伊達家文書」所収意成書《いせい》状、「歴代古案《れきだいこあん》」所収政繁書状）。籠城していた軍兵は七、八千であったが、これらは完全に討たれてしまった。また城背後の坂本の民家も放火された。

箕輪城では城将埴賀《はが》信濃守が保科正直《ほしなまさなお》に追放され、前田利家が城を請け取った。豊臣秀吉は全国統一過程のおのおのの段階において、陥落させた城の破却・普請などについてこまかい指令をあたえているが、このときも前田利家は次のような指示をうけた。玉薬《ぎょくやく》（弾薬）そのほかの武具や兵料は少しも残さず押取すること、土民・百姓に還住をおおせつけること、東国の習慣となっている女童部《おんなわらわべ》の売買は禁止すること。こうして、厩橋・倉賀野などなどの城は豊臣方に渡され、軍勢が駐留したのである。

六月には小田原城そのものがおちるが、そこには富岡秀長《とみおかひでなが》（小泉城主）・安中景繁《かげしげ》（安中城主）・和田信業《わだのぶなり》（和田赤坂城主）・長尾顕長《あきなが》（館林《たてばやし》城主）・由良国繁《くにしげ》（桐生《きりゅう》城主）などが籠城していた。このうち和田信業は混乱のうちに小田原を脱出し、和田城に帰ったが、ここも豊臣方に征圧されていて、諸国を流浪することになった。

本国を去る戦国武士

北条氏統治下の倉賀野の城将は倉賀野淡路守であったが、この人物はもともとは金井淡路守と称していた。彼が小田原戦役でどうしたかは不詳である。この人物が倉賀野にはいる前、そこには別の倉賀野氏がいた。倉賀野左衛門五郎直行であり、平井城主上杉憲政家臣の倉賀野三河守の系統である。この直行はその家臣橋爪若狭守とともに北条氏の攻撃をふせいでいたが、天正十（一五八二）年にはやぶれ、越後府中に上杉景勝を頼って移っていった。越後では直江《なおえ》兼続《かねつぐ》につかえたが、やがて景勝江戸在住のとき、暇を願いでて、庄内《しょうない》藩酒井宮内少輔につかえた。また酒井氏の会津移住に従い、そこで上杉定勝《さだかつ》の米沢《よねざわ》藩に出仕するよう誘いがあり、米沢に移ったという（「米沢藩先祖書」）。この倉賀野家は米沢に住み続け、墓もあり、伝来の古文書三通も現存する（この三通が「歴代古案」の底本となった）。

また高山御厨の武士で上杉氏につかえていた小林氏は、

米沢市郊外にある倉賀野氏墓地

小林斎《しょうりんさい》のとき武田家からも所領安堵されたが、その養子平四郎は尾張《おわり》の合戦で死去した。その子市左衛門がさまざまな曲折を経て大名水野家に仕官して、その子孫が主君とともに山形に移ったのである。小林氏は高山御厨を本拠した在地武士団であったが（今も相伝文書を残す）、このような変動を経験しているのであり、戦国動乱の深刻さがうかがえよう。

6章

近世村落と新しい領主たち

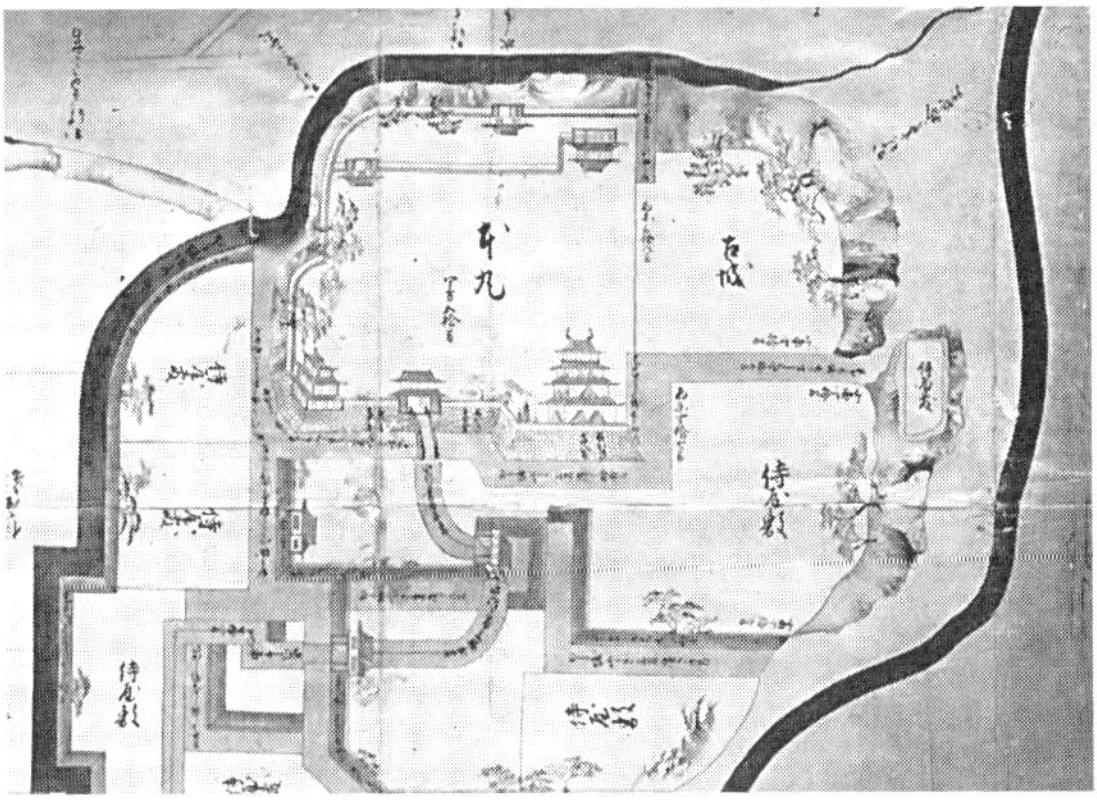

沼田城本丸

1　大名の配置と上州

新しい領主たち●

群馬郡新井村《あらい》（北群馬郡榛東村《しんとう》）は鎌倉時代の嘉禄年間（一二二五〜二七）に桃井義胤《もものいよしたね》が鶴岡《つるがおか》八幡宮を勧請して桃井八幡を建立し、桃井氏が阿佐見《あさみ》氏に改姓して永正八（一五一一）年から居住し、新井村を村名としたという。桃井郷と呼ばれる国衙《こくが》領は、現在の榛東村・吉岡《よしおか》町を中心として渋川《しぶかわ》市・前橋《まえばし》市の一部を含む江戸時代の新井村・長岡《ながおか》村など一三カ村がその範囲であったと推定されており、組合一三カ村として入《いり》会地《あいち》を利用し、また猪が山からくだって作物を荒らすことをふせぐために猪土手《ししどて》を共同で構築するなどして一体化していた。戦国時代に桃井郷のなかに村が成立したが、江戸時代になってもその共同性は維持されていたのである。大永三（一五二三）年、長野《ながの》氏が西上州一帯を支配し、阿佐見氏に村開発棟梁《とうりょう》役を命じ、浪人を集めて村をおこさせた。その後、上杉《うえすぎ》・今川《いまがわ》・武田《たけだ》などの戦国大名が入れかわり立ちかわり新井村を支配したが、天正十八（一五九〇）年、徳川家康《とくがわいえやす》から箕輪《みのわ》城をあたえられた井伊直政《いいなおまさ》が支配することになった。井伊直政が高崎《たかさき》に城を移し、関ヶ原の戦いののち彦根《ひこね》へ国替えになり、四年ほど城主がいなかったが、慶長九（一六〇四）年、酒井家次《さかいいえつぐ》が高崎城主になり、新井村を支配した。しかし、酒井氏も大坂の陣後の元和二（一六一六）年、越後《えちご》国高田《たかだ》へ国替えになり、旗本松平康長《はたもとまつだいらやすなが》が新井村を支配することになったが、一年もしないで丹波《たんば》国篠山《ささやま》へ転封《てんぽう》になり、翌年旗本松平信吉《のぶよし》が支配し、これも二年後に丹波国篠山へ国替えになり、新井村はめまぐるしく新しい領主を迎えた。

上野国所領別村数表

郡名	幕府領 A	大名領 B	旗本領 C	A＋B	A＋C	B＋C	A＋B＋C	計	領主数 B	領主数 C
那波	1	34	5(1)	1		3		44	1	6
		52(1)	5(1)		1	2		60	2	5
群馬	13	150(1)	13	1	1	8		186	4	10
	33	123	39(12)		6	4		205	2	34
吾妻	6	73						79	1	
	75		12		1			88		2
利根		95						95	1	
	116		1					117		1
碓氷	6	39	9(3)	1	4	2	1	62	2	18
	5	38(1)	10(3)		6	4	1	64	4	22
片岡		3						3	1	
		3						3	1	
甘楽	113	51	9	1	3	2		179	2	11
	63	51	11(6)	2	2	1		130	2	18
多胡	28	1	5	1	4			39	2	4
	6	1	14(5)		6			27	1	24
緑野	22	8	2(1)	4	13	2	7	58	1	22
	4	15	17(16)		4	5	1	46	1	34
勢多	2	133	1(1)	1				137	3	2
	24	135	3		3	1		167 (社領 1)	1	4
佐位		12	19(4)		1	3		35	1	14
	10	17	7(5)		3	2	1	40	2	16
新田	12	30	35(12)		7	4		88	3	43
	55	1	39(32)		15	3		113	1	104
山田		53				1		54	1	1
	7		50(32)		1			58	0	97
邑楽		74						74	1	0
	25		45(36)		15			85	0	161
計	203	756(1)	98(22)	10	33	25	8	1,133	10	111
	423	436(2)	253(148)	2	63	22	3	1,203	15	329

上段＝寛文８年上野国郷帳，下段＝元禄16年上野一国高辻(勢多郡社領１村あり)。

群馬郡中山村《なかやま》（吾妻郡《あがつま》高山村《たかやま》）でもたびたび領主の交替があったので、「またぞろ国替え」（『群馬県史』資料編一二）と村民はあきれたような表現をしている。関東は徳川家康の開いた江戸幕府のお膝もとのため、領地の少ない小譜代《しょうふだい》大名《だいみょう》や旗本と幕府領が設置され、そのうえ、関ヶ原の戦い、大坂の陣などの論功行賞がたびたび行われ大名や旗本がそのたびに転封されたため、領主が幾度も変更になり、村人は名前も覚えきれないあいだにつぎの領主がやってくることになったのである。

新井村は、元和五年から元禄八（一六九五）年まで高崎城主安藤重信《あんどうしげのぶ》が支配することになり、やや落ちついてきた。その間に今川氏の旧臣岡部氏、武田氏の浪人萩原氏、北条氏の浪人小山・岩崎・重田氏、大坂浪人高橋氏や小野子《おのこ》村（渋川市）の飯塚氏、勢多《せた》郡堀越《ほりこし》村（前橋市）の堀越氏などが新井村に土着した。阿佐見氏が名主《なぬし》、岡部氏が組頭をつとめていたが、慶安四（一六五一）年の検地実施後、浅見・飯塚・萩原三氏が交替で名主をつとめるようになった（『榛東村誌』）。領主はめまぐるしくかわったが、桃井領一三カ村の連帯性を維持しながら、新井村の独自性をくずすことはなかった。

戦国時代に強大な諸大名にはさまれて上野《こうずけ》国は戦乱にまきこまれ、被害をうけながらも戦いにやぶれた大名の家臣の浪人をうけいれながら武装して村をまもり、こうした土豪《どごう》的農民が草分け百姓となったのである。勢多郡江木《えぎ》村（前橋市）では文禄元（一五九二）年に農民の由緒を書きあげたが、上泉《かみいずみ》村城主赤石《あかいし》氏の浪人早田氏、二宮《にのみや》村（前橋市）からきた下境《しもさかい》氏、新田《にった》郡市根井《いちねい》村（太田市）からきた侍の市根井氏、長井坂《ながいさか》城主尾張《おわり》氏の浪人吉田氏の四軒があり、その後、勢多郡八崎《はっさき》村（渋川市）城主二階堂《にかいどう》氏の家臣大熊氏、山田《やまだ》郡広沢《ひろさわ》村（桐生《きりゅう》市）の郷侍《ごうざむらい》堀越氏、新田郡大島《おおしま》村（太田市）からきた大島氏、吾妻郡植栗《うえぐり》村（東吾妻町）からきた植栗氏などが居住し、慶長二（一五九七）年に大胡城主牧野《まきの》氏から開発を命じられた近従快光房尊栄《かいこうぼうそんえい》に、協力した彼らを草分けと称した。

戦国時代から江戸時代初めにかけて、遠方からも上野国にきて土着した浪人が多い。戦乱などによって政治的に不安定となり、開発する原野も多かったので、戦いにやぶれた武士がのがれて土着したのである。しかし、それだけではなく、もともと在村した農民が戦国時代に武士へ上昇することを願望して一時離村したが、それが叶わずふるさとに帰ってきたものもいた。利根《とね》・吾妻二郡を戦国時代に支配した真田《さなだ》氏に多くの地侍がつかえて武士になったが、真田氏改易《かいえき》により禄をはなれほとんどが在所に土着した。

地方直しと相給村●

群馬郡新井村の隣村の長岡村は、元禄十三(一七〇〇)年に旗本の山田・長谷川・京極《きょうごく》三氏の支配をうける三給地《さんきゅうち》になった。一つの村落としてまとまっていたのが領主の都合によって三分割されてしまったのである。村高五七〇石を三等分して一九〇石ずつを支配した。その結果、名主以下の村役人は給地ごとに三人ずつ設置され、村人もそれぞれに所属し、山田知行所《ちぎょうしょ》には二三軒・八九人、長谷川知行所には二三軒・七九人、京極知行所には二一軒・七一人が所属し、年貢もそれぞれの旗本へ納入した。田畑も三分割されたが、村内に錯綜して所在した。年貢納入や諸調査なども領主ごとに行ったために長岡村としてのまとまりはなくなったが、入会地争論では桃井領一三カ村の一村として三給村役人総代を選出してまとまって行動している。桃井郷一三カ村の総鎮守といわれる大宮神社の獅子舞は、江戸時代初期から現在に至るまで長岡村民によって奉納され、文化七(一八一〇)年に中組《なかぐみ》に百庚申を建立したのは「世話三給役付人中」として田中・千木良《ちぎら》・山本・岩田・善養寺《ぜんようじ》・森田氏が連名しており、行政面では三分割されたかにみえる村民生活は、用水や入会地などの生産活動や信仰生活では村の一体性を維持したのである。

寛文八（一六六八）年の上州には一一三三カ村があり、内訳は幕府領二〇三カ村、大名領七五六カ村、旗本領九八カ村、幕府領・大名領・旗本領の相給の村七六カ村で、そのほか複数の大名領・旗本領に所属した村が二三カ村あった。九九カ村、八・七％の村が単独でなく複数の領主の支配をうけた。元禄十六年には一二〇三カ村と増加したが、幕府領は四二三カ村、旗本領は二五三カ村と急増し、大名領が四三六カ村に減少し、相給の村が九〇カ村に増加し、複数の大名・旗本の支配をうけた一一〇カ村を加えると、複数の領主がいるのは二〇〇カ村、一六・六％と倍増した。寛文期と元禄期とで大きく変化したのは、利根郡・吾妻郡の旧沼田《ぬまた》藩の村がほとんど幕府領に編入され、新田郡・山田郡・邑楽《おうら》郡の旧館林《たてばやし》藩の村が幕府領と旗本領に編入されたことである。上州の村の支配者に小大名が多いことは江戸時代初期からの特色であるが、幕府領・旗本領が多くなったのは元禄時代からの特色であり、そのため複数の領主の支配をうける村も多くなった。

天正十八（一五九〇）年に豊臣秀吉《とよとみひでよし》から関東をあたえられ、三河から転封した徳川家康は江戸を居城とし、江戸近辺に旗本を、周辺部に大名を配置した。上州は越後の上杉氏、信州の石川康正《いしかわやすまさ》、毛利秀頼《もうりひでより》らの豊臣氏家臣、常陸《ひたち》の佐竹《さたけ》氏らを押さえる江戸の北辺の堅めとして、徳川氏に三河以来つかえた井伊直政を箕輪一二万石、榊原康政《さかきばらやすまさ》を館林一〇万石、平岩親吉《ひらいわちかよし》を厩橋《うまやばし》三・三万石など一〇大名を配置し、武田氏につかえたのちに徳川氏につかえるようになった駒井政直《こまいまさなお》などの旗本一〇人を配置したが、そのなかには小《お》幡直之《ばたなおゆき》や奥平家治《おくだいらいえはる》など上州と関わりをもった旗本もいた。ただし、沼田三万石を支配した真田信幸《のぶゆき》は、父昌幸《まさゆき》が小田原《おだわら》攻めのあいだに豊臣秀吉の命令で北条氏に渡した旧領をいちはやく奪い返したので、信幸に支配をまかせたのであり、徳川氏があらたにあてがったものではない。慶長二（一五九七）年、井伊直

❖コラム

群馬の焼畑――カノとナツガリ

焼畑は、日本でも広く行われていた伝統的な耕作方法の一つである。群馬でも山間部を中心に焼畑耕作がいとなまれ、粟《あわ》・稗《ひえ》・蕎麦《そば》などの雑穀が栽培された。北部から中部・東部にかけての焼畑はカノとよばれ、春や夏に火入れが行われた。南部の多野郡や甘楽郡では、夏に火入れを行うナツガリが行われた。群馬には二種類の焼畑がみられ、火入れの時期や輪作《りんさく》などに違いがみられる。

焼畑では、肥料をあたえず、順次作物をかえる輪作が行われる。数年間耕作をし、地力がおち雑草が増えると放棄される。放棄された耕地は、自然に地力が回復する休閑期間を経て、ふたたび火入れが行われる。焼畑耕作の特色は、焼く行為よりも、耕地を移動し土地を循環利用する点にある。農業技術が進歩していない時代や耕地条件にめぐまれない地域では、重要な生産手段であった。近世の奥多野地方の検地帳では切替畑《きりかえばた》がかなりの面積を占めている。切替畑は焼畑を行う土地であったと考えられる。近代の山村で、養蚕や炭焼きが発展すると、焼畑はしだいに減少していった。

焼畑は山間部に多く、土地生産性が低いため、公の記録に残ることは少なかった。しかし、群馬県内各地にカノサワ、カノハラなどカノがつく地名が存在している。その多くが焼畑のカノに起因する地名ではないかと指摘されている。このことからも、古い時代にはさらに広い範囲で焼畑耕作が行われていたと考えることができる。また、カノは新潟県や東北地方南部に広く分布する焼畑であり、ナツガリは埼玉県秩父地方などと共通する名称である。群馬県における二種類の焼畑の存在は、風土の違いと同時に、それぞれの地域の文化的なつながりをも反映するものであろう。

政は箕輪から交通の便のよい高崎に居城を移した。慶長五年の関ヶ原の戦い後、井伊・平岩氏が転封して上州から去り、かわって前橋に酒井重忠《しげただ》が入封するなどして、寛文四年には上州に前橋・高崎などの一〇藩が成立した。その後、延宝八（一六八〇）年に第五代将軍に就任した徳川綱吉《つなよし》の子どもの徳松《とくまつ》が跡をついだが死亡したために廃藩となった館林二五万石、真田信利《のぶとし》の失政で天和元（一六八一）年に沼田藩の改易によって大名領が減って、旗本領・幕府領となったのが大きな変化である。関ヶ原の戦い後、旗本の三七人に上州で所領をあたえ、寛永十（一六三三）年に幕府が零細な旗本に加増するとともに、蔵米取りから知行取りに変更する地方直《じかたなお》しをした結果、四一人の旗本が上州に配置され、寛文八年には一一一人の旗本が上州に所領をもっていた。

幕府は天和二年に旗本が役職をつとめている期間に支給される手当の役料を、禄高に繰り入れて地方知

箕輪城主の井伊直政

行とする役料地方直しを実施した。徳川綱吉の支配地であった館林領の邑楽郡・新田郡・山田郡など七郡一一万石余を、旗本二〇二人にあたえた。さらに元禄十年に蔵米取りの旗本を地方知行に改める元禄地方直しを実施し、その結果上州では群馬郡・緑野《みどの》郡・多胡《たご》郡などを中心に六一人の旗本があらたに配置された。元禄期には上州外の藩の飛び地も含めて一五人の大名、三二九人の旗本が支配する錯綜した所領区分になり、そのうえ相給村が多くなったのである。

2 近世村落の成立

土豪たちと小農民●

上州の近世初期の村落をその運営方法からみると、つぎの二つの類型がある。第一は一人の土豪が支配し、親方・子方の関係が強い群馬県の西南部に多い村、第二はいくつかの同族団が合議によって支配する、県の北部に多い村である。いずれも江戸時代中期以後自立した小農民が反発してより多くの村人の意向を反映する運営方法にかわっていくが、第二の類型にその傾向が強いといえる。第一の類型には多野郡山中領などの事例が著名であるが、群馬郡上白井村《かみしろい》(渋川市)の事例、第二の類型として吾妻郡折田《おりた》村(中之条町《なかのじょう》)の事例をみよう。

上白井村の荒木《あらき》氏は白井長尾氏の家臣として戦国時代に活躍した土豪であるが、江戸時代になっても大きな勢力を上白井村で維持していた。正保三(一六四六)年、幕府代官岡上景能《おかのぼりかげよし》の検地が行われたときに「公儀御用」を律儀につとめたので「手作之内弐町分之役義」を免除された。検地の結果一二七町歩

（うち畑一二一町歩）、名請人一四五人であったが、荒木新左衛門は六・六町歩を名請けし、そのほか二三人の荒木氏に従属する分付《ぶんづけ》百姓がおり、分付けの反別は八・一町歩であり、名請地とあわせて一四・三町歩、上白井村の耕地の一一％に権利をもっていた。そのうえ分家などで分出した一族が、新左衛門組を結成して同族意識を強固にした。隔絶した経済力と多くの同族団の力で村政を支配し続けたのである。明治三十二（一八九九）年に「共有履歴組内取極書《きょうゆうりれきくみうちとりきめしょ》」を作成し、新左衛門組の団結の経済的基盤である共有地の保存を再確認したが、それに連名したのは二五人であり、荒木組の構成員は二〇人から三〇人であったと思われる。江戸時代初めから荒木氏が上白井村の名主をつとめ、問屋も同家でつとめた。享保八（一七二三）年、一部の村人が名主役について訴訟をおこしたが、翌年新左衛門が病身を理由に名主役引退を申しでると、勤続願を村人五一人が新左衛門に提出し、訴訟をおこした村人も留任を承知して訴訟を取りさげ、荒木氏の村政支配は継続された。元文三（一七三八）年に新左衛門は引退し、その後は上白井村六組で一年交代に名主をつとめることになった。名主世襲制から年番制へ変化したのであるが、問屋は幕末まで荒木氏がつとめた。

山中領では三波川《さんばがわ》村（藤岡市）の飯塚家や上日野村（藤岡市）の小柏《おがしわ》家が多数の家抱《けほう》をしたがえて明治初年まで名主を世襲でつとめ、その後、戸長、村長に選出され、近代になってまで村政を支配した。

吾妻郡折田村の折田氏は軍兵衛が一八〇石、九兵衛が一〇〇石で真田氏につかえ、一族の与右衛門が折田村に在村した。軍兵衛・九兵衛ともに折田村に三町歩ずつの田畑をもち、検地帳にも名請けされたが、与右衛門の分付けとなり、与右衛門が管理していた。真田氏改易後二人とも土着し、九兵衛は母、妻、女子と下男五人、下女三人の一二人で農業をいとなみ、軍兵衛には血縁家族はいないが、門屋《かどや》の彦右衛門と

❖コラム

名主の文書管理と引継

昭和六十三（一九八八）年六月施行の「公文書館法」によって、地方公共団体が日々作成・収受する行政文書などを歴史資料として保存活用することの重要性が明文化され、ようやく全国で公文書館設立の気運が高まりつつある。これに伴い、文書館学とか史料管理学といったあらたな学問領域も芽生え、そのなかで近年は、江戸幕府の末端行政単位である村の文書の保存管理や引継など、いわゆる文書管理史に関する研究もみられるようになった。

江戸時代の上州は幕府領や大名・旗本領などが錯綜するなかで約一二〇〇余の村が存在した。そして、近世行政村の公文書は、一般に村方文書とか名主文書とよばれ、名主が行政事務の執行や運営のために作成または収受し保管してきた。しかし、その文書管理や引継の形態は地域によってさまざまであり、とくに名主の勤務が世襲制か交代制かで大きく異なっていた。上州では世襲名主の例は多くないが、緑野郡三波川村の飯塚家の場合、現存文書一万八〇〇〇点のうち名主文書が一万二〇〇〇点にのぼる有数の文書群であり、基本帳簿として五人組帳や宗門人別改帳などが比較的よくそろっている。一般に交代名主が多い上州の村では、文書は代々持ち回り引き継がれながら名主家に伝存してきた。地域別には利根郡・吾妻郡・勢多郡・佐位郡の村々でその割合が高く、現在も区有文書とか自治会文書として保管されている。しかし、吾妻郡岩井村の伊能《いよく》家文書には「名主廻り諸帳面請取覚」という引継目録のほかに、水帳と荒地帳の引継証文が伝存するが、毎年作成されるはずの基本帳簿は必ずしも引き継がれていない。地域性の解明は大きな課題である。

その妻、男子一人、女子一人の五人で農業をいとなんでいた。折田村では小淵《おぶち》氏が名主をつとめ、村政に大きな発言権をもっていたが、九兵衛・軍兵衛の二人が土着した折田氏の勢力が大きくなり、小淵氏の独占していた村役人をこの二氏とそれ以外の綿貫《わたぬき》・田村氏などと交代でつとめるように変化した。

複数の同族団が合議により村を支配し、そのうちの一家が突出した場合は小農民をまきこんで村方騒動をおこして抵抗し、一家による村政独占を打破して合議制を維持した。

畑荒らしと村掟

元禄十四(一七〇一)年、多胡郡東谷村《ひがしやむら》(高崎市吉井町)の村民二五人は他人の畑で桑の芽、根桑をとらないこと、養蚕がおわった十一月十一日から十五日の五日間に桑を刈り取ることを定め、違反者には過料として一貫文を申しつけることにし、たがいに見のがし、聞きのがしをしないことを誓い、連判状《れんぱんじょう》を作成した。

群馬郡金井村(渋川市)では享保十七(一七三二)年につぎの五項目について村方法度《むらかたはっと》を定めた。

一菜大根、麦稲《むぎほ》の穂ごき、穂ひろい盗み候事
一大豆、小豆、大角豆《ささげ》、粟、稗、苧《お》、荏《え》の田のくろ、秋小豆并ぞりてに入り候菜盗み候事
一松木、雑木、萱《かや》、萩、松杉枝、総百姓持分林下草、落ち葉盗み候事
一桑根伐幷田畑直道相止め候事
一タケノコ、竹の皮をくね垣こわし盗み候事

本人は申すにおよばず、家来(奉公人)男女ともに申しつける、親子兄弟の土地であってもけっして盗んではならない、盗んだことが発覚したら、その場でみつけられたものは過料三〇〇文、盗みを見のがし

たものには二〇〇文、盗人が不明の場合は村中で寄りあって犯人を入札（投票）で指名し、もっとも札の多いものに過料一貫文を科す、ことを総百姓連印で申しあわせた。

すでに養蚕業が盛んになり、また大根・豆をはじめ多種類の農産物が栽培されていることを示しているが、畑農作物を盗む野荒らしが多発し、その被害に悩まされた村人は、こうしたきびしい罰則をもつ村掟《おきて》を作成して共同体の秩序を維持したのである。そのほか、入会地利用、博打《ばくち》、火の用心、倹約などを始め、村役人の選出方法や給料、村入用《にゅうよう》、道橋普請、年貢納入、村の休み日、祭礼などについて何度も村掟を定めた。江戸時代をとおして一四もの村掟を作成した村もある。

金井村の法度に記された「入札」については同様な規定が各地にあり、村民が投票して犯人を特定する入札を、非合理的な犯人摘発方法ではなく、神前で依怙贔屓《えこひいき》なく行う神判と認識していた。群馬郡棟高《むなたか》村（高崎市群馬町）では享保三年の野荒らしの場合は総百姓がであい、依怙贔屓しないことを神文でちかってから入札することにしており、山田郡下広沢《しもひろさわ》村（桐生市）では享保九年に盗難の場合は鎮守に門屋までの総百姓を集め、依怙なく入札することを定め、碓氷《うすい》郡東上磯部《ひがしかみいそべ》村（安中《あんなか》市）でも安永六（一七七七）年に放火の犯人を同様に入札で決定し、もっとも多くの得票者を村内の牢に押しこめることを決めた。東上磯部村は領主が六人いる六給地で名主・組頭《くみがしら》が六人、百姓代《ひゃくしょうだい》が九人いたが、六給地の村役人全員が申しあわせをしており、領主の都合で分割した所領に関わりなく東上磯部村としてのまとまりを維持したのである。

利根郡戸鹿野《とがの》村（沼田市）では天保十一（一八四〇）年に作物の盗難があった場合に、金井村と同様に村中で寄りあい入札をするか、または足腰の立たないものをのぞいて、村中の老人から子どもまで全員が竹槍で犯人に見立てた藁人形《わらにんぎょう》を突くことを定めた。犯人がそれにおののいて自首することを期待して行ったという。

法度に違反した場合の罰則は金銭で支払わせることが多い。新田郡強戸《ごうど》村（太田市）では天明六（一七八六）年に無断で漁猟をする河狩（三貫文）、桑木幷枯木（三貫文）、落葉下草（一貫五〇〇文）、山林竹木（五貫文）、博奕之宿《ばくち》（八貫文）に違反した場合はそれぞれの罰金を科すことを申しあわせたが、野荒らしはそれよりも重い所払《ところばら》い（村追放）の処分とすることを決めた。村の秩序を維持するために共同体の掟をまもらないものを村追放によって共同体から排除したのである。東上磯部村では天明六年に盗難事件のさいには家捜しを実施し、それでも犯人がわからない場合は入札とし、犯人が発覚すれば過料または「打殺し」することを定めており、実際に適用したかは不明であるが、村制裁として死刑を認めた事例もある。

幕府や藩が村人をきびしく支配したといわれる江戸時代にも、こうして村の自治機能は存続していた。村のきびしい掟に対して村の秩序を混乱させた村人は、その罪をくいて村役人に罰則の軽減を嘆願するかわりに、村の秩序の遵守をちかったが、それでも許されないときは寺院にすがることが多かった。女性が離縁を願って寺院に駆けこんだことは著名であるが、それ以外にもさまざまな罪人が寺院に駆けこんで罪障の消滅を願ったり、村人どうし、隣村との争いなどの仲裁を依頼したりした。とくに失火のときの入寺慣行は各地に認められ、高崎藩では軽い火災は五日間、一軒全焼は一五日間、類焼一〇軒以下は三〇日間、一〇軒以上の大火は五〇日間入寺と藩法で定めたほどであり、駆込寺《かけこみでら》へ一定期間入寺することによって離婚が成立するのと同様に、罪障を消滅させる寺院の権威が認められていた。江戸時代の寺院は秩序から逸脱した民衆を救済する役割をはたしていたのである。宝暦二（一七五二）年に前橋藩が死罪に決定して市中引きまわしの罪人に、勢多郡萩《はぎ》村（前橋市）の森岩寺《しんがんじ》住職が袈裟《けさ》をかけて「一寺に替えても」と訴えた

上野国諸藩(寛文4年)

藩名	大名	石高	所領
館林	徳川綱吉	石 250,000	邑楽郡89村，山田郡53村，新田郡30村，下野国50村
前橋	酒井忠清	130,000	群馬郡54村，那波郡24村，勢多郡125村，緑野郡21村，碓氷郡8村，多胡郡8村，武蔵国4村，相模国12村，近江国12村
高崎	安藤重博	60,000	群馬郡90村，片岡郡3村，碓氷郡1村，近江国6村
沼田	真田信利	30,000	利根郡95村，勢多郡7村，吾妻郡73村
小幡	織田信久	20,000	甘楽郡36村，多胡郡1村，碓氷郡1村
安中	水野元綱	20,000	碓氷郡34村，群馬郡5村
七日市	前田利意	10,014	甘楽郡18村
上野国合計		515,221	幕府領56,800石，大名領382,854石，旗本領75,567石

国立史料館編『寛文朱印留』上より作成。『上野国郷帳集成』で一部補訂。館林藩は『群馬県史』資料編15・16による。

助命が認められており(『前橋藩松平家記録』第二巻)、寺院境内の聖域だけでなく、僧侶にも民衆救済の権威が認められていたのである。江戸時代の寺院は宗教活動を行わないといわれるが、秩序から逸脱した庶民にとっては罪障を滅罪し、共同体に復帰させてもらえる聖域であったのである。

郷帳にみる村々の石高●

寛文八(一六六八)年に幕府が作成させた「上野国郷帳《こうずけのくにごうちょう》」によると、上野国の石高《こくだか》は五一・五万石で、当時国内の村数は一一三三カ村であったので、一カ村の平均村高は四五四石である。そのうち幕府領が五・六万石、大名・旗本領が四五・八万石、そのほか寺社領が五七四二石であった。全部の村高が石高で記録されている。石高はいうまでもなく米穀の単位であり、公定の土地生産力といわれており、それは検地によって確定されるはずである。ところが、「上野国郷帳」には三つの形態の石高が混在している。

前橋藩や館林藩では石高制に基づく検地を実施し、生産力を反映した石高で村高が表示されている。本来的な石高である。

それに対して、変則的な石高が二種類みられる。甘楽《かんら》郡譲原《ゆずりはら》村（藤岡市）では郷帳の石高は一〇二石余とあるが、同村ではそれまで検地は実施されたことはなく、年貢割付状には五四貫文余と永高《えいだか》（貨幣の永楽銭《えいらくせん》によって村高を表示）で記載されている。甘楽郡では検地を実施しないで、戦国時代以来の年貢納入高を基準に定めた永高を、一貫文を五石に換算して石高を算出したのであり、生産力を検地によって掌握することなく、従来の年貢納入高を基準にして換算した、擬制的な石高であった。天正十八（一五九〇）年に徳川家康から上野国諸大名は石高で知行をあてがわれたが、それまでに石高制による検地を実施した村はなく、すべて擬制的石高制であった。

また利根郡湯原《ゆばら》村（みなかみ町）は一〇〇石余と記載されているが、年貢割付状には四五二石余とあり、郷帳とは異なる石高に基づいて年貢を賦課している。寛文二年に沼田藩主真田信利《のぶとし》が実施した領内総検地により、四五二石余に村高を増加したのである。沼田藩では明暦二（一六五六）年、藩主真田信利が家臣へ石高による知行宛行状《ちぎょうあてがいじょう》を発行したが、同時に永高でも表示しており、擬制的石高であった。寛文二、三年に石高制に基づく領内総検地を実施し、その後の新田検地を加えて一四万四〇〇〇石と石高を増加し、擬制的石高を克服したが、将軍が大名へあてがった表高《おもてだか》三万石とは異なる内高《うちだか》として二重の石高であった。郷帳の石高は、将軍が大名へ知行をあてがい、そのかわりに石高に応じた軍役を負担し、また家格を表示する表高であり、大名が家臣へ知行をあてがい、農民へ年貢を賦課する基準としたのは、検地の結果の内高が使用されたのである。

寛文八年には石高制が確立しているようにみえるが、検地も実施しないで貫高《かんだか》（貨幣の銭によって村高を表示）・永高を換算して石高を表示した擬制的石高制、表高と内高とが異なる二重の石高制、それと検

上野国絵図(部分，元禄15年)

地を実施して石高を確定し、それに基づいて幕府から知行をあてがわれ、その石高で農民へ年貢を賦課する本来的な石高制の三種類が混在していたのである。江戸幕府は急激な改革をきらったので、石高制の検地だけでなく、戦国時代的な貫高制、永高制の検地も行っており、表高と内高との一致を強制することもなく、寛文八年にはまだ本来的な石高制に統一されていなかった。変則的な石高制であっても天正十八年から石高制は導入され、知行を石高であてがった徳川氏が賦課する軍役を主とする諸役を、大名が負担する体制は確立された。徳川氏への奉公を命令どおり遂行している限りは、家臣を支配し、農民から年貢を取りたてるなどの藩政については、大名の裁量権を認めたのである。

沼田藩では真田氏改易後の貞享元（一六八四）年、幕府が前橋藩に実施させた総検地に基づいた石高六万五四〇〇石余が表高となり、表高と内高がちがうという現象がなくなり本来的な石高制が確立した。この検地は内高と比較して半減したので「お助け検地」と呼ばれるが、幕府の公式の表高と比較すると倍増しており、さらに旧沼田藩領は幕府領に編入され、幕府の年貢増徴に貢献したのである。

それ以外の地域でも石高制に基づく検地が実施され、その結果を表高とし、元禄十四（一七〇一）年の「上野国郷帳」ではほとんどの村が擬制的な、あるいは二重の石高制を克服して本来的な石高制に統一された。

3 人びとの生活

家の成り立ちと遺言状●

元禄元（一六八八）年に甘楽郡宇田村《うだ》（富岡市《とみおか》）の石井弥右衛門《いしいやえもん》は、五町九反二畝二六歩と大きな田畑をもっており、戦国時代以来の土豪の子孫であった。二六歳で死去するにあたって、石井平兵衛など一族五人にあてた遺言状を作成し、平兵衛の弟次兵衛を養子として跡をつがせ、娘のとめの世話をたのみ、入質してある畑をとめに全部ゆずり、女性たちには一〇両と刀一腰と馬一匹を形見につかわし、親元へ帰した。葬儀は軽くすませ三日で忌中をはらい、年忌も志は深くても物いりは浅くすることを願い、もしこの遺言にそむくようであれば摩利支天《まりしてん》、法華諸天善神《ほっけしょてんぜんしん》を奉じ七生までお恨みする、といい残した。

次兵衛もその三年後に死去したが、本人が遺言状を作成する余裕がなかったためか、一家、村の年寄衆が相談して相続方法を決めた。一族の竹内茂兵衛がその跡をつぎ、小作にだしてある田畑の一町歩を姉に、七反歩を娘のとめに、三町八反歩を茂兵衛がつぎ、残った四反二畝二六歩は指引《さしひき》した方へ渡すことにした。土豪の大経営を一族が分割して相続したのである。十六年にとめの嫁入りにあたって姉にゆずった畑のうち二反七畝一一歩を四四両で売却し、三〇両を礼金として婿豊充《とよみつ》がもらい、残り一四両をとめの支度金《したくきん》とし、七反歩をとめの化粧料とした。豊充は寛保三（一七四三）年まで長寿を保ち少しも悔心なく遺言を作成し、隠居免《いんきょめん》（隠居の生活のために確保した田畑）を分割したが、死後は跡取りの小左衛門に戻し、単独相続させた。石井家では元禄期に分割相続が行われたが、十八世紀初めに長子が単独に相続するようになったのである。

邑楽郡大久保村《おおくぼ》（板倉町《いたくら》）の高瀬善兵衛は元禄二年、子孫のために家訓を書き残したが、跡敷を子々孫々まで伝えることが大事なことであり、昔は子どもがあれば三人でも五人でもゆずったが、惣領、それも長男とはかぎらず、「覚悟能者《よきもの》」にゆずると単独相続を定め、跡敷を兄弟で分けて小さくすることを禁止した。十七世紀末から十八世紀初めに単独相続が一般的になったのである。

村の中には本百姓のほかに、家抱《けほう》・門屋《かどや》（門前）・譜代下人などと称された一人前とはみなされなかった農民が広く存在した。

緑野郡三波川村（藤岡市）では戸数二二六戸中、本百姓四八人に対して、家抱が一六九人、門前が九人いた。寛文六（一六六六）年、家抱八〇人が団結して家抱身分から解放されることを要求し、首謀者の四人が入牢処分にされたが、十年には九六人に減少して多くの家抱が解放された。解放された家抱は祝い金として二〇両を支払って暇《ひま》をもらい、年貢諸役を名主に直接納入する一人前

肝煎名主黒沢家住宅(重要文化財，多野郡上野村)

の百姓として認められたのである。享保二十（一七三五）年には四九人、文化五（一八〇八）年には一三人と家抱は減少した。群馬郡渋川村（渋川市）では、門屋は自分の屋敷に家族で住み、検地帳に耕地を名請けしているものがあるが、地親《じおや》（地主）の分付けになっているものもあり、年貢は地親へ納入した。地親は農繁期には門屋を使い、門屋の屋敷の竹木を勝手に切り、奉公にでる場合は地親に出願するなど、門屋は地親に従属していた。主人の家に住み、その指示にしたがって労働する譜代下人より自立性は高いが一人前の百姓とは認められていない。群馬郡石原村《いしはら》（渋川市）の門屋新六は明和七（一七七〇）年に自立を許され、田畑四反五畝二六歩をもちその年貢を地親を通してではなく、直接名主に納入することができるようになり、「このご恩を子孫に申し伝え地親および親類に対して慮外のことをしない」とちかった。

吾妻郡折田村（中之条町）では天和二（一六八二）年、本百姓が四七戸、門屋が二戸、譜代下人が一八戸・五五人いた。最大の折田与右衛門家は一八人家族で、直系家族が七人、弟が一人、下人が八人、門屋が二人と大家族であった。田畑六町四反歩を大家族で経営する、宇田村の石井家と同じ土豪の子孫である。そのほか、折田与右衛門は一族で真田氏につかえていたので、耕作ができない折田軍兵衛・折田九兵衛の相続地四町八反歩をあずかり、譜代下人と門屋に耕作させていた。利根・吾妻地方では土豪が真田氏の家臣に取りたてられたため、土豪の子孫のうち一部が農民となり、一部が武士になったが、その本貫地を棄てることなくその土地を一族があずかっていた。兵農分離が徹底しなかったのである。天和元年に真田氏が改易したときに、地元から仕官したほとんどの家臣が円滑に土着できたのは、こうした処置がなされていたからである。

そのほか、折田村の有力農民には小淵・綿貫・田村・今井など土豪の子孫がおり、下人をかかえていた。

土豪の子孫以外に夫婦、親子だけの直系家族は三二戸あった。貞享元(一六八四)年になると、合計七二戸に増加し、そのうち五反歩から一町歩の農民が一八人ととくに大きく増加した。大経営の家族に分割相続したり、門屋や下人として大経営に属していた農民が自立したために増加したのである。享保二十一(一七三六)年の人別帳では直系家族がさらに増加し、譜代下人は二人だけになり、奉公人をかかえる大経営が減少した。寛政八(一七九六)年には譜代下人は消え、年季奉公人だけになった。

土豪の子孫の同族団の分割相続や下人・門屋など小農民が自立して、戸数・人口の増加が続いたが、十七世紀末から十八世紀初めには戸数の増加傾向は止まり、分割相続を否定して単独相続に切りかわってきたのである。そのために家の永続が強く意識されるようになり、相続を確定する遺言状が書かれるようになった。実子がいないときには養子を迎えたり、貧窮化した一族を救済したりする、同族団の意向が強く働いたのである。三波川村のように親方・子方関係の色彩が強く残る西南部と、同族団結合の強い北部とに村の性格の特徴が分かれるようである。西南部では、名主を世襲でつとめるなど村の政治は土豪の子孫が中心となって運営した。それに対して、北部では江戸時代初期には土豪の子孫が名主を世襲し村の政治を運営したが、小農民が自立し、大経営が分割されて経済力が弱まることによっていくつかの同族団が村内で同じ程度の勢力を持って対抗し、その合議によって村政を運営し、選挙や話合いで名主を交代でつとめるように変化した。変化の過程で小農民をまきこんだ村方騒動がおこることもあった。

岡登用水と銅山街道●

新田郡上田島《かみたじま》村(太田市)では元禄二(一六八九)年、総百姓が下草刈りをしていた村内の林を、二人の百姓が総百姓に相談もなく領主に訴えて開発を出願したことに対して、総百姓が迷惑であると代官に訴えた。開発と入会地の確保が対立するようになったのである。原野を開発する余裕があったために小農民は近くの林や野原を零細規模な切添《きりぞい》新田として開発して自立できたが、十八世紀にはいると肥料や燃料の供給地として必要な原野を確保する必要から開発が限界に達したために、上田島村のような原野保全の紛争が各地で発生したのである。それほど、開発が積極的に進められた。零細な開発とともに、洪水をおこしやすい大河川を利用して大規模に新田が開発された。利根川の流水を群馬郡大久保村（北群馬郡吉岡町）から総社《そうじゃ》地方に引水する天狗岩《てんぐいわ》用水を、慶長九（一六〇四）年、総社藩主秋元《あきもと》氏が完成し、さらに同十五年、幕府代官伊奈忠《いなただ》次《つぐ》が那波《なは》郡玉村《たまむら》（佐波《さわ》郡玉村町）周辺まで延長し、群馬・那波二郡で一八三六町歩を開発した天狗岩用水が初期の大規模開発として著名である。

　渡良瀬《わたらせ》川から引水した用水の開発では岡登《おかのぼり》用水が著名である。岡上《おかのぼり》氏は北条氏につかえたのち、徳川家康の代官頭大久保長安《おおくぼながやす》に属し、幕府代官をつとめた。岡上景親《かげちか》は吾妻郡・群馬郡の旧白井領および甘楽郡や信濃《しなの》国佐久《さく》郡、武蔵《むさし》国多摩《たま》郡、児玉《こだま》郡・幡羅《はたら》郡・賀美《かみ》郡の幕府領を支配し、検地帳や年貢割付状に景親の署名

岡登用水引入口(みどり市大間々町)

がみられる。寛永十二（一六三五）年に上野国一の宮《いちのみや》である貫前《ぬきさき》神社の造営奉行人となり、棟札や三十六歌仙額を奉納した。また、景親は榛名湖《はるなこ》から流下する沼尾《ぬまお》川から引水する岡上用水を完成させて、吾妻郡岡崎新田（東吾妻町）を元和二（一六一六）年に開発したという。

景親の養子が岡上景能《かげよし》である。承応三（一六五四）年に群馬郡で検地を実施しており、景親を補佐しながら代官の業務を行い、寛文八（一六六八）年には上野国内の幕府領五万六八〇〇石のうち一万九七八九石を支配した。ほぼ景親の支配した地域であり、岡上氏は六〇年以上も同じ村を代々支配したことになり、土豪の養子の相談をうけたり、支配地から手代を登用したりして領民と密接な関わりをもった。

岡上景能は幕府領を支配する一方で、寛文八年に足尾《あしお》代官に任命され、足尾銅山の経営を行い、銅の産出額はそれまで年間三〇〇トンであったのが、岡上景能が代官就任後は一四〇〇トンに増加し、搬出量も多くなり、成果をあげた。足尾から江戸へ銅を搬出するには銅山街道を利用し、勢多郡沢入《そうり》村・花輪《はなわ》村（みどり市）、山田郡大間々《おおまま》村（みどり市）に問屋をおいて荷継ぎをし、新田郡平塚《ひらつか》河岸で利根川の舟運を利用した。しかし、問屋を設置した大間々と平塚のあいだの距離が長く道も屈曲していたので、大間々の問屋を近くの桐原《きりはら》村（みどり市）に移し、また平塚との中間にあり、赤城《あかぎ》南麓の笠懸野《かさがけの》の中心の大原宿（太田市）を造成してそこに問屋を新たに設置し、あわせて街道を整備した。水不足のために開発されなかった渡良瀬川の扇状地上の笠懸野を、街道・宿駅の整備と大原宿での荷継ぎ人馬確保のために開発をはかったのである。寛文九年に開発に着手し、銅山街道の整備を最初に行い、ついで十一年に二〇四五町歩を開発し、その中心大原宿を設置し、周辺に藪塚新田など一五の新田村を設置する計画を立案した。大原宿は五間幅の街道を中心にその左右に間口六間、奥行き五〇間の屋敷地を六〇軒ずつ、合計一二〇軒分を造成し、街道の中心に宿用水を流した。用水は蕪町《かぶっちょ》（みどり市）に岩盤を掘削して取入口を設けて渡良瀬川から引水し、隧道一一四メートルを含む約六キロの用水路で、三俣《みつまた》分水を経て、このときに造成したと推定される人工のため池である鹿の川《かか》沼まで引き、そこから銅山街道にそって約八キロをまっすぐに南流し、大原宿を経て市野井《いちのい》新田のため池にそそいだ。この用水路は一五の新田村の水田用水には不十分で、主目的は宿用水であろう。三俣分水から古くからあった阿佐見沼まで用水路を開き、さらにそこから自然に形成されたため池の多い八王子《はちおうじ》丘陵の南端にそって藪塚村方面へも用水を開削し、水田の補給用水に役立てようとした。合計約二〇キロにおよぶ岡登用水は寛文十二年に完成したと思われる。その後、藪塚村からさらに大原宿まで用水を延長しようとしたようであるが、それは完成しなかった。

あらたに開発された新田《しんでん》村には十一年から周辺の村民が入植した。岡上景能は地元の土豪の子孫たちの上層農民一〇人を新田請負衆とし、開発に協力させた。開発予定の約二〇〇〇町歩を新田請負衆が分担して入植者をつのった。残されている新田請負手形によると、寛文十二年五月・六月に入植者が二町歩から四町歩をうけとり一両から七両の地代金を新田請負衆にはらっている。周辺の村々の次・三男が一人前の百姓になることができると、地代金を工面して入植したのであろう。開発は予定どおり進まなかったが、元禄十五年までには、あらたに村高一七四一石の本町村を始め、溜池《ためいけ》村・大《おお》村・権右衛門《ごんえもん》村・大久保村・山之神村・寄合《よりあい》村・六千石村（以上、太田市）、田部《たべ》村・久仁《くに》村・間野《あいの》村（以上、伊勢崎市）など一八カ村が創立され、四八三〇石が開発された。

しかし、代官岡上景能は貞享四（一六八七）年七月に村境争論に不都合があったと八丈島流罪がいい渡され、さらに十二月には官金からの負債があり代官所会計の決算が明確でなく、手代の指揮がよくないと切腹を命じられた。徳川綱吉の代官統制政策により粛正されたのである。岡上氏のように古くからつとめている代官は、業務を円滑に遂行するために地元の上層農民の協力を得たが、綱吉は代官に対して法規にしたがって官僚的に業務を処理する能力を求め、古くからの代官はそれに対応できずに、淘汰されたのであろう。しかし、岡上景能の開削した岡登用水は景能処罰後廃絶させられたが、新田村はその後も栄え、用水も幕末に再興して現在も岡登堰用水として有効に利用されている。

徳川氏発祥の地と駆込寺満徳寺●

譜代大名が多かった上州では、徳川家康をまつる東照宮《とうしょうぐう》は境内社まで含めると四九社あり、そのうちもっとも古く創建されたのは新田郡世良田《せらだ》村（太田市）の東照宮である。徳川家康は、源義家《みなもとのよしいえ》の孫の新田《にった》義重《よししげ》の四男で徳川郷（太田市）をゆずられ徳川氏を称した義季《よしすえ》を先祖とし、源氏の出身であると主張し、征夷大将軍《せいいたいしょうぐん》になったのである。義季の子孫の親氏《ちかうじ》が時宗《じしゅう》の僧侶となり各地を遍歴して松平家に婿入りして徳川氏になったという伝承が作成された。この伝承により江戸時代に徳川郷は朱印地三〇〇石とされ、諸役免除などの手厚い保護をうけ、徳川郷の管理をまかされた正田《しょうだ》隼人《はやと》に郷内の百姓を支配させ、年頭御礼で江戸登城を許した。

この由緒のために新田氏が開基した世良田村の長楽寺《ちょうらくじ》を保護し、慶長八（一六〇三）年に朱印地一〇〇石を家康が寄進し、川越の喜多院《きたいん》にいた天海《てんかい》に再興させた。十七年に天台宗《てんだいしゅう》に改宗し、寺内法度を定め長楽寺は天台宗寺院として確立した。十九年に、境内に日光《にっこう》東照宮の旧社殿を移築して東照宮を造営し、二十一年に遷宮式を挙行した。権現造り以前の形式の本殿と拝殿とが唐門で分離されている社殿である。その後も三仏堂や太鼓門などの堂宇が造営され、修理も幕府の手でほどこされた。徳川郷にあった正田隼人の屋敷内にも東照宮をまつった。

さらに、徳川家康は先祖の新田義重の菩提寺を建立するために、義重の故地調査を慶長十六年に増上寺の観智《かんち》国師と土井利勝《どいとしかつ》・成瀬政成《なるせまさなり》に命じた。その結果、新田氏ゆかりの地として金山《かなやま》南麓に義重山新田《ぎじゅうさんにった》寺大光院《じだいこういん》を翌年から幕府が建設に着工し、十八年に竣工し、観智国師の門下の然誉呑龍《ねんよどんりゅう》を開山とした。翌年に朱印地三〇〇石と除地山林四〇町歩を寄進した。大光院は浄土宗関東十八檀林寺院とされ、末寺は上野・武蔵・下野三カ国に六五カ寺あった。開山の呑龍はながく続いた戦乱の被害を強くうけた子どもの救済をはかり、捨て子や貧民の子どもを七歳になるまで寺で預って養育したので、子育て呑龍として信仰を集めた。

新田氏の子孫である岩松《いわまつ》氏は戦国時代に金山城をきずき東上州を支配したが、家臣横瀬《よこせ》氏に金山城を奪われ山田郡桐生（桐生市）に居住した。北条氏についた横瀬氏（由良氏）は小田原落城後豊臣秀吉から常陸牛久《ひたちうしく》（茨城県牛久市）をあたえられ、江戸時代に旗本として存続した。徳川家康は新田氏の総領家として岩松氏を保護しようとしたが、初対面のおりに「不調法」な挨拶をしたために二〇石をあたえたにとどまった。その後一二〇石に加増され、新田郡下田島《しもたじま》村（太田市）に居住した。将軍へ年始の御礼に登城することが認められ、高家並《こうけなみ》、交代寄合《こうたいよりあい》に列し、譜代大名並の待遇をうけた。新田氏の家系譜などを将軍に献上するなどして、その権威を保った。新田氏の子孫として新田氏の旧臣や百姓・町人が岩松氏に出入りし、尊皇思想が高まるとそのシンボルとして注目を集めるようになった。

宝永二（一七〇五）年、六代将軍徳川家宣《いえのぶ》の侍講《じこう》として高崎藩主間部詮房《まなべあきふさ》とともに幕政を運営し、歴史学者としても著名であり、かつ、新田氏ともゆかりのある新井白石《あらいはくせき》は長楽寺にきて「長楽寺文書」を調査のうえ五巻一一四通に整理した。岩松家に伝わった新田義重の譲り状二通を入手した徳川吉宗《よしむね》はゆかりのある長楽寺に享保十七（一七三二）年にそれを寄進した。徳川氏の先祖発祥の地とされたために手厚い保護をうけ続けたのである。

徳川郷にある時宗の満徳寺《まんとくじ》は鎌倉の東慶寺《とうけいじ》とともに縁切寺《えんきりでら》として著名であった。江戸時代に満徳寺へ駆けこんだ女性は一〇〇人ほどが知られ、出身地は武蔵・下野《しもつけ》・江戸や安房《あわ》・陸奥《むつ》と広範囲におよんでいるが、上州がもっとも多い。夫の乱暴、放蕩、姑との不和など家庭内のいざこざに堪えきれなくなって駆けこむ女性が多く、なかには妻の不法・勝手による事例もある。満徳寺は「かかあ天下」と称される上州で既婚女性の権利を擁護したのである。新田義季が開基し、娘の浄念《じょうねん》を開山とした尼寺の満徳寺を徳川家

満徳寺への駆込み

康が保護し、天正十九（一五九一）年に朱印地として寺領一〇〇石をあたえた。「由緒書《ゆいしょがき》」に「満徳寺駆け入り女の義は開山よりの寺法、再縁の義は徳川秀忠様御姫君、大坂御城よりいったん満徳寺え御入院遊ばされ、御離縁の御趣意相立ち、本多家え御再縁遊ばされ候、その由緒を以て離縁再縁は古例となり今に至っている」とあり、満徳寺は中世から駆けこんだ女性を尼として事実上離縁を行わせていたが、大坂城落城後、家康の孫で豊臣秀頼《ひでより》の妻になった千姫《せんひめ》が代理人（中興開山といわれる）を入寺させ、本多忠刻《ただとき》と再婚した先例から、満徳寺に三年間入寺すれば離縁を成立させたうえ、再婚もさせたと主張したのである。しかし、千姫入寺の事実は確認できないし、千姫入寺をいいだすようになったのは、縁切寺法を幕府に申したてた時期であった。離縁・再縁の縁切寺法確認の強力な根拠として、将軍家の先祖である新田氏が開いたという由緒に、千姫入寺を付け加えたのである。

7章

絹・糸・人

みどり市大間々町糸市絵図(部分，年次不詳)

1　にぎわう村と町

高機と桐生織物業●

安永四（一七七五）年、新田《にった》郡出身の尊王論者高山彦九郎《たかやまひこくろう》は、西上州の桐生《きりゅう》織物業について、「左右の人家皆《み》ナ糸織を以て業とす」と記し、なかでも女性はつねに絹織業をしているので戸外にでることが稀《まれ》になり、紗綾《さや》（地紋に紗綾形がある絹織物）・縮緬《ちりめん》・綸子《りんず》・緞子《どんす》・龍紋《りゅうもん》・魚子《ななこ》（織目が方形で魚卵のようにみえる、いずれも高級絹織物）などを多く生産して繁華であり、「人驕奢《きょうしゃ》の風《ふう》あり」と書きとめている。それから六〇余年後の天保九（一八三八）年四月二十二日、幕府の巡見使《じゅんけんし》も、「この地機織《はたおり》を業とするもの多く」、山間僻村の村民も「茅屋破壁《ぼうおくはへき》」に住居しながら、女性の頭髪に紅絹をまとい、身に綿布の着物を着ながら、その下の襦袢《じゅばん》の袖にぜいたくな縮緬をつかっていると記し、その盛んな生産とそれによって消費生活が活発であったようすを伝えている。

すでに、近世初頭から絹織物業が展開していた桐生領五四カ村（桐生市からみどり市におよぶ）は、もともと山間の村で田畑が少なく農業生産だけでは生活できなかった。絹織物業が農民経営を補完するために、農業の片手間に女性が中心となって養蚕・製糸・織布を家内で一貫して行う、零細な副業の一つになった。生産性の低い「居坐機《いざりばた》」による、縦糸と横糸を交差した平組織《ひらぐみおり》の絹織物は、染色仕上げをしてない「生《き》絹《ぎぬ》」とよばれる半製品で、「登《のぼ》せ絹」として京都西陣に送って加工され、商品となった。そのため桐生地方の生産は高級織物技術をもつ京都に従属し、独自の発展性にとぼしかった。

元文三（一七三八）年、桐生織物業は、京都から「高機《たかはた》」の導入に成功した。高く組み立てられ、織る人が端の横板に腰掛け、足で踏木《ふみき》をふんで綜絖《そうこう》（横糸を通すために、縦糸を上げ下げする装置）を作動させて織る高機は、居坐機より生産性が高く、飛紗綾《ひさや》・縮緬・龍紋・紋絽《もんろ》など、複雑・高度な高級絹織物の生産を可能にした。しかも、天明三（一七八三）年には、高級絹織物の原糸となる、強い撚りをかけた撚糸《よりいと》を生産する、水力八丁撚車《はっちょうよりくるま》が発明され、同六年には、京都西《にし》陣《じん》から先染技術の染色仕上げ行程も得て、桐生織物業は発展の一途をたどることになった。天保六（一八三五）年には、桐生領五四カ村を中心（下野国《しもつけ》足利《あしかが》郡内一〇カ村を含む）に、絹織物を織りだす織機数が一万五〇〇〇台におよび、元治元（一八六四）年には、販売した絹織物が七〇万両に達した。

　絹織物を生産する機屋《はたや》のなかには、機織女などの大勢の奉公人を雇用するものもあらわれた。自家内につくった作業場に、「糸染」一人、「機織」五人、「紋引《もんひき》」一人、「手子《てこ》」三人、計一二人の奉公人を配置して、準備行程の原料糸の染色から織布工程までを組織するとともに、近隣の農民に各行程の一

居坐機

部や賃機《ちんばた》を委託して外業部に編成した、嘉永元（一八四八）年の下広《しもひろ》沢《さわ》村（桐生市）の彦部家の経営は、一三五二両の帯地一三一七本の生産を行うマニュファクチュア（手工技術に基づく分業と協業の生産形態）とみられている。この地域の機屋に雇用される奉公人は、「上織」二〇〇人・「中織」二〇〇人・「並織」一〇〇人・「紋引」二〇〇人、計七〇〇人ともいわれている。山田郡堤《つつみ》村（桐生市）の大沢家で、嘉永三年、前貸金三両をもらうとはいえ、七月から十二月までのあいだに、一両に一一疋の割合で絹織に雇用された「まさ」や、同四年、前貸金二両二分をもらい、八月から十二月までのあいだに、一疋一〇匁の割合で縮緬織に雇用された「きさ」のような「反織奉公人《たんおりほうこうにん》」は、「居消《いけし》奉公人（単に前借金を返済する奉公）」ではなく、事実上の賃労働者の登場ともみられている。

もっとも、すでに宝暦期（一七五一〜六四）に、織布から仕上加工行程までを自家作業場内に一貫して編成した、桐生新町の新居家では、慶応二（一八六六）年、逆に作業場を縮小して、織布を行う一六人のうちの一四人が外業部になる賃機となり、生産量も六〜七割を担当するようになっていることをみると、自家作業場は農民に技術の普及をはかる技術伝習所的性格をもち、その経営形態は、技術を習得させて

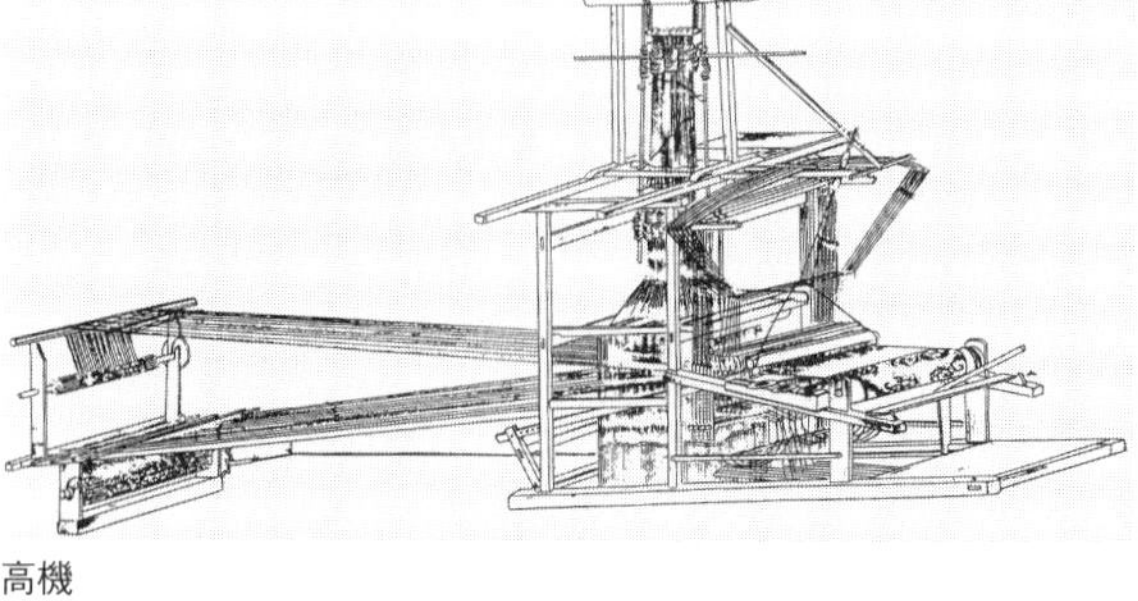
高機

養蚕の経費(宝暦12年，宮下家)

原材料費	蚕種の購入費2分，新野筵10枚代224文，桑代2朱，酒筵100枚代1分，いろいろ竹代200文，縄代100文，油代300文 小計3分2朱2,842文
日雇い費	女子2人の日雇賃1両(1人30日・1日64文)，男日雇賃1分，桑もぎ雇賃800文，籠作り賃250文，日雇祝儀代900文，酒等祝い費800〜900文 小計1両1分2,750文

家に帰した農民を賃機に編成する、問屋《といや》制家内工業ともみられるところがある。

広がる蚕糸業●

養蚕・製糸行程からなる蚕糸業は、上州ではすでに近世初頭から、零細な農民の副業として、一部地域で展開していたが、享保期以降、ほぼ全域に広がった。

山田郡内では養蚕の収入をあてにしない人は稀《まれ》となり、明和七（一七七〇）年ごろの養蚕が、夜も寝ないほど「心をつくし身をくるしめて養ひ育て上げる」ほど（「養蚕極意伝」）の上州東部の村々に広がる盛況ぶりであった。新田郡武蔵島《むさしじま》村（太田市）の宮下家は、宝暦八（一七五八）年に、蚕種五枚からの上蔟《じょうぞく》（あがりこ）二二〇籠、それから得た収繭量五五籠半・一九貫四〇〇目、同十二年に、蚕種六枚からの上蔟二九〇籠、収繭量八〇籠・二五貫目という大きな生産量をあげていた。養蚕にかかった経費は、宝暦八年には二両一分ながら、桑の売上代が三分あったことから、実際には、一両二分であった。同十二年、二両二朱・三貫七〇〇文ほどかかった経費の内訳は上表の通りであった。桑の売上代が一両ほどあったので、実際の経費は二両余、収益は八〜九両ほどであったとみられる、雇用労働に依存する養蚕経営であった。

西部でも、山中《さんちゅう》領中山《なかやま》郷（多野郡神流《かんな》町）の黒沢家は、寛政三（一七九五）年には蚕種二枚半からの収繭量二〇籠であったが、享和元（一八〇一）年には蚕種七枚からの収繭量七一籠と三倍に増加し、桑を三〇駄余も購入している。

文政七（一八二四）年、同家は、蚕種八枚半からの収繭量一二籠・三〇貫五五〇目も生産するようになった。購入した桑三一駄に六両一分二朱をはらい、四月十日に掃立《はきた》て、六月十一日に揚終《あげしま》い、およそ掃立てから上蔟までの日数は四七日ほど、「蚕大当たり」の年であった。

零細な養蚕農民にまじり、宮下・黒沢両家のように、大規模に発展する養蚕経営が展開するなかで、生産された繭の集荷にあたる商人も登場した。享保六（一七二一）年、吾妻《あがつま》郡五反田《ごたんだ》村（中之条《なかのじょう》町）の田村家が、六月二十二日に、村内外の農民一四人から、繭を最高二貫七〇〇目（代二両二分）～最低一二〇目（同二五〇文）、翌二十三日に同じく四七人から、最高六貫目（同六両）～最低九〇目（同一五〇文）、さらに、七月二日にも一人から一九〇目（同一分）を買い集めている。これだけでも、同家は農民六二人から六五貫二〇〇目（一人平均一貫余）におよぶ繭を、五九両余（一人平均一両弱）かけて集荷したことになる。

農民から繭を集荷する商人のなかには、零細な農民が自家製の繭から挽いた糸も買い占めるばかりでなく、集荷した繭を農民に渡して糸を挽かせ、挽き賃をはらって糸を回収する、「出釜《でかま》」「釜掛《かまがけ》」などとよばれる、製糸の賃挽《ちんびき》経営をいとなむものもあらわれた。金融業者、糸繭集荷商人でもある、勢多郡水沼《みずぬま》村（桐生市）の星野家は、寛政十二年に、賃挽《ちんびき》人五〇人に挽かせた糸量七七貫目余、享和二年に、賃挽人六三人に挽かせた糸量九四貫目余、天保十二（一八四一）年には、賃挽人九七人に挽かせた糸量一七七貫目余におよんだ。享和二年の星野家の「釜入帳」をみると、同家では、正月十七日に清水の孫左衛門に繭二貫四〇〇目を渡し、二月十九日に挽いた糸四七五目を回収し、二十一日に挽賃二朱をはらい、正月十九日に、涌丸《わくまる》（いずれも桐生市）の権之丞《ごんのじょう》に繭二貫四〇〇目を渡し、二月十九日に挽いた糸四五〇目を回収し、二十一日に挽賃一分をはらっている。星野家では、一人の賃挽人に渡す一回の繭量は二貫二〇〇～二貫四

○○目ぐらい、それから挽く糸量は四○○〜四七○目ぐらいで、作業期間は一カ月ほど、挽賃は挽いた糸質により二朱から二分ほどの差があった。実際に繭から糸を挽く作業は、零細小作層の婦女子の労働で、年間の挽糸量は平均二貫目ほど、就労期間は冬から春にかける平均四〜五カ月であった。星野家が編成する賃挽製糸経営は、問屋制家内工業とみてよいだろう。

　発展する上州の蚕糸業は、幕末期には下図にあるように、桐生・伊勢崎絹織業に原料糸を供給する、北部の養蚕、中・東部の製糸という地域的な分業を形成するようになるが、西部では、

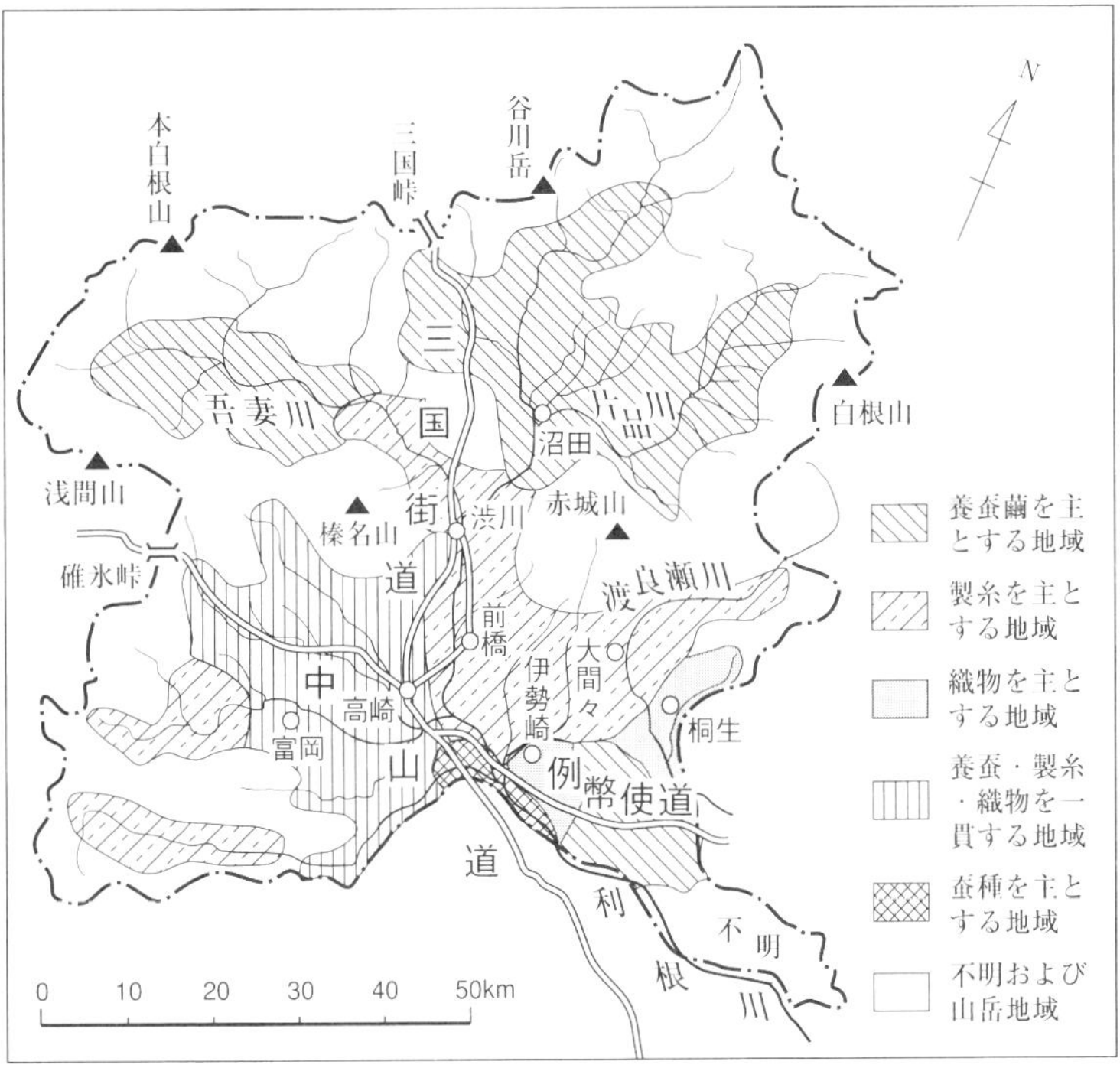

幕末期の絹業地域分布(山田武麿『上州近世史の諸問題』による)

養蚕・製糸・織布工程を一貫して行う生産形態をとっていた。

在町の発達と市●

商品経済の進展は、村のなかに、商工業従事者を増加させ、農業集落から商工業集落へとよそおいをかえる「在町《ざいまち》（在郷町）」をうみだし、その核が、広く展開をはじめた商品生産物の集荷・販売市場となる「市」の登場であった。在町は、上州の北部では、中之条（吾妻郡中之条町）・原町《はらまち》（同東吾妻町）・長野原《ながのはら》（同長野原町）・月夜野《つきよの》（利根《とね》郡みなかみ町）、西部では藤岡《ふじおか》（藤岡市）・富岡《とみおか》（富岡市）・下仁田《しもにた》（甘楽《かんら》郡下仁田町）、東部では桐生新町《しんまち》（桐生市）・大間々（みどり市）・境《さかい》（伊勢崎市）・小泉《こいずみ》（邑楽《おうら》郡大泉町）などがあげられるが、なかでも、東の桐生新町とならび、西の藤岡はその典型であった。

上州西部の山中領（多野《たの》郡上野《うえの》村・神流《かんな》町）について、文化二（一八〇五）年、甘楽郡神原《かがはら》村（多野郡神流町）の割元《わりもと》名主・黒沢覚太夫《くろさわかくだゆう》は、瓢亭百成《ひょうていひゃくなり》のペンネームで書いた「山中窺過多《さんちゅうあなだらけ》」のなかで、「上毛山中の繁栄は、花の都にもならぶと見える。蚕は化して山中絹の丈夫《じょうぶ》向となり、楮《こうぞ》ハたちまち山半紙《やまはんし》の徳用ものとなる。煙草は名産の舘《たて》をもしのぎ、大白豆ハ秩父産よりもすぐれている。酒糟《さけかす》は、麻畑の肥料に用いて効果があり、春に蚕種を購入する商人は、秋には生糸を買い集め、夏には麻布を売り、冬は唐松苗《からまつなえ》を売り、同じ商人がさまざまな商品を売買するのも、富裕の地のほまれである」と、商品経済の進展をのべている。この地域の生産物は、元文三（一七三八）年、緑野《みどの》郡三波川《さんばがわ》村（藤岡市）の「明細帳」に、「女ハ蚕飼、絹仕候、尤《もっとも》、紙漉《かみすき》候者茂有之、右之市場（鬼石・渡瀬《わたらせ》・藤岡）ニ而売」るとあるように、藤岡の市にも出荷・販売されていた。

緑野郡藤岡は、「前橋風土記」によれば、貞享期（一六八四〜八八）に、毎月六回開かれる「六斎市《ろくさいいち》」で絹綿の売買が行われ、とくに六、七月には諸国の商人が群れ集まるとあり、すでに近世初期より在町化していた。明和七（一七七〇）年の「村明細帳」に、市は「一・四・六・九・十一・十四・十六・十九・廿一・廿四・廿六・廿九」の各日と倍加した「十二斎市」となり、「絹綿たばこ売買」が盛んに行われたとある。藤岡の市で取引される最大の産物の「生絹《きぎぬ》」「太織《ふとり》」は、天明期（一七八一～八九）には、上州の絹市二一カ所で取引される、それぞれ計一九万八五〇〇疋（一疋は二反）・七一〇〇疋のうち、その二五％にあたる五万疋、一五％にあたる一〇〇〇疋におよび、二位の高崎の三万疋・一〇〇〇疋を大きく引きはなしてトップにあった。藤岡には、安永五（一七七六）年、手数料の「口銭《こうせん》」を得て、江戸関東物呉服問屋の買付けにあたる「絹買宿」が一一軒存在し、文化十一年には、取引する呉服問屋が、三井越後屋八郎右衛門を始め四〇軒にも達した。京や江戸の大商人に従属しながらの繁栄とはいえ、絹買宿の星野兵四郎家では、取引する戎屋《えびすや》だけでも、口銭が五〇〇〇両～九〇〇〇両

藤岡町の絹市（「諸国道中商人鑑」）

もある隆盛ぶりであった。

明和七（一七七〇）年、藤岡（村高一〇二二石余）の戸数六六六戸・人口二七二一人は、いずれも標準的な農村の二～三倍であった。「男は耕作の外、絹・真綿・煙草、そのほか品々を売買し、女はきぬ・真綿を製造」して、商品生産の担い手となるが、五〇余年後の文政五（一八二二）年には、さらに戸数は一五％にあたる一〇九戸も増大し七七五戸となった。天明八（一七八八）年、「藤岡町は、田舎にも似ず、繁昌の土地になった。その証拠は市日へ人が集るのも、高崎よりも多く、栄えている。そのうえ他国からの地借人・店借人も多いため、高一〇二〇石余でありながら人数もことのほか多い。そのため衣食住におごり、江戸表へもたびたび出かけ、江戸の風俗を見習い、男女とも驕奢《きょうしゃ》になり、その身の分限をもわきまえず、紗綾・縮緬・絹紬を着て、鮫鞘《さめさや》などの拵《こしらえ》の立派な長脇差を持ち、遊芸・歌舞・琴・三味線を習う遊び人が多く、江戸町人よりも増長している。農業だけで生活するものを、田夫野人等と軽蔑して不敬粗略に取り扱い、神事仏事吉凶の行事に農民を下座に着席させる風俗になるので、農民が農業を止め、商売に移り、江戸へ出て商売を心掛候」（『群馬県史』資料編九）と、もはや農村の面影もとぼしい、在町の変貌ぶりを伝えている。

町と村の歳時記●

上州では、「城持大名《しろもち》」の居所を中心に誕生した城下町《じょうかまち》は、前橋《まえばし》・高崎《たかさき》・沼田《ぬまた》・館林《たてばやし》の四町で、それぞれ多数の武士・町人が集住する、にぎわいの場所であった。なかでも、高崎は、明治維新期までの藩の居城地であり、中山道《なかせんどう》に三国街道が合流する宿駅《しゅくえき》でもあったことから、天明八（一七八八）年、町屋は一四一一戸、住民は六四五八人におよび、前橋のそれらを二〇％ほども超えて栄えた。「立派な町家が密集して

高崎城跡を掘る

❖コラム

「徳川四天王」の一人である箕輪城主の井伊直政が、慶長三（一五九八）年烏《からす》川左岸の和田《わだ》城跡地にきずいた高崎城は、三方を三重の堀と土塁に囲まれた平城《ひらじろ》で、江戸幕府にとっても関東北辺のまもりをかためる重要な拠点であった。その後、城主が酒井《さかい》、戸田《とだ》松平、藤井《ふじい》松平、安藤《あんどう》、大河内《おおこうち》、間部《まなべ》、大河内と交代するなか、安藤重博《しげひろ》の代に本丸に三層の天守閣がつくられ、城下町の整備も一段と進められた。また現在、高崎城の追手門付近に復元されている乾櫓《いぬいやぐら》は、間部詮房《あきふさ》の代に単層から重層に改修されたものである。廃藩置県《はいはんちけん》後の旧高崎城は兵部省管下となり、明治六（一八七三）年には東京第一軍管区東京鎮台の高崎分営がおかれ、同十七年には陸軍歩兵第十五聯隊となった。

ところで旧高崎城内は、昭和六十（一九八五）年度から平成五（一九九三）年度にかけて、都市計画道路の整備あるいは市役所新庁舎建設などに伴う埋蔵文化財の緊急発掘調査が実施された。調査は旧二の丸と三の丸を中心に一三カ所の地点で行われ、この結果、古代から近世・近代にかけての遺構や遺物が発見された。とりわけ、弥生時代中期後半の土器を多数伴った方形周溝墓は県内ではもっとも古く貴重なものといわれる。また古墳時代から奈良・平安時代の住居跡、中世の堀や井戸址、江戸時代では二の丸の堀跡や石製の埋め樋、三の丸の大型建物跡や井戸・土坑、さらに明治時代では第十五聯隊当時の浴場や機関室の基礎・土坑などが確認され、軍隊生活の一端を示す建物跡として注目を集めた。なお、江戸時代の遺物の多くはさまざまな用途の陶磁器（約二万三〇〇〇点）であり、当時の武家の暮らし向きを知るうえでは貴重な手がかりをあたえてくれるであろう。

軒をならべ、いままでは百軒に一つ二つしかみられなかった土蔵も、今は一軒でいくつも持つようになった。茅屋は板屋となり、十軒に五軒は瓦をならべ白壁がきらきらして、調度は町々の商店にあるので何の不足もない。諸国からも人が集り、馬牛の往来はひきもきらず、物日や寺々宮々の縁日祭時には袖と袂をすりあうほどの混雑である」（宝暦五〈一七五五〉年、「高橋寿奈《すな》子《ご》」）と伝えるその景観は、享和二（一八〇二）年、太《おお》田南畝《たなんぽ》が「高崎の宿駅のにぎわいは、江戸にかえった心地がする」（「壬戌紀行」）とのべ、文政二（一八一九）年、清水浜臣《しみずはまおみ》も「高崎の町は大変なにぎわいで、江戸をはなれては、ここのような家々をみることはない」（「上信《じょうしん》日記」）と記すほどであった。高崎藩士・川野辺寛の「閭里歳時記《りょりさいじき》」のなかから、高崎のおもな年中行事をまとめると、次頁表のようになる。

　元旦の町中年始礼からはじまり、十四日の道祖神《どうそじん》祭りには子どもたちが町内ごとに、町屋だけでなく武家屋敷も廻って取り集めた、飾り松などでつくった舎《こや》を

高崎の呉服問屋布袋屋の広告

どんどん焼きで焼きあげた。はやくも二十六日に行われる上野《こうずけ》第一の藩主祖神の祭礼でにぎわい、六月十五日の城内三の丸の富士浅間《ふじせんげん》神社祭礼には町民が多数城内にはいって参詣し、武士と町人との交流が盛んに行われた。七月十日の赤坂下町《あかさかしもまち》観音講では「赤坂辺、時の果物・餅菓子・小児の玩物等、そのほか灯籠切籠の類さまざまに造りそろえ、道の両側やまん中に、仮の見世をかまへ、灯籠提灯をともしあきなふ。薄暮より夜十時ごろまで群集する。常盤町の茶店には、奈良茶・麺類・酒肴を用意してお客を待つ。筏《いかだ》場《ば》・川原にも、所々に行灯《あんどん》をかかげ、商人も出て西瓜・桃・瓜等を商う」とあり、二十七日の諏訪《すわ》大明神

高崎の年中行事

月　日	歳　　時
1．1	若水・雑煮，町中年始
3	元三大師参り
7	七草粥，新町初市，道祖神祭
10	田町初市
14	道祖神祭
16	十王天参り
20	恵比須講
26	藩主祖神祭
2．1	初午
2	奉公人出がわり，三河万歳
15	諸寺涅槃会
20	田町雛市
3．3	上巳節句，石原村清水寺花見参詣
4．8	諸寺灌仏会
15	諸寺夏中勤行始
5．5	端午節句
6．上旬	本町・田町・新町天王祭
中旬	諸寺百万遍念仏
15	城内三丸富士浅間祭
24	愛宕神社祭
7．10	石原村清水寺四万六千日祭，赤坂下町観音講
12	新町盆市
17	田町真応寺観音講
23	通町念仏堂地蔵講
24	新町延養寺地蔵講
27	諏訪大明神祭
8．1	八朔祝
9．19	赤坂熊野権現祭
24	南町愛宕祭
10．13	日蓮宗御影講
20	恵比須講
11．22	一向宗法会
末	伊勢神宮御師御祓
12．13	町屋すすはらい，寒経・寒念仏
25	年忘・歳暮，通町松市
晦	門松・豆まき

「閭里歳時記」『群馬県史』資料編25による。

の祭礼では、社地・別当寺の境内で、からくり人形・唄・浄瑠璃《じょうるり》なども演じられ、「近辺の郷村よりもたくさんの見物客があり、端々の町迄群集して、夜ふけも覚ず」ほどにぎわった町も、十二月にはいり、町屋のすすはらいもすませ、二十九日ごろより、門に祝飾りの松・竹を立て、正月の準備に追われて一年をおえる。城下町は武士と町人とが意外に広く交流しながら暮らしていた。

村の年中行事をみると、文化九（一八一二）年、甘楽郡国峯《くにみね》村（甘楽町）の名主《なぬし》田村家では、正月元旦、早朝の「朝拝始め」として「日天神・月天神、三宝代荒神・歳徳大善神・山の神・天照皇太神宮・正一位稲荷大明神・屋敷神・正一位石上大明神・一の宮大明神、その他の万御神、如来・菩薩・観音、先祖代々仏」様をおがんで、一年の始まりとなる。この田村家に、吾妻郡植栗《うえぐり》村（東吾妻町）の関家の行事を加えてまとめた村の歳時は、次頁表のようになる。年貢納入と、農業中心の家業に明けくれる一年も、十二月二十五日以降になると、餅つきからはじまる正月祝いの準備で、ようやくおわるようになる。

年中行事にとどまらない村の一年の模様について、利根《とね》郡下津《しもつ》村（みなかみ町）の「名主諸事永代録《なぬししょじえいたいろく》」から、「天保飢饉《てんぽうききん》」中の天保七（一八三六）年についておもなものをあげると、つぎのようであった。

正月七日に、雪のふるなかを若者二人が、「俄祭《にわかまつり》」で行う村芝居の師匠をたのみに出立した。十五日に若者が帰村し、芝居は「近江源氏先陣館」「妹背山婦女庭訓《いもせやまおんなていきん》」「安達ケ原《あだちがはら》」に決まった。二十一日に、芝居は名主が世話人、興行は二月十二・十三日の両日になり、さっそく万昌庵《ばんしょうあん》で稽古がはじめられた。米相場は一〇〇文に米八合ぐらい。

二月一日に、名主の入札が行われ、当番名主甚五右衛門に決まった。十二日・十三日、予定どおり村芝居を興行し、他村からも多数の見物人が集まった。芝居の経費は二三両。この時期麦のくさる被害大。

三月、北風強く吹き、倒壊する家あり。蒔きつけた煙草の種も吹きとばされ、蒔きなおす家もあった。

四月、一〇〇文に米七、八合くらいの高い相場が続いた。

五月、天気不順のため、煙草・大麦の作柄不良。天保百文銭一枚、はじめて村にきた。

六月六日、天気祭りをした。天気不順のため、繭の干上げが悪く、火気による乾燥をした。釜場より籠

村の年中行事

月　日	役　務	家　業	そ の 他
1．25	役所始め	作仕付時節改め	鍬立・山入祝
2．13	鉄砲証文提出	彼岸・山始め	
中旬	春夫銭割		
	奉公人改書上		
3．	新開荒地有無書上	農業始め	節句
	宗門帳提出		
	縁組願提出		
4．	関普請・水路さらい	種蒔始め	霜祭
5．		苅敷草始め	
		田植付	
		麦苅取	
		蚕掃き	
6．13	年貢取立	田畑手入	風祭
15	年貢納入	秣取り	
		繭揚げ	
7．	綿代取立・納入	出入帳調べ	
8．	大豆代取立・納入	彼岸・干草苅	
9．13	年貢取立	諸作苅取	
15	年貢納入	麦蒔付	
10．		諸作苅取	
		小作金・貸金取立	
11．5	田方石代金納入	耕作仕舞	稲荷大明神祭
	年夫銭割		屋敷祭
13	年貢取立		
15	年貢納入		
20	鉄砲証文提出		
12．10	作業役ならし	山仕舞	すすはらい
25	役所仕舞	出入帳調べ	太神宮御祓
	年暮あいさつ		餅つき

『群馬県史』資料編9・11による。

買いにくる。

七月、二百十日・二十日に、作物の「出穂」そろわず。一〇〇文に米五、六合とさらに高くなった。

八月、天気不順、煙草作柄大はずれ。一〇〇文に米五合五勺。組合一九カ村で越後国《えちご》（新潟県）へ米買にいき、六〇〇俵買いととのえる。

九月、大霜ふる。一〇〇文に米五合。名主甚五右衛門が、稲作柄検分願いのために江戸にいき、年貢七分五厘の減免を獲得して帰村した。幕府の命令で村にある穀類調査をした。

十月、種籾が不足。一〇〇文に米四合五勺とさらに値上がりした。村民は大峯《おおみね》山・藤原諸方山々にはいり、蕨《わらび》の根・ところ・葛《くず》の根を掘った。

十一月、一〇〇文に米四合。団左衛門・弥兵治ら、村内困窮農民にお助け米・金をだした。世話人は月夜野町の善兵衛であった。利根郡村々貧民人数書（村内の貧民飢人三〇〇余人）を岩鼻陣屋に提出した。地頭（領主の旗本）に御用金一〇両を献上した。

十二月、雪は平年並み。米相場は高騰を続け、一〇〇文に三合五勺と四月の相場より二倍も上がった。名主甚五右衛門が、江戸の地頭所へ拝借金願いにいき、ようやく一〇両を借用して帰村した。名主・百姓代が十一月の調査による飢人お救い麦（一人五升ずつ）をうけとりにいった。なんとか年貢を皆済し、村で年末・年始の質素・倹約を申しあわせた。二十九日節分にて各家で豆をまく。「悪鬼外へ、福ハ内への声に今年の飢饉《ききん》も去り、おびただしく徘徊する盗人追剝《おいはぎ》の類も、豆打の声に恐れ、皆退散する事を願い」、悲喜こもごもの一年がおわった。

村の暮らしは、飢饉のなかで、余裕のある上層農民が下層農民を救助し、越後から米を購入して飢餓をしのぎ、年貢減免と救い金をしっかりと獲得しながら、同時に村芝居を楽しむ余裕もみせている。

鉄砲を打つ農民

大小の山々が連なる北部・西部の山間や山麓に展開する、吾妻・利根・勢多・碓氷《うすい》・甘楽《かんら》・緑野《みどの》郡の村々では、材木の伐出《きりだ》しや炭を焼いて商品化したり、焼き畑をいとなむなど山を有効に利用し、意外に豊かな山の生活を送っていたとみられる。山間地である利根郡藤原山も、一五カ村の入会《いりあい》であったが、各村々とも「田畑少キ場所ニ付山稼ぎ渡世」をした。藤原山の入会村である川上村（利根郡みなかみ町）では田三町三反歩に対し、畑が一七町九反歩と八五％を占める畑作地であった。村では畑作で大麦・小麦・大豆・小豆・麻・煙草・粟・稗《ひえ》・蕎麦《そば》をつくり、山から薪をとって沼田の市にだして商売し、小百姓は江戸への冬稼ぎ、前橋・高崎方面などへ、麦蒔き、日雇稼ぎにでかけた。多様な畑作物を栽培するが、田畑の耕作だけでは生活が困難なので、出稼ぎとともに山稼ぎもした。山稼ぎには木挽《こびき》、材木伐出し、薪、炭焼き、鞘《さや》・折敷《おしき》・桶・木鉢・杓子《しゃくし》・下駄製作、岩茸《いわたけ》取り、栗拾い、紙漉《す》きなどが、各地の村々の明細帳にみられる。沼田領では天和元（一六八二）年に用木山《ようぼくやま》として東小川の倉沢・にが又・ぬの入・赤沢など三九カ所があり、山師がはいって材木を伐りだし、「城下江出シ商売仕候」と沼田へだしたり、筏に仕立て利根川を経て江戸にまで搬送・売却したりもした。他所へむけて商売する品として絹・真綿・麻・煙草とともに材木・板・檜木《ひのき》・刀の鞘木・串柿などがあげられ、そのほか松茸などもあった。さらに、農民は出没する熊・狼・猪・鹿などの野生の動物や、飛び交う野鳥を鉄砲で打ちとめていた。殺傷能力の高い鉄砲は、幕府の強い規制・管理下におかれていたが、天和元年、沼田領には、狩猟をするために一挺につき銭二〇〇文の運上をはらって保持する猟師鉄砲が七八三挺、用心のために、湯野檜曽《ゆのひそ》村（みなかみ町）に預けられた鉄砲が三〇挺もあり、農民の手にゆだねられた鉄砲はあんがい少なくなかった。

農民が使用する鉄砲は、山中領上山《かみやま》郷（多野郡上野村）では、「鉄砲八拾九挺を預けられた百姓八九人のうち、五二人は以前から猟師で、鉄砲打渡世をしていた。残り三七人は、獣類が作物を荒すので実弾をいれないで、音だけならして獣を追い散した」とあり、生活のために鳥獣を打ちとめる「猟師鉄砲」が五二挺と、田畑や人馬を獣害からまもるために、空砲を放っておどかす「威《おどし》鉄砲」が三七挺あった。五代将軍綱吉《つなよし》の「生類憐《しょうるいあわれ》みの令《れい》」の「殺生御停止《せっしょうごちょうじ》」により、猟師鉄砲も威鉄砲になったところもあるが、宝永六（一七〇九）年の廃止以降、しだいにもとにもどるようになった。

猟師鉄砲は、寛延二（一七四九）年、八挺もつ碓氷郡五料《ごりょう》村（安中市）では、一貫六三二文（猟師一人二〇四〇文）の役銭《やくせん》を納入し、明和元

川浦山《かうらさん》の御用木の伐出し（『川浦山御用木材出絵図』）

（一七六四）年、六挺もつ草津《くさつ》村では役永三〇〇文（同一人五〇文）、同じく三挺もつ前口《まえくち》村（いずれも吾妻郡草津町）では同一五〇文（同一人五〇文）を上納し、おさめる年貢高に地域的な差異もあった。猟師鉄砲をもつ猟師も、天保十二（一八四一）年、不明分をのぞき、郷原《ごうはら》村では七人が三石七斗〜四斗、岩下村では四人が四石七斗〜一石二斗、矢倉《やくら》村（いずれも吾妻郡東吾妻町）では五人が四石七斗〜四斗の持高がある、ほぼ中位の農民でもあった。猟師といえども、農業の合間に狩猟するのが普通で、狩猟で得た熊革・鹿革・猪革などが生活をうるおした。嘉永六（一八五三）年に一頭分が二二両余もした高価な熊胆を薬種として江戸に運んだように、販路は江戸が多かったようである。

しかし、狩猟は危険が伴うことから、群馬郡上野田《かみのだ》村（北群馬郡吉岡《よしおか》町）ほか一一カ村の猟師は、猪・鹿一頭につき、一人で打ちとめたものは銭一〇〇文、仲間で打ちとめたものは二〇〇文、そのほかについては一二〇文ずつ拠出して積み立て、事故の場合の互助につかうことを取り決めたところもあった。

威鉄砲は、享保期になると、その効果も薄く、使用するたびに幕府代官所や藩役所に借用・返納を繰り返す煩雑さから、農民が期限をかぎって借用し、実弾を打つ「二季（半年借用）打鉄砲」「四季（一年借用）打鉄砲」にかわるようになる。宝暦十二（一七六二）年、四季打鉄砲四五挺をもつ緑野郡三波川村（藤岡市）では、「ある畑から獣を追い払っている内に、別な畑を荒らすので、畑に小屋をかけ、作物が実った頃には、猪・鹿を追い払うために村中の男全員が夜間に小屋へ詰めて警戒しなければ、作物を収穫できず、申合せて鉄砲を打ち、小屋で一緒に声を立てて追う」と、村中総出で猪・鹿を退治した。また、ときには「枯野の季節には、三波川村、上・下日野村が申し合わせて、昔から、同日に猪・鹿狩りをし、双方から山境へ出て、追い出された猪・鹿を鉄砲で打ち、数多く打ち留める」、他村とも協力して退治にあたることもあった。安永三（一七七四）年、三波川村では、年末までに、猪四一頭・鹿四三頭を打ちとめ、多胡郡下日野村《たごぐんしもひのむら》（藤岡市）では、宝暦七年に、正月二十二日、二月三日・七日・十二日・十三日・十七日・二十二日・二十七日・二十八日、三月七日・十六日と猪・鹿狩りを続け、鹿一一頭・猪五頭を打ちとめた。

天保四年四月、勢多郡長井小川田《ながいおがわだ》・上津久田《かみつくだ》・下津久田三カ村（いずれも渋川市）では、費用を村高に応じて分担し、猪を打ちとめたものには褒美金一分、協力した人足には、一人一〇〇文をあたえ、猪の打ちとりを奨励するところもあった。苦労の末に打ちとめた獲物は、幕府代官所や藩役所に献上されることも多かったようである。

往来する人と産物●

江戸城の北辺にあたる上州は二一二頁図に示したように、陸路・水路が交錯する、交通の要衝地であった。陸路は、諸大名・公家らの往来や荷物の輸送が中心となる公用路の中山道、それに準じる役割をもつ日光例幣使《れいへいし》道・足尾《あしお》銅山街道・三国《みくに》街道が走っている。各宿駅では、公用荷物を継送するために助郷役《すけごう》を周辺の村に割りあてた。農繁期に助郷役を割りあてられた村は、農作業に支障をきたし農民の苦痛の種になる一方、そのために日銭が獲得でき貧しい農家経営をうるおすことにもなった。公用路に加え、商品生産の発展によって活発化した、民衆の往来や産物の流通をもになう脇《わき》往還も各地にのびていた。脇往還の一つに、中山道本庄宿（本庄市）から西にむかい、藤岡（藤岡市）・吉井《よしい》（高崎市吉井町）・富岡（富岡市）を経て下仁田（下仁田町）をむすび、さらに、二つに分かれて、南牧《なんもく》谷の砥沢《とざわ》村（甘楽郡南牧村）をとおって余地《よち》峠、西牧谷の本宿《もとじゅく》村（下仁田町）をとおって、三つに分かれて和美《わみ》・香坂《こうさか》・内山《うちやま》の三峠を越えて信

❖コラム

杢ケ橋関所の要害と河川交通

江戸時代の上州には全国一の数をほこる一四の関所がおかれていた。このうち、三国街道の吾妻川の渡し場に設置された杢ケ橋《もくがはし》関所は、利根川の五料関所と同様に川固めの関所として知られ、いわゆる「入鉄砲《いりでっぽう》に出女《でおんな》」の取り締まりに大きな役割をはたした。その設置年次は、慶長十九（一六一四）年とする史料がもっとも古いが、近世の関所として本格的に機能するのは元和から寛永期（一六二四〜四四）と考えられる。関所は当初、安中《あんなか》藩の管理であったが、のち高崎藩に移った。関所役人には高崎藩から目付《めつけ》一人と与力《よりき》二人が二カ月交代で派遣されたが、日常の通行改めは関所定番の長谷川・田中・砥柄《とつか》の三家が世襲でつとめた。

近世関所の特徴の一つとして、関所周辺には「要害」という特別警戒区域が設定されるとともに、周辺の村々は関所付村に指定されて関所御用をつとめていた。杢ケ橋関所の要害は、吾妻川上流の釜ケ淵から利根川合流点近くの備後堀川口までの川筋約四・三キロ余の区域で、この間は他国・他所のものの自由な往来が禁止された。しかも、文化年間（一八〇四〜一八）の史料では周辺一一カ村が関所付村に指定されて関所番の下役、要害内の警固、関所の修復普請などの諸役を負担した。また、この要害は吾妻川や利根川の河川運輸にも障害となり、要害内を筏《いかだ》や船で通行する場合、関所付村の人足がかかわりにのりこむことになっていた。このため、幕末の嘉永七（一八五四）年に認可された吾妻川通船も、要害内の通行が一つのネックとなって数年後に廃業に追い込まれている。

州にはいる下仁田道がある。

下仁田道は、近世初頭には、吉井・小幡《おばた》・七日市《なのかいち》各藩の参勤交代、信州諸藩の江戸への廻米、砥沢村で生産され、寛文七（一六六七）年には二万五四八二駄におよんだ、幕府の御用砥石《といし》輸送の道であったが、商品生産の発展を背景とする甘楽郡内の村々にとっては、主として、江戸に絹・麻・煙草・紙・石灰など、信州に塩・麻・絹などを運び、逆に、江戸から塩・茶など、信州から穀類などを運びこむ道ともなった。産物の流れは、人の往来の活発化も促し、元禄四（一六九一）年から享保六（一七二一）年にかけての約三〇年間に、本宿村の西牧《さいもく》関所を通過した人は、約五六五〇人におよび、年平

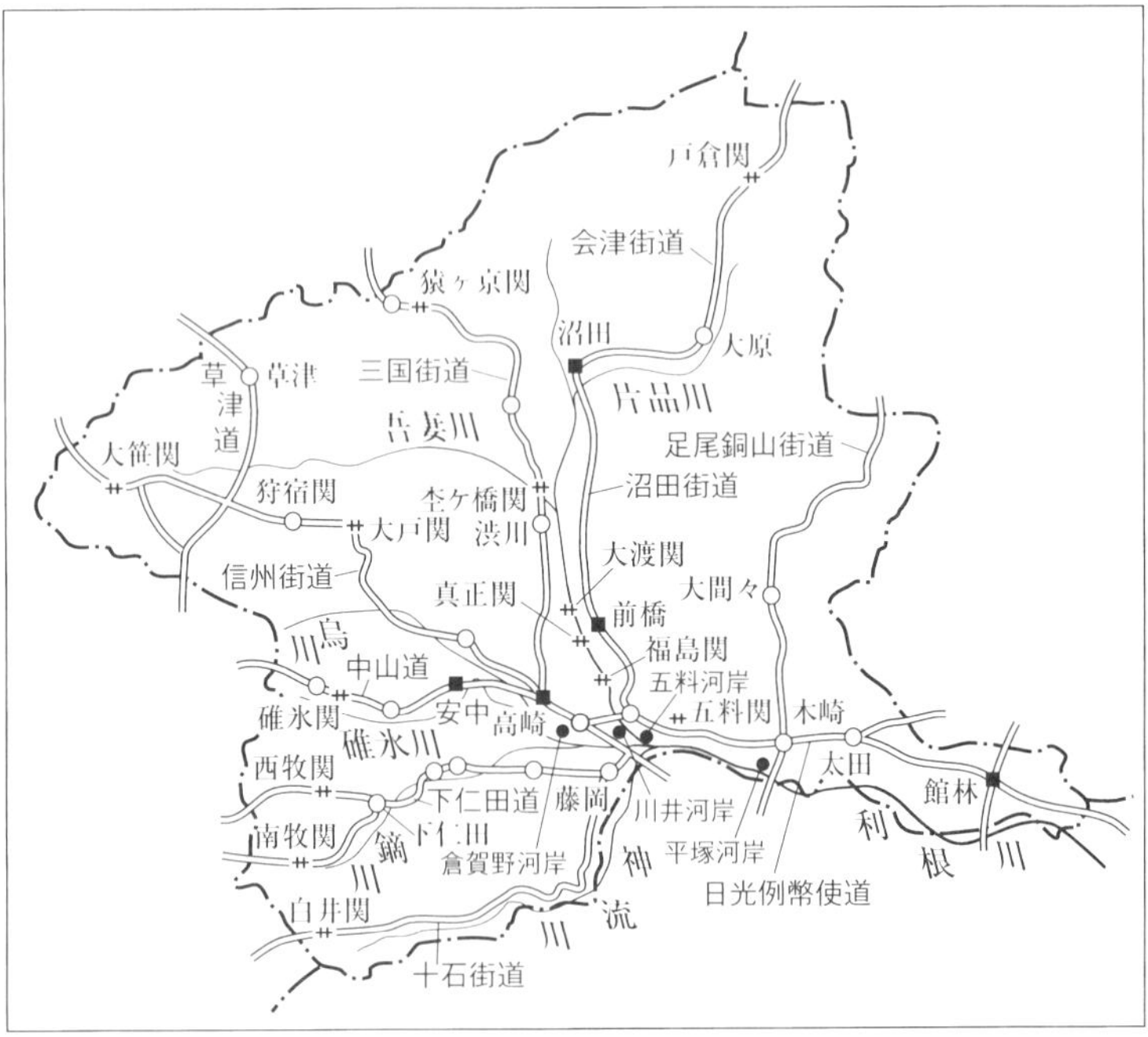

上州の主要陸路・水路

均一八〇人、月平均一五人であった。目的不詳の一三〇〇人をのぞく、約五〇〇〇人の関所通過者のうち、商人七二〇人は、上州に上方《かみがた》産の繰綿《くりわた》・帷子《かたびら》・木綿布・小間物・呉服・足袋《たび》・菜種などを販売し、絹・麻などを買い集めて帰る近江《おうみ》（滋賀県）商人一六〇余人、越中《えっちゅう》国（富山県）富山の売薬商人八〇人、米を中心としながらも、木綿布・薬種・古着・麻・麻布・麦・蕎麦・焼米・酒・竹茸・鯉・肴鰯・どじょう・煙草・草鞋《ぞうり》・筵《むしろ》・夏大根・種・鹿子などを売りさばき、茶・薬種・菓子・肴鰯・塩・砥石・煙草・木綿布・麻・蚊帳などを買い集める信州商人三六〇人、信州に蚕種・薬種・目薬・茶などを売りさばき、麻布・真綿・繭・生糸・木綿などを買い集める上州商人八九人が主であった。さらに、働きにでる一〇三五人は、諸職人一八一人、奉公人五二三人、江戸への出稼ぎ三三一人、信州への入湯者は一一一人、西国巡礼・伊勢詣・秩父巡礼・妙義《みょうぎ》神社・貫前《ぬきさき》神社詣の社寺参詣者は一九一二人、僧侶・社人が三五一人であった。また、天保十四（一八四三）年四月十二日から二十二日の一一日間に、砥沢村の南牧関所を通過した人は一二五人（一日平均一一人）におよび、そのうち、上州内の村々を行き来するもの五四人、信州を往返するもの五九人、上州を通過するもの一二人であった。

水路は、上州を貫流する利根川水系の河岸が拠点となり、米五、六百俵分を積載できる高瀬船《たかせぶね》の離着する河岸が、人と産物を集散する要地であった。慶長期（一五九六〜一六一五）創設と伝える、烏《からす》川の倉賀《くらが》野河岸《のかし》は、中山道と水路で江戸を結ぶ最上流地にあり、元禄期には大小七〇余艘、天明六（一七八六）年には、高瀬船三〇艘、艀《はしけ》二二艘、小舟二艘、計五四艘の船が稼動していた。上州西部、信州北部・東部の諸大名や旗本の江戸廻米・荷貨の輸送からはじまる倉賀野河岸も、明和八（一七七一）年、江戸に積みだす「下り荷」が、米・大豆・麻・紙・煙草・板類など三万駄、江戸から積み送られてきた「登り荷」が、塩・茶・小間物・糠・干鰯《ほしか》・綿・太物など二万二〇〇〇駄におよんだ。下り荷は、月平均二五〇〇駄、一日平均八〇駄、登り荷は、月平均一八〇〇駄、一日平均六〇駄にのぼった。文化二（一八〇五）年、利根川の平塚河岸では、河岸問屋北爪家が江戸に積みだした下り荷は、最大が日常消費する燃料類の炭二万二〇〇〇俵・松薪二万七〇〇〇束など、ついで、材木・板・木製品類が二万束（本）、さらに、米・籾・白米・小麦・麦・大豆・小豆などの穀類、焼酎・酒・醤油などの醸造品類、酒粕・あめ粕などの肥料類、薬物入、硝石・丹礬《たんばん》・甘茶・岩茸・川茸などの鉱・地産類、から笠・瀬戸物・石臼・鹿皮などの雑貨類、樽荷・櫃荷・筵荷・俵物などの荷類におよんだ。産物の出荷地は、平塚河岸に近接する伊勢崎《いせさき》から前橋町にかける赤城山南麓地域を中心としながらも、大間々から渡良瀬《わたらせ》川流域奥地にかける赤城山東麓地域、沼田から片品《かたしな》川流域奥地にかける赤城山北麓地域にまで広がっていた。産物輸送の拡大により、往返する乗船者も多数になり、水路は上州を江戸に連結する輸送の大動脈となり、江戸地廻《じまわ》り経済の一翼に組みこむ役割をはたした。

陸路・水路における多数の人びとが往来するなかで文化も伝来し、開かれた上州人の性格が形成された。

2　かきたてられる不安

絹糸運上一揆●

緑野郡藤岡町（藤岡市）に出店を設け、一年間で五万疋もの絹の取引を行っていた三井越後屋の手代《てだい》は、天明元（一七八一）年八月八日から各地でおこった「上州甚大騒動」のようすを連日詳細に江戸の本店へ知らせた。「十四日より高崎宿へ入り込み候処、飛道具にて御固め遊ばされ候故、猶々騒動に相成り、人数およそ六万人程も相集り候の由に御座候」と記し、高崎城下へ六万人もの農民が押しよせ、高崎藩は禁制の鉄砲で武装して農民と対立したことにおどろいている。高崎藩は実際に城内から三〇〇余挺の鉄砲に紙玉をつめて打ち、空砲の轟音で農民を威嚇したり、または「城中の士等鉄砲をもて、前にすすみしもの一、二人打ころし」（『徳川実紀』第十篇）と、一部の農民を射殺して撃退しようとしたのである。高崎藩だけでなく、役所が攻撃されるとの風聞があった吉井藩でも「日野（藤岡市）や多比良《たいら》（高崎市吉井町）などから鉄砲打ちを大勢召集して、そのうえ江戸屋敷からも目付衆《めつけしゅう》・物頭衆《ものがしらしゅう》二〇人ほどが、八月十六日に到着した」（『島高堅自記《しまこうけんじき》』）とあり、領内の猟師などをよびよせて鉄砲で迎撃する態勢をととのえるとともに、江戸屋敷へ応援を依頼したのである。

　領主が「仁政」をかなぐりすて、むきだしの武力で弾圧しなければならないほどの威力を示した絹糸運《うん》上《じょう》一揆に結集した六万人もの農民は、絹糸改会所《きぬいとあらためかいしょ》の設置に反対して立ちあがったのである。絹糸改会所とは、田沼意次《たぬまおきつぐ》が実権を握っていた幕府が甘楽郡金井村（藤岡市）の高山半兵衛や新町宿本陣・問屋ら三人の出願をうけて、絹取引の不正取り締まりと円滑化をはかるという名目で、三年をかぎって上野《こうずけ》・武蔵《むさし》両国の四七カ所の絹市場に一〇カ所の改会所を設立して、農民が生産した絹の規格などを検査し、その改料を商人から徴収して幕府財源の一部にあてようとする計画であり、この触書は天明元年六月二十七日に発せられ、七月二十日から実施の予定であった。改料は「端物一疋につき銀二分五厘、糸一〇〇目につき銀一分、真綿一貫目につき銀五分」の割合で商人が上納するというものであったが、実質的には生産者である農民の負担になることは明白であったため、農民による猛烈な反対運動が一部の在方商人や都市

長英塾の塾頭をつとめた高橋景作

吾妻郡は蘭学者でもあり蘭医でもあった高野長英《たかのちょうえい》と関係が深い。

古来、温泉は治療の場であった。多くの温泉をかかえる吾妻郡には医師も多かった。天保年間（一八三〇〜四四）に高野長英は現在の中之条町に居住していた医師たちと親交を結んだ。木暮俊《こぐれしゅん》庵《あん》・福田宗禎《ふくだそうてい》・高橋景作《たかはしけいさく》・柳田鼎蔵《やなぎだていぞう》らであった。彼らは長英を師とあおぎ、長英に経済的援助を行った。長英は天保の飢饉対策として、凶作に強い蕎麦《そば》と馬鈴薯《ばれいしょ》の栽培をすすめた『救荒二物考《きゅうこうにぶつこう》』をあらわしたが、これは福田宗禎・柳田鼎蔵の建言によるものであった。また、「蛮社《ばんしゃ》の獄《ごく》」で囚われの身となった長英は、脱獄し逃亡生活を余儀なくされたが、その途中吾妻郡にも潜伏した。景作ら門弟の医師たちがそれを助けたのであった。

横尾村の高橋景作は、天保二（一八三一）年に江戸麴《こうじ》町甲斐坂にあった長英の塾大観堂《たいかんどう》に入門し、長英の期待をにない、一年半でその塾頭にも選ばれた。景作は名主の家に生まれ、早くから和漢の書を好んだ。医学に志して初めは信州望月の伊藤鹿里《いとうろくり》について古医方《こいほう》を学んだが、吾妻へ来遊した高野長英に遭遇してその門下にはいったのである。小関三英《おぜきさんえい》・羽倉外記《はぐらげき》らと交わり、長英の口授を筆記してその刊行を助けた。しかし、塾内の紛議を機にその門を辞し、天保六年に帰郷した。その後、医師として近村の人びとの診療にあたるとともに、蘭学・詩歌・俳諧、さらには寺子屋の師匠として郷里の門人・子弟の指導にあたった。和・漢・洋にわたる景作の蔵書は友人・門弟に貸しだされた。また、晩年まで長英への尊敬の念と蘭学に対する情熱を失わず、明治二（一八六九）年に

❖コラム

はグテンハーフの外科書の翻訳にかかり、『軍中《ぐんちゅう》備要《びよう》』として刊行した。

景作は天保九年から明治七年までの日記二〇冊を遺している。日記には診療や投薬など地域における医師としての活動や短歌・俳句などの文芸活動が記され、農業・養蚕の記事、激動する幕末・維新期の農村社会情勢や物価の変動も具体的に記されている。しかし、天保十年におこった「蛮社の獄」の直後から日記は欠けており、長英の脱獄、自殺という一連の事件にかかわる一三年間は空白である。なお、「高橋景作日記」は平成七（一九九五）年に同刊行会の手によって全文が活字化された。

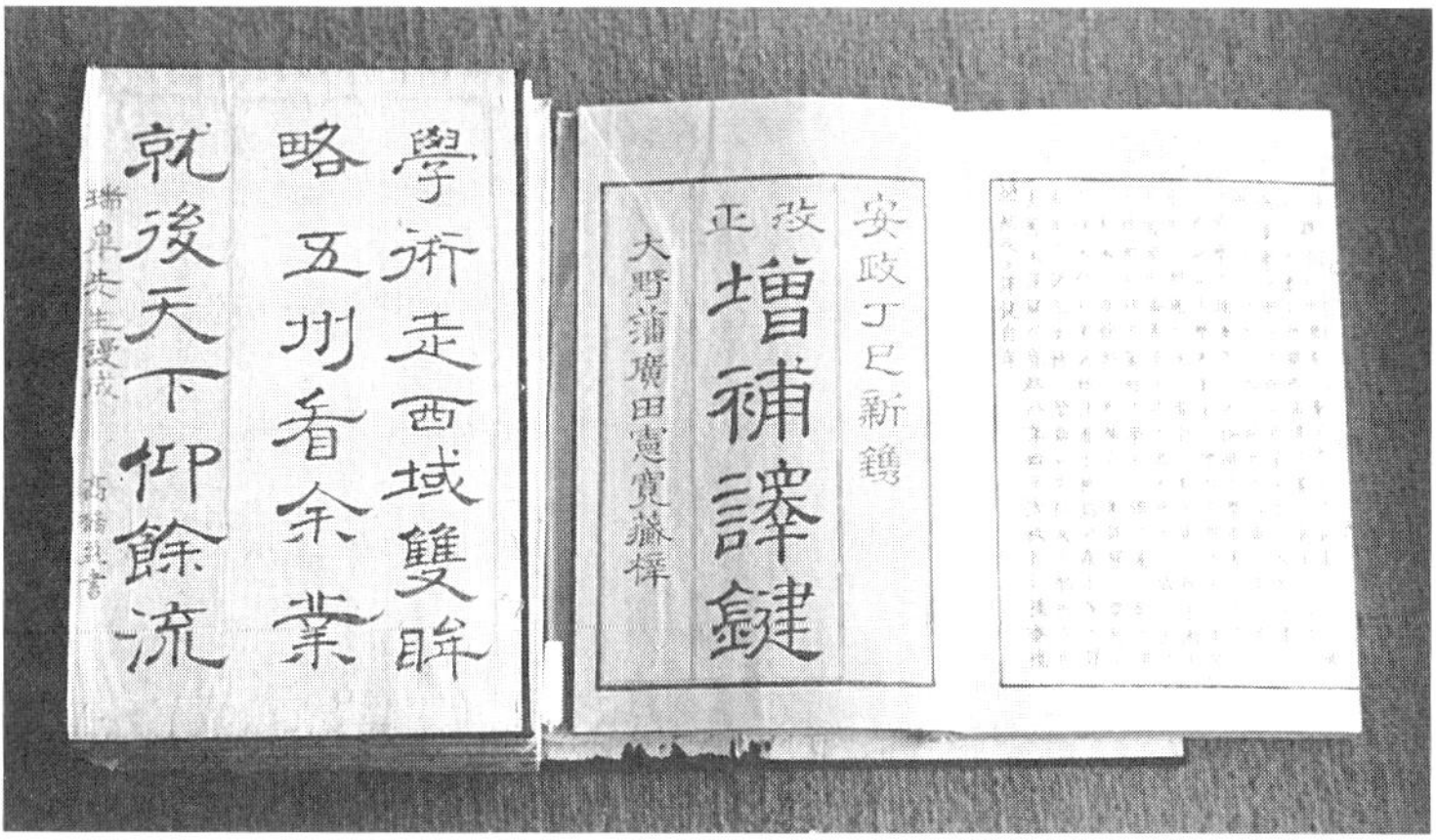

景作蔵書の一部　長英がつくった漢詩が書き写されている。

商人などもまきこんで各地で展開されたのである。

それまでの百姓一揆は、主として村の代表者による直訴《じきそ》という形態が多かったが、十八世紀なかばから小さな藩や旗本領、幕府領が錯綜《さくそう》する非領国地帯では支配領域を越えた広域型一揆が打ちこわしを伴っておこるようになった。明和元（一七六四）年に上野・信濃《しなの》・武蔵三カ国の農民二〇万人が中山道の伝馬増《てんまま》助郷《すけごう》に反対して西上州を中心におこした伝馬騒動とともに、この絹糸運上一揆がその特徴をよく示している。一揆の原因は、近世中期から上州や武州で盛んになった蚕糸業への課税であった。そして絹糸改会所の設置の動きも、すでに元禄十一（一六九八）年二月、寛延二（一七四九）年七月、宝暦九（一七五九）年十二月に特定商人らの市場独占のために試みられたが、いずれも農民の反対で失敗におわっている。

上州では桐生・大間々・伊勢崎・高崎・藤岡・富岡などの絹糸市場を中心とした地域からつぎつぎと反対の訴訟がおこされたが、そのなかでもっとも強硬な手段にでたのが西上州の農民たちであった。とくに、西上州の絹市場の中心地であった藤岡町では八月初め農民集会が開かれ、地頭所《じとうしょ》へ提出されるはずの願書が町役人のところで止められていたことに激怒した農民が改めて江戸へ直訴することを評決し、同月八日にはその準備もととのえられた。これに呼応して周辺の村々でもそれぞれ鮎川《あゆかわ》や三名川《さんながわ》などの河原で寄合を開き、会所設立反対の気勢をあげた。

翌九日になると、五三カ村の農民三〇〇〇人余が徒党して小幡《おばた》町（甘楽郡甘楽町）の新井吉十郎宅を打ちこわしたことに端を発し、以後、会所設立に賛同する富民豪商の家がつぎつぎと打ちこわされた。十一日には吉井町（現高崎市）など四軒、十二日には藤岡町・新町・一《いち》ノ宮《みや》町・富岡町など四一軒、そして十三日には倉賀野町など八軒におよび、西上州一帯に広まっていったのである。この騒動がピークに達したのは、農民らが倉賀野から高崎へでて、藩主松平右京大夫輝高《まつだいらうきょうのだいぶてるたか》の高崎城へ押しよせた十二日であった。

このように農民が高崎城を包囲するという実力行使にでたのは、幕府老中《ろうじゅう》という要職にいた松平輝高が勘定奉行松本秀持《まつもとひでもち》の意見を容れて絹糸改会所の設立に深く関与していたからである。事態を重くみた幕府は同年八月十六日、ついに改会所の設立を断念せざるを得なくなった。これによって騒動もようやく鎮静化にむかい、十九日には藤岡、翌二十日には高崎の絹市場で農民や商人の自由な取引が再開されたのである。なお幕府はこの騒動の首謀者の捜索を行って数十人の農民を逮捕し、天明二年十一月徒党や打ちこわしの罪で処罰した。こうして西上州を中心に展開された天明の絹糸運上騒動は落着した。

一方、絹糸改会所の設置に対して東上州の桐生周辺の五四カ村の農民は、同年七月に訴訟費用を高割りで負担することを決めて九人の総代を選出したのち、「恐れながら権現様《ごんげんさま》（徳川家康）が江戸へ御入国遊ばされ候節、御旗絹二四一〇疋を献上たてまつり候吉例の地なので、諸役御免を仰せ付けられ」と、徳川家康に旗絹を献上した由緒を根拠に、広域の訴訟という合法的な反対運動をおこし、西上州の百姓一揆とは対照的な形態で目的を達し、のちに「神妙の致し方」と幕府役人からほめられている。

浅間山焼け●

天明三（一七八三）年七月七日、浅間山《あさまやま》が数日前から雷鳴を伴って爆発を続け、灰をふらせたため、昼でも灯火にたよって生活していた碓氷郡下磯部村《しもいそべ》（安中市）の名主須藤源左衛門は、夜中の大爆発を「大焼出し、そのうえ雷電おびただしく鳴り出し、火気ばかりにて砂降り候義はなはだしく候、そのうえ震動の事は相止み申さず候間、家内戸障子まで鳴り響き申し候」と記し、翌八日も活動が続き「焼出し候音ならびに雷の音、振動にて天地もくつがえすごとくに相見え申し候」と、爆発のものすごさを今に伝えている。

浅間山の直下の吾妻郡大笹村《おおざさ》（嬬恋村《つまごい》）の無量院住職は、六日からの浅間山の鳴動を「天も砕け、地も裂けるかと皆てんとうす。先西《まず》は京・大坂辺、北ハ佐渡ケ島、東（ハ）ゑぞがしま（蝦夷島）松前、南ハ八丈・三宅島まで響き渡り、物淋しき有様なり」と記し、七日には前日よりも一〇〇倍も一〇〇〇倍もきびしく鳴り、老若男女は飲み食いをわすれ身のおきどころもなく、心配で浅間の方ばかり眺めて暮らしていた。浅間山から火柱が立ち、熱湯が沸きだし南木山《なぎさん》の林が見る間に燃えつき、原は一面火の海となり鹿や犬も焼け死んだ。八日には熱湯がさらに沸きだし、「谷々川々を押し払い、神社仏閣・民家草木何によらず、たった一押しに押し払い、其跡は真黒に成り、川筋村々七拾五村、人馬残らず流失」と、「火の川」となった吾妻川にそって流下した熱泥流《ねつでいりゅう》による被害を「浅間大変覚書」に克明に記録した。このように火砕流《かさいりゅう》や土石流は北麓の吾妻郡鎌原村《かんばら》（嬬恋村）をおそったのち、吾妻川から利根川へ泥流となって流れ下り、川筋の耕地や村落に大きな被害をもたらしたのである。

江戸時代における上野国の自然災害のなかでは、寛保二（一七四二）年八月信濃・武蔵・上野三国を中心にして関東一円をおそった大風水害が近世最大といわれるが、これとならんでこの浅間山の大噴火は大きく、日本の火山活動のなかでは有史以来最大といわれる。四月ごろから活動が活発化し、五月下旬の爆発からは徐々に激しさを加え、ついに七月六日から八日にかけて未曾有の大爆発を引きおこしたため、多くの記録類が残されている。

とくに八日の噴火による吾妻川流域から利根川の合流点に至る村々の被害状況は、村数五五カ村、流失家屋一一五一軒、流死人一六二四人、田畑泥入り高五〇五五石余におよび、一瞬のうちに埋没した鎌原村では流失家屋九三軒、死者四六六人、死馬一七〇疋、荒廃地八七町六反五畝二歩であった。さらに西窪《さいくぼ》村・芦生田《あしうだ》村（以上、嬬恋村）、小宿《こやど》村（長野原町）などもほとんど壊滅状態となった。被害は吾妻川流域だけではなかった。利根川本流の前橋領内では田畑砂入り高六万八〇〇〇石余、流家・埋家一四六五軒、流死人五五人、流死馬一三疋、流失橋二一カ所などであった。また前橋城跡の裏通りは利根川の変水で欠け崩れ、五料関所や福島番所も焼け石泥で押し埋まり、利根川筋の渡船や水運も一時途絶してしまった（『前橋市史』第三巻）。

さらに、噴火による降灰《こうはい》は強い偏西風にのって東南東に流れ、浅間山南麓の中山道筋や上野国内はもとより、武蔵国から関東一円さらに東北地方にまでおよび、降灰がもっともひどかった上野国内の碓氷郡から甘楽郡の一帯では農作物が壊滅的な被害をうけた。

この大爆発で被災した村々の緊急の問題は、まず食糧の確保、家屋の再建、そして泥入り・降灰田畑などの再開発であり、早速、江戸の幕府代官や大名・旗本など支配領主へ通報して援助を求めた。これに対して幕府や旗本らは、検分役人を派遣して被害の実態調査を行い、被災村へは年貢・諸役の減免措置や夫食・救済金の手当てなど一時的な対応策を講じた。支配領主よりもいちはやく被災者の救援活動に立ちあがったのは近隣の有力農民たちであった。とくに干俣《ほしまた》村（嬬恋村）の名主干川小兵衛は、私財を投じて米麦・味噌などの合力や炊きだしを行う一方、大戸《おおど》村（東吾妻町）の商人加部《かべ》安左衛門や大笹村（嬬恋村）の名主黒岩長左衛門らとともに被災した村々の復興に尽力した。

幕府もまた同年八月下旬、勘定吟味役《かんじょうぎんみやく》の根岸九郎左衛門を筆頭に六〇人の役人を被災地に派遣して「御救普請《おすくいふしん》」を実施することになり、上野・武蔵両国に一五カ所の御普請役所を設置し、支配領域を越えて御救普請の対象とし、地元被災農民らを動員して田畑の起き返し、川浚《さら》い、道橋つくりなどを行わせた。

さらに翌四年正月下旬には熊本藩主細川重賢《ほそかわしげかた》に対して「御手伝普請」を命じて約一〇万両の救済金を支出させた（『徳川実紀』第十篇）。

生存者がわずか九三人だけとなった幕府領の鎌原村の被害は大きく、生き残ったものたちがあらたに親子や夫婦の縁を結んで家族の再構成や家屋の再建をはかり、さらに大笹村の名主黒岩長左衛門や草津《くさつ》村の出人足の応援を得て被災をまぬがれた土地の再配分と荒れ地の再開発を行った。

高崎や安中藩領など降灰の被害の大きかった地域においても食糧の確保のほか、領主からの救済金の分配方法、降灰の除去、潰《つぶ》れ百姓による手余り地の増大など、さまざまな問題が生じていた。一方、中山道の熊谷《くまがや》から軽井沢《かるいさわ》までの宿場《しゅくば》では人馬継立て賃銭の二割増が許可され、その割増し分を宿方と助郷村々で分配したほか、助郷村々へは馬飼料が貸与された。なお、焼

杢ケ橋関所周辺の被害（『浅間山焼昇之記』による）

失・潰れ家などの被害が大きかった坂本《さかもと》・軽井沢宿へは家作の復興資金も貸与されることになった。

このように被災地域では幕府や領主・村民らによって救済活動や復旧工事が行われたが、復興は遅々として進まなかったようである。さらに大爆発による噴煙は成層圏まで達し、数年にわたって日光の照射を妨げ、これが全国的な冷害と凶作を引きおこし天明の飢饉へつながったとみられている。さらに、天明の大飢饉によって、米価高騰による食糧難が深刻となり、各地で打ちこわしを伴う百姓一揆が発生した。

不斗出者と流れ者

塩原《しおばら》太助《たすけ》は宝暦十一（一七六一）年八月二十日、いつものように利根郡下新田村《しもしんでん》（みなかみ町）の家から愛馬あおを牽《ひ》いて草刈りにでかけたが、継母《ままはは》に毒殺されかけたために太助は一本松にあおをつなぎとめ、着の身着のままで出奔《しゅっぽん》した。苦労の末江戸にたどり着いたが、勤め口を得ることができず、神田橋から身投げをしようとしたところを炭屋山口屋善右衛門に救われ、同家に奉公し、ついには「本所に過ぎたるものが二つあり、津軽大名、炭屋塩原」といわれるまでの分限者《ぶげん》になったという。塩原太助の寄進した灯籠などが榛名《はるな》神社や琴平《ことひら》神社に遺っている。明治になり噺家《はなしか》三遊亭円朝が「塩原太助」を高座にかけてから全国的に著名になったが、太助と同様の出奔は江戸時代中期以後から多かったのである。

碓氷郡越泉村《こしずみ》（安中市）の丈八《じょうはち》は日雇い稼ぎにでかけたまま帰らなかったため村払いとなり、田畑家財は親類預けの処分をうけた。このため、親類・組合は文化十三（一八一六）年すでに他所へ嫁いでいた妹に家督をゆずり、もし丈八が帰村したならば相続させることを領主へ願いでた。同郡国衙村《こくが》（安中市）の藤兵衛は数年前に出奔して天保七（一八三六）年に帰村し、菩提寺にすがって法体となって詫びをいれて帰住を村役人に出願した（『松井田町資料集』第一巻）。不斗《ふと》出たまま帰らない村民が各地に多かったのである。これを不斗出者《ふとでもの》と呼んだ。

群馬郡小相木村《こあいぎ》（前橋市）では村民が明和四（一七六七）年に五九軒・二四〇人いたが、文政二（一八一九）年には三九軒・一八一人に減少し、しかも三軒には住人がおらず、また二人は不斗出者で村にはいなかった。増加もあったが断絶した家が二六軒あり、このうち相続人がうまれずに絶えた家が一八軒ともっとも多く、そのほか高崎宿で借家暮らしや、村内の農民の厄介になったり、また不斗出者となって断絶した家もある。勢多郡茂木村《もてぎ》（前橋市）では天保六年に不斗出者が一四人いて、そのうち七人は死亡、四人が行方不明であったが、「不斗出者年月覚帳《ねんげつおぼえちょう》」という帳面を作成したほど不斗出者が多かったのである。

このように村の人口減少によって年貢地を耕作する農民がいなくなったため、手余り地、厄介地が発生した。勢多郡上泉村（前橋市）では病死断絶一軒、病身一軒、不斗出七軒により安永五（一七七六）年一町八反五畝歩、一七石八斗余の厄介地が発生した。そのうち七石余が年貢免除を許可され、残りを分担して村中で耕作したが、困難であるので年貢対象地から除外する引石《ひきこく》を出願した。

村の人口減少の原因としては、小相木村のように相続人がいないために断絶する「潰れ百姓」の増加と、塩原太助や上泉村のように土地・家財などを放棄して出奔し行方不明（帳はずれ）になってしまう「不斗出者」の発生とがあり、上州では不斗出者の方が多かったようである。土地に緊縛して年貢を負担するという江戸時代の農民の基本的な制約が緩んできたのである。不斗出者の行先の多くは江戸や高崎・桐生などの都市であった。

上野国の人口は宝暦六年に五七万七九八七人とピークに達したが、天明六（一七八六）年には五二万二八六九人まで激減し、以後幕末に至るまで減少傾向を示したという。前橋領の村々では藩主が川越へ移城した明和四年から天保八年までのあいだに家数三二〇〇軒余・人数一万九〇〇〇人余が減少し、高崎領の村々でも天明年間（一七八一〜八九）から明治初年までに一〇一七軒・三二六〇人が減少したとされる。しかし、高崎や桐生あるいは江戸などの都市では人口が増加した。高崎は貞享四（一六八七）年に八八一軒・五七三四人であったのが、享保五（一七二〇）年に一三五八軒・五七三五人、天明四年に一四一一軒・六四五八人、安政三（一八五六）年には一四四九軒・七七八四人となり、とくに十八世紀後半から急増した。絹織物業で栄えた桐生新町（三丁目・六丁目）では、享和二（一八〇二）年から文化二年の三年半のあいだに一二五軒も増加し、近郷の村々ばかりでなく、碓氷郡や吾妻郡など上野国内から五五人、下野《しもつけ》国から二四人、越後《えちご》・信濃・伊勢《いせ》・近江《おうみ》・尾張《おわり》・加賀《かが》などからも流入した。天保二年の桐生新町には二五三軒の町百姓がいたが、そのほか織物業奉公人を中心とする地借《じがり》・店借《たながり》が七〇〇軒もあり、そのなかには不斗出者も多かったのである。

　江戸時代の中期ごろから大都市江戸へ商品を供給するための生産活動が急速に活発化してきた。この商品生産の進展は農村に貨幣経済を浸透させ、従来の自給自足的な農村社会を大きく変質させることになったのである。商品生産のなかで上州全体にわたって飛躍的に発展したのは蚕糸・絹織物業であった。そのほか、邑楽《おうら》郡の木綿、吾妻郡の麻・硫黄《いおう》・明礬《みょうばん》、利根・勢多・甘楽郡の煙草、多胡・甘楽郡の和紙、甘楽郡の砥石《といし》などが知られ、さらに穀物・薪炭・材木類の生産、流通も活発に行われた。こうした商品生産の発展に伴い、農村ではさまざまな職種の農間渡世人が登場して農民の活動範囲がしだいに拡大し、有利な働き場所を求めて農民の移動や交流もますます頻繁になっていった。

　しかし農村では不斗出者の増加、村の人口減少、手余り地の増加が宝暦・天明期ごろからはじまり幕末期にかけていっそう顕著となった。幕府は安永六年以降たびたび商品生産を抑圧しながら出稼ぎ制限令を発したり、帰村を督励して農村復興策を講じた。一方、村内では他国他村からの出稼人を養子などに迎えて減少する人口の回復につとめた。また諸藩では年貢負担者と年貢対象地の減少により窮迫した藩財政を立てなおすため積極的な勧農復興策を試みた。沼田藩では文政元年、うまれた子どもを無事に育てるための赤子養育仕法、安中藩では安政三年に退転した農家を取りたてるための退転農家取立て仕法などを定めた。前橋藩では寛政二(一七九〇)年、凶作に備えて村人に穀物を貯蓄させる社倉《しゃそう》制度などのほか、文政二年には勧農《かんのう》会所を設け、有力農民を勧農掛附属や郷廻《ごうまわ》りなどに任命して興農政策を推し進めた。さらに領内の手余り荒地七九町三反余の耕作と人口の回復を目的として、越後・信州・三河《みかわ》などの他国から雇い人足や農民を誘致する入百姓《いりびゃくしょう》政策を実施したが、十分な成果は得られなかったようである。

糸と女たち●

寛文期から元禄期にかけて単婚小家族による小農経営が一般化したが、その経営は安定したものではなく、家族の年季奉公や駄賃《だちん》稼ぎなどで生活をささえていた。しかし、この小農経営も蚕糸業などの発展や商品経済の浸透とともにしだいに安定し、享保期から宝暦・天明期にかけて上州の村々は小農村落として確立した。

蚕糸・織物業の発展によって農業経営に占める養蚕の比重が増大してくると、それまで家事や農業に従事していた女性の労働力にたよる部分が多くなってきた。これは各村の「村明細帳」に、男は田畑の耕作のほか農間余業として馬草・薪取りや駄賃稼ぎ、女は蚕稼ぎや絹・真綿・麻布織りなどと記されている。とくに東上州では養蚕・製糸・織物の三工程が地域的に分業化するなかで、赤城山の東南麓を中心に製糸業地帯が形成され、宝暦期ごろからは繭《まゆ》を農家に配布して糸挽きさせる賃挽《ちんびき》製糸があらわれ、農家の女性は田畑耕作を行いながら冬から春の農閑期に副業として従事した。

女性の労働力は単に農間余業だけでなく、大規模な養蚕農家における季節奉公人や日雇い奉公人などの雇用労働力として使用されることも多く、これら「蚕女《かいこおんな》」は周辺農村や都市からやとわれた。そして奉公人も従来の借金に対する質物労働から脱却し、貨幣収入を目的とした給取り奉公人へと変化したといわれる。前橋近郊の利根川右岸にある群馬郡高井村（前橋市）の福島家でも幕末には家内労働だけではまかないきれず、「蚕女」などの雇用労働力に依存していた。

明治初年の「上野国郡村誌」によれば、前橋町周辺の村々でも「女、男業ヲ助ケ、側《かたわ》ラ養蚕・製糸ノ事ニ従フ」とある。また前橋町では総人口一万六七八人のうち女性が五四三七人であり、さらに養蚕・製糸を行うものは三二五三人を占めていた。

ところで、桐生の絹織物は「居坐機」による農家の副業として行われたが、元文三（一七三八）年、あらたに京都西陣から「高機」織法が導入されると飛躍的な進展をみせて「関東の西陣」と称されるようになった。この織機の転換に伴って織屋の専業化が進み、生産形態も副業的なものから専業化し、寛保年間（一七四一〜四四）には女子奉公人の雇用がみられた。さらに宝暦・明和期（一七五一〜七二）には奉公人宿もできて、織屋からの活発な雇用労働力の需要があった。また宝暦七（一七五七）年には家数三一九軒・人数一四八二人にすぎなかった在郷町桐生新町は、文化・文政期（一八〇四〜三〇）から天保期にかけて家族・人数ともに大幅な増加傾向を示し、天保二（一八三一）年には家数九五八軒・人数四一〇七人と約三倍に激増した。一方、他村から借地・借家層や奉公人も多数流入し、もっともピークに達した天保元年には奉公人だけで七八七人（男四三九人・女三四八人）にもおよんだ。このうち女子奉公人の多くは織屋にやとわれ、機織《はたお》り工女として働いていたのである。たとえば、天保七年には織屋四一軒のうちの約七割が、合わせて一四六人の奉公人をやとって織物生産を行っていたが、その内訳は男子三二人に対し女子一一四人であり、織屋経営は圧倒的に女子の労働力をあてにしていたことがわかる。なお、次頁表は桐生新町の有力な織屋の家族と奉公人の数を示したものであるが、横町の楢原良右衛門《ならはらりょうえもん》をはじめ、その家族・奉公人はともに女子が大部分を占めている。館林領の村々でも絹織物が盛んとなり、機屋が十二、三歳から女子奉公人をきそって高い賃金でやといれたため、農業が衰退し手余り地が増加するとともに、農家に華美な風俗を浸透させる原因となったと村役人は天保期に幕府へ届けでている。

こうして上野国における養蚕・製糸・織物業の発展は、商品経済の浸透とともに人びとの暮らしを大きく変換させることになったが、その原動力として活躍したのが農家の働く女性たちであり、ここに「かかあ天下一」といった働き者としての上州女のイメージが形成されてくる背景があったのである。

このほか、近世中期以降の商品流通の発達と交通量の増大によって、中山道など主要な街道の宿場は急速に繁昌したが、その裏には貧しい農民の女子が飯売り下女奉公（飯盛女《めしもりおんな》）として働く姿もあり、宿場の風俗を一変させることになった。飯盛女はおよそ一二歳くらいから二〇歳前後の娘が家の困窮を理由に、三年から一〇年くらいのあいだ旅籠屋《はたごや》へ身売りにだされ、宿泊客に食事の給仕などを行うものである。

飯盛女の増加に対して、幕府は旅籠屋一軒につき二人までと規制するが効果はなく、享和三（一八〇三）年倉賀野宿では旅籠屋二一軒が定数以外に五一人の飯盛女をかかえていた事件が発覚し、手鎖《てぐさり》または過料銭を申しわたされた。そして、解放された五一人の女子のうち四五人は高崎城下や周辺の宿村へ縁づ

桐生新町有力織屋の家族人数・奉公人数(天保7年)

織屋名	町名	家族人数			うち奉公人数		
		総数	男	女	総数	男	女
楢原良右衛門	横町	25	5	20	18	2	16
増田銀助	〃	20	6	14	12	1	11
大森金右衛門	〃	20	3	17	11	0	11
松原藤助	4丁目	14	4	10	9	1	8
吉田清助	5丁目	14	4	10	9	2	7
玉上善右衛門	2丁目	15	10	5	7	5	2
金子吉右衛門	4丁目	13	5	8	7	1	6
巻田屋安兵衛	1丁目	11	3	8	6	1	5
飯塚儀兵衛	横町	12	3	9	6	0	6
薗田三右衛門	〃	11	3	8	6	1	5
山城屋儀兵衛	5丁目	13	4	9	6	1	5

『群馬県史』通史編5による。

いたが、越後出身の二人は親元へ引きとられた。邑楽郡大《おお》佐貫《さぬき》村(明和《めいわ》町)では文政十二(一八二九)年に洪水の被害をうけて村人口が減少し、また、独身男性が多いこともあり一一人を引きうけることを、希望者をつのった代官へ申しでている。

一方、日光例幣使道の宿場のうち飯盛女がいたのは玉《たま》村《むら》宿(佐波《さわ》郡玉村町)と木崎《きざき》宿(太田市)であるが、木崎宿でも寛政六(一七九四)年旅籠屋二〇軒が五一人の過人数をかかえて処罰される事件があり、また慶応元(一八六五)年には木崎宿の助郷村々が、宿場での宿泊や飯盛女との酒食を禁止する申し合わせを行った。多くは越後出身者であり、短い生涯を異境でおわった飯盛女の墓石が倉賀野宿(高崎市)の九品寺《くほんじ》に遺っている。

その一方で、「文月浅間記《ふづきあさまき》」をあらわした高崎の羽鳥《はとり》一紅《いっこう》や、「手から手へおなし仕事を田植哉」などの句を残す沼田(沼田市)の景風《けいふう》、美紅《びこう》、大楊《おおよう》村(沼田市)のまつなどの女流俳人もあらわれ、女性が文化的にも活躍するようになった。

宗門人別帳を読む●

勢多郡水沼村（桐生市）の「星野家文書」に天明六（一七八六）年から明治二（一八六九）年までの「宗門御改帳」が一〇四冊残っている。

天明六年のものにはつぎのように七六軒、二九〇人分が記載されている。

一禅宗常鑑寺《じょうがんじ》　旦那　　孫八　七十五
一　同　寺　旦那　　女房　六十才
一　同　寺　旦那　男子　孫右衛門　三十六
一　同　寺　旦那　娵《よめ》　てふ　三十三
一禅宗常鑑寺　旦那　孫　孫太郎　十五
一　同　寺　旦那　孫　治郎　十一才
一　同　寺　旦那　孫　治右衛門　三才
人数七人　内男四人　馬壱疋
女三人

旦那寺、当主名前、年齢、家族の続柄、名前、年齢を記録し、最後に家族人数と所有馬頭数を記載した。女性は子どもや孫の名前は書きあげながら、妻は「女房」と記載するだけで名前を記載しない。

家族人数は四人家族が二二軒ともっとも多く、八人家族が一軒ある。下男が一一人、下女が四人いた。一人ものが七軒あり、そのうち二二歳と五九歳の女子が二軒、男子は三〇歳から五七歳までであり、配偶者が死亡し、子どもがいないため独身になったものと、配偶者を得られないものとがいるようである。

旦那寺は水沼村の禅宗常鑑寺と上田沢村《かみたざわ》（桐生市）の真言宗医光寺《いこうじ》があり、一冊にまとめられており、家族で旦那寺が異なる記載はない。ただし、修験《しゅげん》が三軒あり、当主・父・男子は「京都聖護院《しょうごいん》宮末」「本《ほん》山《ざん》修験宗」とあり、それ以外の娘、嫁、弟、弟嫁、姪は常鑑寺旦那である。
天明六年以後は家数も減少しているが、天保八（一八三七）年までは六人以上の大家族、二人の小家族が増加したために家族数の減少は大きくなかったのに対して、天保飢饉以後は大家族はやや安定しているが、小家族の減少によって家数が大きく減少した。

家族人数別の家数

家族人数	天明6年	文化8年	天保8年	天保15年
人	軒	軒	軒	軒
1	7	6	13	6
2	7	10	8	8
3	19	18	8	6
4	22	21	8	11
5	11	8	12	8
6	2	4	8	6
7	7	5	4	6
8	1		1	
9		1		1
21		1		
25				1
43			1	
合計	76	73	63	53

「星野家文書」より作成。

人数の増減をみると、享和二（一八〇二）年には前年より一四人が増加し、そのうち出生六人、婚姻六人、奉公人二人に対して、一七人が減少し、そのうち死亡一一人、婚姻四人、奉公人二人、差引き三人が減少した。文化元（一八〇四）年には前年より三一人が増加し、そのうち出生八人、婚姻五人、奉公人一八人に対して、死亡五人、婚姻三人、奉公人の離村九人であり、奉公人を多数かかえることにより人口が増加した。文化六年には二二人増加（出生六人、婚姻二人、奉公人一四人）に対して、二六人減少した（死亡八人、婚姻二人、奉公人離村一六人）。奉公人を多数かかえるか否かが人口増減に大きく影響した。

奉公人をもっとも多くかかえたのは、名主（のちに年寄）であった星野七郎右衛門である。天明六年の人別帳は次のとおりで、下男・下女の記載はない。

一禅宗常鑑寺　旦那　　　七郎右衛門　五十三
一　同　寺　旦那　　　女房　五十一
一　同　寺　旦那　父　弥兵衛　七十五
一　同　寺　旦那　男子　長兵衛　廿三
一禅宗常鑑寺　旦那　娵　いく
一　同　寺　旦那　男子　半平　廿一
一　同　寺　旦那　娘　くに　十六
　人数七人　内男四人　　馬壱疋
　　　　　　女三人

その後、享和二年から家の持高が記載され、文化九年には水沼村が旗本領と幕府領とに分かれたため別冊に仕たてられ、また同年から女房の名前が記載されるようになった。七郎右衛門家は家族五人となり、持高六九石九斗二合と記載された。弟の半平は女房、娘二人、養子の五人家族で独立したが、「七郎右衛門抱」として持高はなかった。同年から下男・下女を巻末に一括して記載するようになり、

召仕　清助　三拾四才
右之者義、当御代官花輪《はなわ》村（みどり市）人主与兵衛ニ而抱え申し候、天台宗善雄寺旦那ニ御座候

と記載し、旦那寺が各地にわたるため、その請印は人主・請人方に取りおき、この人別帳では省略し、下男・下女の宗旨は直接的には雇い主が保証している。七郎右衛門七人、半平四人など、合計七軒に二三人の奉公人がいた。半平は文化元年には持高二〇石となり、分家が公式に認められた。七郎右衛門家は五一石一斗五升の持高になり、抱女子二人なを・とよ（ともに一九歳）が記載され、そのほか下男・下女が一〇人いた。天保八年には下男二八人、下女六人の合計三四人に急増した。水沼村三人を始め近隣の上田沢村一四人、下田沢村四人（以上、桐生市）、小中《こなか》村・荻原村三人・花輪村、大間々町・塩原村（以上、みどり市大間々町）、下仁田山村・新宿村（以上、桐生市）の出身である。

文化十四年から星野七郎右衛門が足尾銅山吹所世話役に任命され苗字を許されたことにより、別帳に仕たてられ、人別帳が三冊作成されることになった。その後、七郎右衛門は奉公人を多数やとい、天保元年には一八人をかかえていた。

家数・人口は天保飢饉後に急減し、天保八年には六三軒・二三二人、同十五年に五三軒・二一一人となった。短期間で急減した天保八年と同十五年とを比較してみると、人別帳から名前が消えたのは文蔵（二八歳、一一石四斗八升二合、人数五人）、弥右衛門（八〇歳、七石三斗四升七合、人数二人）、政次郎（四九歳、

二斗三升四合、人数五人）、新八（五六歳、一石六升四合、人数六人）、清助（五四歳、四斗一升六合、独身）、治郎右衛門（二九歳、組頭、五斗九升、ほかに一斗五升親類千之助分預かり、人数五人）、幸吉（三七歳、名主長三郎店抱、人数三人）、千蔵（四三歳、喜助抱、独身）、はつ（二九歳、一斗四升五合、独身）、林蔵（二一歳、七斗一升二合、人数三人）、みき（五四歳、一石五斗七升八合、独身）、与左衛門（四一歳、六斗一升六合、人数三人）、佐平次（六二歳、九斗四升五合、ほかに一斗一升八合、組合藤蔵分預かり、独身）の一三家族・三七人であった。あらたに四家族が登録され、差引き九家族が減少したことになる。

独身者が五軒あり、死亡して相続者がなかったためであり、そうでないものは不斗出や出稼ぎに他所へ移ったのであろう。天保十五年に定次郎（三七歳、九斗七升二合、人数二人）は、退転した組合林蔵分七斗一升二合、親類左平次分九斗四升五合を預かっている。水沼村では預かり高は享和二年の二石余から天保期に増加し、六年には一三石、八年には一六石余と最高になった。以後は漸減し、慶応二（一八六六）年には一三石余になった。

明治二年八月には五一軒が記載されているが、そのうち不斗出一軒、潰《つぶ》れ百姓一四軒、厄介《やっかい》一軒の合計一六軒が退転したことになるが、同年八月の記録によると三〇軒が退転しており、そのうち一四軒は次男や三男、他村から耕作人をいれて再興させたのであった。

農民は土地に緊縛され、移動は厳重に制限されていたといわれるが、奉公人を都市だけでなく農村にいる豪農も多くやとっており、また、出稼ぎや不斗出も多く実際には激しく移動したのである。しかし、退転したものの年貢負担は組合や親類が「預かり」という形態で肩がわりし、帰村した場合には預かっていた田畑を返して農業経営を継続できるようにした。また、帰村が不可能と判断した時にはその家に別なものをいれて再興したのであり、村のなかで相互扶助し、村の過疎化を防止する努力が宗門人別帳から読みとれるのである。

8章

維新への道

三原田舞台(渋川市)

1　大泉院日記の世界

八州廻りと国定忠治●

近世の上州の特色の一つに、在郷町の存在がある。山田《やまだ》郡の渡良瀬《わたらせ》川沿いにある大間々《おおまま》町（みどり市）は隣接する桐生《きりゅう》の町とならんで全国に知られた在郷町であった。慶応四（一八六八）年には家数は五七九軒、百姓一二二七人というのが町場としての大間々町の姿であった。この町の中心である三丁目と四丁目の境に位置する場所に大泉院《だいせんいん》という修験《しゅげん》（山伏）がいた。江戸時代には修験は天台《てんだい》宗の京都聖護院《しょうごいん》に属する本《ほん》山《ざん》派と真言宗の三宝院《さんぼういん》に属する当山《とうざん》派、それに出羽《でわ》の羽黒山《はぐろさん》のどれかの支配下にまとめられていた。大泉院は本山派の山伏であった。大泉院に文政二（一八一九）年から嘉永六（一八五三）年までの二〇冊におよぶ日記が残されている。もとは三二冊であったものらしいが、一二冊は残念なことに歴史の波のうちに消えてしまった。とはいえ、この日記の記された時期は幕末の激動の時代である。そこにみられる幕末の在郷町の生活の諸相をみていこう。

文政九（一八二六）年十月十七日の日記に、次のような御触書《おふれがき》の写しがみられる。

近ごろ、無宿共が長脇差や鑓《やり》、鉄砲をもち各地で乱暴をはたらき、それをみて百姓や町人のなかにも同じ振舞いをするものがみられる。これまでも取り締まってきたが、最近では仲間をつくりのさばりかえっているという。以後は長脇差、鑓、鉄砲をもって歩きまわったものは、悪事をしなくとも、また無宿であろうと、なかろうと差別なく逮捕し死罪か重罪に処するからよく心得るように。

かなり無宿どもの横行が目にあまっていたことがうかがえる。天保九（一八三八）年三月二十九日、関東《かんとう》取締出役《とりしまりでやく》（八州廻り）からの急な命令で、大間々町からも一〇〇人あまりが山狩りに動員された。それは、佐位《さい》郡国定《くにさだ》村の忠治《ちゅうじ》を手配したが逃げられ行方知れずであるが、いまだ遠くに逃げ去ってはおらず、このあたりの山に隠れているはずだから村むら、宿場から人足を多く差しだすようにという命令によるものであった。忠治は島村の博徒《ばくと》、伊三郎が自分の子分三ツ木の文蔵をいためつけたことから、天保五年の七月三日に彼を斬殺した。このために、関東取締出役から追われることになったのである。このとき、忠治は子分とともに関東取締出役の力のおよばぬ信州にのがれた。信州からいつ上州に舞い戻ったのか、子分三ツ木の文蔵は天保九年三月二十六日、世良田《せらだ》の賭場で関東取締出役の手により逮

国定忠治(田崎草雲筆)

捕されてしまった。忠治は多くの子分どもを集め、文蔵を取り戻そうとした。大泉院の日記はまさにそのときのことである。このとき、忠治は山狩りの目をかいくぐり、逃げ延びることに成功した。大間々町には出役の役人が五人も泊り、探索を続けたと、四月七日の日記にある。このときの「忠治かり込一件」の費用は村々の負担で、その決算が翌月の六日になされた。こののち忠治は逃亡生活を続けたが、嘉永三年七月、脳溢血のため倒れ、八月、関東取締出役の手により逮捕され、その年の十二月に処刑された。「大泉院日記」は嘉永三年の部分を欠くので、忠治逮捕についての大間々町の人びとの感想を知ることができない。

忠治を逮捕した関東取締出役の任務は警察権の行使であり、博徒・無宿の取り締まりなどの治安の維持から、さらに広い範囲におよんでいった。秩序を乱すという理由で子どもの楽しみさえも奪うようになる。その命令は子どもの楽しみにしていた一月十五日の小正月の「サイの神」（ドンド焼き、道祖神祭）におよんだ。嘉永五年正月、「子供さいの神あいならざるよし」の御触《おふ》れが申し渡された。その理由は、さいの神の行事のとき、道路に子どもが縄などを引き道ゆく人に迷惑をかけるだけでなく、金銭をねだり、菓子や飴を買い、さらにはその金を元手に賭事をするものもいるという点にあった。そうしてこれは大体、親の責任であり、以後こうしたことのないように、もしこうしたことを見回りの時に目にしたら容赦なく召しとらえるから心得ておくように、という厳命であった。

彼らが奪ったのは子どもの楽しみだけでなく大人や地域のそれにまでおよんだ。弘化四（一八四七）年の八月、新田《しんでん》村の鎮守の祭り相撲を楽しみに大泉院はでかけたが、八州廻りが来たために中止になり、むなしく帰らざるをえなかった。前の年の九月十五日は大間々町の鎮守神明宮の祭礼であった。このときは

上州と遊行上人

大泉院の日記の天保四（一八三三）年十月十八日の記事は、まず、米相場があがり五斗八升になったことが記される。つぎに桐生の青蓮寺《しょうれんじ》に遊行上人《ゆぎょうしょうにん》がこられたことで、大間々からも多くの参詣人が桐生にむかっているので、大泉院も家族三人と供をつれて桐生まで出かけたとある。修験の身である大泉院が家族づれで桐生まで行ったのは、遊行上人の行列の華麗さを見物するためであった。嘉永三（一八五〇）年の遊行上人の一行は、人足だけでも七九人、馬一二匹という大規模なものであり、大名行列にもくらべられるものであった。このときの遊行上人は遊行五十六代の傾心《けいしん》であった。現在、群馬県には安中《あんなか》市の聞名寺《もんみょうじ》以下一三カ寺がある。これらの寺院は時宗《じしゅう》の二祖真教《しんきょう》他阿《たあ》を開創とするものも少なくない。遊行上人はこれらの寺を拠点として遊行していったのである。

時宗と上野《こうずけ》との関係では、四人もの遊行上人をだしていることも注目される。遊行二十一代の知《ち》蓮《れん》は長禄三（一四五九）年、新田岩松《いわまつ》の生まれ、時宗有数の学僧で「真宗要法記」「一遍儀集」などの著作を残している。四十四代の尊海《そんかい》は寛永十七（一六四〇）年、緑野《みどの》郡三波川《さんばがわ》村の出、彼も学僧として知られる。五十一代の賦存《ふそん》は邑楽《おうら》町秋妻《あきづま》の半田家の出、天和二（一六八二）年の生まれ。五十三代の尊如《そんにょ》はこれまで宗門でも出身地が不明であったが、近年県下から発見された「年譜」により新田郡田島《たじま》村の亀岡家の出であることが判明した。正徳元（一七一一）年の生まれ、彼も宗門の学僧として知られるが、その年譜によると遊行の途次、京都で八年間、儒学を学んだとある。学僧の背景にはこうした勉学があったのである。

取締出役をはばかってのものではなかったが、舞台がめでたく幕になったとき、出役が旅役者を逮捕に踏み込んできたために、人びとの楽しみはどこかに消えてしまった。こうした事例は八州廻りの村や町にどのような影響を及ぼしたかを具体的に語るものである。

天保の改革と在郷町●

水野忠邦《みずのただくに》による天保の改革は天保十二(一八四一)年の五月にはじまるが、「大泉院日記」では翌年の三月になり姿をあらわす。ここでは株仲間の解散もふれられるが、なによりも強調されたのは物の値段の引下げであった。

四月二日、商人たちは役所によびだされ「諸事二割下ケ」を命令されたうえ、請印を提出させられた。値段表が示され、店にその下ケ札をだすように求められた。そこには白米は二朱で八升一合であったものを八升五合に、髪結いは二四文を二〇文に、餅・饅頭は四文を三文に、また八文の饅頭の製造は禁止、寿司は一つ四文を三文とするなど値下げの額が示された。この強制的な値下げには、商人たちの抵抗があった。大間々町の穀屋一統は相場が金二朱で七斗二升であるのに小売りが八升五合ではどうしても商売にならないとして、四月二十日から従来通り二朱で八升一合で売ることを役所に認めさせることに成功している。物価が一片の法令で下がるのであれば苦労はない。また一度身についた奢侈《しゃし》の癖はすぐ消えるものではない。七月七日の回状は盲人以外の遊芸は禁止したはずなのに、稽古をしているものや芸者を酒席に侍らせているものもあると警告し、物価値下げ命令に対し、鮎《あゆ》は格外の値段で取引がなされている。以後は鮎一〇尾を四五〇文以上で売ることを禁止すると伝達している。こうした回状がでるのは、その禁を破るものの存在を語るものであり、忠邦の改革がなかなかむつかしいものであったことを示すものである。

とはいえ幕府の目はきびしい。九月は町の鎮守の祭礼である。九月五日の夜、総町の若者総代が大泉院に報告にきた。今年は鎮守の遷宮の年にあたるので盛大な祭を計画していたが「御趣意厳重之折柄故出来兼、丁々ニ而少しツ、も作り物ニ而も出し可申向ニ相談定まる」、改革が派手なことを嫌うので祭礼をあまり派手にやるとにらまれるから、とにかく今年は地味にやります、という報告である。改革が民衆に力をおよぼしつつある状況がうかがえるのである。

在郷町の住人と日雇い●

天保十（一八三九）年十月、神社の境内で、首を吊った変死人が発見された。

死者は大間々一丁目の日雇宿越後《えちご》屋勇吉のところで日雇い稼ぎをしていた男であることが判明した。しかし、勇吉はこの男は一〇日ほど前に勘定をすませ亀吉のところに移った男だから自分とは無関係だといい、死体の引きとりをこばんだ。また、寺も書類がなくては埋葬できないという。そこで町役人や百姓代、それに発見者の大泉院が集まり、宿の控帳面から死者が下野《しもつけ》国塩谷《しおや》郡高根沢《たかねざわ》村（高根沢町）の弥介であることを確認した。あとは弥介の故郷との連絡である。大泉院にとっての問題はいつまでも死体を神聖な境内に放置するわけにはいかない。無縁所を借り請け埋葬し、境内を清めた。大泉院は下野にまで赴くが、その結果はむなしいものであった。地元の人別帳にも一〇年来の家出人のなかにも弥介の名前はなかった。その後、弥介についての情報は日記からは消える。下野の弥介が上野の大間々町でなぜ死を選んだのか、どうして大間々に流れ着いたのか、大間々で日雇いとしてどんな仕事をしていたのか、それに彼は何歳であったのか、多くの問題が残る。これが普通の農村であれば問題は別であったであろう。大間々の住人には年寄家、町役人層、平百姓、借家がいたが、借家人が大家よりも多い。慶応四（一九六八）年には一〇二一人であった。しかし、死んだ弥介は日雇宿にいて日雇稼ぎをしていた。もともと日雇宿の勇吉は借家であったのだから弥介は借家より下の家族をもたぬ層に属していたわけである。在郷町には日雇宿の控えの帳面にのるだけという層が各地からやってきた。銭湯があるのもそのためであったし、大泉院でも子守は越後から、奉公人は信州から来た。しかし、天保十二（一八四一）年には、作奉公人は前年には四両であった給金が六両に、田方の村では九両から一〇両の給金、年間をとおしての奉公人の確保はむつかしく、作日雇を作入から麦蒔《ま》きまで一二四～一二五文でやとうありさまであった。

打ちこわしの予告と気の毒金

天保四（一八三三）年は関東から東北にかけて凶作であり、そのため米価が高騰した。大泉院は米価を丹念に記録している。

七月一日	一両につき九斗三升	金二朱につき
八月一日	― 六斗八升	― 七升五合
八月十八日	― 六斗一升	― 六升五合
十月十八日	― 五斗八升	
十一月十三日	― 四斗八升	― 六升二合
十一月十八日		― 五升二合
十一月二十四日	― 三斗八升	
十一月二十八日	― 四斗四升	
十二月四日		― 五升四合

九月の末には高値のため酒造米を手当できずに休業においやられた酒造業者もあらわれ、その結果、造り酒屋、小売りの酒屋でも抱えの奉公人に暇をだすところもでてくる。こうした状況は日雇いたちにも影響する。彼らの賃銭も値下げされる。それは彼らの生活を直撃し、次の段階では米や食糧を求めての直接行動が予想される。そこで大間々の町は米価引下げまで日雇賃銭を公定して回状をまわす。その賃銭は作入から麦蒔きまでが一三二文、麦蒔きから作入までが八〇文であった。しかし、これで人びとの不安・動揺がおさまったわけではなかった。十月十九日の夜、天王宮の鳥居に打ちこわしを予告する貼紙が貼られた。二十五日夜、麻屋伊兵衛宅を西方山中方一同が打ちこわすというものであった。これに対し町役人は穀屋の保管米すべてについて、金二朱で白米六升五合、一升は一二六文で売るようにと命じ、さらに打ちこわし予告の二十五日と翌日の二十六日は大家・借家ともに他出を禁じられた。予告当日は桐生から陣屋役人が七〇人を引きつれ町内をまわる。また、町ではそれぞれの自身番所につめて警護にあたった。二十六日には大地震があったが、打ちこわしの人影をみることはなかった。

十二月になり、やや米価は下がったが、正月を前にして生活は楽ではない。このままでは打ちこわしがおきても不思議ではない。町では六日に「穀物高直ニ付、窮し候者」亭主に金一分、女房には金二朱を貸し付けることを町の若者がはじめた。さらに町方の金持が「気の毒金」を拠出し、窮したもの、その日渡世の借家のものに、米代として一人者に二朱、夫婦へは一分を町役の家で、これは貸すのではなく配布であった。一方では「穀物高直ニ付諸民そう動企不申様」町方の大家は借家からそうしたことをしないように惣連印をとっている。しかし、ここには一番苦しんでいたはずの日雇いの姿はみえない。町では大家・借家が中心で日雇いは問題にされていない。大晦日、餅搗《つ》きも目立たないようにし、門松も大家・借家ともに三尺ほどの小松にしている。彼らが遠慮したのは小松も建てられぬ日雇い層であったわけである。幕末の在郷町では各地から流れ込んできた日雇い層を無視できなくなっていたのである。ここにも幕府の民衆支配の建て前がくずれてきていることをみることができる。

狂歌連

在郷町の大間々には多くの借家、日雇い層をかかえ、彼らをめぐる問題も少なくなかった。しかし、一方では年寄家、町役人層は在郷町の富をにぎり、教養・文化の面でも注目すべきものがみられた。大泉院の日記にもその一端をみることができる。文政七（一八二四）年七月、大泉院は修験として大峰修行にいき、九月一日に帰郷する。十日、大泉院の帰郷を記念し、狂歌《きょうか》連が狂歌歌合をもよおした。場所は大泉院、兼題は「峯月」「都紅葉」で判者は大泉院、高点者には「一機庵」と染めぬいた手拭いが渡された。おそらく一機庵は大泉院の号であろう。大間々は狂歌判者《はんじゃ》として江戸の浅草庵の大垣市人の跡を継いだ深沢守舎《ふかさわもりや》の生まれ故郷で、彼は文政三年に市人の跡を継ぐため江戸に居を移すまで、この地で多くの門弟を育てた。大泉院もその一人であった。天保十三（一八四二）年四月一日、浅草庵守舎十三回忌狂歌歌合が大間々の豊田良介宅でもよおされた。そこには江戸から浅草庵三世を継いだ黒川春村《くろかわはるむら》も顔をみせている。そのほか遠く尾張《おわり》からもきている。

遠い地方との交流がみられるのが、地方文人の特色でもあった。文政二年、大泉院は守舎・波丸・若枝、それに荷物持ち一人の五人で下野《しもつけ》の鹿沼《かぬま》に分草庵追福狂歌会にでかける。鹿沼側での世話役は浅春庵安良・俵積方有よしであった。翌々年の二月、俵積方が大間々にきたので当座の会が二日にわたり開かれている。大間々には鹿沼屋の屋号をもつ店があることからすると、狂歌の交流の背後には在郷町としての経

上野と神宮御師

◆コラム

大泉院の日記には毎年十一月十日前後に「大神宮様御祓」が御師《おし》の大木直右衛門により届けられるのが、恒例になっていたことがみえ、また大間々では伊勢参りの前に、神社の境内に藁《わら》の仮屋を建て、帰国するとそれを燃やす習慣があったこと、参宮日待が山伏をよんでなされるなど伊勢信仰についての記事が少なくない。上野の地には御厨《みくりや》があったから、中世の永正の道者《どうじゃ》日記にみられるように、御師の活動ははやくからみられた。

近世に上野を檀那場として大きな勢力を保っていたのは外宮《げぐう》の御師三日市次郎太夫であった。三日市次郎太夫は延享二（一七四六）年九月、「永代大々神楽千人講」のために榛名《はるな》山をめぐる一六〇カ村、六五〇〇人あまりから講金二〇五〇両を集めている。これらの村々には大間々の町のように御師の手代が御祓や伊勢暦、それに土産を持参して毎年訪れていたのである。多くの檀家を持つ三日市次郎太夫のような御師は数年あるいは何十年に一度、廻壇する。それだけにその一行は実にきらびやかな装いで道中する。天明二（一七八二）年、勢多《せた》郡津久田《つくだ》村（渋川市）では三日市次郎太夫の七五年目の廻壇ということで名主以下四〇余人が村境まで出迎え、宿には祝儀一両、太夫には真綿一分を献上。太夫は床の間に皇大神宮の掛軸をかけ、その前に御幣を飾り、村役人を前に「村中長久」の祈禱をした。このとき太夫に同行したのは、二〇人を超す人数であった。村では一軒二分を上限に奉加金を集めた。このとき、太夫は家々への御祓いや土産のほかに、村に虫が発生したときに煽《あお》げば虫が消えるという扇をおいていった。御師と農村との結びつきを示すものである。

済活動があったのではないかと思われる。では、終わりに大泉院の作品をみておこう。天保五年七月、桐《きり》原《ばら》村（みどり市）でのもので、題は寄雨祝。

　降雨にしばし田畑はまかせ置て　手あし休める国の民草

地方文人群像●

大泉院の日記には自分の家で経営している寺子屋に登山（寺入り）してきた子どもの記事がみられる。登山の季節は一定していないが、登山一一例のうち七例が女子である。寺子屋での女子の比重が多いのは江戸などの都市でみられる現象で、女子が商店で働くことがその背景にあったとされる。大間々でも女子が多くみられるのは、在郷町として女子の働く機会が少なくなかったこととともに寺子屋にかよわせるだけの経済的な余裕があったからであろう。使用した教科書、学習内容についての手がかりはないが、暮れの二十日が「手習仕舞」であり、蚕《かいこ》の時期には「蚕にてせき《（席）》なきに付」休みとか、蚕の「渋紙張ニ付、手習休ミ」という記事があり、生産と結びついた寺子屋のありようを示している。

　昭和十一（一九三六）年の調査によると県下に一三五一の私塾・寺子屋があり、桐生を含む山田郡には八四もの寺子屋・私塾があった。しかし、たとえば勢多《せた》郡の富士見村では十一年の調査では寺子屋は三カ所であったが、のちの調査では二九カ所と、約一〇倍であり、全体に十一年の調査で示された数字はやや少なめであった。寺子屋や私塾が多く、それぞれ共倒れすることもなく経営されていたのは、読み書き・算盤を必要とする経済活動が大間々の町にあったことを示すものである。

　こうした寺子屋のなかには女子が経営していたものもあった。大間々に隣接する桐生の近郊久方《ひさかた》村の松《しょう》声堂《せいどう》がそれで、買次商田村林兵衛の妻田村梶子《たむらかじこ》という女性が経営していた。彼女は天明五（一七八五）年、田村家の長女として誕生、一七歳のとき、幕府の大奥につかえ、祐筆《ゆうひつ》をつとめた。字がうまかったのである。三一歳で帰郷、養子林兵衛を迎え、家業の買次商に従事、近隣の人びととの要望により自宅で手習いの教授をはじめた。筆子は八、九歳から一三、一四歳まで、その数は一〇〇人を超えたという。彼女はただ師匠として活動しただけでなく、国学者で当時、武蔵《むさし》の幸手《さって》にいた橘守部《たちばなもりべ》から和歌を学び、守部の高弟の一人であり、この地を訪れた渡辺崋山《わたなべかざん》との交流もあった。彼女は桐生の文化人の一人でもあった。

梶子が指導をうけた橘守部は梶子だけでなく桐生の文化に大きな影響をあたえた。桐生では織物業の発展とともに財力のうらづけにより学芸がはなやかに展開した。江戸に二日という近さもあり、「連」「社」とよばれる文化サークルの指導に建部綾足《たてべのあやたり》・加藤千蔭《かとうちかげ》・清水浜臣《しみずはまおみ》・橘守部などが、しばしば桐生を訪れることになった。俳諧から和歌、さらに桐生国学とまでのちによばれる国学の一派が活動するようになる。機屋の星野貞暉《ほしのさだてる》、さらに守部のスポンサーでもあった機屋の吉田秋主《よしだあきぬし》（清助）がリーダーとなり、彦部数《ひこべかず》馬《ま》・長沢元緒《ながさわもとお》・橋本直香《はしもとただか》・稲垣《いながき》すは子《こ》、それにさきの田村梶子などの人びとが活躍した。その背後には機業による豊かさ、江戸との交流、地元以外からも人びとが集中し、伝統的な家格意識などが消え、自由な空気に満ちていたこと、さらに桐生には領主による藩校もなく朱子学などの影響もみられなかったことなどの理由があげられよう。桐生での学芸の発展は上州の他の地方にも影響をおよぼした。倉賀野《くらがの》の飯塚久《いいづかひさ》敏《とし》、群馬町金古《かねこ》（高崎市）の神保雪居《じんぼせっきょ》なども桐生の流れに連なる文人である。

庶民のための教育機関である寺子屋に対し武士の教育機関はどのようなありさまであったのか。上州では藩の交代が著しかったことが、武士のための藩校、藩学の活動にも影響をおよぼした。近世初頭、前橋《まえばし》藩の酒井氏は元禄初年に藩校の好古堂《こうこどう》を、大胡《おおご》には求知堂《きゅうちどう》を創設し、幕府の教学である朱子学を林大学頭の門弟斉藤才次郎《さいとうさいじろう》をして教授させた。しかし、酒井氏と交代した松平氏の時代になると藩財政の悪化、川越への移城などのこともあり藩学の伝統も続くことはなかった。幕末になり講学所が設けられたが大きな活動はみられなかった。越知松平氏時代の館林《たてばやし》藩には道学館《どうがくかん》、秋元《あきもと》氏時代に求道館《きゅうどうかん》（のちに造士書院《ぞうししょいん》と改称）、土岐《とき》氏の沼田《ぬまた》藩には沼田学舎《ぬまたがくしゃ》、板倉《いたくら》氏の安中《あんなか》藩では造士館《ぞうしかん》、酒井氏の伊勢崎《いせさき》藩には学習堂《がくしゅうどう》などが設けられた。こうした藩校を経営したなかで、安中藩の七代藩主板倉勝明《かつあき》らは新井白石《あらいはくせき》・佐藤直方《さとうなおかた》・伊藤仁斎《いとうじんさい》など二〇余人の六〇余種の著作を活字化した甘雨亭《かんうてい》叢書五六冊（甘雨は勝明の号）を刊行している。

藩校と寺子屋の中間に位置するのが郷校（郷学）である。上州では石高二万石の小藩伊勢崎藩に文化五（一八〇八）年から明治四（一八七一）年に二五もの郷校が活動しており、日本全国でも水戸《みと》藩とならぶものであった。また安中藩には桃渓書院《とうけいしょいん》があった。これらの郷校の経費は地元の有力者と藩が折半するものが多かった。郷校の教育内容は藩校が幕府公認の朱子学を中心とするのに対し初等教育の域を超えるものではなかった。

これら藩校にはそれぞれ儒者がおり、指導にあたった。前橋藩では『前橋風土記』をのこした古市剛《ふるいちごう》、崎門三傑《きもんさんけつ》の一人である佐藤直方、伊勢崎藩の崎門学派で高山彦九郎《たかやまひこくろう》とも交流のあった村士玉水《むらじぎょくすい》、安中藩の甘雨亭叢書の刊行に力を尽くした大山融斎《おおやまゆうさい》、同じく板倉勝明の信頼が厚く郷校桃渓書院の設立、藩学造士館でも指導にあたった山田三川《やまださんせん》は水戸学の学者との交流でも知られている。藩ではなく幕府につかえた儒者には甘楽《かんら》郡出身の市河寛斎《いちかわかんさい》がいる。彼は儒学のほか、郷里上野の歴史に関心をそそぎ『上毛志料』九冊を編んでいる。在野にも多くの儒者が活動した。寛政異学の禁で弾圧された亀田鵬斎《かめだほうさい》は邑楽《おうら》郡の出身ともされている。幕末から明治にかけて多くの人材を育成した渋川郷学の指導者堀口藍園《ほりぐちらんえん》も在野の学者であった。世良田の毛呂権蔵《もろごんぞう》は安永三（一七七四）年に『上野国志』を刊行した。同書は上野国の代表的な歴史地誌である。

2 ひろがる上州人の活動

博奕と改革組合村●

利根郡下津村《とねしもつ》（みなかみ町）の名主内海弥平治《うつみやへいじ》は可楽《からく》と号して俳諧をたしなみ、江戸時代後期に克明な日記を残した。被害がもっとも広範囲にわたり深刻であった天保飢饉の最中の天保七（一八三六）年正月十五日、村の若者の招きによって芝居の師匠沢村伊太郎《さわむらいたろう》が村にやってきた。「近江源氏先陣館《おうみげんじせんじんのやかた》」「妹背山女庭訓《いもせやまおんなていきん》」「奥州安達ケ原《おうしゅうあだちがはら》」の演目を村の俄《にわか》祭礼で上演することになり、村役人に世話人になってもらって二十一日から稽古をはじめ、二月十二日・十三日に上演したところ、下津村だけでなく諸方から大勢の見物人がきてにぎわった。師匠へのお礼に四両、役者一人につき一両など、合計二三両をついやした。同じような俄祭礼を村々でもよおし、須川村《すかわ》（みなかみ町）では二度もおどったという。しかし、同年四月末から雨が続き、六月に快晴を祈る天気祭りが行われたが、袷《あわせ》の着物で参詣にでかけるほどの寒さであり、九月にはやくも大霜がおりた。米はもちろん養蚕もタバコもはずれ、深刻な飢饉に悩まされ、下津村だけで三〇〇人も飢人がでて、岩鼻代官所《いわはなだいかんしょ》へ救助を出願した。利根郡全体では四〇〇〇人の飢人をだした。翌八年正月に可楽は「今朝の春きのふの耳を洗ひけり」と世の中を穏やかにしたいとの願いを詠んだが、門松を立てる余裕もない家が多く、その後も米麦の価格が高騰し、年貢減免が認められた。さらに近くの月夜野村（みなかみ町）の豪農小野善兵衛から一〇両を借金して貧民救済のために貸し付けたが効果はなく、くず・わらびの粉に籾ぬかをまぜて食べた。飼馬を食べてしまうものもあったが、それでも藤原村（みなかみ町）では餓死者がでたといい、口減らしに奉公を希望するものが毎日のように内海家へやってきた。二〇〇年来も聞いたことがない大騒ぎだと古老が話したという。

大金をついやして祭礼に興じ、俳諧をたしなむなど、上州の村々では生活を楽しむ余裕が生じるとともに、異常気象などによって飢饉におそわれ餓死者がでるほどの生活の不安定が併存していたのである。

関八州のなかでもとりわけ上州では、はやくから幕府禁令の博奕《ばくち》遊びが娯楽として行われていた。これは蚕糸・織物業の発展と貨幣経済の浸透によって、現金収入を得て生活に余裕があったからである。幕府は博奕の禁止令を繰り返し発布して、しだいに規制をきびしくし、明和年間（一七六四〜七二）には博奕を行った本人のみならず、博奕宿や五人組・隣人などまで連帯責任をおわ

村芝居（勢多郡赤城村〈現渋川市〉上三原田）

せるとともに、過料銭を徴収するなどの制裁規定を成文化した。「高崎藩御仕置例書《たかさきはんおしおきれいしょ》」には、高崎領内では寛政十（一七九八）年から文政十（一八二七）年までのあいだに七一件という多数の博奕に関する事件が記録されている。文政八年の前橋藩領の箱田《はこだ》村（前橋市）では博奕賭勝負の禁止を申し合わせ、博奕宿を提供したものと貸し元は五貫文、博奕参加者は一貫五〇〇文などの罰金を科すことを定め、田畑山林で博奕をした場合はその地主にも罰金を科した。宿だけでなく田畑山林や古墳の石室内などでも楽しんだのである。群馬郡北下《きたしも》村（北群馬郡吉岡《よしおか》町）では宿提供の罰金は箱田村と同額であるが、博奕参加者は三貫文と罰金が重かった。渋川《しぶかわ》村（渋川市）では博奕宿を提供したものは「町内まじり一切つかまらず」と、もっとも重い罰則の村八分《むらはちぶ》を適用しなければならなかったほど、博奕は各地で流行していた。

伊勢崎藩では宝暦四（一七五四）年に「作毛粗末ニ相成」るので「物詣」や「商事《あきないごと》いたし他所へ罷り出で候」ことを禁止したことからもわかるように、参詣や商売で他所《よそ》へいったり、不安定な生活を嫌って村をすてて都市へむかう不斗出者《ふとでもの》を数多くうみだした。離村した不斗出者のなかには、博徒の仲間入りをしたり無宿となって横行するものもあらわれ、彼らは同類を集めて集団化し、長脇差をさし異様な衣類を身に着けて街道を往来したため「関東通り者」とよばれた。さらに上野国は中山道《なかせんどう》や三国《みくに》街道などの交通路が発達するとともに、山間部では草津や伊香保など多くの温泉がわきだして湯治客でにぎわったため、江戸や他国から博徒や無宿人も数多く流れ込んだ。

芝居や博奕の流行に象徴されるように農村にゆとりがうまれると、商品経済で発達した都市へむかう不斗出者が多くなって治安が悪化し、封建社会の基本である村の農業が衰退した。このため、幕府は寛政五（一七九三）年群馬郡岩鼻村（高崎市）へ陣屋を設置し、続いて文化二（一八〇五）年には関東取締出役を配置した。通称「八州廻り」とよばれる関東取締出役はまず上野国を対象地として、四人の代官（四手代官）の手付・手代のなかから二人ずつ選ばれ、八人（のち増員）で幕府領・私領の区別なく廻村して無宿・悪党の取り締まりにあたった。取締出役を補助したのは、現地の地理や事情に精通している道案内人（岡引きともいう）であり、彼らは博徒渡世人のなかから選ばれることが多かったという。

幕府は文政十（一八二七）年二月、関東取締出役の活動をいっそう強化し農民支配の再編をはかるため、関東全域に対して「御取締筋御改革」を指示し、改革組合村を結成した。これは近隣のおよそ三ないし五、六カ村で一つの小組合を編成し、小組合が一〇前後集まって大組合を組織した。組合村のなかでも村高が大きく中心的な村を組合村寄場《よせば》として取り締まりの中核とし、各小組合の惣代（小惣代）のなかから大惣

組合村の編成

寄場村名	村数	寄場村名	村数
新町宿	50	大間々町	47
岩鼻村	1	吉井宿	28
倉ヶ野宿	37	小幡村	28
高崎宿	53	七日市村	27
板鼻宿	35	下仁田村	20
安中宿	32	本宿村	14
松井田宿	36	楢原村	14
原町・中ノ条町	40	万場村	11
須川村	19	大戸村	44
川場湯原組	17	上小泉村	24
月夜野町	28	館林町	26
平川村	26	川俣村	40
沼田町・榛名村	30	前橋町	1
糸井村	23	西領	24
白井村	21	向領	31
渋川村	28	川通	26
玉村宿	26	中通	39
伊勢崎町	76	東通	20
水沼村	18	前通	18
本町村	22	善養寺領	24
木崎宿	35	玉村領	4
尾島村	21	二宮村	16
太田宿	50		
桐生新町	25		

「上野国御改革組合限地頭性名并村名郡附帳」,『上野国郷帳集成』より作成。

代を選んで組合村の運営にあたらせた。この関東取締出役の配置から組合村の結成を中心とした幕府の農民支配の再編施策は、一般に「文政改革」とよばれている。

改革組合村は、幕府領や私領・寺社領などが複雑にいりくみ錯綜《さくそう》した支配領域にかかわらず編成された新しい広域行政組織であり、上野国では川越藩前橋分領の村々や榛名山領を除く一一〇二カ村（一部武蔵国を含む）が三七組合村に分かれていた。寄場の多くは、人びとでにぎわう高崎や館林などの城下町、倉賀野（高崎市）や木崎（太田市）など街道の宿場、大間々や中之条などの在郷町におかれ、一組合は平均三〇カ村、一万五〇〇〇石くらいの規模であった。ただ群馬郡岩鼻村の場合は、陣屋が設置されていた関係からか一村で組合村を形成し、また、川越藩前橋分領は独自の組合村を組織していた。

組合村は改革の趣旨である悪党どもの取り締まり、博奕などの禁止、冠婚葬祭の簡素化、芝居興行の禁止などを連印して誓約するとともに、寄場役人を中心にして取締出役廻村の際の対応、組織の運営、悪党どもの逮捕、護送にかかる費用の分担方法などを取り決めていた。

横浜の上州商人●

薩摩・長州を中心とする東征軍が江戸城を攻撃し、各地で戊辰《ぼしん》戦争がたたかわれ、世直《よなお》し一揆《いっき》がふきあれていた慶応四（一八六八）年閏四月、山田郡大間々（みどり市）から横浜へ進出して蚕種・生糸を中心とする売込商として同年には一〇〇万両以上の取引をして活躍していた吉村屋幸兵衛《よしむらやこうべえ》は、ふるさとの吉田家へ書簡をだした。吉村屋は大間々の吉田家へ飛脚《ひきゃく》問屋の京屋《きょうや》を使って四、九の日に一カ月六度ずつ業務報告をしていたのである。横浜から大間々まで四、五日かかった。世直し一揆などで動揺している大間々の安否を気づかうと同時に、桐生の豪商佐羽吉右衛門《さばきちえもん》が各地で集荷してもちこんだ蚕種五〇個を残らず外国商館へ売り込み、近く同量の入荷予定があり、新糸がでまわれば諸国へ仕入れにいって、さらに商売が多くなることに感謝している。「当方は別条一切これなく、日本第一の太平の地に御座候」（『吉村屋幸兵衛関係書簡』）と、横浜は日本でもっとも穏やかな土地で繁昌しており、そこで順調に貿易に従事している喜びを伝えていた。

安政六（一八五九）年六月、長年の鎖国体制に終止符を打って横浜・長崎・箱館の三港を開き、欧米諸国との貿易が開始されると江戸に近い横浜は、わが国最大の貿易港として発展した。

横浜では生糸や茶などを輸出し、このうち生糸は万延元（一八六〇）年に輸出総額の六六％、文久二（一八六二）年には八六％を占め、国内の蚕糸・織物産地に大きな影響をおよぼした。とりわけ蚕糸・絹織物の生産地として急激な発展をとげてきた上州は、生糸価格の高騰と需要の増加により、いっそう活況を呈することになった。それまで生糸を大量に消費していた機業地桐生では、開港直後に生糸価格は前年の一・九倍に高騰した。また、

生糸売込商不入屋の店舗のうちわ絵

糸市で栄えた前橋でも生糸相場が安政三年から慶応三年までのあいだに約七倍に急騰した。さらに、桐生への原料糸の供給市場として発展してきた境町《さかいまち》（伊勢崎市）は、開港を契機に輸出向け生糸の集荷市場として変身し、多くの商人が集まり総戸数も急増してにぎわった。

こうして上州の生糸を集荷して横浜へ売り込む荷主とともに、吉村屋のようにその生糸を横浜の外国商館へ売却する売込商人が多数うまれた。製糸業が盛んであった前橋の有力な荷主としては、藤井新兵衛《ふじいしんべえ》・下村善太郎《しもむらぜんたろう》・江原芳平《えばらよしへい》・竹内勝蔵《たけうちかつぞう》・松井文四郎・勝山源三郎などが著名である。とくに下村善太郎は横浜の価格情報を一刻もはやく入手することにつとめ、やとっておいた健脚のものに生糸相場の変動を前橋の本店へ急報させた。二、三日で横浜・前橋を往復する早飛脚《はやひきゃく》を利用したと思われ、四、五日かかる定《じょう》飛脚よりもはやく情報を得て、莫大な利益を得ることができたのである。

売込商人には横浜周辺の地元商人や江戸の都市商人、それに蚕糸業地帯の在郷商人ら一三七人が知られているが、上州出身の売込商人のなかには開港以前からすでに生糸の仲買や荷主・仲継ぎなどを行っているものもいた。なかでも吾妻《あがつま》郡中居《なかい》村（嬬恋《つまごい》村）出身の中居屋重兵衛、同郡大戸《おおど》村（東吾妻町）の加部安左衛門、山田郡桐原村（みどり市）の藤屋（藤生《ふじう》）善三郎、多野《たの》郡吉井《よしい》町の穀屋（根岸）清左衛門、山田郡大間々町の吉村屋（吉田）幸兵衛、群馬郡高崎町の野沢屋（茂木）惣兵衛などは代表的な売込商人で、上州を本拠地として横浜へ出店した。とくに中居屋は開港直前から本町四丁目大通りに「銅御殿《あかがねごてん》」と称される豪華な店を構え、上州や信州から大量の生糸を買い付けて生糸貿易の先駆的な役割をはたしたとされる。また、上州三分限者《ぶげんしゃ》の筆頭加部安左衛門は外国奉行所からの要請をうけて弁天通り北側に開店したが、慶応二年には店をたたみ、穀屋清左衛門も同じく明治以前に撤退した。これは万延元年の五品江戸廻送令や元治元（一八六四）年の横浜へ生糸廻送停止といった幕府の貿易抑制策の強化による輸出の停滞が一因であり、投機的な冒険精神だけでは生糸貿易の好不況の激しい変化に対応できなかったのである。

中居屋などが衰退していく一方で、あらたに吉村屋や野沢屋などが次の時代をになう売込商人として登場してきた。彼らは文久年間（一八六一〜六四）に横浜へ出店し、生糸生産地の荷主を掌握しつつ、元治元年九月の五品江戸廻送令廃止以降の主要な売込商人として活躍した。このうち吉村屋の営業方法は、初め従来の売込商人と同様の買い取り方式（購入価格と販売価格の利鞘を稼ぐ）であったが、慶応末年までには委託販売方式（売込み手数料と貸付金の利子を収入源とする）に切り替えた。この方式によって他の多くの売込商人が変動の激しい生糸価格のため投機的な取引に失敗し没落していくなかで、明治十年代まで営業を続けることができたのである。

一方、上州生糸に大きく依存していた桐生の絹織物業者たちは、輸出の増加によって深刻な原料糸の不足や糸価の暴騰など、危機的な状況に追い込まれることになったが、輸入綿糸を代替に使用して大衆向けの絹綿交織物の生産を行う工夫によって国内向け市場に供給し、機業地の存続と発展をはかった。

小前百姓と村役人の対立●

文化六（一八〇九）年六月、群馬郡三ノ倉《さんのくら》村（高崎市）の源太・伴左衛門は村民七二人の総代として名主平右衛門ほか組頭一〇人・百姓代二人を相手どって幕府代官古橋隼人《ふるはしはやと》に訴えでた。年貢勘定が不明朗であることを不満として前年から紛争がおこり、百姓代以外に村民の総代を立ち合わせたうえで、納得できる勘定がすめば勘定帳に捺印することを条件に、すでに正月に約束していたことを村役人が破ったとして訴えでたのである。これ以外にも年貢賦課の基準になる小前百姓の持高をあきらかにし、過去五年間の年貢・川除普請費《かわよけふしんひ》および村入用帳簿の公開をせまった。さらに、村役人が村民の相続の変化を宗門人別帳に記録するが、村役人の意向にかなわないものは人別帳の書き直しをしなかったため、老衰した親がそのまま当主になっており、集会や普請などで不都合が多い、とも訴えた。感情的な対立が公文書の作成にまで影響している。

商品生産の進展によって経済的に成長した小前百姓が、村落内部の支配秩序をめぐって地主や高利貸しを兼業する村役人層と対立するようになり、各地で村方騒動が頻発した。

天保元（一八三〇）年から三年にかけて、碓氷郡《うすい》東上磯部村《ひがしかみいそべ》（安中市）では小前百姓が伝馬役銭《てんまやくせん》の引上げや村入用夫銭《むらにゅうようぶせん》（村費用の支出）の立合い勘定など、村役人へ七カ条の要求書を提出した。これに対して村役人は役銭の引上げなど五カ条は認めたものの、伝馬役宰領《さいりょう》のつとめ方と夫銭割当ての際の小前代表立合いの二カ条を拒否したために、その後も小前らは地頭役所へ再三訴えでて要求の実現をせまったのである。さらに天保十五年十二月には名主による年貢や夫銭勘定の不正事件が小前百姓によって摘発され、名主の罷免と入札による名主選任要求が地頭役所へ提出された。この結果、あらたに入札で名主が決定されたが、その後、凶作による年貢不納問題もおこった。これに対して支配役所側は新任名主を更迭しふたたび元の名主を就任させたため、これを不満とする小前百姓が再度名主の入札を要求した。この小前百姓と村役人との紛争に対して、領主はいったん小前百姓の要求を認めているが、年貢の確保が危惧されるようになると介入して小前百姓を抑圧したのである。

慶応二（一八六六）年五月には太田町《おおた》（太田市）の小前一六七人が、町役人「十人衆」の度重なる横暴や金銭の横領などを岩鼻陣屋へ訴えでるという事件がおきた。この結果、町役人の総辞職や横領金の返済などを約束して和解し、以後町役人は五人に減員となり、小前百姓を代表する百姓代六人が増員されることになった。

時代が幕末にむかうにつれて小前百姓は村の政治に強い関心を示して、村役人をきびしく監視するようになり、ときには彼らの不正を摘発し、更迭を要求するまでになった。こうした小前百姓の要求は、土地や年貢の割当て、村役人の選任方法、村役人の手当や旅費、村入用の勘定、伝馬役銭の割当て、公文書の公開など村政全般についてみられるようになった。これは小前百姓の自立と連帯、村政参加への意識の高まりの反映であると同時に、それまでの封建社会の支配秩序や慣行の行き詰まりのあらわれともみることができる。

世直し一揆●

吾妻郡の狩宿《かりやど》関所番をつとめた一場《いちば》権左衛門《ごんざえもん》の慶応四(一八六八)年の日記によれば、給米受取のため同役の片山保《かたやまやす》左衛門《ざえもん》が岩鼻陣屋へ出頭したところ、「同所詰め合いの面々引払いに相成り、最早伺うべき手続も

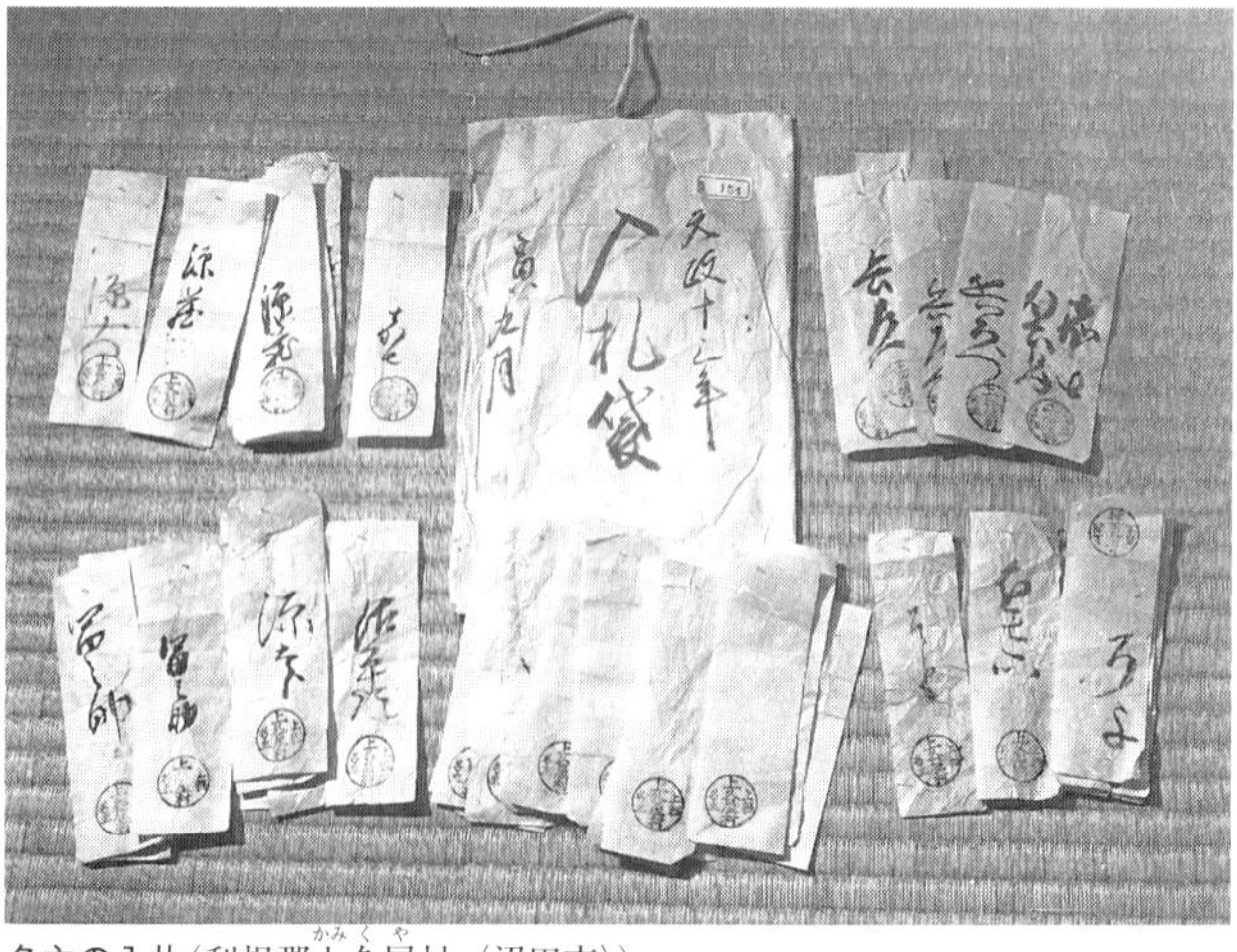

名主の入札(利根郡上久屋《かみくや》村〈沼田市〉)

これなく」とあり、陣屋はがらあきで役人は誰一人おらず、村人足二〇人ほどと高崎藩から詰め合わせた警護の武士がいるだけであったので呆然として帰り、「天下の大乱」と記した。寛政五（一七九三）年、江戸幕府が上野国内の幕府直轄領を支配するために創設した岩鼻陣屋が崩壊したのである。

岩鼻陣屋の初代代官は吉川栄左衛門と近藤和四郎《こんどうわしろう》の両人であり、支配領域は上野国一四郡のうち八郡（群馬・甘楽・勢多・利根・山田・新田・佐位・緑野）五万八七〇〇石あまりの幕府領村々であった。代官の下に手付・手代などがいて、幕府の触書や廻状などは郡中総代に任命した岩鼻村（高崎市）の名主金井八郎兵衛から各地の村役人総代をへて村々へ伝達された。

代官は大きく変化する農村を視察して実状を把握し、農業の奨励、質素倹約、農村風俗の是正、無宿・博徒の取り締まりを行い、各地の村役人や有力者を郡中取締役に任命して協力させた。幕末に至ると、横浜開港による物価騰貴や攘夷運動の激化などによって浪士の不穏な動きが活発化してきた。文久三（一八六三）年には桃井可堂《もものいかどう》ら天朝組《てんちょうぐみ》による赤城《あかぎ》山麓挙兵計画や沼田城の襲撃計画、さらに渋沢栄一《しぶさわえいいち》を中心とした慷慨組《こうがいぐみ》による岩鼻陣屋と高崎城の襲撃計画などが発覚した。そして元治元（一八六四）年十一月には、武田耕雲斎《たけだこううんさい》・藤田小四郎《ふじたこしろう》ら水戸天狗党の一行が上野国内を通行し、ついに下仁田《しもにた》で高崎藩士と一戦をまじえるなど、攘夷蜂起事件が各地で頻発するようになった。

こうしたなかで、幕府は文久三年七月に代官小笠原甫三郎《おがさわらすけさぶろう》を任命し、安政五（一八五八）年以来続いていた幕府領の江戸支配を改め代官を岩鼻陣屋に常駐させて、治安・軍事体制の強化をはかった。小笠原は岩鼻陣屋付講武所《こうぶしょ》を建設し、農民の子弟に武術の訓練を行って陣屋や領内の警備にあたる農兵隊の組織化をめざす一方で、農民による猟師鉄砲隊の編成にも着手した。さらに慶応元年十一月、新規関東郡代として岩鼻に着陣した木村甲斐守勝教《かつのり》は関東地域の支配機構の改革を行い、陣屋を軍事的拠点として位置づけようとした。そして、翌二年六月、上州の農民もまきこんだ武州世直し一揆がおこると、猟師鉄砲隊に出動を命じるとともに、高崎・前橋・安中の上州諸藩には武州への出陣や上野・武蔵国境の警固などを指示して一揆勢の鎮圧に奔走したのである。

さらに、慶応四年正月幕府が鳥羽《とば》・伏見《ふしみ》の戦いにやぶれると、岩鼻陣屋詰め関東取締出役の渋谷鷲郎《しぶやわしろう》は東山道総督府軍の東征を迎え撃つため、同月十五日改革組合村の大小惣代をつうじてあらたに農兵銃隊の編成を指示した。これは村々から高一〇〇〇石につき壮健のもの二人（のち一〇〇石につき一人に変更）の割合で農民を徴発し、三〇小隊一五〇〇人ほどの農兵を組織化する計画であった。しかし、この計画の強行は官軍との交戦を恐れる農民の強い反発を招いた。とくに大名領や旗本領農民の兵《へい》賦《ぶ》反対運動が各地で日増しに強まり、藤岡町周辺の農民らは岩鼻陣屋を攻撃する態勢までととのえていた。上州

上州世直し一揆（瓦版）

諸藩が官軍方へ傾斜していくなか、陣屋が打ちこわされるのを恐れた渋谷は、二月十五日「強いて申し付けるものではなく、迷惑の村々は差し出すには及ばず」という廻状をだし、ついに農兵銃隊の取立てを断念し、二月十八日関東郡代の木村勝教が罷免されると、岩鼻詰め役人らも翌日には陣屋を引きはらってしまったのである。

陣屋の崩壊によって無政府状態となった西上州では、二月下旬ごろから下層農民らを中心に質物の無償返還や借金証文の破棄、米価の引下げを求めて商人や質屋などを打ちこわす世直し一揆がおこり、その嵐はしだいに上州全域へひろがり、四月ごろまで続いた。群馬郡元総社村《もとそうじゃ》（前橋市）では「貧民助のため世直し大明人（神）天下り……質物ハ相返し申すべく候……此義捨て置き候上は用捨なく打ち潰し致すべく候」と、豪農、質屋、蚕種屋、穀屋、生糸商、代官所の手先、悪事渡世《あくじとせい》のものなど四六人を名指しで、質物返還などをしなければ容赦なく打ちこわすと、貧民救助のために天下《あまくだ》った世直し大明神の張り札が貼られた。岩鼻陣屋の崩壊、東山道総督府軍の東征による江戸幕府の危機を敏感に感じとった民衆が、世直しへの期待を込めたのである。しかし、世直し一揆への諸藩の対応は、七日市藩や吉井藩のような小藩では世直し勢の要求をいれて藩みずから指定された豪農・豪商を打ちこわした事例もあるが、前橋・高崎などの軍事力を整備した藩は世直し勢と対決して撃退した。また、攻撃対象になった豪農のなかには佐位郡島村（伊勢崎市）の田島氏や勢多郡水沼村（桐生市）の星野氏のように村民を組織して世直し勢と対決したものもいる。なお、吾妻郡横尾村《よこお》（中之条町）の蘭学医高橋景作《たかはしけいさく》のように「実に乱国の有様にて、村々大家をそねみ、騒動頻《しき》りに起り、静かならざること止む事なし、行末如何成行らんと、寝食ともに安まるを得ず」（『高橋景作日記』）と無秩序な情況をなげいたものも多かった。

9章

群馬県の誕生と社会の近代化

安中教会(安中市)

1　群馬県の誕生

騒然とした岩鼻県の成立●

慶応四（一八六八）年四月、「公儀御締之無く候故、無頼之悪党ヨリ良民迄も相誘い諸々打こわし乱妨致し、富家質屋之類すべて有徳成る者江は何れも難渋申し懸け迷惑致し施し等致させ候儀ニ而、存外之世堺（界カ）と相成候」と、上野国《こうずけ》では岩鼻陣屋《いわはなじんや》役人がいなくなり、無政府状態のなかで世直し一揆が席捲《せっけん》し、有徳なものが迷惑する「存外な世界」になったと、山田《やまだ》郡桐生《きりゅう》町役人兼問屋をつとめた新居喜左衛門はその日記で慨嘆した。ただ慨嘆するだけでなく「捨置候而ハ限りも有之義と当町役人共一同覚悟致し、急速御陣屋ヨリ町方人数相集メ鉄炮方其外人数竹鑓得もの〳〵ヲ持たせ天満宮神前へ勢揃致し」と、桐生町人はみずから武装して彦間口《ひこまぐち》まで世直し一揆を追いつめ頭取一人を討ちとり、一人をとりこにして、一揆勢を撃退した。

上野国の旧幕府領・旗本《はたもと》領の治安を上州諸藩が分担してはかることになり、桐生は前橋《まえばし》藩の分担とし、兵士四〇人が警備にきた。下野《しもつけ》国宇都宮《うつのみや》で総督府軍は旧幕府軍との戦いに苦戦し、さらに旧幕府軍が会津軍と連帯して不穏が拡大していた。世直し一揆の余波と隣接する下野国での不穏、松山《まつやま》陣屋の撤退により、桐生でも多数の兵士が出入りして騒然としていた。打ちこわしに参加した勢多《せた》郡および大間々《おおまま》町（みどり市）の囚人一四人を陣屋にとらえておいたが、閏四月に桐生町に出張した役人が「勢多郡之者五人打首、大間々町之者五人打首、外髪眉毛半そり（剃）ニいたしさらし（晒）物」の判決をくだし、馬捨場で処刑し、馬捨場に三つ、高札場《こうさつば》前に二つの首を獄門台にさらし、半剃の処刑者三人を五日間さらした。酒に酔って「官軍にせ物」と悪口をいった桐生新宿《しんしゅく》村（桐生市）の二〇歳の若者を四丁目西裏で打ち首にし、その首を三日間さらした。一人の囚人のうち脱走者があり、逮捕できなければ「領主役人迄も死刑」になると聞かされ、目の前で処刑をみたこともあったので一同は恐怖して、多人数を繰りだして必死になり捜索したので「桐生大間々軒前戸《のきまえと》をさし火の消ゑたる如きにて一同痛心」した。翌日にはとらえておいた一揆の「頭取体之者十四五人」のうち、八人を打ち首獄門、六人を髪眉毛まで半剃りにして五日間さらした（『新居喜左衛門日記』、句読点は引用者が付した）。

　その後も処刑は続き、七月に「当今御政事向御治定これ無きを幸として、人心狂惑

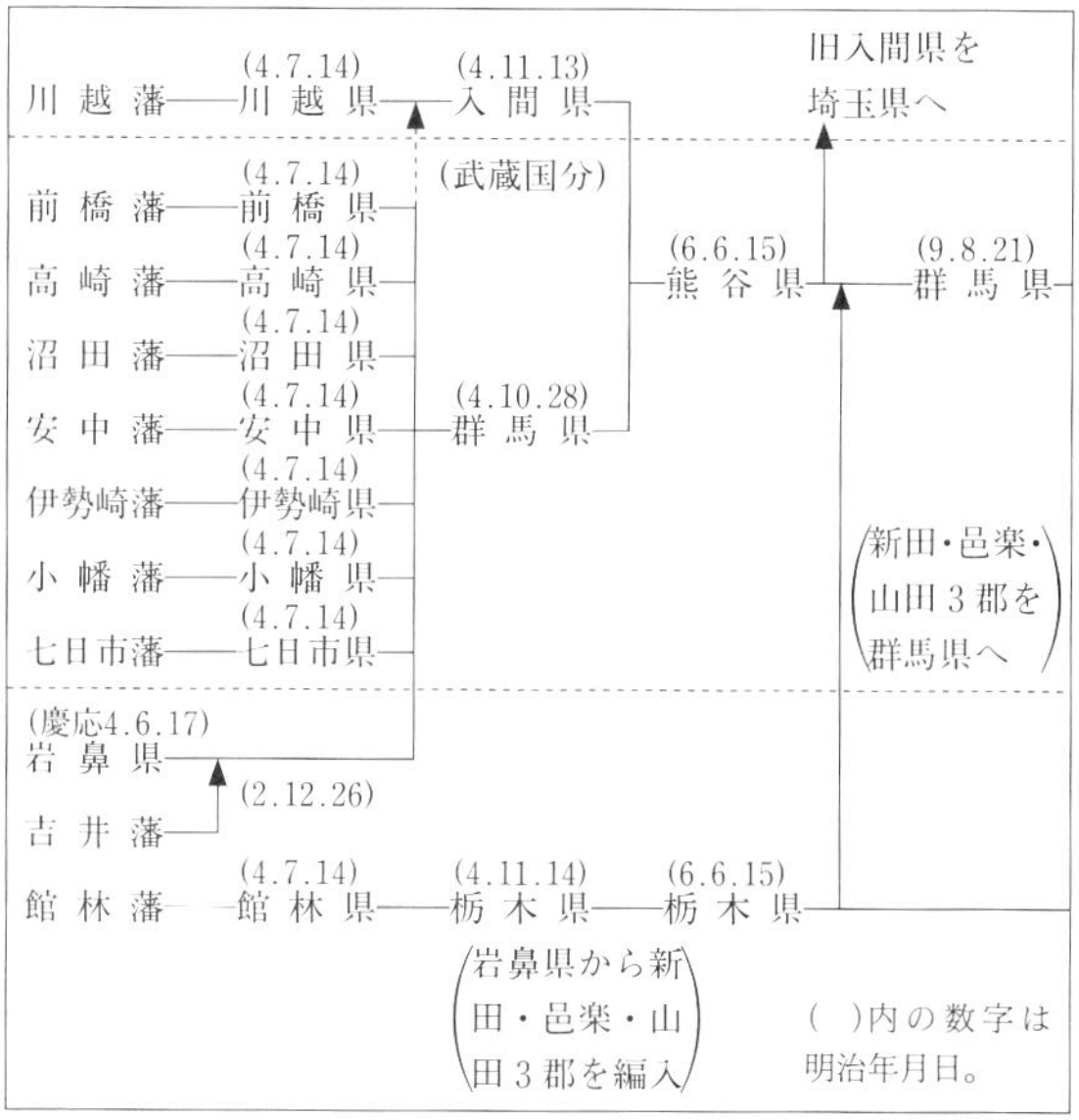

群馬県の成立

致させ候族《やから》は勿論、盗賊博徒の類都《すべ》て遊民のもの共は良民の憂を醸し候に付、向後《きょうこう》右様の族を見聞次第厳刑に処せらるべき旨、今般軍監様御出張の上、御達しに相成り候」(『御用方日誌』)と、維新後の混乱に乗じて「人心を狂惑」させるものを厳刑に処す触《ふ》れがだされ、七月十九日に世直し一揆の指導者の、新宿村無宿新次郎ほか四人を陣屋牢前で斬首にして獄門台にさらした。その後も打ち首は八月まで続き、それ以外に三月に世直し一揆で徒党して良民に乱暴した者などを探索して、梟首《きょうしゅ》、百叩《ひゃくたた》き、頬入墨《ほほいれずみ》、片鬢剃《かたびんそり》、高札場前での曝《さら》し、上野国外追放、村預けなどにつぎつぎと処刑したことが十一月までの記録にある。血生臭い騒然とした近代の夜明けであった。

六月、上野国と武蔵国北部の旧幕府領・旗本領三六万石余を支配する岩鼻県が成立し、「軍監兼当分知事県」に任命された旧彦根《ひこね》藩士の大音龍太郎《おおとりりゅうたろう》は、世直し一揆の余波が残る岩鼻県に対して、強圧的な「恐怖政治」を実施して一揆の指導者を処刑し、一揆により無償返還した質物をもとに返還させるなど、一揆の成果を否定して、秩序の再編成をはかったのである。しかし、騒然としたなかでも、新居喜左衛門は正月の年礼、初午、孫出産のお七夜、初節句などの行事は例年どおりに行い、町の行事も六月二十四日の桐生天王《てんのう》祭は神馬万燈《しんめまんとう》などは省略したが執行し(二十三日が大雨のため翌日に延期した)、町役人・火消し一同が羽織袴の正装で御輿《みこし》渡御《とぎょ》をし、十月には桐生四丁目で子供生人形を東京両国《りょうごく》から招いて興行した。子どもが一三人、太夫五人、下方六人ほどの一行であった。五、六日間興行したようであるが、大入りであったことなどを冷静に記録している。

大音の強圧政治は県民の反発をうけ、桐生町での村役人たちによる張り訴・強訴、岩鼻県民の東京の目《め》安箱《やすばこ》への訴状などにより、大音は十二月に罷免されたが、名望家の協力を得ながら治安を維持し地方政治を回復させる方針は継続され、岩鼻県だけの組合村を明治二（一八六九）年八月に結成し、世直し一揆で小前百姓と対立した村役人は、岩鼻県の援助をうけて村政を遂行した。

安国寺から前橋城へ●

明治四（一八七一）年七月に廃藩置県が断行され、明治政府の直轄地となった藩がそのまま県となり、岩鼻県・前橋県など九県が成立し、十月二十八日、全国にさきがけて上野国の諸県を統合して群馬県が成立した。ただし、新田《にった》・山田・邑楽《おうら》の東毛三郡は栃木県の管轄とされた。県庁は高崎《たかさき》に設置され、青山貞《あおやまただす》が初代権知事に任命された。しかし、兵部省《ひょうぶ》が県庁候補地に予定していた旧高崎城をすでに押さえており、大蔵省は高崎城以外の群馬県内で県庁を設置するように通達してきた。高崎城以外の町内では県庁や囚獄場・官員宿舎などを建設すると経費が四万両もかかり、県民の負担が重くなるので、前橋城に県庁を移転することを明治五年三月に出願した。五月にその許可があり前橋へ移転した。しかし、翌六年六月に熊谷《くまがや》県が設置され、県庁は熊谷に移転し、支庁は前橋におかれたが、半月後には熊谷との連絡に便利な高崎に変更された。

明治九年八月二十一日に熊谷県の南部を埼玉県に分離し、栃木県に所属した新田・山田・邑楽の東毛三郡をあわせて群馬県が設置され、支庁のあった高崎に県庁をおき、九月一日に開庁した。高崎町民は県庁設置を歓迎して庁舎建築・修繕の資金を寄付したり、力役奉仕をした。学制に基づき学校設立が進められた。しかし地租改正《ちそかいせい》も遅れ気味であり、徴兵制《ちょうへいせい》も免役が広範に認められて負担とともに不公平な処置に対して不満が高まっていた。県政を活発に展開しなければならない時期であるにもかかわらず、本庁である安国寺が手狭なため、第三課を旧支庁、第四課と警部を宮本町《みやもと》、第五課を烏川《からすがわ》学校、地租改正掛を新《しん》紺屋《こんや》町、衛生所を龍広寺《りゅうこうじ》（高崎市若松町）と六カ所に分散するタコ足県庁であった。群馬県令となった楫《か》取素彦《とりもとひこ》は、九月二十一日にふるさとの山口県萩《はぎ》にいた吉田松陰《よしだしょういん》の兄の杉民治《すぎたみじ》あてに「県庁移転之命ヲ奉シ、高崎江罷り越し候処、如何ニも地所狭隘《きょうあい》官庁地も之無く」と、県庁移転の内命をうけて高崎へきたが地所がせまく不便なので、前橋への移庁を内務省へ上申し、二・三日中に許可があるだろうと書簡で知らせており、内務省の内命により県令が県庁移転を率先して進めたことをあきらかにしている（群馬県立歴史博物館編『近代群馬のあゆみ』）。こうして、開庁後わずか一カ月後の九月二十九日、県庁は「今般県治ノ都合ニ拠リ当分群馬郡前橋中学本部利根川学校」に移転した。前橋城を借用し、設置を予定していた利根川学校を近くの龍海院《りゅうかいいん》（前橋市紅雲町）へ移転させて、前橋城内に県庁を設置した。

すでに明治八年九月に前橋町戸長総代黒崎長平・大島喜六ほか、第一・二・七・八・一六・一七・一八・一九の八つの大区の区長・戸長から、熊谷県支庁の前橋移転と移庁経費の献納を出願していた。このときには許可されなかったが、九年になって出願が功を奏して移庁が実現したのである。移庁直後の十二月に師範学校・衛生局とともに官吏の住宅建築資金として、前橋町の下村善太郎ら有志二五人が二万六五〇〇円の寄付を申しでて、官舎を建築して翌年一月に寄付し、同時に師範学校・衛生局建築資金四〇〇〇円を寄付した。その寄付の願書には「前橋へ御移庁相成り候、以来逐日当所繁昌仕り候段、実以テ有り難き仕合と奉存候」と、県庁移転によって前橋が繁昌したことを感謝している。江戸時代に藩主が前橋城に一〇〇年以上不在であったために前橋が衰微し、住民が莫大な経費を負担して慶応三（一八六七）年にやっと前橋城を再築して川越《かわごえ》から藩主をよびもどすことができたのに、ふたたび藩庁がなくなって町が衰微することを危惧していた前橋町民が安心した本音を吐露している。

一方、県庁を移された高崎町民は「地租改正之際ニテ一層ノ多忙ニ付……一時移庁セシ迄ノ事ナレハ、地租改正等ノ事務結了セハ速ニ当地（高崎町）へ新築スヘキ」と、あくまでも仮移庁であり、多忙な地租改正業務が終了すれば高崎町へ県庁を戻し、そのおりには県庁を新築することを県令楫取素彦が申し聞かせたので安心し、県庁の新築候補地を物色さえしていたのである（『前橋市史』第七巻）。

利根川学校は烏川学校と合併して県立中学校となり、龍海院におかれた師範学校内に設置されたが、生徒のストライキがおこり勢多郡小暮《こぐれ》村（前橋市富士見《ふじみ》）へ移転したので、県立中学校が前橋城を借用する理由がなくなった。そこで、県庁として仮用していた前橋城の払い下げを申請するために、政府に出願して明治十四年二月に県庁を正式に前橋へ移転した。かりの移転ではなくなったのである。高崎町民は楫取県令の食言として追及し、県庁移転問題は大きな騒動に発展し、行政訴訟まで提起したが、県庁が高崎に移転することはなかった。

その後、老朽化した県庁を昭和三（一九二八）年に新築し、さらに平成十一（一九九九）年六月に地上三三階、地下三階の超高層の県庁が竣工した。いずれも移転することなく旧前橋城内の現在地での再建である。

民権結社と政談演説会

自由民権運動は明治十三（一八八〇）年の国会開設請願運動、十七年の群馬事件・秩父事件などの激化事件、二十年以後の大同団結《だいどうだんけつ》運動の三期をピークとして活発に展開された。

群馬県で民権運動を推進する団体として最初に結成されたのは伊勢崎《いせさき》の協同社《きょうどうしゃ》と高崎の嚶鳴社《おうめいしゃ》支社である。協同社は「政治法律等を研究」し、演説討論するために石川泰三《いしかわたいぞう》、武孫平《たけまごへい》（のち伊勢崎町長）などの豪商が結成し、嚶鳴社支社は旧高崎藩士族が結成した。その後、急速に民権運動が展開したのは十二年であり、十三年には高崎の有信社《ゆうしんしゃ》、前橋の大成社《たいせいしゃ》・暢権社《ちょうけんしゃ》・集義社《しゅうぎしゃ》、館林《たてばやし》の交親会《こうしんかい》、伊勢崎の協同社、大間々の尽節社《じんせつしゃ》など、各地に設立された民権結社が演説会などの活動を展開していた。豪商による協同社、新井毫《あらいごう》などの豪農による尽節社以外は、士族が中心であった。

上野国の諸藩は譜代大名が多かったが維新期には官軍側について活躍したにもかかわらず、新田勤王《にったきんのう》党の金井之恭《かないゆきやす》が内閣大書記官になった以外は、上野国の士族で明治政府の高官にのぼったものはいない。明治十年の群馬県の職員のなかでも県令は山口県士族の楫取素彦、大書記官は鹿児島県士族の岸良俊介《きしらしゅんすけ》、一等属は空席であるが、二等属は東京府平民と静岡県士族、三等属は埼玉県平民と東京府士族、四等属の四人目に群馬県士族として宮部襄《みやべのぼる》がはじめて登場する。県令以下一〇番目のランクに本県出身者のトップが位置づけられており、県政運営のうえでも本県の士族は冷遇されていた。秩禄処分《ちつろくしょぶん》により一時金を付与された士族は江戸時代以来の家禄をはなれ、一部は警察官・教員として就職し、また、士族授産事業で製糸業や開拓事業に従事したものもあったが、大方は生活に困窮し政府への不満は高かった。こうした士族の窮乏を救うことを目的とした団体が反政府的な言動をとるようになった。高崎の有信社は旧高崎藩士の親睦を兼ねて相互扶助と会員の向上を目的として「有信の義理」を遺忘することのないようにと結成され

県庁職員数(明治10年)

	士族	平民
	人	人
山口県	6	
群馬県	35	7
東京府	20	7
静岡県	18	
埼玉県	13	5
その他	36	7
合計	128	26

『群馬県史』資料編21より作成。

政談演説会の回数

地域	16年	17年	18年	19年	20年	21年	22年	23年	合計
	回								回
東群馬郡・南勢多郡	12	2		1	5	9	21	32	82
内，前橋町	10	2		1	5	9	14	20	61
西群馬郡・片岡郡	10	2	1	6	9	13	52	31	124
内，高崎町	7	1	1	6	9	13	17	13	67
碓氷郡	5				1	4	19	8	37
北甘楽郡	1	2		2	2		2	6	15
緑野郡・多胡郡	1				2		9	9	21
利根郡・北勢多郡	1	3			1	2		1	8
吾妻郡		2				6			8
佐位郡・那波郡	6	3		1	4	12	16	15	57
新田郡		2		1	3	3	6	3	18
山田郡	3	1			1	13	16	18	52
内，桐生町							16	7	23
邑楽郡	5	1	3	2	6	2	11	9	39

『群馬県統計書』より作成。

たが、民権運動の高まりのなかで民権結社としての性格を強めていった。館林の交親会も相互扶助を目的として結成され、民権運動へ傾斜していった。

明治七年に板垣退助《いたがきたいすけ》らが民撰議院《みんせんぎいん》設立建白書を提出し、西南《せいなん》戦争がおこった十年に土佐立志社《とさりっししゃ》の片岡健吉《かたおかけんきち》らが国会開設建白書を提出してから、しだいに国会開設運動が全国的に広がっていった。十二年に愛国社《あいこくしゃ》第三回大会が大阪で開かれた新聞報道や、千葉県県会議員桜井静の地方連合会結成のよびかけ、本県でもこれらに呼応して国会開設運動が高まった。

政談演説会が十三年以後盛んに開かれ、国会開設や条約改正などを訴えた。十一年八月に東京嚶鳴社から沼《ぬ》間《ま》守一《もりかず》が前橋・高崎で演説したのが先駆けであり、その後、十四年一月に佐位《さい》郡島《しま》村（伊勢崎市）で末広《すえひろ》重恭《しげやす》が、同年九月に高崎・館林・島村で板垣退助が演説会を開くなど、全国的に活躍している名士を招いて演説会をもよおしたが、それだけではなく県内の民権家が劇場・寺院・学校・私宅などで演説した。なかには演説内容に不満をもつ参加者が質問・反論をし、討論会に発展したこともあり、最初から討論会を予定するようにもなり、一般の参加者が積極的に発言した。政治的なテーマだけでなく繭糸改良、生糸直輸出、会社論、男女同権、教育論、宗教論など、さまざまな演説が行われた。参加人数は数人の小規模なものから、一〇〇〇人を超える大規模なものもあり、高崎町劇場で板垣退助を招いた演説会は三〇〇〇余人に達したという。十四年の開拓使《かいたくし》官有物払下げ事件後の演説会は、「圧政を論ず」「ゴマカサルル勿《なか》レ」などきびしい政府批判の演題が多くなった。

江戸時代には統治の対象だけであった民衆が、政府を批判し、あるいは産業・風習などについて自覚的に再検討し、自分の意見を他人に訴えたのであり、民権運動は政治運動であっただけでなく県民の封建的な意識を改革するうえで大きな役割をはたした。

国会開設運動を中心とした民権運動は、政治運動に焦点を絞ったため民衆のかかえたさまざまな課題を

木呂子退蔵

蚕糸王国をリードした南三社

❖コラム

群馬県は第二次世界大戦後の一時期まで、全国に冠たる蚕糸王国であった。繭と生糸に関係する蚕種・養蚕・製糸・織物の各産業は近代群馬の経済発展に大きく貢献し、政治・経済・文化の各界で活躍する多数の人物を輩出した。

中核となる製糸業をリードしたのは「南三社」とよばれた産業組合であった。南三社とは群馬県南部にあたる碓氷《うすい》・甘楽《かんら》両郡に発達した碓氷社・甘楽社・下仁田《しもにた》社のことである。

碓氷社は明治十一（一八七八）年に碓氷郡東上磯部《ひがしかみいそべ》村（安中市）に創立された。同村の萩原《はぎわら》鐐太郎《りょうたろう》らが周辺の養蚕農家によびかけて同盟して資金をだしあいつくった生糸販売会社であった。農家内で座繰《ざぐり》という道具で挽いた生糸を社の工場でさらに「揚返《あげかえ》し」、つまり挽き直して横浜へ共同出荷したのである。大量に出荷できたので長野県などの器械製糸の生糸と変わらない値段で取引された。養蚕農家に歓迎され、「○○組」とよばれた碓氷社の工場は明治中期から碓氷・群馬・吾妻《あがつま》の各郡の村々につぎつぎと設立され、長野・埼玉などの県外にも進出していった。甘楽・多野《たの》両郡に地盤をもった甘楽社・下仁田社も同様な発展をみている。

明治四十三年、南三社はいずれも産業組合の認可をうけた。しかし、器械製糸への変転を余儀なくされ、大正期にはいると一部組合員の離反もおきて動揺しはじめた。大正後期から昭和初期の不況のなかでも南三社は農家の期待をにない経営を維持していたが、戦時統制のなかでついに解体してしまった。

解決する余裕はなかった。本県の緊急の課題を討議し、県内の勢力を結集して解決にあたろうと、明治十三年三月に前橋の生糸改所《あらためしょ》で開かれた上野連合会で、国会開設を最優先する勢力と繭糸改良を最優先する勢力とが分裂してしまったことに象徴される。その後、上毛連合会が県内の国会開設勢力を結集して、十三年十月に県内有志八九八〇人の総代、旧館林藩士族木呂子退蔵《きろこたいぞう》・旧高崎藩士族長坂八郎《ながさかはちろう》が国会開設請願書を提出した。

ニューヨークで活躍した新井領一郎●

明治九（一八七六）年三月、勢多郡水沼《みずぬま》村（桐生市黒保根《くろほね》町水沼）を出発した二〇歳の新井領一郎《あらいりょういちろう》は、予約した下等船室が満席であったために運よく下等船室の値段で上等船室に乗船し、横浜からオセアニア号でサンフランシスコへ到着した。一時日本へ帰国していた佐藤百太郎《さとうももたろう》と、ともに貿易業をいとなむことになる森村豊《もりむらゆたか》・伊達忠七《だてちゅうしち》ら五人と一緒であった。ユニオン・パシフィック鉄道で「日本人で最低のクラスで旅をするのは我々がはじめてだろう」（ハル＝松方＝ライシャワー『絹と武士』）と、これも下等席に

水沼製糸所（桐生市黒保根町）

のりこんでニューヨークへむかった。兄星野長太郎の経営する水沼製糸所の器械生糸と、星野が周辺の村々の製糸家を組織して結成させた亙瀬《わたらせ》組の改良座繰生糸を、ニューヨークへ直輸出し、新井領一郎はその後、昭和十四（一九三九）年に死亡するまでニューヨークで貿易商として活躍することになる。星野は製糸業を活発にすることによって、生産力の低い村の発展と活性化を願って、当時もっとも進んでいた製糸技術の器械製糸を導入して水沼製糸所をおこす一方で、伝統的技術の座繰製糸を改良する亙瀬組を組織した。器械製糸とともに改良座繰もアメリカに直輸出したのである。

星野は手紙で「成ラズンバ再ビ日本之地ニ戻ラズ之御見込ヲ以《もって》御修行」（加藤隆ほか編『日本生糸貿易史料』第一巻）と、新井を叱咤激励した。新井は資金ぐりに苦しんでいる兄からの援助を期待できず、質素な生活を心がけた。レストランで注文するのは安い肉だけであったため、「アメリカの肉は固いがよく噛めば食べられる」が新井の持論になった。一週間五ドルでブルックリンの下宿屋に落ちつき、マンハッタン島のフロント街の佐藤店まで通って雑貨をあきなうかたわら、水沼からの見本生糸を持参してニューヨークの生糸商・機業家を訪問してまわった。九年五月、生糸商リチャードソンからはじめて生糸の注文をうけ、星野長太郎に三六八ポンドの生糸の発送を依頼した。契約後生糸価格が高騰したにもかかわらず、新井は星野の反対を押し切って契約時の価格で納品したため、リチャードソンの信用を得た。二五八六ドルが新井のニューヨークにおけるはじめての貿易取扱高であった。目先の利益よりも信用を得たことがその後の新井の大きな財産になり、誠実に仕事をし、契約は必ず実行するという商人倫理を体得した。さらにニューヨークでの激烈な営業活動を通して、「国家之為トカ人情義理トカモ大抵度ノアル事ナレハ、余リ深入リハ望マシカラズ……第一ニ自分ノ為ヲ計ル事コソ、国家ノ為ヲ唱フルヨリ私ニハ得意ニ有之……

自分ノ為ニ金設ケヲ計ルモ矢張国家ノ為ニモ相成ルベキ」と、新井は義理人情とか国家のためとかではなく、自分のために貿易商として成功することが大事だと、近代的な商人倫理を体得していった。

翌年には取扱高は二・二万ドルに達し順調に貿易商として成長した。十一年には佐藤と提携してサトー＝アライ＝カンパニーと店名を改称した。佐藤は日本の荷送主への代金支払いがとどこおったため、釈明のために一時帰国した。ニューヨークで結婚した夫人を伴ったこともあり、荷送主たちは佐藤の経営手腕を疑いアメリカへ帰ることを承諾しなかった。そのあいだに新井は順調に貿易額をのばしてマンハッタン三番街の週七ドルの下宿屋へ移転した。

明治十四年、新井は直輸出会社として星野らが横浜に設立した同伸会社《どうしん》のニューヨーク支店長を委嘱され、サトー＝アライ＝カンパニーは解消した。南北戦争後の経済発展をとげたアメリカでは、絹織物の需要が高まり、生糸貿易はいちだんと盛んになった。しかし、力織機が導入されたことにより高品質の生糸を求められるようになり、新井は日本の星野たちに生糸品質の改良を再三訴えた。二十六年、同伸会社は新井の待遇見直しを提案した。生糸輸出量増加につれ、いままでの歩合制では新井の報酬が多すぎるとして、五五〇〇ドルの固定の報酬に切りかえようとしたのである。新井はそれに対して不満を持ち、同伸会社支店長を辞任した。新井はニューヨークで貿易商として独立の道をあゆむことを決意したが、ニューヨークへ一緒にわたってきた森村豊の仲介で設立されたばかりの横浜生糸合名会社のニューヨーク代表に森村とともに就任した。これ以後、新井は日本の生糸だけでなくヨーロッパや中国の生糸もあつかうようになった。さらに生糸以外にもブラシなどの雑貨もあつかい、また、アメリカから原綿を輸出した。四十年にニューヨークのビジネスマンや移住した日本人の指導者が日本協会を設立すると、新井はその評議員に選出された。新井の子どもたちはアメリカに滞在を続け、日米交流に尽力した。孫の一人であるハルは駐日アメリカ大使をつとめ、日本研究家としても知られたエドウィン＝O＝ライシャワーと結婚し、『絹と武士』をあらわして、祖父新井領一郎の伝記を、いま一人の祖父松方正義《まつかたまさよし》とともにまとめた。

2 村の近代化

名主・戸長から町村長へ

明治十（一八七七）年十月、群馬県令が各村の戸長の行う業務を年中行事概略として示した。それによると、一月は六日から業務を開始して新年を祝賀し、一年間の村内事務を討議し、毎月開く小区集会の定例日を決め、戸籍・国民軍人員表・寺院僧尼現数・布告掲示表・家畜頭数・種痘・埋葬の取調べとその結果の提出、地租・県税・車税・煙草営業税・売薬営業税・官地拝借料分納などを実施することにし、二月は道路橋梁修繕を開始し、徴兵検査付添い、物産表・戸籍総計表の取調べ、地租分納・村費賦課、皇大神宮大麻初穂金徴収など、三月には学齢調査簿の提出、堤防川除用水路工事着手、銃鑑札返納、十一月にはじめた火の番の中止、村役場帳簿目録取調べ、四月には地租・酒類醸造税分納、道路橋梁修繕着手、布告掲示表、大区小区入費取調べ、棄児養育費受領などと、十二月まで九五項目にわたって戸長の職務を詳細に指示した。月平均八件の調査や租税などの取りまとめがあった。職務の内容は次頁表のとおりであった。

村独自の行事には新年祝賀、六月・十二月末日の大祓式《おおはらいしき》、火の番の開始と終了、村費徴収などがあり、それ以外は大区役所や県庁からの命令によって行う事務で、とくに国政委任事務が六六件もあった。江戸時代の名主と違って、明治期の村の戸長はつぎつぎと明治政府が打ちだす改革に追われ、多忙をきわめた。明治政府の改革は江戸時代以来の伝統のある村を基礎として遂行されたのである。政府や県だけでは改革を達成することは困難であり、村の名望家である戸長に依存した。明治四年の戸籍法によって戸長が設置され、明治五年には大区小区制に改められ、十一年には郡区町村編制法により連合戸長がおかれ、行政単位の広域化がはかられたが、政府は改革をやりとげるには財政的に江戸時代の村の規模では零細すぎると取締組合村の伝統を活用し、戸籍区、大区小区、連合戸長村と試行錯誤を繰り返しながら、町村規模の広域化をはかった。

熊谷県時代の六年六月から県の指令を徹底し、毎月定例日を定めて大区会・小区会が開催された。大区会は県全体、小区会は大区ごとに開き、出席者は区長・戸長であった。事務連絡を中心としたが、会員から提出する議題を討議・決定することもあり、七年十一月二日の大区会では「戸籍取扱申合概則」「物産

戸長年中行事概略の職務内容一覧

職　務　内　容	回数
地租・国税事務	回 21
布告布達事務	4
戸籍事務	7
徴兵事務	4
学校事務	4
衛生事務	2
勧業調査事務	11
河川橋梁道路用水路修繕事務	11
官有地事務	2
県税事務	4
棄児窮民事務	4
大区小区事務	6
村事務	8
社寺事務	1

「県布達」より作成。

町村数の変遷(明治5～21年)

	町村数	5年5月		12年8月		16年10月		17年7月		22年4月	
		小区数	平均町村数	戸長数	平均町村数	戸長数	平均町村数	戸長数	平均町村数	新町村数	平均旧町村数
東群馬郡	47	72	3.7	5	9.4	20	2.4	7	6.7	1	47.0
西群馬郡	218			54	4.0	130	1.7	41	5.3	38	5.7
南勢多郡	161	34	5.1	30	5.4	87	1.9	32	5.0	17	9.5
北勢多郡	13			6	2.2	8	1.6	3	4.3	3	4.3
片岡郡	3	3	1.0	1	3.0	3	1.0	1	3.0	1	3.0
利根郡	111	18	6.1	39	2.8	57	1.9	21	5.3	13	8.5
吾妻郡	80	13	6.2	31	2.6	46	1.7	22	3.6	13	6.2
碓氷郡	70	20	3.5	33	2.1	39	1.8	20	3.5	18	3.9
北甘楽郡	93	33	3.6	31	3.0	53	1.8	23	4.0	23	4.2
南甘楽郡	25			9	2.8	10	2.5	5	5.0	4	6.3
緑野郡	44	16	2.8	16	2.8	39	1.1	13	3.4	10	4.4
多胡郡	27	7	3.9	10	2.7	22	1.2	8	3.4	4	6.8
佐位郡	38	13	2.9	14	2.7	19	2.0	13	2.9	10	3.8
那波郡	52	18	2.9	12	4.3	31	1.7	9	5.8	6	8.7
新田郡	99	3	33.0	27	3.7	42	2.4	15	6.6	13	7.6
山田郡	51	3	17.0	19	2.7	27	1.9	14	3.6	10	5.1
邑楽郡	89	4	22.3	31	2.9	54	1.6	22	4.0	22	4.0
合計	1,221	257	4.8	368	3.3	687	1.8	269	4.5	206	5.9

丑木幸男「地方民会と地方自治要求」『地方史研究』191号による。

取調方上申書」を決定して、県令に提出して認可を得た。

北第九大区の小区集会は八年十二月十四日、群馬郡渋川《しぶかわ》村(渋川市)青木屋で開催し、暢《ちょう》発《はつ》学校補金生徒入費・馬口労税幷鑑札・県庁入費割・大区割・学区取締給料入費を取りまとめ、戸籍帳加除・物産調べ・布告拝見帳・村費帳・種痘施行人名・社寺什物《じゅうぶつ》取調帳・徴兵相当を取り調べて当日持参し、道路橋梁修繕方法を協議して決定した(渋川市、吹屋区有文書)。

めまぐるしく変化する町村制度のなかで、政府の指示を消化しながら、こうした会議での討議をとおして戸長たちは政治的に成長していった。町村制度を官吏が五〇〇戸をめどに机上で地図をみながら村々を組み合わせて小区や連合戸長村を決定したことに反発し、村の区域は地域住民が決定したいと連合戸長村の分離運動を進めた。また、北第九大区の戸長たちは小区集会を利用して、郡区町村編制法によって東西に分割された群馬郡の配置が不都合であると、西群馬郡を分割して北群馬郡を設置する運動を推進した。

このため、盛んであった自由民権運動と戸長たちの運動が結合するのを恐れた県は、連合村分離を認め、戸長は十二年の三六八人から十六年に六八七人へと増加し、連合村は平均三・三カ村から一・八カ村の規模に縮小した。町村規模を拡大する政府の意図が挫折し、名望家の指導により村の区域は住民の意思によって決定する地方自治を実現したのである。

しかし、明治十四年の政変で民権運動と対決する姿勢を強めた政府は、十七年の地方制度の改革で一時妥協した連合戸長村を強化し、官選に改めた戸長の権限を強化するとともに、二六九人に削減して、平均四・五カ村を管轄させた。戸長たちは十五年以後の不況のなかで土地集積を行って地主となり、小作人層と対立し、群馬事件・秩父事件などの激化事件を体験して民権運動から離れ、政府の改革をうけいれた。二十二年の町村合併により二〇六町村が誕生したが、十七年の連合村を基礎とした町村が多い。

学校教育の負担と期待●

明治五（一八七二）年、政府は学制を発布して公教育の確立をはかり、全国を大学区・中学区・小学区に区画して、それぞれに大学校・中学校・小学校を設置することにした。群馬県には三中学校と四五〇小学校が予定された。熊谷県設置などにより変更があったが、父母の教育への熱い期待を反映して、七年までには中学校三校と小学校三五〇校が設立された。勢多郡北橘《きたたちばな》村（渋川市北橘町）では幕末から明治にかけて三〇もの寺子屋があり、神官・僧侶・山伏・医師・名主などが自宅や社寺などで、五歳から一五歳くらいまでの子弟に二年間ほど読み・書き・算盤《そろばん》を中心として教えていた。通年ではなく冬期に開校し、いろは・国名尽《こくめいづくし》・実語教《じつごきょう》・庭訓往来《ていきんおうらい》などの手本を使用した（『北橘村誌』）。師匠のために寺子が筆子塚をきずくなど、人間的に交流していた民間教育を、公教育は否定したのである。

現在の新田郡尾島町《おじま》（太田市）域では明治六年から九年までに一三校が設立されたが、寺院を借用したのが九校、廃寺跡借用一校、神社借用一校、民家借用一校、そのほか一校で、新築校舎はなかった。実態は寺子屋の継続であったが、画一的な学校教育の浸透がはかられた。教員は一校一人で、判明する一一人中士族が六人と半分以上を占め、年齢は一六歳から六三歳までであった。経歴は藩儒や江戸で儒学を学んだものが多く、その後師範学校で三カ月から八カ月間学んで教員となったが、教員免状をもたないものも一人いた。生徒は二三人から一一七人と学校の規模の差が大きく、六歳から一四歳までを上等生・中等生・下等生に分けて、午前八時から午後三時まで授業をし、毎月末に試験をした。月謝は一律二銭から上等生八銭、中等生六銭、下等生四銭と学校により画一化されていなかった。授業は小学正則《しょうがくせいそく》にしたがって行った。一月四日（または八日）が始業式で十二月二十五日が終業式であり、休日は毎月一（三十一日をのぞく）・六の日と、四月七日（または三日）、十一月十一日（または三日）としたが、愛国舎《あいこくしゃ》では孝明天皇例祭（一月三十日）、紀元節（二月十一日）、神武天皇例祭（四月三日）、神嘗祭《かんなめさい》（九月十九日）、天長節（十一月三日）、新嘗祭《にいなめさい》（十一月二十三日）と国家行事をいちはやく取りいれ、そのほか郷村社例祭を休日にし、夏日休業（七月二十日から八月二十一日まで）、冬日休日（十二月二十五日から一月七日）を設けた。

その後、制度の改変があり学校も統合されて五校になり、町村合併により尾島尋常小学校とその分校三

尾島町の学校の変遷

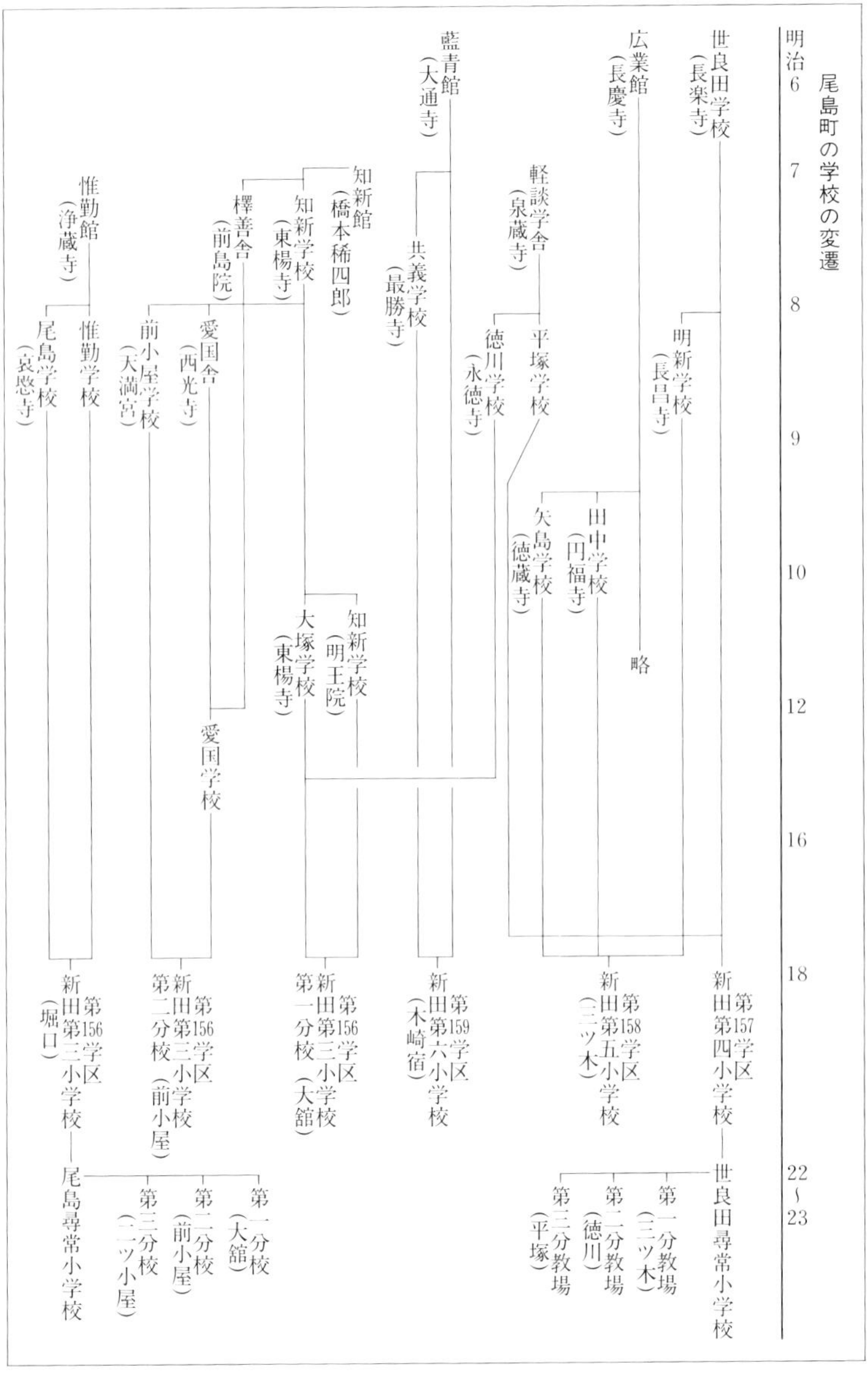
明治6
7
8
9
10
12
16
18
22〜23
世良田学校（長楽寺）
広業館（長慶寺）
藍青館（大通寺）
軽談学舎（泉蔵寺）
知新館（橋本稀四郎）
知新学校（東楊寺）
檡善舎（前島院）
惟勤館（浄蔵寺）
明新学校（長昌寺）
平塚学校
徳川学校（永徳寺）
共義学校（最勝寺）
愛国舎（西光寺）
前小屋学校（天満宮）
惟勤学校
尾島学校（哀愍寺）
田中学校（円福寺）
矢島学校（徳蔵寺）
略
知新学校（明王院）
大塚学校（東楊寺）
愛国学校
第157学区新田第四小学校
第158学区新田第五小学校（三ツ木）
第159学区新田第六小学校（木崎宿）
第156学区新田第三小学校第一分校（大舘）
第156学区新田第三小学校第二分校（前小屋）
第156学区新田第三小学校（堀口）
世良田尋常小学校
第一分教場（三ツ木）
第二分教場（徳川）
第三分教場（平塚）
尾島尋常小学校
第一分校（大舘）
第二分校（前小屋）
第三分校（二ツ小屋）

校と、世良田《せらだ》尋常小学校とその分教場三校となった。群馬県全体でも明治八年には七〇一校あった小学校が二十三年には三〇一校と半減した（群馬県教育史編纂委員会編『群馬県教育史』第五巻）。しかし、教員は一三二二人から一八五二人に増加し、一校に約六人の教員が配置され充実してきた。義務教育である尋常小学校は年限を四年間とし、校舎を世良田村（太田市）では総持寺に二十四年に、尾島町（現太田市）では二十六年に新築して、修業年限四年の高等科を併設した。四十年に小学校令を改正し、義務教育年限を六年に延長すると、生徒数が増加した。世良田尋常高等小学校では、七五三人から八四〇人に増加し、教室が不足したので、総持寺を五年生以上が使用し、それ以下は八坂《やさか》神社・東照宮《とうしょうぐう》・普門寺《ふもんじ》などを借用して授業を行っていたが、四十二年に三・四年分の村歳入額に匹敵する三万五九八円の経費で一六教室、裁縫室・唱歌室・講堂などをそなえた新校舎を建設した（『尾島町誌』通史編、下巻）。

こうして教育施設が充実するのと比例して教育内容の画一化が浸透し、明治十九年に教科書は文部大臣の検定をうけたもの以外の使用は認められなくなり、四十一年には国定教科書が採用され、教育内容が統制された。三十五年には就学率が九〇％を超し、小学校教育は定着した。さらに上級学校への進学が盛んになり、三十年には群馬県中学校の分校が六カ所に設置され、三十三年から四十三年にかけて独立し、六中学校となり、一学年五六七人をうけいれたが、志願者は一九六人も上まわっていた（大正元〈一九一二〉年度）。高等女学校も三十一年から四十四年に三校が設立され、大正十年までに実科高等女学校九校が開校した。実業補習学校は二十六年に制度が開始されたが、日露戦争後普及した。尋常小学校卒業後、一日三時間ずつ、農業などの実業教育と国語・算術・修身などを二年間学んだ。尾島町では三十五年に設立し、三十九年には修業年限を三年に延長した。小学校だけでは学力に不安を感じ、向学心をもつ生徒が増加したのである。

中学校卒業生はさらに上級学校への進学を志し、上京するものが増加し、産業革命を経た大正期（一九一二～二六）には上級学校を卒業することにより、上の社会階層へ上昇できる可能性があらわれ、立身出世のために学校教育への期待が高まり、学歴社会の原型が形成されはじめた。そのために教育費が町村財政の五〇％近くを占めても、父母はその負担にたえ続けたのである。

村の教会●

明治十二（一八七九）年に蚕種直輸出に従事してイタリアのミラノで約半年生活した田島信《たじましん》（のち田島善平《ぜんぺい》を襲名）は、帰国後島村美以《みい》教会を設立し、熱心なキリスト教徒になった。佐位郡島村（伊勢崎市境島村）では田島弥平らが自由党の板垣退助を招いて政談演説会を開き、自由党に三六人が加入するなど、欧米思想を積極的に取りいれていた。明治十四年に演説会にきた末広鉄腸《すえひろてっちょう》は、その紀行文に島村の人たちを「中等以上の農夫で自ら鋤鍬を振るって耕作し、他人から監督されることはない。蚕事が終われば絹衣をまとって悠々と生活を楽しんでいる」と描写した。たしかに島村では幕末から金井萬戸《かないばんこ》、その子どもの金井莎村《しゃそん》・金井烏洲《うじゅう》・金井研香《けんこう》兄弟、孫で明治の三書家と称された金井之恭《ゆきやす》、田島楳陵《ばいりょう》（弥平）など、文人が輩出して、谷文晁《たにぶんちょう》・頼山陽《らいさんよう》・藤森天山《ふじもりてんざん》・信夫恕軒《しのぶじょけん》・寺門静軒《てらかどせいけん》らの文人との交流が盛んで、蚕種業の隆盛を背景に文芸を楽しむ余裕のある生活を展開していた。

明治十年ころ横浜に蚕種輸出に行った島村の栗原茂平《くりはらもへい》らが宣教師バラの説教に感激したのが、島村の人とキリスト教徒の接触の初めのようである。十九年四月、横浜にいたアメリカメソジスト監督協会の宣教師マクレーが、田島の大本家で名主の村役をつとめた経験のある田島善平宅でキリスト教演説会を開き、宣教師コレルから七月に田島善平と栗原武平などが洗礼をうけ、十月に田島善平宅に熊谷美以教会島村伝道所を設け、埼玉県本庄《ほんじょう》の小森谷常吉《こもりやつねきち》伝道士が巡回することになった。翌二十年には第三・四回の直輸出を担当してミラノへ行った田島啓太郎《けいたろう》（田島弥三郎を襲名）、さきの栗原茂平、その子の甚太郎《じんたろう》を始め二六人が洗礼をうけ、四月に基督教美以教会島村講義所を田島善平邸内に新築した。二十一年には五六人と多くの人が洗礼をうけた。蚕糸業の盛んな地域の村の有力者が信者になり、その同族がクリスチャン・ホームを形成して社会の迫害から子女をまもりながら信者サークルを結成した、上州のキリスト教会に多い典型的な農村型の教会であった。

しかし、信者たちは伝統的な慣習をうけいれて、村人との無用な摩擦をさけて交際を維持した。教会の会計を担当していた栗原甚太郎の明治二十九年の日誌によれば、正月の新年の鎮守での祝賀会や非キリスト者の婚礼や葬儀にも参列しており日清戦争後

島村キリスト教会(伊勢崎市境島村)

大工のつくった「洋館」

写真をご覧いただきたい。白いペンキの板壁にベランダ、上げ下ろしのガラス窓、屋根には三つの突針、とどこからみても立派な西洋館にみえるだろう。しかし、この建物は設計、施工ともに地元群馬で行われたものである。つまり、明治初期各地に建てられはじめた「洋館」を参考に、とにかく外も内も目にみえるところは洋風になるように、日本在来の設計施工法や材料と西洋のデザインを混合してつくられた「擬洋風」とよばれる建物である。であるからよくみれば、屋根は和瓦葺きで鬼瓦が付き、正面玄関の屋根には神社建築風の彫り物といったように。解体してみれば、屋根は和組とよばれる伝統的な構造、壁紙の一部は藍《あい》染めの和紙、全体の寸法は尺貫法といったようすであった。江戸末の完成された和風建築の技術を身につけた明治の大工には、西洋風の建築をつくるくらい朝飯前だったのである。

このように明治初期の「近代化」は単に西欧の事物を表面的に導入すれば事足れり、といった一面をもっていたことも事実である。しかしその背景にはたとえ表面的であろうが、新しい物をどん欲に取りいれ、また消化してしまおうという気概と、それを可能にした江戸時代の成熟した技術的伝統があったことも忘れてはならないだろう。

この建築は当初、明治十一（一八七八）年に前橋市の群馬県庁前に建てられた国内四番目の医学校であり、「旧群馬県衛生所」が正式名称である。昭和三（一九二八）年、現在の群馬会館を建てるために現在地へ旧相生《あいおい》村（桐生市）役場として払いさげられた。その後、明治初期の洋館として

❖コラム

すぐれた建築であることがわかり昭和五十一年に重要文化財に指定され、昭和五十九年から三年間の大修理を経て当初の姿に復元された。現在は「桐生明治館」として市民ギャラリーに、また重要文化財ではきわめてめずらしい喫茶店が開設されるなど、積極的な活用がはかられている。

平成二（一九九〇）年・三年、群馬県で全国に先がけて行われた「近代化遺産総合調査」の結果、約一二〇〇件の近代化遺産の所在と、富岡《とみおか》市の旧富岡製糸場、松井田《まついだ》町（現安中市）の旧アプト式鉄道など貴重な遺産が高い密度で残ることが確認された。また同時に、明治の近代化をささえた養蚕や製糸関係の建築や道具など庶民の近代化遺産も多数発見された。これらの文化遺産を再発見し、それぞれの背後の地域や庶民の物語をあきらかにすることは、世界的に見ても注目される「日本の近代化」を解明する一手段になるのではなかろうか。

桐生明治館全景（重要文化財，旧群馬県衛生所）

の軍事公債引きかえにも尽力している。島村にいた田島弥三郎の嫡子ですでに洗礼をうけていた董《ただす》の二十三年の日誌によれば、彼岸の中日、十五夜、十三夜などの年中行事を始め、伊勢神宮代参の下向祝いに招かれたりしている。

田島弥三郎は明治二十三年十一月に栃木県西那須野村《にしなすの》（那須塩原市）へ移住して開墾事業に従事した。四十五年に西那須野村長に選ばれて、開墾と村づくりにはげむとともに、西那須野美以教会を設立した。教会堂の新築の用材を塩原の山林から島村出身の金井之恭が提供し、島村美以教会も資金の一部を寄付するなど、島村とのきずなは強かった。田島弥三郎は「長キ間キリスト信者」であり「神と和合シテ大安心ヲ与ヘラレタ」（佐波郡境町史編纂委員会編『島村蚕種業者の洋行日記』）と告白している。ミラノに二年間生活したためか、村人からはハイカラ好みとみられたが、意外に伝統的な感覚も身につけていたという。嫡子の董も「事有らは至(倒カ)れし後に止まんのみ　後へは引かじ日本たましい」（『那須の田嶋の父祖たち　その思い出』）と日本的な感覚で那須野開拓の決意をのべている。西那須野町長をつとめながら教会をささえ、弟の真澄《ますみ》・堅固《けんご》、妹のきさ、優の四人をアメリカへ移住させ、董の七男正人《まさと》は牧師となった。イタリアへわたった田島弥三郎親子は顕微鏡を島村へ持ち帰り、欧米の先進技術で蚕の科学的な飼育法を伝え、さらに蚕の遺伝学的研究を盛んにし、科学技術発展の素地をつくり、村の教育を維持発展させてキリスト教を根づかせるとともに、移住した西那須野村にもキリスト教を広め、子孫が国際的に活躍する道を切り開いたといえよう。

衆議院議員選挙と赤城館事件●

明治二十三（一八九〇）年の国会開設をひかえて第一回衆議院議員選挙が行われた。選挙がおわると上毛民会、上毛同志会、群馬公議会に分裂していた県内政治勢力は、合同して立憲自由党《りっけんじゆうとう》群馬支部を設立した。その後の衆議院議員選挙結果は自由党が多数を占め、改進党《かいしんとう》は少なかった。町村政を担当する町村長・助役や議員は政党活動に関与せず、国政選挙には中立をまもることを求められたが、実際には積極的に選挙運動を行い、なかには選挙運動を行いやすい立場であるからと町長に就任するものさえあった。選挙によって町村内の勢力が二分され、対立が激化して地方政治に支障がでる町村さえあった。

新田郡尾島町（太田市）では自由民権運動で活躍し、明治十七年から県会議員に当選した金井貢《みつぐ》が衆議院議員選挙に出馬し、二十五年の第二回、二十七年の第三回、三十一年の第六回選挙に当選し、三期衆議院議員をつとめたが、それまで金井を支持していた同町の県会議員の白石錦之助《しらいしきんのすけ》が第六回選挙には立候補して激戦となり、以後町内に金井派、白石派が形成され、町会議員も両派の色分けが明確になり、ことごとに町政の執行について対立した。選挙運動に活躍した金井派の壮士を選挙後、「別ニ糊口《ここう》ノ道モナキ……町長ニデモシタラヨカロー」（『尾島町誌』通史編、下巻）と、金井が推薦し、金井派が多数を占める町会で衆議院議員選挙の論功行賞のように町長に選出した。町村政についての経験も識見もなく、金井派の勢力拡大を使命として就任した町長に、白石派は反発し、町税納入を拒否するなど町政へ協力しなかった。町長は町会で可決した金額以上の町債をおこすなど独断的町政を執行し、公金流用の理由で前橋地方裁判所に召喚され、三十七年に町長・収入役が解職された。国政選挙によって形成された地域内の派閥が町村会議員や町村長までを系列化し、町村政治を極端にゆがめた出来事である。

明治三十三年に自由党の後身である憲政党《けんせいとう》は解散し、伊藤博文《いとうひろぶみ》が立憲政友会《りっけんせいゆうかい》を設立すると、旧憲政党員はそれに参加した。群馬県でも政友会支部を結成したが、三十六年七月には地租増徴案をめぐって政府と妥協した本部を批判して支部を解散してしまった。民力休養をとなえ地租軽減を要求した民党的立場から、政権を担当できる政党へ変身をはかった政友会をまだ群馬県支部ではうけいれられなかったのである。しかし、日露戦争後の明治三十九年に政友会総裁西園寺公望《さいおんじきんもち》が組閣し、政友会が与党になると、翌四十年八月、「戦後各般の事業を完成し国家の福祉を増進」(「高津仲次郎日記」)するために政友会支部を再結成した。民力休養政策を放棄し、増税しても事業を推進する積極政策に変更したのである。

同年九月、群馬県会議員選挙が執行され、政友会二一人、非政友会一三人と政党による県会議員の系列化が鮮明になり、政友会が圧勝したが、選挙直後に政友会議員のうち七人が非政友会に寝返り勢力は逆転した。県会開催を目前にした十月十二日、共同一致の行動をとることをちかった非政友会議員が集合した前橋の旅館赤城館《あかぎかん》へ政友会代議士武藤金吉《むとうきんきち》らが院外団を率いて訪問し、押し問答の末、寝返った非政友会議員二人を拉致《らち》し、政友会議員として行動することを強要し、赤城館事件として大きく新聞報道された。非政友派が多数を占めた群馬県会が十四日に開催され、県会の役員選挙が行われ、議事進行中異議ありと政友会議員がさけんだが、非政友派の仮議長は無視して議事を進行し、議長以下役員を非政友会が独占した。県知事有田義資《ありたよしすけ》は選挙を正当と認め選挙結果を告示した。これに対して政友会議員が違法であると知事に抗議し、さらに内務省へ訴えた。政友会内閣の内務大臣原敬《はらたかし》は選挙結果を取り消し、やり直しを命じた。これに抗議した知事を更迭し、後任に南部光臣《なんぶみつおみ》を任命した。南部知事は県会役員の再選挙を行わせ、今度は政友会が役員を独占した。政権政党である政友会が知事の決定をくつがえし、それに反発する知事を更迭してしまうほど強大な権限をもつことをみせつけられて、名望家は急速に政党に接近した。

西群馬郡渋川町では吾妻《あがつま》郡中之条《なかのじょう》町にある県立農学校を渋川町に移転させようと、名望家数人が相談して町会で決議し、各方面へ働きかけた。その指導者であった狩野定次郎《かのうさだじろう》は、漢詩文の趣味をとおして知己《ちき》になった貴族院議員東久世通禧《ひがしくぜみちとみ》に依頼して、移転に反対している群馬県内務部長を旧藩主である金沢の前田侯からの説得を試みたが、不調におわったので、部長を更迭させた。渋川から得票を得た政友会県会議員の後藤文平《ごとうぶんぺい》が県会役員をほかにゆずるかわりに、県立農学校の移転を県会で決議させることを要求し、吾妻郡選出の非政友会議員が党利党略であると反対したが、県会は「農業学校渋川移転の建議」を可決した。文部省へは政友会代議士武藤金吉らが狩野らの要求により運動した。西園寺内閣が四十一年七月に倒れたために実現しなかったが、政党に結集した名望家が地方利益を求めたことを示している。同年五月に実施された選挙では武藤金吉が狩野定次郎に渋川町での投票の取りまとめを依頼し、選挙の結果はほぼ要求どおりの投票数になった。名望家は地方利益の実現を期待して政党をとおして国会議員、県会議員の系列にはいり、それを実現することによって町村民を統合し、政党が期待する得票を取りまとめることができたのである。

3 揺れ動く朔太郎の時代

萩原朔太郎●

萩原朔太郎《はぎわらさくたろう》は前橋市の医師萩原密蔵《みつぞう》の長男として明治十九（一八八六）年に生まれ、大正六（一九一七）年に第一詩集『月に吠える』で口語自由詩を大成した、群馬県だけでなく日本の代表的詩人である。

前橋中学校卒業後、第五高等学校・第六高等学校、慶応義塾大学予科などに入学、落第を繰り返して各地に赴いたが、帰郷した。詩人として活躍するようになった大正十四年上京し、離婚後の昭和四（一九二九）年、帰郷したがまた上京し、父の病気のために帰郷し、父親の死後ふたたび上京するというように、上京、帰郷を繰り返した。

朔太郎は都会への強いあこがれをうたっている。

この美しい都会を愛するのはよいことだ
この美しい都会の建築を愛することはよいことだ……
みぞれふる日にもわれは東京を恋しと思ひしに……（青猫）

田舎の生活を嫌って都会へあこがれている。

海豹《あざらし》

わたしは遠い田舎の方から
海豹のように来たものです
わたしの国では麦が実り
田も畑も一面につながってゐる
どこをほっつき歩いたところで
猫の子いっぴき居るのでない……
なんたる哀せつの生き方だろう……
私はぼんやりと出かけてきた（青猫以後）

田舎でとくに嫌悪したのは家庭である。古い家族生活からの脱却を願望していたのである。

家

人が家の中に住んでるのは
　地上の悲しい風景である

朔太郎は古い家のある田舎から、あこがれた東京へ移ったが、古い家の象徴である父が死ぬとふたたび帰郷せざるをえなかった。嫌悪感をいだきながらも帰るのはふるさとであり、それが近づくと「まだ上州の山々は見へずや」となつかしくなり、ふるさとを切りすてることはできなかった。

『群馬県統計書』によれば、大正元年に群馬県人口は一〇〇万人を突破し、その後も増加を続け、十五年には一一三万人になった。年間約九〇〇〇人が増加したことになるが、ひとの移動はそれ以上に多く、活発であった。本籍地以外から流入した人口は、明治三十五年の一三万人から増加を続け、大正元年に一七万人、十年に二一万人になった。これとは逆に本籍地からの他出人口は明治三十五年に八万人と流入人口より五万人少なかったが、大正元年に一四万人、大正十年には二〇万人と流入人口

下島勲句集『薇』出版記念会(昭和15年6月5日，銀座中島屋)　前列右から2人目が朔太郎。

との差がほとんどなくなった。他出先は東京を中心とする県外・県内・郡内の順に多く、大正十年では県外一一万人、県内五万人、郡内四万人であった。県内の移動は郡部ではいずれも他出が流入を上まわり、前橋・高崎・桐生の三市では流入が他出よりも多かった。郡部の町村から市部へ、群馬県の地方都市から東京へと、萩原朔太郎が希求したように人びとは田舎から都会へと流出した。このため県内の人口分布が変化し、過疎化現象がはじまったのである。

大正九年の第一回国勢調査によれば群馬県の就業者のうち農業が五九・五%、工業が二二・六%、商業が九・三%、運輸通信業が二・一%、公務が三・三%を占めていた。明治四十三年の各市町村の『郷土誌』に記録された産業別就業者と比較すると、勢多郡北橘《きたたちばな》村（渋川市北橘町）では四十三年に農業就業者が九四%であったのが、大正九年には八〇%に低下したように、おおむね農業の比率が低下して、商工業の比率が大きくなった。

大正期（一九一二～二六）の群馬県は農業中心から商工業が発達して、産業構造が変化したために、農山村から商工業地に人びとが移動したのである。萩原朔太郎はこうした風潮のなかで都会へのあこがれと、都会へ流出した人びとの哀歓をうたいあげたので、人びとの共感をよんだのである。

県民の時代の到来●

大正二（一九一三）年一月十五日、群馬県民三〇〇〇人は前橋市で憲政擁護《けんせいようご》大会を開き、次の決議をした。

決　議　文

一、吾人は憲政を擁護し、極力閥族《ばつぞく》の根絶を期す。

二、この目的を達するため、帝国議会開会の劈頭《へきとう》に於いて弾劾上奏案を提出する事を望む。

申し合わせ

一、右の目的を達するため実行委員若干名を選び、上京して同志代議士を応援し、議会解散の際は揮《ふる》って同志代議士の再選を期す。

明治四十四（一九一一）年十二月に陸軍二個師団増設の強要を拒否して倒れた西園寺公望《きんもち》内閣にかわって組閣した第三次桂太郎《かつらたろう》内閣は、非立憲的閥族内閣であると攻撃されて大正政変がはじまったが、群馬県でもいちはやく県民大会を開催し、県民が直接に自分たちの政治的要求を訴えたのである。そのほか、一月中に前橋市臨江閣《りんこうかく》で、閥族打破、憲政擁護要求県民大会、桐生町帝国座で三五〇〇人が参加して山田郡民大会、館林町富貴座《ふうきざ》で二〇〇〇人が参加して邑楽《おうら》郡民大会など、各地で県民大会・市民大会・町民大会を開いた。大正政変だけでなく、三年二月四日、営業税全廃高崎市民大会を高盛座《こうせいざ》で開き、増税反対を訴えるなどさまざまな問題に対して、大正デモクラシーを反映して意思を直接に表明する、県民の時代が到来したのである。

明治末年には地方名望家が意見を代弁したから、県民は直接に自分たちの意見を訴えることはなかった。しかし、人びとが激しく移動し、他町村からの流入者が多く、町村内の秩序がくずれ、また、商工業が発達し、従来の名望家より経済的に優位に立つ新興の勢力が台頭したために、名望家が意見を代弁することに不満を感じる住民が、県民大会を開いたのである。ひとにぎりの名望家が町村政を運営する体制を批判し、新興の商工業者を中心に零細な都市民や小作人までも含めてより多くの県民の意思が町村政に反映されることを求めた。

しかし、名望家が新興勢力と協力して町村民をふたたび統合する契機となったのは、第一次世界大戦中の大正七年八月、富山県からはじまった米騒動《こめそうどう》である。米不足、業者による買占め・売り惜しみ、米価高騰が零細な都市民・小作人に打撃をあたえ、急速に各地に米騒動が広がった。本県では同年八月十日、高崎公園で米問題について市民大会を開く計画が立てられ、十五日、高崎市内の電柱二一カ所に市民大会開催のビラが、吾妻郡中之条町では、「米穀事件有志大会」のビラが一三カ所に、太田《おおた》・館林《たてばやし》・藤岡《ふじおか》などでは、米問題についての町民大会開催のビラが張られ、九月十一日、邑楽郡富永《とみなが》村（千代田町）では鎮守の太鼓をならして一〇〇余人の困窮者が集合し、一触即発の不穏な状況があったという。

　各市町村では、新聞で連日報道される各地での暴動の発生を警戒し、名望家と商工業者が協力して、米価高騰で生計が困難になった零細な都市民や小作人などを救済し、暴動の防止をはかった。八月十五日、

米廉売資金の寄付者(500円以上)

市町名	氏　名	寄付金額
		円
前橋市	江原芳平	13,000
	前橋銀行会社組合	2,000
	樋口茂太郎(丸大組)	1,000
	高田利八	1,000
	藤井新兵衛	1,000
	横地桂作	1,000
	野中倉吉	500
	丸ト組	500
	竹内勝蔵	500
	丸交組	500
高崎市	桜井伊兵衛	2,000
	第七十四銀行	1,200
	高崎水力電気株式会社	1,000
	中島仙助	1,000
	小林弥七	1,000
	小沢宗平	1,000
	井上保三郎	500
	滝川喜平	500
	第二銀行高崎支店	500
	小島弥平	500
	小島弥一郎	500
桐生町	森　宗作	2,500
	書上文左衛門	1,500
	大沢福太郎	1,000
	中村弥市	900
	桐生料理店芸妓組合	500
伊勢崎町	板垣清平	1,000
	穀商組合	618
	大沢熊七郎	500
館林町	日清製粉株式会社	1,000
	上毛モスリン株式会社	1,000
	秋元春朝	500
	正田六右衛門	500
	橋田銀次郎	500
	千金楽喜一郎	500
富岡町	原製糸所	500

『群馬県史』通史編7より作成。

皇室から群馬県への下賜金五万円に、名望家たちの寄付金を加えて資金として米を廉売した。大正初期に名望家体制が一時動揺したが、米騒動の恐怖から名望家が新興の商工業者と協力する体制が再編成された。以後、資本家・地主と小作人・労働者の階級的対立が大きくなった。本県で最初に小作人組合が設立されたのは大正七年であり、第一次世界大戦後の十年には小作人組合が急増し、全国組織である日本農民組合が設立されるとそれに加盟して支部となり、新田郡強戸《ごうど》村（太田市）、西群馬郡岩鼻村（高崎市）、同郡明治《めいじ》村（吉岡《よしおか》町）などで農民組合の指導をうけて小作争議が増加した。

労働組合も友愛会《ゆうあいかい》支部が五年に新田郡沖之郷《おきのごう》、翌年に桐生・館林で設立されたようであるが、十二年に日本労働総同盟野田連合会藤岡支部が設立されてから、各地に設立され、藤岡町・高崎市・桐生市などで総同盟系組合による労働争議が増加した。第一次世界大戦後は、自然発生的な争議ではなく、小作人・労働者が組織的に対抗するようになったのである。

小作争議件数

年次	小作争議		
	件数	参加地主人数	参加小作人数
大正8年	3		
9年	8	55	598
10年	23	442	2,748
11年	18	643	1,202
12年	11	416	2,311
13年	13	215	1,191
14年	19	348	1,789
15年	35	409	1,785

『小作調停年報』より作成。

県民生産価額は明治三十五（一九〇二）年の四二五六万円から大正元（一九一二）年に八三一五万円とほぼ倍増し、さらに第一次世界大戦中に急成長し、大正八年には三億二一七一万円と四倍近く増加した。そのうち農産物は三・一倍に対して、工産物は四・六倍と増加し、工業の発達が顕著であった。中島飛行機など重工業の萌芽もあるが、製糸・織物業が中心であった。座繰製糸が遅くまで残った群馬県では器械製糸が座繰製糸を上まわったのは大正二年であり、織物業でも力織機が大正期（一九一二〜二六）にはいって急速に普及し、蚕糸業が器械化した。大正九年の『国勢調査報告』では就業者は繊維工業が七万人と圧倒的に多かった。そのほか機械器具製造業の分類に機関車車輛製造・紡織機械・航空機・銃砲弾丸などがあげられ、その後成長する岩鼻火薬工業所・中島飛行機などの機械工業もあったが、それ以外の工業は伝統的な零細工業が多かった。大工、石工、屋根職、左官、菓子・豆腐・麵類・味噌醬油・清酒などの製造業、木挽・建具・笊《ざる》・桶・畳などの製造業、鍛冶などである。なお、商業者には酒調味料、菓子、穀類、蔬菜、荒物、小間物、魚介類、古物商など伝統的な商人が活躍し、まだ近代的な商店街は形成されていなかった。

消費生活の発展

消費生活を服装面でみると、利根《とね》郡利南《となみ》村（沼田《ぬまた》市）では大正元年に和服は一戸当り、単衣一八着、綿入二三着、羽織一一着などに対して、洋服は五三九戸の村全体で一〇八着だけで、地主などの名望家のほか、教員や役場吏員などに普及しはじめたにすぎなかった。

米食は裕福な農家で祝祭日だけにとり、日常は米麦五分五分であった。佐波郡赤堀《あかほり》村（伊勢崎市）の大正三年の調査によれば、主食はそのほか甘藷《かんしょ》・雑穀などで麵類はわずか一％であった。牛乳・肉などは〇・六％をとったにすぎず、魚も一・八％であった。昭和十（一九三五）年の佐波郡上陽村《じょうようむら》（玉村町）の調査では、米食だけが五一％、挽割混食《ひきわりこんしょく》が四一％、押麦混食《おしむぎこんしょく》が七％、七分搗《つき》・胚芽米《はいがまい》一％とあり、第一次世界大戦後に米食が増加した。代用食にはうどん、そば、甘藷、すいとん、にぼうとう（煮込みうどんの類）、イモに続いてパンが記録されている。八月から十二月までのうち九日分の同村の中農の三食の献立があるが、八月二十二日の朝食は米（八分）麦（二分）、味噌汁、茄子のぬかづけ、昼食は朝の残飯、瓜もみ、ぬかづけ、夕飯が朝食同様の米麦、味噌汁、塩鮭、ぬかづけ、間食は馬鈴薯《ばれいしょ》であった。動物性蛋白質が食卓に上がったのはこの日の塩鮭と十一月二十一日の夕食のさんま、稲荷祭りのあった十二月十五日の昼食の鮭、夕食のいわしであり、三日に一度くらいでるようになったが、肉類はなかった。

消費生活が豊かになり貨幣経済が浸透すると、小作人が適正な小作料を検討するなかで、労働費を必要経費に計上すべきだという価格意識が高まってきた。大正十年、強戸村小作人組合が地主会へ小作料軽減の根拠として稲作収支決算書を提出した。それには水田反当りの収入を九三円、必要経費を八二円七二銭と見積もり、従来の小作料三俵（四五円）を納入すれば小作人は三四円余の欠損になるから、三割軽減により欠損額を二一円に減少させたいと要求したが、必要経費に労働費四三円六九銭を計上している。その後も経験に基づいて労働費の算出を試みており、十四年には労働費を一時間一五銭として、年間の反当り労働費を四七円五〇銭と見積もった。無料とみなされていた農業の手間代を労働費として評価することを、正当に要求するようになったのである。

生活が豊かになるにつれて娯楽も発達し、活動写真館が各地に設立され人気になった。自転車が流行しはじめ、大正十年には萩原朔太郎も前橋で練習し、「操縦スコブル至難。ペタルヲ踏メバタチマチ顛倒ス」

と「自転車日記」をあらわした。運動も伝統的な武道以外に大正期にスポーツとして野球とテニスが流行した。

10章

工業県群馬の形成と課題

スバル360

1　昭和恐慌から戦争へ

中島飛行機●

群馬県民の生産価額は大正八（一九一九）年に三億円を突破したが、翌年には第一次世界大戦の戦後恐慌により二億円にさがり、昭和五（一九三〇）年には昭和恐慌により一億円台にさがった。しかし、この間に産業構造は大きく変化し、農産物価額は大正三年の五〇％をピークとして減少を続け、工産物価額の八一％を生糸・織物で占めていたのが、昭和五年には農産物価額が二五・五％と半減し、工産物価額のうち生糸・織物の比率は七七％とやや減少し、十三年には六三％に低下した。それにかわって重工業の比重が高まった。

工業就業者も大正九年の二二・六％から昭和十五年には二三・三％とやや増加した。群馬県の産業構造は、昭和期（一九二六〜八九）に農業と養蚕・製糸・織物業を中心とする軽工業県から、重化学工業県へと転換をはじめたのである。それを牽引したのは軍事産業であった。

群馬県の工業は昭和十六年に二五三三工場に、九・五万人が就業したが、そのうち紡績工業は一七四一工場、二・四万人に対して（一工場一四人）、一四七工場の機械器具工業に六万人が就業し（四一二人）、大規模な軍事産業が発展した。群馬郡元総社村《もとそうじゃ》（前橋市《まえばし》）の理研工業株式会社、群馬郡豊秋村《とよあき》（渋川市《しぶかわ》）の関東製鋼株式会社、古巻村《ふるまき》（同）の浅野カーリット株式会社、倉賀野町《くらがの》（高崎市《たかさき》）の須賀製作所、新田郡《にった》太田町《おおた》の中島飛行機株式会社が、軍管理工場に指定され、そのほか、碓氷郡《うすい》安中町《あんなか》（安中市）の東邦亜鉛製錬所、群馬郡古巻村の関東電化工業株式会社、高崎市の小島機械製作所、官営の岩鼻《いわはな》火薬製造所（高崎市）などが稼働していた。なかでも太田・小泉《こいずみ》工場に軍需徴用工四万人を含む五万人の労務者を擁した中島飛行機がきわだっている。

中島飛行機は、新田郡尾島《おじま》村（太田市）出身の中島知久平《なかじまちくへい》がはじめた民間航空機生産工場である。中島は、フランス・アメリカ航空界を視察し、海軍機関学校卒業後、横須賀海軍工廠造兵部の飛行機造修工場長を最後に大正六年に退役して、前小屋《まえこや》（太田市）に飛行機研究所を設立した。その後太田町に中島飛行

戦時下の工場数と職工数(昭和16年)

工業名	工場数	職工数 男	職工数 女	職工数 計
		人	人	人
金属工業	108	2,227	706	2,933
機械器具工業	147	56,284	4,327	60,611
化学工業	46	2,103	738	2,841
瓦斯電気水道業	60	426	7	433
窯業及土石工業	30	371	116	487
紡績工業	1,741	3,500	20,226	23,913
製材及木製品工業	318	2,226	219	2,445
食料品工業	57	1,024	313	1,337
印刷及製本業	7	89	33	122
その他	19	106	261	367
合計	2,533	68,356	27,132	95,488

群馬県行政文書「戦時下内務関係綴」『群馬県史』資料編24より作成。数値は原本のまま。

機製作所を設立した。失敗を繰り返したが、八年に「飛ぶ飛行機」の生産に成功し、翌年に陸軍から七〇機、海軍から三〇機を受注し生産を軌道にのせた。生産機数も十二年に一七二機、昭和七年に二三八機、日中戦争後の十三年に陸海軍管理工場の指定をうけ一五四八機を生産し、太平洋戦争がはじまった十六年には三九二六機、十九年には一万三九二六機を生産し、空冷式発動機も生産し、日本一の飛行機生産工場に成長した。陸軍戦闘機 隼《はやぶさ》・疾風《はやて》、重爆撃機呑竜《どんりゅう》、特殊攻撃機 剣《つるぎ》、多野郡美土里《みどり》村(藤岡《ふじおか》市)出身で三菱重工業にいた堀越二郎が設計し、中島製の発動機 栄《さかえ》を搭載した海軍戦闘機零戦《ゼロせん》や天山・銀河などを生産した。昭和九年には本県で実施された陸軍特別大演習に間に合わせて太田工場を新築し、十三年に海軍機生産のため小泉製作所を新設した。太田製作所は陸軍機機体を生産し、前橋工場(天川原)・呑龍工場(旧太田工場)・小泉製作所・尾島工場・伊勢崎《いせさき》工場では海軍機の機体を生産し、東京製作所・田無《たなし》運転工場・武蔵野《むさしの》製作所・多摩《たま》製作所では発動機を生産し、そのほか大宮《おおみや》・半田《はんだ》・宇都宮《うつのみや》・三島《みしま》・浜松《はままつ》に製作所を設置した。従業員は学徒動員や徴用工を含めて十九年には二五万人に達した。

昭和十六年に公布された国民徴用令により、重点産業へ労働者の配置が強制的になされ、本県では四・三万人が徴用され、そのうち四万人が中島飛行機へ配置された。十八年から学徒動員がはじまり、十九年四月以後、本県中等学校生徒一・三万人が中島飛行機の太田・小泉を始め県内各工場に配置された。徴用者は「応徴者たるの名誉性が賦与せられ……一億戦闘配置の時代的使命を担」うことが期待され、「工場は生きた学校、働き甲斐がある」と懸命にその期待にこたえようとしたが、不慣れな作業に加えて七二%の徴用工が食物不足を訴え、そのうえシラミ・南京虫のでる、火の気のない不潔な寮生活と一般工との賃金格差などの差別に不満をいだき、七〇%の徴用工は二年の徴用期間が終了すれば中島飛行機を退社する

❖コラム

政治家中島知久平の登場

昭和十五（一九四〇）年、皇紀二六〇〇年を記念して編纂された『躍進群馬県誌』のなかで、「現在尠《すくな》くも吾が郷土が生める名士の中に、世界的人物として、その一挙一動をして、直ちに社会の注目と、反響を呼ぶの実力と勢威を兼ね備ふる人」の第一として、中島知久平《なかじまちくへい》があげられている。彼は中島飛行機の創業者として語られることが多いが、政治家として、中央政界ではたした役割は実に大きなものがある。明治十七（一八八四）年新田《にった》郡尾島《おじま》村（太田市）にうまれ、その後、海軍機関学校入学、大正六（一九一七）年に海軍を退役して飛行機研究所を設立した。これが中島飛行機の始まりであり、日中戦争下で急成長、昭和十六年以降は全国の総生産機数の三〇%を超えた。

彼は昭和五年の衆議院議員選挙に初当選、立憲政友会《りっけんせいゆうかい》に所属した。当時、民政党の浜口《はまぐち》雄幸《おさち》内閣は、ロンドン海軍軍縮条約にかかわる統帥権干犯《とうすいけんかんぱん》問題で、窮地におちいっていた。その結果浜口首相は右翼の一青年に狙撃され、幣原《しではら》喜重郎《きじゅうろう》外相が首相代理をつとめた。政治家としての中島が注目されたのは、翌年の議会においてである。彼は、ロンドン条約に伴う国防上の問題点について質問した。それに対し幣原首相代理は「現にこの条約は御批准になっております。御批准になっているということをもって、このロンドン条約が国防を危くするものでないことが明かであります」と答弁した。これは天皇に責任を帰するものである、と政友会が攻撃し、議会は大混乱におちいったのである。その後中島は、政友会中島派の総裁に就任し、近衛《このえ》文麿《ふみまろ》の新党計画にも関与、また入閣二回をはたすなどした。政治家中島知久平の本格的な研究が待たれるところである。

希望をもっていた（高橋泰隆『中島飛行機の研究』）。まして や学徒動員の学生にとってはとくに夜勤がきつく、病人や欠勤者が多発し、腸閉塞、過労および空襲による死亡者がでた。なお、中島飛行機への徴用が多かったためもあり、本県からは満蒙《まんもう》開拓団への派遣はそれほど多くなかった。

上越線の開通と水上温泉の開発

明治十七（一八八四）年に日本鉄道による上野《うえの》・高崎間に鉄道が開通し、両毛《りょうもう》鉄道（二十二年開通）、上野《こうずけ》鉄道（上信電鉄、三十年開通）、足尾《あしお》鉄道（わたらせ渓谷鉄道、四十四年開通）、東武《とうぶ》鉄道伊勢崎線（四十三年開通）、上毛《じょうもう》電鉄（昭和三〈一九二八〉年開通）、上越《じょうえつ》線、八高《はちこう》線（九年開通）、長野原《ながのはら》線（吾妻《あがつま》線、二十年開通）など、交通網が整理され、人と貨物の流通が盛んになった。とくに新潟と東京を結ぶ上越線は江戸時代以来の陸上交通路であり、明治十年代から建設が計画されたが、三国《みくに》山脈をつらぬくトンネル工事が技術的・財政的に困難なため実現に至らなかった。しかし、大正七（一九一八）年、上越線の敷設が国会で決まり、八年に着工し、高崎・沼田《ぬまた》間が十三年に開通し、昭和三年に水上《みなかみ》まで開通した。六年に九七〇二メートルと当時日本一長い清水《しみず》トンネルが完成し、上越線が全通した。

その結果おおいに栄えるようになったのが水上温泉である。水上温泉は湯原《ゆばら》・大穴《おおあな》・谷川《たにがわ》・湯檜曽《ゆびそ》・宝《たから》川《がわ》などの複合温泉地であり、古くから湯治場《とうじば》として浴客はあった。大正七年に湯原を訪れた若山牧水《わかやまぼくすい》は「渓間の橋を渡れば湯原という温泉場がある。……凍えはてた手に辛く着物をぬいで湯へ浸る。程よき温泉、泣きたいような心地である。漸く心が落ちつくと、どうどうといふ響きが四辺をこめてゐるのに気がつく。渓の響きである」（『若山牧水全集』第六巻）と、上越線開通以前の水上温泉のようすを伝えている。

本県への温泉客は明治四十三年に三七万人であったのが、大正二年には五六万人、八年には七九万人と

水上温泉の浴客数

年　次	谷　川	湯檜曽	湯　原	大　穴	宝　川
	人	人	人	人	人
昭和 7 年	16,871	6,420	25,446	23,871	1,193
8 年	12,179	6,656	19,288	25,280	1,273
9 年	15,636	6,588	22,636	27,000	1,472
10 年	37,424	7,940	23,400	27,748	1,333
11 年	23,092	6,794	28,373	23,818	518

『群馬県統計書』より作成。

増加を続けたが、不況の影響でその後は減少し、十三年には五二万人まで落ちこんだ。そのうち、伊香保《いかほ》温泉（一九万人）・草津《くさつ》温泉（一四万人）がもっとも多く、その他、四万《しま》温泉（八万人）・磯部《いそべ》温泉（四万人）が多く、水上温泉では湯檜曽温泉へ七一二人、谷川温泉へ四一〇人が来湯した。十四年に四万温泉への浴客が二一万人に急増したのは上越線が渋川まで開通し、渋川から四万自動車株式会社による自動車運転を増発し浴客の誘致競争を行った結果であり、交通網の整備が温泉地の発展に直結することを物語っている。昭和恐慌によりさらに減少したが、昭和五年に六三万人に回復し、その後増加を続け、十一年に九八万人に達した。水上温泉は、湯原二・五万人、大穴二・四万人、谷川一・六万人など、合計七・三万人になった。ちなみに同年に草津温泉一六万人、伊香保温泉一五万人、四万温泉九万人、磯部温泉三万人であり、水上温泉は上越線の効果がてきめんにあらわれ、いちやく県内第三位の温泉地に発展した。

上越線開通を目前にひかえた昭和四年、水上町（みなかみ町）の温泉業者が奥利根温泉組合を結成して宿の整備や宣伝方法を検討し、開通後は水上駅前に水上観光接客案内事務所を開設し、「あした谷川　今宵は湯檜曽、雪の大穴　ジャンプで越える」（水上小唄）と、「雪と山岳、温泉の三拍子が揃った、東京から上越線で来てすぐすべれるスキー場」を京浜地区への宣伝のキャッチフレーズにして、観光客の誘致につとめる一方で、遊歩道、観光道路の整備、山小屋の建設などの環境整備につとめた。

谷川岳《たにがわだけ》は古くから信仰の対象であったが、大正九年の初縦走以後、スポーツ登山の対象として注目を集め、「清水トンネルが開通して、谷川岳はにわかに人間の世界に接近した」といわれるように、上越線開通後、水上温泉を本拠地として谷川岳登山が盛んになり、さきをきそって未踏の岩壁に挑んだ。それに比例して事故も多くなり、六年から二十年までに九六人が死亡し、魔の山としても著名になってしまった。

配給と空襲●

昭和十二（一九三七）年の日中戦争、十六年の太平洋戦争と戦時体制が強化され、十四年からは統制経済により木炭・衣料・米・麦・砂糖・マッチなど、生活必需品が配給の対象になり、十五年には奢侈品の製造販売が制限され、「ぜいたくは敵だ」がさけばれるようになった。新田郡笠懸村《かさがけ》（みどり市）の田中治平はその日記に戦時体制と統制経済の進行を次のとおり書きとめている（『笠懸村誌』別巻四）。

昭和十二年七月　六日　支那事変ノ為大ニ兵ヲ送ル
　八月十五日　笠懸村へ兵士五十名動員下令
　九月十九日　支那事変思ハシカラス
十三年十月十四日　戦死者笠懸村村葬
十五年五月　九日　日常食米節米令　内地米粳四、糯一、外米二半、平麦二半
　六月十三日　米闇取引各地方ニアリト聞ク
　十一月五日　米大小麦ヲ始メ日用品ニ至ル迄配給制度ニアラサル者ナシ

❖コラム

近代の戦争遺跡―旧陸軍岩鼻火薬製造所

高崎市岩鼻町に所在する県立公園「群馬の森」一帯には、明治十五(一八八二)年に操業を開始した陸軍の火薬製造所がかつてあった。敗戦時の正式名称は東京第二陸軍造兵廠《ぞうへいしょう》岩鼻製造所。敷地面積三二万五〇〇〇坪、主用機械四〇〇〇台、従業員三九五六人を擁する巨大な軍需工場であった。操業当初は黒色火薬を製造していたが、日露戦争において、陸軍が旅順のロシア砲台爆破に、ノーベル社製ダイナマイトを使用して大成功をおさめたことから、急遽、ダイナマイト工場を岩鼻火薬製造所構内に建設している。そして、明治三十九年からダイナマイトの製造が開始された陸軍における唯一のダイナマイト工場でもあった。

ところで、火薬製造作業には爆発事故はつきものというが、岩鼻火薬製造所では、明治期一〇回、大正期三回、昭和期八回の合計二一回の大爆発事故が発生し、そして明治期一七人、昭和期三〇人の合計四七人の貴い犠牲者がでている。これは陸軍の火薬製造所のなかでは最悪記録である。爆発事故の断片を伝えるものには、岩鼻町観音寺境内の「殉職者供養塔」(昭和七年建立)と同寺保管の「殉職者刻銘名札入」、同寺北側の天神山《てんじんやま》に「殉職者之碑」(昭和七年建立)などがある。

戦後、岩鼻火薬製造所の広大な敷地には、日本化薬株式会社や日本原子力研究所が開所し、「群馬の森」が両者にはさまれた地帯に昭和四十九(一九七四)年に開園している。往時を偲《しの》ばせる遺構群はわずかとなりつつあるが、それでも土塁、火薬工室、火薬庫、射場、堀などが広大な敷地のなかに遺されており、これらは近代の戦争遺跡として貴重な遺構群である。

十六年一月　一日　労動《(働カ)》男一日一人分一合八勺ノ者一合六勺トナス

四日　地下足袋、砂糖、マッチ凡テ配給ニ依ル

十二月十九日　金山《かなやま》神社ニテ大祭、英米宣戦全勝祈願ヲナス

戦争が村のなかに浸透し、村葬を行い、勝つことを信じて戦勝祈願をしているが、「配給制度にあらざるものなし」(同前)と田中治平は統制経済には不満を吐露している。太田町では配給切符が種類ごとに七、八冊もあり複雑であったのを統合して、効率的に配給を行うために、十七年十一月に配給総合通帳を全戸に配布した。それには米、麦、麺、小麦粉、砂糖、味噌、醤油、菓子、食用油、石鹸、薪炭などが記録されていた。

昭和十六年十二月八日の真珠湾攻撃で戦果をおさめ、「大東亜戦争目覚シキ戦アリ、皇軍毎日皇威ヲ輝シテ敵ヲ撃滅セリ」(同前)と、国民を期待させたのはわずかの期間で、翌十七年六月のミッドウェー海戦以後、戦局はわが国に不利に展開した。本土が米軍機の空襲をうけたのは十七年四月が最初であり、しだいに度重なるようになり、十九年十一月、本県にはじめて爆撃機B29が侵入した。

中島飛行機のある太田・小泉が爆撃の重要目標とされ、二十年二月十日、サイパン島からの米軍機一一八機が太田町を空襲し、死亡一五二人、罹災二一三九人の被害をあたえ、中島飛行機の建物一五%を破壊した。すでにアメリカ軍は前年の六月に大日本帝国陸地測量部発行の地図をもとに、上空からの航空写真によって鮮明に中島飛行機の工場配置図を作成しており、二月六日に爆撃手にあたえた命令書には、強化コンクリートを使用した建物の破壊にもっとも有効な高性能爆弾で爆撃する照準点が、航空写真に指示された。平成三(一九九一)年の湾岸戦争をほうふつとさせる写真である。圧倒的な軍事力と情報収集の差

が歴然としている。爆撃後の効果を航空写真で撮影して確認し、不足と判断し十六日にふたたび空襲し、さらに四月四日に小泉を含めて九時間にわたって爆撃を行った。

制空権を奪ったアメリカ軍は連日のように予定した各地を爆撃し、八月五日、前橋を爆撃し、市街地の七五％を焦土と化し、敗戦の前日の十四日に高崎・伊勢崎を爆撃した。群馬郡国府《こくふ》村（高崎市）の住谷修《すみやしゅう》は、十四日午後一時、「はづみあがる大爆音」（『国府村誌』）に戸外へ飛びだし、高崎市飯塚と新前橋駅付近が空襲により燃え上がっているのを確認し、深夜午前二時一〇分「突然パッパッパッと斜東上空で焼《しょう》夷弾《いだん》の投下を見、落雷したと思う程の大音響で南の井戸流しへ焼夷弾が落ち

前橋空襲後の惨状（昭和20年10月10日，アメリカ軍撮影）　左上方にみえるのは利根川と群馬県庁。

庭の地面一帯に凡そ一尺角位に何千の小さな火柱が燃え立ち屋根もバリバリと凄い音をたてて忽《たちま》ち火の海になった」と、当日の被災を日記に記録している。

2　高度経済成長と環境問題

工場誘致とダム建設●

昭和二十（一九四五）年八月十五日、満州事変から数えて一五年間におよぶ戦争がおわった。陸海軍一二・六万人、一般在外者など四万人、合計一七万人が帰郷し、疎開者の一部の残留によって群馬県人口は前年の一三二万人から二十年には一五二万人に増加し、二十三年には一六〇万人になり、その後三十年まで増加を続けた。

荒廃した国土、軍事産業に転換された工場、増加した人口のもとで、戦時中以上の耐乏生活が続き、とくに食糧難は深刻であった。

戦後復興は伝統と技術の蓄積がある蚕糸業と農業との回復からはじまった。昭和二十二年の就業者数のうち農業が五八％と圧倒的に多く、水稲の作付面積は三・四万ヘクタールと戦前の水準に回復し、実収は三十二年になって戦前の水準に回復した。麦作は二十四〜二十六年に戦前の水準に回復した。蚕糸業は、二十三年から復興をはじめたが、桑園面積では戦前の水準の五二％、収繭高では六〇％、生糸生産高では四五％にすぎなかった。二十三年には軽工業が工業全体の従業者数で六九％、工業生産額で七〇％を占めた。

昭和二十八年に群馬県工場設置奨励条例を制定し、三十一年に公布された首都圏整備法により、都内の工場の分散が計画されたので、群馬県工場誘致条例を制定して積極的に工場誘致をはかった。三十五年に太田・大泉《おおいずみ》地区が、翌年には前橋・高崎・渋川地区が市街地開発地域に指定された。工場誘致の基盤整備のため、三十七年に高崎市大八木《おおやぎ》工業団地の造成を始めとして、六十年までに県企業局は二七カ所の工業団地を造成した。五十八年までに二〇一五工場が新設・増設され、その従業員数は一六万人にのぼり、県内の労働市場を拡大した。

群馬県は昭和二十二年に総合開発計画試案、二十五年に総合開発計画調書、三十年に県政振興五カ年計画、三十五年に県政振興計画、三十八年に経済総合計画をつぎつぎに策定して、群馬県経済の復興と振興を推進したが、その方針の一つに利根《とね》川水系の総合利用を掲げた。三十七年に利根川が水資源開発水系に指定されたことにより、ダム建設が促進された。すでに藤原ダ

下久保ダム建設により水没した村　保美濃山《はみのやま》集落は142戸のうち119戸の人びとが移転した。

ム・相俣《あいまた》ダムが完成していたが、矢木沢《やぎさわ》ダム・下久保《しもくぼ》ダム・草木《くさき》ダムなどがつぎつぎに建設された。いずれも洪水調節・灌漑・発電を目的とし、矢木沢ダム以後は上水・工業用水・農業用水も目的に加えた。

発電所は箱島《はこじま》、関根《せきね》などにも設置され、群馬県は「電源ぐんま」と称され県外へ電力を供給した。電力供給量は昭和二十四年の一六億キロワットから二十七年には二二億キロワットへ増加し、そのうち八割を県外へ送電した。しかし、三十年代に電力消費量が急増し、三十六年には一四億キロワットを消費し、県外への送電は五一%に低下し、四十四年には三七億キロワットを消費し、県内発電量では不足し、県外からの送電にたより、電力消費県にかわった。ダム建設はその後も積極的に推進され、発電とともに首都圏の水ガメとしての機能が期待されるようになった。

七〇市町村の成立●

昭和二十八（一九五三）年、町村合併促進法が施行され、地方財政の確立と行政事務の確立のために町村合併が進められ、本県では四十二年までに大規模な町村合併が終了して、戦前の一九七市町村を七〇市町村に統合した。その結果、市町村規模は一〇万人以上が三、一万人以上が三九、適正最低限とされた八〇〇〇人以上が一七、それ以下が一六あった（昭和三十六年）。適正規模に達するために分村合併が強行されるなど、各地で摩擦がおこった。相馬《そうま》村の事例で具体的にみよう。

県は昭和二十八年に五八市町村にする合併試案を作成した。群馬郡相馬村は箕輪《みのわ》町・車郷《くるまさと》村・長野《ながの》村と、隣村の桃井《もものい》村は明治《めいじ》村・駒寄《こまよせ》村と合併することが提示されたが、住民が反対した。三十年四月に箕輪町・車郷村が合併して箕郷《みさと》町を、明治村・駒寄村とが合併して吉岡《よしおか》村を誕生させ、長野村は同年八月に高崎市に合併された。残った相馬村・桃井村に対して県知事は新市町村建設促進法に基づいて三十二年三月に分村合併を勧告した。相馬村を分村して、大字広馬場《ひろばば》を桃井村と合併し、残った大字柏木沢《かしわぎさわ》をすでに合併している箕郷町と上郊《かみさと》村のうち大字生原《おいばら》と合併するという案であった。勧告にしたがわない場合は地方交付税や地方債、国有林野の売りはらい、学校や役場庁舎建築についての補助金など財政上の援助を行わないことが定められ、財源を極度に制限されている小規模町村にとって勧告は強制力をもつもので、それを拒否することは困難であった。

この勧告にしたがって昭和三十二年四月、大字広馬場と桃井村とが合併し、大字柏木沢では桃井村との合併を希望する住民があったが箕郷町にとりあえず合併した。県知事は大字柏木沢の帰属を町村合併調整委員会の調停に付した。委員会では住民投票による解決を勧告したが、箕郷町が拒否したので調停はうちきられ、県知事は新市町村建設促進審議会に諮問してから、住民投票による決定を請求した。しかし、この請求もうけいれず、箕郷町選挙管理委員会は住民投票を実施しなかったので、「自主的な解決がなされるようあらゆる方策を講じたが、解決の見通しがなく」(『群馬県市町村合併史』)と、県知事は内閣総理大臣と協議のうえ、群馬県選挙管理委員会に住民投票の代執行を請求した。住民投票の結果、大字柏木沢を分割して字新田上《しんでんかみ》が箕郷町、新田中《しんでんなか》・下《しも》が桃井村に合併することになり、桃井村は三十四年に新村名を榛《しん》東《とう》村に決定した。

この間、相馬小学校・中学校は箕郷町桃井村学校組合立として存続し、柏木沢の分属が決定されると、相馬中学校は廃止され、生徒は箕輪小・中学校、相馬小学校・桃井中学校にそれぞれ編入された。しかし、箕輪小学校へ編入された新入生の一部がそれをきらって近くの相馬小学校へ入学した。学校長、保護者、両村教育委員会で協議したが、結論がでず、入学式に呼名をしないが、座席、下駄箱は一般児童と同様にあつかうという、幼い児童の立場を尊重したとはいえない黙認の形で、その後二〇年間も越境入学が続いたのである。

同じく分村合併した新田郡世良田《せらだ》村では、村有財産は分村した人口に応じて五五対四五の案分比例で分割されることになり、小中学校の校舎から、備品のピアノ、箒《ほうき》・塵取《ちりと》り・箸《はし》までが分割の対象になったという(『尾島町誌』下巻)。

こうした分村合併は本県では一五件あり、他町村との合併を拒否して自治世良田村独立宣言を発表した事例を始め、国・県が一方的に定めた「適正町村規模」の八〇〇〇人の方針を押しつけたことによって、町村に無用の対立を生じさせたといえよう。巨大都市東京の現状から、大規模町村に合併することが住民の快適な生活を保障する唯一の道であったのか、という反省から、コミュニティー論が盛んであり、住民の意向を尊重する地方自治のあり方を再検討する時期にきているようである。

「ほのぼのぐんま」と尾瀬●

群馬県内の道路は昭和二十七(一九五二)年の道路法の改正により一級国道(二路線)、二級国道(五路線)、主要地方道(三五路線)、一般県道(二五二路線)が指定されたが、舗装道路は七%だけで、砂利道が九三%であった。道路舗装はその後急速に進み、四十四年に五六%、五十一年に八二%まで舗装した。五十八年に本県で開催されたあかぎ国体を契機に交通網がいっそう整備された。高速道路・上越新幹線とともに首都圏との距離は短縮され、モノの流通が円滑になり、盛んになった。

自動車保有台数は昭和四十年の一一・八万台から急増し、四十八年には四九・七万台になり、一世帯に一・一台を保有することになり、自動車保有率は全国一位になった。しかし、これに伴い交通事故が多発し、四十年には五九七二件、死者二八〇人、負傷者七二五七人であったのが、四十三年には一万件を超し、四十七年には死者が三五一人、負傷者一万五五一九人と最悪になり、交通規制とともに交通安全対策、安全教育が強化された。

交通網の整備により人びとの移動も盛んになり、温泉を始めとする豊かな自然と観光資源の整備、五十四年から「ほのぼのぐんま」をキャッチフレーズに積極的にキャンペーンを展開し、観光客の誘致をはかった。本県への観光客は昭和三十三年に六六七万人であったのが、四十四年に二一四八万人、六十年に四一六七万人と急増した。そのため自然保護と観光利用との調和が社会問題となってきた。なかでも注目を集めたのは特別天然記念物に指定されている尾瀬《おぜ》であった。

昭和四十年に金精《こんせい》道路が開通して利根郡と栃木県日光《にっこう》との往復が容易になり、四十四年に沼田市から利根郡片品《かたしな》村へ通じる国道一二〇号線が整備され、観光客が急増した。ハイヒールでも入山が可能になった尾瀬の登山客が増加し、過剰利用により湿原が荒廃しはじめたので、県は三十三年から湿原回復事業を開始した。四十二年に尾瀬沼を迂回して大清水《おおしみず》をとおって、沼田と会津田島《あいづたじま》を結ぶ主要地方道沼田・田島線が認可され、着工した。これに対して車道開通による自然破壊、尾瀬への観光客の激増による過剰利用が危惧され、自然保護団体から反対運動がおこり、環境庁長官大石正巳《おおいしまさみ》が視察した結果、尾瀬保護に悪影響をあたえるとの理由で工事中止を県知事に要請し、四十六年八月に工事は中止された。以後、自然保護か地域開発かの二者択一ではなく、両者を調和させた地域振興を模索している。

高度経済成長のはじまった昭和三十年代前半に、県民が県外へ流失し、県人口は三十年の一六一万人から三十五年には九七・七%の一五八万人に減少した。六年間で県外からの転入者は一三万人に対して、東京都を始めとする県外転出が二四万人で、一一万人が減少した。若者が東京へ就職することによって人口が流出するとともに、県内での移動も一六万人と多かった。三十年と三十五年との人口増加率を比較すると、市部は変化がないのに対して、郡部では四・九%が減少した。市町村ごとにみると、増加したのは伊香保・草津などの観光地と高崎・前橋・渋川・桐生《きりゅう》・沼田などの市部であり、減少が大きかったのは山村である。

しかし、昭和三十年代後半からは県外流出が減少して、県人口は三十五年の一五七万人から増加に転じ、四十年に一六〇万人、五十年に一七五万人と増加を続け、平成六（一九九四）年に二〇〇万人に達した。五十年までは市部が増加したが、とくに前橋・高崎の人口増加は五十年までで頭打ちになり、周辺の群馬町や吉井町（現高崎市）での増加が顕著になった。また、工業が発展した太田・大泉地区が著しかった。逆に商工業を誘致する基盤にとぼしい山村で人口減少が続き、多野《たの》郡上野《うえの》村では三十年に四八五四人であったのが、六十二年にはその三九%の一八八一人に減少するなど、過疎化が四十年代、五十年代に急激に進行した。また多野郡中里《なかさと》村（神流《かんな》町）（四五%）・甘楽《かんら》郡南牧《なんもく》村（四七%）・多野郡万場《まんば》町（神流町）（四九%）でも五〇%以下に減少し、そのほか二九町村で減少した。若者が流出したため六五歳以上の老齢人口はさきの四町村ではいずれも二一%から二六%と県内でもっとも高かった。

人びとの移動の要因は産業構造の変化である。昭和三十五年には農業就業者数は四二%を占めたのに、所得は二四・九%にすぎず、製造業は就業者数二〇・一%に対して所得が二二・七%、サービス業は就業者数九・九%に対して所得が一五・四%と大きく、産業別所得格差が大きくなり、所得の多い製造業、サービス業へ人口が移動した。その結果、就業人口のうち第一次産業が三〇年からの六年間で四・七万人も減少して、五〇・九%から四三・〇%となり、第二次産業が二一・二%から二六・六%へ増加した。四十年になると第一次産業は第三次産業就業者数に追いこされ、その後さらに急減し、また兼業者が激増した。

人口が流入した地区では住民の連帯感・共同意識を醸成するために、昭和四十六年からコミュニティ活動を奨励した。過疎地へは四十四年から交付税や特別融資を行って地域振興をはかった。豊かな自然と伝統をいかして恐竜の里(多野郡神流町)・たくみの里(利根郡みなかみ町)・土と火の里(藤岡市上日野《かみひの》地区)など、村おこし運動に積極的に取りくみ、竹下登内閣が提唱した一町村一億円のふるさと創生基金を利用して、人びとを誘致することを最大のテーマとして町村営温泉などユニークな村おこし運動を展開している。

あとがき

群馬県では昭和四十九（一九七四）年から県史編纂事業を開始した。県下の研究者の努力により、平成四（一九九二）年までに『群馬県史』三七巻（通史編一〇巻・資料編二七巻）を刊行して事業を終えた。この一八年間に及ぶ県史事業により多くの資料が発見され、保存・公開がすすめられ、地域史の情報もあつめられたことは、研究を大きくすすめるための基盤となった。これにより新しい立場と分析視角から地域の歴史の流れを再検討しようとする気風がみられるようになったことの意義は大きい。

さて、本書の編集・執筆について相談をうけたとき、県という一つの地域が人びとの努力によりどのように形成され、歴史を担ってきたのかを明らかにしたい、群馬という地域がどのようにして日本の歴史の流れにかかわり、それをどのように動かしたのかを考えてみたい、さらには県史の編纂によりもたらされた地域史の新しい動きもとりこめたらと考え、こうした点で共通の理解をもつ丑木幸男（近世、近代・現代）・山本隆志（古代、中世）の両氏に編集・執筆に加わってもらうとともに、松田猛・関口功一（原始・古代）、田畑勉・岡田昭二（近世）の各氏にも執筆していただいた。またコラムについては新井登志雄・神庭真二郎・菊池実・時枝務・永島政彦・松浦利隆・宮崎俊弥・吉澤悟、付録については飯島康夫・須藤聡・滝沢典枝・宮崎俊弥の方々の協力を得た。なお、紙数に限りがあるので、近代・現代については丑木幸男・宮崎俊弥両氏による『群馬県の百年』（山川出版社、一九八九年刊）があるので、同書を参照していただければと思う。また、全体としての統一や体裁を整えるためにやむをえず、執筆者各位の文章に手を加えさせていただいた部分もある。こうしたことを快く認めていただいたことに感謝したい。

旧版の県史シリーズは、地域の立場から日本の歴史の流れをみていこうという地方史研究の成果を背景に刊行された。前回の『群馬県の歴史』（山田武麿編）が世にでてからすでに四半世紀がたった。地域史の研究状況も変化しようとしているし、県をとりまく状況も二十一世紀をむかえ、新しい発展をとげようとしている。こうしたときに私どもの仕事が多少ともお役にたつことがあれば幸いである。

最後に本書の作成にあたり、図版その他についてご配慮いただいた各位にあらためてお礼を申し上げるものである。業務とはいいながらご迷惑をかけ続けた山川出版社、とくに編集担当の方にあらためて感謝するものである。

一九九七年三月

西垣晴次

1:680,000
0
7
14km
N
福島県
栃木県
茨城県
埼玉県
会津駒ヶ岳
2132
平ヶ岳
2141
檜枝岐村
帝釈山
2059
景鶴山
2004
燧ヶ岳
2356
尾瀬沼
至仏山
2228
黒岩山
2163
荷鞍山
2024
2141
鬼怒沼山
女峰山
2483
男体山
2486
2578
日光白根山
2388
錫ヶ岳
皇海山
2144
袈裟丸山
1878
地蔵岳
1483
赤城山
1685
1674
地蔵岳
大沼
利根郡
片品村
沼田市
みどり市
桐生市
桐生市
きりゅう
足利市
日光市
にっこう
中禅寺湖
那須塩原市
矢板市
大田原市
塩谷町
さくら市
宇都宮市
高根沢町
鹿沼市
壬生町
上三川町
真岡市
栃木都賀Jct
栃木市
下野市
岩舟Jct
岩舟町
小山市
おやま
筑西市
佐野市
結城市
館林市
たてばやし
板倉町
野木町
古河市
加須市
下妻市
八千代町
伊勢崎市
いせさき
太田市
おおた
大泉町
邑楽町
邑楽郡
千代田町
明和町
羽生市
深谷市
熊谷市
くまがや
美里町
寄居町
行田市
鴻巣市
境町
常総市
五霞町
幸手市
坂東市
久喜市
久喜白岡Jct
杉戸町
宮代町
白岡市
蓮田市
春日部市
野田市
小川町
滑川町
嵐山町
東秩父村
吉見町
北本市
桶川市
東松山市
鳩山町
ときがわ町
坂戸市
川島町
上尾市
伊奈町
日光宇都宮道路
東北自動車道
北関東自動車道
関越自動車道
上越新幹線
東北新幹線
東北本線
日光線
東武日光線
東武桐生線
東武伊勢崎線
両毛線
水戸線
高崎線
野岩鉄道
わたらせ渓谷鐵道
真岡鐵道
関東鉄道
鬼怒川
荒川
利根川
小貝川
渡良瀬川

歴 史 散 歩　全47巻(57冊)

好評の『歴史散歩』を全面リニューアルした、史跡・文化財を訪ねる都道府県別のシリーズ。旅に役立つ情報満載の、ハンディなガイドブック。

B6変型　平均320頁　2～4色刷　本体各1200円+税

1 北海道の歴史散歩
2 青森県の歴史散歩
3 岩手県の歴史散歩
4 宮城県の歴史散歩
5 秋田県の歴史散歩
6 山形県の歴史散歩
7 福島県の歴史散歩
8 茨城県の歴史散歩
9 栃木県の歴史散歩
10 群馬県の歴史散歩
11 埼玉県の歴史散歩
12 千葉県の歴史散歩
13 東京都の歴史散歩 上 中 下
14 神奈川県の歴史散歩 上 下
15 新潟県の歴史散歩
16 富山県の歴史散歩
17 石川県の歴史散歩
18 福井県の歴史散歩
19 山梨県の歴史散歩
20 長野県の歴史散歩
21 岐阜県の歴史散歩
22 静岡県の歴史散歩
23 愛知県の歴史散歩 上 下
24 三重県の歴史散歩
25 滋賀県の歴史散歩 上 下
26 京都府の歴史散歩 上 中 下
27 大阪府の歴史散歩 上 下
28 兵庫県の歴史散歩 上 下
29 奈良県の歴史散歩 上 下
30 和歌山県の歴史散歩
31 鳥取県の歴史散歩
32 島根県の歴史散歩
33 岡山県の歴史散歩
34 広島県の歴史散歩
35 山口県の歴史散歩
36 徳島県の歴史散歩
37 香川県の歴史散歩
38 愛媛県の歴史散歩
39 高知県の歴史散歩
40 福岡県の歴史散歩
41 佐賀県の歴史散歩
42 長崎県の歴史散歩
43 熊本県の歴史散歩
44 大分県の歴史散歩
45 宮崎県の歴史散歩
46 鹿児島県の歴史散歩
47 沖縄県の歴史散歩

新　版　県　史　全47巻

古代から現代まで、地域で活躍した人物や歴史上の重要事件を県民の視点から平易に叙述する、身近な郷土史読本。充実した付録も有用。

四六判　平均360頁　カラー口絵8頁　　本体各2400円+税

1 北海道の歴史
2 青森県の歴史
3 岩手県の歴史
4 宮城県の歴史
5 秋田県の歴史
6 山形県の歴史
7 福島県の歴史
8 茨城県の歴史
9 栃木県の歴史
10 群馬県の歴史
11 埼玉県の歴史
12 千葉県の歴史
13 東京都の歴史
14 神奈川県の歴史
15 新潟県の歴史
16 富山県の歴史
17 石川県の歴史
18 福井県の歴史
19 山梨県の歴史
20 長野県の歴史
21 岐阜県の歴史
22 静岡県の歴史
23 愛知県の歴史
24 三重県の歴史
25 滋賀県の歴史
26 京都府の歴史
27 大阪府の歴史
28 兵庫県の歴史
29 奈良県の歴史
30 和歌山県の歴史
31 鳥取県の歴史
32 島根県の歴史
33 岡山県の歴史
34 広島県の歴史
35 山口県の歴史
36 徳島県の歴史
37 香川県の歴史
38 愛媛県の歴史
39 高知県の歴史
40 福岡県の歴史
41 佐賀県の歴史
42 長崎県の歴史
43 熊本県の歴史
44 大分県の歴史
45 宮崎県の歴史
46 鹿児島県の歴史
47 沖縄県の歴史

群馬県《ぐんまけん》の歴史《れきし》

県史　10

1997年5月20日　第1版1刷発行　　2015年12月25日　第2版2刷発行

編　者　西垣晴次《にしがきせいじ》・山本隆志《やまもとたかし》・丑木幸男《うしきゆきお》

発行者　野澤伸平

発行所　株式会社　山川出版社　　〒101-0047　東京都千代田区内神田1-13-13

電話　03(3293)8131(営業)　03(3293)8135(編集)

http://www.yamakawa.co.jp/　　振替　00120-9-43993

印刷所　明和印刷株式会社　　製本所　株式会社ブロケード

装　幀　菊地信義

© Seiji Nishigaki, Takashi Yamamoto, Yukio Ushiki 1997 Printed in Japan

ISBN978-4-634-32101-4

- 造本には十分注意しておりますが，万一，落丁・乱丁などがございましたら，小社営業部宛にお送りください。送料小社負担にてお取り替えいたします。
- 定価はカバーに表示してあります。

西垣　晴次　にしがきせいじ

1929年，東京都に生まれる
1952年，東京文理科大学史学科(国史学専攻)卒業
元群馬大学教授
主要著書　『お伊勢まいり』(岩波新書，1983年)，『群馬県史』通史編 3 (共著，群馬県，1989年)，『図説群馬県の歴史』(編著，河出書房新社，1989年)

山本　隆志　やまもとたかし

1947年，群馬県に生まれる
1976年，東京教育大学大学院文学研究科修士課程修了
前筑波大学歴史・人類学系教授
主要著書・論文　『荘園制の展開と地域社会』(刀水書房，1994年)，「常陸国信太荘の知行構造」(『茨城県史研究』77号，1996年)

丑木　幸男　うしきゆきお

1944年，東京都に生まれる
1966年，東京教育大学文学部史学科卒業
現在　国文学研究資料館名誉教授
主要著書　『地方名望家の成長』(柏書房，2000年)，『近代政党政治家と地域社会』(臨川書店，2003年)，『戸長役場史料の研究』(岩田書院，2005年)

松田　猛　まつだたけし

1956年，群馬県に生まれる
1980年，群馬大学教育学部卒業
現在　高崎市立多胡小学校長
主要著書　『群馬県史』通史編 2 (共著，群馬県，1991年)，『上野三碑――古代史を語る東国の石碑――』(同成社，2009年)

関口　功一　せきぐちこういち

1959年，群馬県に生まれる
1988年，立教大学大学院文学研究科史学専攻博士課程満期退学
現在　群馬県立前橋工業高等学校教諭
主要著書　『東国の古代氏族』(岩田書院，2007年)，『上毛野の古代農業景観』(岩田書院，2012年)，『古代上毛野の地勢と信仰』(岩田書院，2013年)

田畑　勉　たばたつとむ

1938年，東京都に生まれる
1967年，立教大学大学院日本史専攻博士課程修了
現在　金沢星稜大学教授(経済学部)
主要著書　『近世文書の解読』(共編著，柏書房，1978年)，『群馬県史』通史編 4 (共著，群馬県，1990年)

岡田　昭二　おかだしょうじ

1953年，愛知県に生まれる
1977年，慶應義塾大学文学部史学科(国史学専攻)卒業
現在　群馬県立文書館(公文書・古文書グループ)主任専門員(総括)
主要著書・論文　『群馬県史』通史編 5 (共著，群馬県，1991年)，『新編高崎市史』通史編 3 (共著，高崎市，2004年)，「近世上州の温泉と関所」(『群馬歴史民俗』第27号，2006年)

付　　録

■ 索　　引

● あ　行

● か　行

●さ　行

● た　行

● な　行

● は　行

● ま　行

● や　行

● ら・わ行

■ 年　　表

年代	時代	事項
3万年前	旧石器時代	旧石器出現(不二山遺跡など)。
1万2000年前	縄文時代	草創期縄文土器が出現(乾田・西鹿田遺跡など)。
2300年前	弥生時代	遠賀川系土器の影響をうけた土器が出現(押手遺跡など)。
2100年前	〃	環濠集落(清里・庚申塚遺跡)・方形周溝墓(新保遺跡)が出現。
A. D. 300年代	古墳時代	石田川式土器の出現(石田川遺跡)。古墳の築造開始(前橋八幡山古墳)。
A. D. 400年代	〃	大型前方後円墳の出現(太田天神山・御富士山古墳)。豪族の居館がつくられる(三ツ寺遺跡)。
A. D. 500年代	〃	榛名山二ツ岳噴火の結果，大きな被害およぶ(黒井峯遺跡)。横穴式石室(前二子古墳・王山古墳)出現。群集墳の出現(地蔵山古墳群)。

西暦	年号	事項
	安閑　元	閏 ***12-*** 武蔵国造の乱。笠原直小杵，上毛野君小熊に援助を求める。
	2	*5-9* 緑野屯倉などを設置。
	舒明　9	この年，上毛野君形名，将軍となり蝦夷を討つ。
663	天智　2	*3-* 上毛野君稚子，前軍将軍となり新羅に攻めいる。このころ，大型方墳が出現(総社古墳群)。また，寺院を創建(山王廃寺)。
681	天武　10	*10-3* 放光寺僧長利，母黒売刀自のため墓碑を建てる(山上碑)。
684	13	*11-1* 上毛野君・車持君・左味君・大野君・池田君に朝臣の賜姓。このころ，県内でも古墳消滅。
708	和銅　元	*3-13* 従五位上田口朝臣益人，上野守となる。
711	4	*3-6* 甘楽・緑野・片岡各郡から6郷を割き多胡郡を設置(多胡碑)。
714	7	*10-2* 上野国など4カ国の民200戸を出羽柵戸へ移す。
720	養老　4	*9-28* 陸奥国，蝦夷反乱による按察使上毛野広人殺害を報告する。
726	神亀　3	*2-29* 群馬郡下賛郷高田里の三家子孫，仏教信仰をちかう(金井沢碑)。
749	天平勝宝元	*5-15* 碓氷郡の人石上部君諸弟，国分寺に知識物を献じ叙位される。閏 *5-20* 勢多郡少領上毛野朝臣足人，国分寺に知識物を献じ叙位される。
766	天平神護2	*5-8* 上野国内の新羅人子午足ら193人に吉井連の姓を賜う。
771	宝亀　2	*10-27* 東山道の駅路を変更，新田駅から足利駅への順路とする。
796	延暦　15	*11-21* 上野国などの民9000人，伊治城に配置される。
797	16	この年，最澄，一切経の書写発願。上野国般若浄土院の道忠ら助写。
801	20	*7-17* 小師道輪，山上多重石塔を建立し如法経を安置する。
811	弘仁　2	*2-15* 上野国を大国にする。
817	8	*5-15* 最澄，緑野寺で円澄・広智らに灌頂をさずける。
818	9	*7-* 上野など板東諸国に地震。甚大な被害発生。
826	天長　3	*9-6* 上野・常陸・上総3国を親王任国とする(上野太守は葛井親王)。

834	承和	元	*5-15* 上野などの国司に，緑野寺の経本をもとに一切経書写を命ずる。
878	元慶	2	*7-10* 出羽俘囚の乱に際し，上野押領使権大掾南淵秋郷ら，上野国の兵600余を率い秋田河南に陣す(翌年帰国)。
889	寛平	元	このころ，東国で物部氏永らの強盗団横行。追捕は昌泰年間までかかる。
899	昌泰	2	*9-19* 僦馬の党の掠奪横行のため碓氷坂に関を設置。
915	延喜	15	*2-10* 上野介藤原厚載を上毛野基宗らが殺害したことが報告される。
939	天慶	2	*12-15* 平将門，上野国府をおそい介藤原尚範を追放，除目を行う。
999	長保	元	*9-2* 上野介源頼信，藤原道長に貢馬。以後道長への貢馬相次ぐ。
1025	万寿	2	*3-24* 東国で疫病流行，上野国では郡司７人死亡と伝えられる。
1030	長元	3	この年，「上野国交替実録帳」が作成される。
1062	康平	5	*12-28* 諸卿，下野守源頼資と上野介橘惟行の合戦のことを定む。
1084	応徳	元	*4-11* 上野介源家宗，馬20匹を藤原師実に贈る。
1095	嘉保	2	*12-29* 上野国，亡弊のため１カ年調庸雑物を免除される。
1100	康和	2	*4-13* 上野介藤原敦基の目代平周真，抜鉾社に祈雨などのため剣を献上。
1108	天仁	元	*7-21* 浅間山大噴火。上野国などの田畠を荒廃させる。
1113	永久	元	*3-4* 上野国司らに，内記太郎を殺害した横山党への追罰宣旨がくだる。
1114		2	*8-16* 源義国と源為義，上野国司が訴えた郎等藤原家綱の帰属を争う。
1119	元永	2	*3-26* 白河上皇，藤原忠実の5000町におよぶ上野国荘園の立荘停止。
1131	天承	元	この年，伊勢神宮領高山御厨が建立。以後国内で御厨の建立相次ぐ。
1150	久安	6	この年，源義国，藤原実能への狼藉のため勘勅，下野足利の別業に引きこもる。
1153	仁平	3	夏ごろより源義賢，上野国多胡郡に居住，上野・武蔵で武威をふるう。
1156	保元	元	*7-10* 保元の乱。瀬下・物射・岡下・那波各氏，源義朝にしたがう。
1157		2	*3-8* 藤原忠雅，地主たるにより新田義重を新田荘下司職に補任。
1159	平治	元	*12-* 平治の乱。大胡・大室・大類太郎，源義朝にしたがう。
1170	嘉応	2	この年，新田荘田畠在家注文が作成される。
1172	承安	2	*12-1* 伊勢神宮祭主，新田庄司源義重の薗田御厨押妨を訴える。
1180	治承	4	*5-26* 佐貫・大胡・那波・山上・深須氏ら，宇治合戦に平家方で参戦。 *9-* 新田義重，頼朝追討を名目に板東にくだり上野国寺尾城に籠る。 *10-* 木曽義仲，上野国多胡荘に入部。*12-24* 義仲，信濃に戻る。 *12-22* 新田義重，鎌倉に参じ源頼朝に従う。
1184	元暦	元	*7-16* 頼朝，国奉行人安達盛長に渋谷氏所領黒河郷の別納地化を命ず。
1193	建久	4	*4-28* 源頼朝，三原・那須野の狩の後に新田義重館で遊覧する。
1200	正治	2	*10-11* 薗田成家，在京中に法然に教化され出家，智明と名乗る。
1211	建暦	元	このころ，親鸞，常陸にむかう途中，佐貫荘で浄土三部経千部読誦を誓願。
1213		3	*5-2* 和田氏の乱。薗田成朝・渋河・高田氏，和田氏とともに討たれる。
1221	承久	3	*9-28* 世良田(徳川)義季，栄朝を開山とし長楽寺を創建する。

1244	寛元　2	*6-17* 新田政義，京都大番役中に自由出家し，所領を没収される。
1251	建長　3	*7-8* 里見氏義，宮田石造不動明王像(勢多郡赤城村)をつくる。
1272	文永　9	この年，三河前司世良田頼氏，幕府内紛のため佐渡へ流罪。
1275	建治　元	*5-* 幕府，京都に六条八幡宮造営。上野でも12人の御家人が協力。
1278	弘安　元	この年，『念仏往生伝』著者の山上の行仙房，入滅。
1280	3	このころ，遊行回国の途中の一遍，上野国にはいる。
1285	8	*11-17* 霜月騒動。玉村・片山氏など多くの上野御家人が討たれる。
1314	正和　3	*5-28* 由良景長妻紀氏(大谷道海娘)，新田朝兼より八木沼郷内の所領を買得。以後，道海一族の所領買得および長楽寺への所領寄進続く。
1333	元弘　3	*5-8* 新田義貞，生品神社で挙兵。*5-22* 義貞ら，鎌倉攻略。*7-19* 岩松経家，飛驒国守護職等をあたえられる。*8-5* 義貞は上野・播磨両守，子義顕は越後守，弟義助は駿河守にそれぞれ補任。
1335	建武　2	*7-22* 岩松経家・渋川義季，武蔵国女影原で北条軍に敗死。*11-* このころ上杉憲房，上野国守護。*12-13* 義貞，箱根竹の下で尊氏に敗北。
1336	延元　元 (建武3)	*4-23* 足利軍，板鼻で新田軍を破り，このころ上野国を制圧。*10-9* 義貞，恒良親王らを擁し越前国へ下る。
1338	3 (暦応元)	閏 *7-2* 新田義貞，斯波高経軍と越前国藤島燈明寺畷で交戦，戦死。このころ，岩松頼宥，伊与国守護となり，南朝方と戦う。
1339	4 (　2)	冬，中巌円月，大友氏の庇護をうけ利根荘に吉祥寺を創建。
1351	観応　2 (正平6)	*12-19* 直義党の長尾景忠ら，尊氏党の宇都宮氏綱に那波荘で敗北。
1352	3 (　7)	閏 *2〜3-* 新田義興・義宗と脇屋義治，上野で挙兵し鎌倉を攻めるが失敗。この年，宇都宮氏綱，上杉憲顕にかわり上野国守護となる。
1363	貞治　2 (　18)	このころ上杉憲顕，上野守護に復帰(守護代長尾景忠)。
1368	応安　元 (　23)	*7-* 新田義宗，越後国境で挙兵するが上杉憲将らのために敗死。脇屋義治，出羽へ逃走。
1382	永徳　2 (弘和2)	*11-16* 上野・武蔵両国の白旗一揆，小山義政の鷲外城を攻略。
1410	応永　17	*11-3* 守護代長尾憲明と瀬下成忠，府中妙見寺(群馬町)に梵鐘寄進。
1416	23	*10-2* 岩松満純・渋川・舞木・倉賀野氏ら，上杉禅秀にくみし挙兵。
1417	24	*5-29* 岩松満純と禅秀残党，舞木宮内丞のため武蔵国入間川で敗北，のち鎌倉で斬首。
1427	34	この年，利根川大洪水，水流かわる。
1438	永享　10	*8-14* 関東管領上杉憲実，鎌倉公方足利持氏と対立し平井城に退去。
1441	嘉吉　元	*4-16* 結城城攻略。那波・和田・長野らの上野一揆，幕府方で活躍。
1454	享徳　3	*12-27* 足利成氏，上杉憲忠・長尾実景らを鎌倉で謀殺(享徳の乱開始)。
1459	長禄　3	*10-15* 海老瀬口・羽継原の合戦。上杉房顕，足利成氏方に敗北。
1461	寛正　2	*5-* このころ岩松家純，成氏方に内通した岩松持国・次郎父子を誅殺。
1468	応仁　2	*10-8* 綱取原・毛呂島の合戦。長尾景信ら上杉勢，成氏方を破る。
1476	文明　8	*6-* 長尾景春，上杉顕定の五十子陣を攻撃(長尾景春の乱開始)。

1486	文明	18	この年，聖護院門跡道興准后，上野を廻国。
1495	明応	4	*12-18* 金山城主岩松尚純，家宰横瀬氏打倒に失敗し隠居。
1502	文亀	2	*3〜4-* 連歌師宗祇，弟子宗長らと草津・伊香保で湯治。
1509	永正	6	*8〜10-* 連歌師宗長，岩松尚純・大沢・大胡・松田・海野らの館を訪問。
1510		7	*6-20* 上杉顕定，越後守護代長尾為景に越後国上田庄長森原で敗死。
1527	大永	7	*11-* 厩橋城主長野方斎・宮内大輔，総社城主長尾顕景を攻撃。
1528		8	*1-24* 白井長尾景誠，家臣に殺害。長野業政，総社長尾景房に白井長尾氏をつがす。景房，のち憲景と改名。
1541	天文	10	この秋，庁鼻和乗賢・那波宗俊・長野賢忠・佐野周防守，金山城主横瀬泰繁を攻める。
1546		15	*4-20* 上杉憲政，武蔵河越で北条氏康に敗北，赤堀・倉賀野氏ら戦死。
1552		21	*4-* このころ上杉憲政，北条氏康に攻められ平井城を退去，のちに越後逃亡。
1560	永禄	3	*9-* 長尾景虎，はじめて上野国に侵攻し，沼田・岩下・秋間各城を攻略。*12-* 景虎，赤石・那波城を攻略し，那波宗俊を降伏させる。
1561		4	*1〜3* ごろ 関東幕注文成立。*11-* 武田信玄，上野に出兵し，高田城などを攻略。
1563		6	*10-13* 真田幸隆ら，岩櫃城を攻略し城主斎藤憲広を追う。
1564		7	*6-* 武田勢，倉賀野城を攻略する。
1565		8	この年，長楽寺の僧賢甫義哲，日記(永禄日記)を残す。
1566		9	*9-29* 武田信玄，箕輪城主長野氏業(業盛)を滅ぼす。
1567		10	*8-7* 西上野諸将，信玄に忠誠をちかい生島足島神社に起請文をささげる。
1569	元亀	元	*5〜6-* 由良成繁らの仲介により越相同盟成立。
1574	天正	2	*3-10* 上杉方の北条高広，女淵・赤堀・膳・山上城攻略後，深津進攻。
1575		3	*5-21* 真田・那波・安中・小幡ら武田方上野武将，長篠合戦で戦死。
1578		6	*7-5* 厩橋城主北条高広・景広，越後上田荘に侵入し景虎に味方する。
1580		8	*6-30* 沼田倉内城代藤田信吉，武田氏に城を明けわたす。*9-20* 武田勝頼，新田・小泉・館林領を攻撃。翌月膳城を攻略。
1582		10	*6-19* 神流川合戦で滝川一益，後北条軍に敗北，のち上野国を退去。
1583		11	*9-* このころ厩橋城主北条高広，北条氏照に攻められ退去。
1584		12	*12-* 金山城主由良国繁・館林城主長尾顕長，後北条氏に本城を追われる。
1585		13	*7-15* 真田昌幸，沼田割譲に反発，徳川方から上杉景勝方に走る。
1589		17	*7-* 真田氏，豊臣秀吉の命をうけ沼田城などを後北条氏に割譲。*11-* 沼田城将猪俣邦憲，真田氏の名胡桃城を奪取。
1590		18	*7-5* 小田原落城。由良・長尾など多くの上野武士が所領を失う。*8-15* 井伊・榊原・平岩・奥平・牧野らの徳川家臣，上野入国。
1591		19	*2-* 館林藩主榊原康政，領内の検地。*11-* 徳川家康，新田郡徳川村の満徳寺に寺領100石を寄進。
1595	文禄	3	*1-3* 豊臣秀吉，入湯のため草津温泉に湯小屋の建設を命じる。
1598	慶長	3	*3-* 代官頭大久保長安，桐生領検地。*10-* 井伊直政，居城を箕輪から和田に移し，高崎と改める。

1600	慶長	5	***9-15*** 沼田藩主真田信幸，関ケ原の戦いで東軍に，父昌幸は西軍につく。この年，高崎藩主井伊直政，近江国佐和山に転封。真田信幸，領内の奥州・越後・信州口に口留番所を設置。
1601		6	***2-*** 前橋藩主平岩親吉，甲府城代へ転封。白井藩主本多康重，三河国岡崎に転封。***3-3*** 川越藩主酒井重忠，前橋藩主となる。
1602		7	この年，総社藩主秋元長朝，天狗岩用水の開削に着手し，同9年完成。烏川倉賀野河岸が成立(慶安年中成立説もある)。
1603		8	***12-3*** 浅間山噴火。このころ，幕府，木曽材の江戸運搬に中山道・利根川を使う(慶長15年ごろまで)。
1606		11	***11-1*** 館林藩主榊原康政，山田郡丸山宿に六斎市を立てる。
1607		12	この年，真田信幸，沼田町の町割りを行う。
1610		15	この年，前橋藩主酒井重忠嫡子忠世，老中となる。代官堀が完成。
1613		18	この年，徳川家康，太田町に新田義重をまつる浄土宗大光院を創建。
1614		19	***10-*** 近江国佐和山藩主井伊直勝，安中城にはいり碓氷・牧(杢ケ橋)・西牧・南牧関所を警固。
	慶長年間		このころ，上野国内でキリスト教の布教がはじまる。
1616	元和	2	***10-16*** 玉村宿八幡宮の祭礼がはじまる。この年，幕府代官岡上景親，岡上用水を引いて岡崎新田を開発。利根川沿いに五料・福島・真正・大渡関所設置。
1620		6	この年，イエズス会の宣教師フェルナンデス，沼田城下で伝道。
1629	寛永	6	この年，新田郡太田金山の松茸の将軍献上がはじまる。
1631		8	***3-*** 幕府役人による上野国内の関所の実地調査が行われ，堂峯・榛名山・伊香保・祖母島・湯檜曽番所を設置。この年，大戸・白井・猿ケ京関所設置。
1632		9	この年，中之条町と原町の市場紛争がおこり，両町隔月開市となる。
1633		10	***11-6*** 3代将軍家光の弟駿河大納言徳川忠長，高崎城内で自刃。
1636		13	***3-12*** 前橋藩主酒井忠世，大老となる。***3-*** 3代将軍家光，千姫の大願成就所として新田郡徳川村に時宗満徳寺を再建。
1640		17	この年，僧天海，新田郡世良田村の天台宗長楽寺の住職となる。
1642		19	この年，新田郡世良田村に東照宮創建。
1645	正保	2	この年，広瀬河岸ができ，広瀬川通船が開通する。
1646		3	***3-14*** 幕府，上野・越後・陸奥3国の境論を裁定し，尾瀬沼を上野と陸奥の国境とする。
1649	慶安	2	この年，足尾銅山街道の道筋が整備。沼田藩領内の沼須・戸鹿野・銚子などに筏河岸設置。
1661	寛文	元	閏 ***8-9*** 徳川綱吉，館林藩主となる。
1662		2	***12-29*** 大笹・狩宿関所の設置が許可される。この年から，沼田藩主真田信利，領内総検地を行い，3万石が14万4000石余となる。
1664		4	***6-24*** 前橋藩主酒井忠清，幕府から上野国絵図の作製を命じられる。
1666		6	***3-29*** 前橋藩主酒井忠清，大老となる。
1672		12	***4-5*** 幕府，笠懸野新開発地に渡良瀬川からの取水を許可。
1678	延宝	6	この年，鏑川通船稼働。
1680		8	***5-7*** 館林藩主徳川綱吉，4代将軍家綱の養子として江戸城二の丸にはいる。

1681	天和	元	***1-*** 利根郡月夜野村の農民杉木茂左衛門と同郡政所村の名主松井市兵衛，沼田藩主真田信利の悪政を越訴すると伝える。***11-22*** 沼田藩主真田信利，改易，出羽国山形藩主奥平昌章にあずけられる。
1682		2	***4-21*** 幕府，館林藩城付領15万石のうち，11万3200石を旗本202人に分与。
1684	貞享	元	***3-23*** 前橋藩主酒井忠挙，沼田領の再検地を開始。***6-4*** 桐生新町絹商書上家，京都へ日野絹・桐生絹を出荷する。***9-29*** 前橋藩儒古市剛，『前橋風土記』をあらわす。
1685		2	この年，前橋藩，関東諸藩にさきがけて社倉法を制定。
1687		4	***12-3*** 幕府代官岡上景能，切腹を命じられる。
1692	元禄	5	***6-*** 赤城山南麓の秣場紛争がおこる。この年，前橋藩校が整備され，正式に好古堂と命名される。
1698		11	***4-*** 桐生領54カ村と江戸の紀伊国屋伊右衛門，上州産絹の運上金徴収請負いをめぐり争う。
1700		13	この年，前橋藩，大胡分領に藩校求知堂を創立。
1702		15	***12-12*** 前橋藩士の熊谷平左衛門・犬塚又内，上野国絵図を幕府に提出。
1706	宝永	3	この年，伊勢崎藩，八坂用水の開削を行う。伊香保温泉で上組大屋と下組大屋の紛争がおこる。
1707		4	***10-*** 榛名山御手洗(榛名湖)水をめぐる用水紛争がおこる。
1712	正徳	2	***9-*** 郡名の文字が改定され，緑埜を緑野，勢田を勢多と改める。***11-*** 医者馬場重久，『蚕養育手鑑』を刊行。
1713		3	この年，草津温泉で内湯内滝紛争がおこる。
1718	享保	3	***11-29*** 館林藩城付村々，年貢増徴に反対して直訴。
1727		12	***4-*** 安中藩領内21カ村，年貢減免運動をおこす。
1731		16	***2-13*** 桐生絹市，大間々絹市前日の三・七の日に市日を変更(享保13年説もある)。
1738	元文	3	この年，京都西陣から桐生地方へ高機の織法が伝わる。
1742	寛保	2	***8-1*** 大洪水のため，邑楽郡内の大半が浸水。
1744	延享	元	***3-5*** 京都西陣高機織屋仲間，桐生の紋織差し止めを幕府に出願。
1745		2	***11-16*** 前橋藩領内の農民約1000人，年貢減免を求めて検見を出願。
1754	宝暦	4	***5-*** 幕府，邑楽郡板倉村と海老瀬村の板倉沼をめぐる入会紛争を裁定。この年，下仁田町の儒者高橋道斎，多胡碑を紹介。
1760		10	***4-*** 桐生領内36カ村，糸絹口銭徴収計画の中止を幕府に出願。この年，高崎藩校遊芸館創立。
1764	明和	元	閏 ***12-*** 幕府の助郷増徴政策に反対して伝馬騒動(天狗騒動)がおこる。
1767		4	閏 ***9-15*** 前橋藩主松平朝矩，城崩壊のため武蔵国川越への移城を許される。
1769		6	***3-*** 前橋城が取りこわされる。
1775	安永	4	***11-*** 上利根川14河岸組合結成。この年，伊勢崎藩校学習堂創立。
1776		5	***11-*** 天狗岩堰水下百姓ら，総社町の天台宗光厳寺に力田遺愛碑を建てる。
1781	天明	元	***8-*** 桐生領35カ村，反物・糸・真綿貫目改判料の免除を幕府に出願。西上州に改所反対の一揆がおこり，幕府が改所設置を撤回する。***12-***

		24 沼田藩領内で，見取騒動がおこる。
1783	天明　3	***1-12*** 前橋藩領の農民約１万人，城下の穀屋・質屋などを打ちこわす。***7-8*** 浅間山大噴火，吾妻川流域に溶岩流。上野国内各地で降灰による被害甚大。この年，岩瀬吉兵衛，水力を利用した八丁撚糸機を考案。
1786	6	***6-*** 植野・天狗岩堰普請組合結成。
1790	寛政　2	この年，前橋藩，飢饉にそなえ社倉制度を発足。
1793	5	***6-27*** 新田郡細谷村出身の高山彦九郎，筑前国久留米で自刃。***7-1*** 吉川栄左衛門・近藤和四郎，岩鼻陣屋で執務開始。
1794	6	***11-1*** 高崎藩士大石久敬，『地方凡例録』をあらわす。
1798	10	***5-*** 伊勢崎藩年寄関重嶷，『伊勢崎風土記』をあらわす。
1802	享和　2	この年，塩原太助，江戸本所相生町２丁目に店舗をかまえる。
1808	文化　5	***3-*** 安中藩校造士館，伊勢崎藩郷校五惇堂創立。
1819	文政　2	***7-*** 前橋藩，勧農役所を設置。この年，沼田藩，郷蔵制度を導入。勢多郡三原田村の歌舞伎舞台完成。
1822	5	***11-*** 前橋藩，永続金制度を実施。
1825	8	この年，信濃国佐久米の不作により下仁田米騒動がおこる。
1826	9	***5-*** 那波郡東善養寺村の名主林八右衛門，『勧農教訓録』をあらわす。
1831	天保　2	***10-11*** 渡辺崋山，桐生新町を訪れる。***10-*** 高野長英，境町の蘭医村上随憲を訪れる。
1836	7	***11-*** 大間々町を中心とした米騒動がおこる。
1837	8	***6-1*** 生田万，越後国柏崎陣屋を襲撃して自刃。
1838	9	***9-*** 勢多郡原之郷村の船津利兵衛，寺子屋九十九庵を開設。
	天保年間	高崎藩医高島昌軒，群馬郡大友村で刑死人の解剖を行う。
1844	弘化　元	***10-*** 幕府，中山道原市村の杉並木の調査を行う。
1845	2	***10-*** 安中藩主板倉勝明，甘雨亭叢書の刊行を開始。
1846	3	***3-*** 綾戸道の児子岩穴道の切り開きが成功。
1850	嘉永　3	***8-24*** 博徒国定忠治，関東取締出役にとらえられ，12月，大戸関所で処刑。
1854	安政　元	***2-*** 利根川・吾妻川筋の通船10カ年試稼ぎが認可。広瀬川通船再開が許可される。
1855	2	***5-19*** 安中藩，城内から碓氷峠熊野権現まで藩士を走らせる遠足を開始。
1858	5	***5-19*** 利根川大渡の渡し場に万代橋がかけられる。
1859	6	***6-*** 中居重兵衛(中居屋)，加部安左衛門(加部屋)，横浜に出店。***10-16*** 桐生新町で生糸買占め商人打ちこわしの張訴事件がおこる。
1861	文久　元	***11-*** 14代将軍家茂の室として皇女和宮が中山道を下向，坂本・板鼻宿に宿泊。
1864	元治　元	***11-16*** 高崎藩，水戸浪士と下仁田町で戦い，戦死者34人をだす。
1865	慶応　元	***1-*** 上・武両国輸出蚕種屋仲間が結成される。
1866	2	***6-18*** 上野国諸藩，武州世直し一揆鎮圧のため出兵を命じられる。
1867	3	***3-1*** 前橋藩主松平直克，川越城から再築された前橋城に帰城。
1868	明治　元	***2-22*** 西上州世直し一揆がはじまる。閏 ***4-6*** 小栗忠順斬首。閏 ***4-24*** 上野国諸藩，三国峠で会津藩兵と戦う。***5-21*** 上野国諸藩連合軍，

		会津藩兵と利根郡戸倉村で戦う。6-17 明治政府，岩鼻県を設置し，初代知県事に大音龍太郎を任命。
1869	明治　2	3-30 前橋藩，横浜に藩営生糸直売所を開設。10- 高崎藩城付領45カ村，年貢減免を要求する五万石騒動をおこす。
1871	4	7-14 廃藩置県に伴い，9県併立。10-28 群馬県発足。11-14 邑楽・新田・山田3郡は栃木県管轄となる。
1872	5	5-15 東京・高崎間に郵便馬車運行。6-15 群馬県庁，高崎から前橋に移る。10-4 官営富岡製糸場が操業開始。11-22 第一番小学厩橋学校，前橋に開校。
1873	6	5-15 前橋・熊谷間の馬車運転開始。6-15 熊谷県設置。12- 県内初の新聞『書抜新聞』創刊。
1874	7	2-20 星野長太郎，水沼製糸所設立。11-28 新島襄，アメリカから帰国。
1876	9	8-21 群馬県成立し，山田・新田・邑楽郡は群馬県管轄となる。10- 前橋に群馬県医学校設立。
1877	10	10-20 官営新町屑糸紡績所開業式。
1878	11	3-31 湯浅治郎ら30人，新島襄から洗礼をうけ安中教会を設立。5-6 蒸気船通運丸，東京・川俣・武州北河原間に運行開始。6-11 精糸原社開業。8- 改良座繰製糸結社の碓氷社開業。
1879	12	4- 民権政社の有信社が高崎に結成。7- 県内にコレラ流行，患者3112人にのぼる。12-12 島村勧業会社の田島信ら，蚕種直売のためイタリアへ出発。
1880	13	1-26 群馬県立中学校開校。2-10 民権結社尽節社，大間々町に結成。3-7 上野連合会集会。10-11 木呂子退蔵ら，国会開設請願書を太政官に提出。12-1 上毛繭糸改良会社開設。
1881	14	2-16 群馬県庁の所在地を前橋に決定。3-6〜16 榛名山麓80余カ村の入会地で秣場騒動がおこる。8-10 高崎の住民，県庁移転反対を県に嘆願。9-28 高崎で板垣退助らの演説会開催。
1882	15	4-27 7県連合共進会，桐生町で開催。5-10 西群馬郡半田村の相川恒一ら，「酒屋会議」に出席。7-8 県教育会設立。8- 全県的にコレラ大流行(死者1833人)。11- 陸軍省東京砲兵廠岩鼻火薬製造所竣工。
1883	16	この年，北甘楽・西群馬・南勢多・碓氷・東群馬・西群馬郡などで負債農民の騒擾がおこる。
1884	17	2-28 養蚕改良結社の高山社設立。5-1 日本鉄道上野・高崎間全通。5-15 群馬事件。5-22 碓氷峠越え新道全面開通。5-24 高崎に歩兵第15聯隊創設。8-20 日本鉄道，高崎・前橋間開通。11-1 秩父事件がおこり，本県から多胡・南甘楽郡を中心に約300人が参加。
1885	18	3-20 前橋の迎賓館「臨江閣」落成。6-30 利根橋架設。11-23 大阪事件で大井憲太郎ら逮捕され，前橋の山崎重五郎・久野初太郎連座。
1886	19	5-6 上野教育会，『上野教育会雑誌』を創刊。12- 井上馨・三島通庸，上州遷都論を建議。
1887	20	1-5 上毛青年会結成。5-12 新町紡績所，三井組に払い下げ。11-1『上毛新聞』創刊。12-13 高津仲次郎ら，言論・出版・集会の自由

		を得るの建白書を元老院へ提出。***12-26*** 新井毫ら，保安条例により東京追放。
1888	明治 21	***12-1*** 碓氷馬車鉄道，横川・軽井沢間開通。
1889	22	***4-1*** 1213町村が206町村に合併。***8-17*** 上毛民会，条約改正反対の建白書提出。***11-20*** 両毛鉄道，小山・前橋間全通。
1890	23	***7-1*** 第１回衆議院議員総選挙。***7-14*** 上毛馬車鉄道，岩神村・北橘村間開通。
1891	24	***2-24*** 代議士木暮武太夫ら，立憲自由党を脱党。***9-12*** 明治26年12月31日限りで県内の公娼を廃止する県令がだされる。
1892	25	***4-1*** 前橋町に市制施行。***6-30*** 前橋孤児院設立。***11-1*** 広瀬・桃木両堰水利組合設置。
1893	26	***3-*** 前橋電燈株式会社設立。***4-1*** 官設鉄道，高崎・直江津間全通。***9-1*** 群馬馬車鉄道，高崎市・渋川町間開通。***9-10*** 官営富岡製糸場，三井家に払い下げ。
1894	27	***5-*** 前橋市の一部に電灯がともる。
1895	28	***4-1*** 県立農事試験場，前橋市岩神に設立。***12-1*** アメリカン・ボード，前橋に清心幼稚園を開設。
1896	29	***7-*** 県内全域に赤痢大流行，2000人余死亡。***8-1*** 群馬県農会創立。***9-8*** 県下全域に大風雨，渡良瀬川大洪水。***12-1*** 前橋測候所開所。
1897	30	***1-1*** 両毛鉄道を日本鉄道へ譲渡。***3-2*** 足尾鉱毒被害民約2000人，上京請願。***4-26*** 政治結社三獄倶楽部結成。***7-21*** 草津白根山大噴火。***9-10*** 上野鉄道，高崎・下仁田間全通。
1898	31	***1-22*** 前橋商業会議所設立認可。***2-10*** 三井富岡製糸所の通勤工女ストライキ決行。***5-*** 徳富蘆花，伊香保で小説『不如帰』を書く。***7-31*** 憲政党群馬支部結成。***11-15***『上毛教界月報』創刊。***11-27*** 伊勢崎染織学校開校。
1899	32	***5-1*** 群馬県高等女学校，高崎町に設立。
1900	33	***1-26*** 緑野馬車鉄道，新町・鬼石間全通。***2-13*** 足尾鉱毒被害民約2500人，川俣で警官隊と衝突。***2-16*** 田中正造，足尾銅山鉱毒停止を訴え運動をおこす。***4-1*** 高崎町に市制施行。***9-*** 立憲政友会群馬支部結成。***10-2*** 前橋市に歌舞伎座落成。***11-5*** 高山社蚕業学校の設立認可。***11-28*** 上野教育会，附属図書館を前橋に開設。
1901	34	***10-*** 鉄橋利根橋架設。***12-7*** 鉄橋坂東橋架設。
1902	35	***4-1*** 群馬県女子師範学校開校。***8-1*** 前橋電話交換局設置。***12-17*** 教科書疑獄事件。
1903	36	***6-25*** 高崎水力電気株式会社設立。***7-15*** 草津白根山大噴火。***11-12*** 前橋市の敷島座で県内はじめての活動写真上映。
1905	38	***3-20*** 伊勢崎に工業試験場開設。***9-9*** 講和問題県民大会を前橋で開催。***11-26*** 愛国婦人会群馬県連合会結成。
1906	39	***5-17*** 桐生に渡良瀬水力電気株式会社創立。***11-1*** 日本鉄道，国有となる。
1907	40	***2-4*** 足尾銅山坑夫暴動事件。***2-23*** 県，神社統廃合を指令。***9-*** 田山花袋，『蒲団』を発表。***10-13*** 赤城館事件。***12-19*** 県連合医師会成立。

1908	明治	41	*1-28* 高崎商業会議所，増税反対を決議。*4-1* 勢多郡立農林学校設立。*5-15* 高畠素之ら，『東北評論』創刊。*5-26* 高崎市立商業学校設立。この年，本県人はじめてブラジルへ移民。
1909		42	*3-27* 群馬県戊申会発会。*5-25* 利根発電株式会社設立。*9-25* 市町村郷土誌編纂の県令がだされる。*9〜10-* 県地方改良講習会開催。
1910		43	*1-10* 県会議事堂焼失。*7-13* 東武鉄道，浅草駅・伊勢崎駅間全通。*8-* 県内全域で大水害，死者・行方不明合計306人。*9-17* 本県主催1府14県連合共進会開催。*9-23* 高崎水力電気軌道，高崎・渋川間電化。*10-1* 高崎市上水道竣工。*10-9* 前橋電気軌道，前橋・渋川間電化。*10-16* 伊香保電気軌道，渋川・伊香保間開通。
1911		44	*4-* 明治43年の大水害罹災者家族，北海道移民をはじめる。*6-13* 県，教育の四大方針をだす。*7-* 利根軌道，渋川・沼田間全通。*9-26* 県内の大逆事件関係者の捜索検挙はじまる。
1912	大正	元	*1-24* 岩鼻火薬製造所大爆発。*7-22* 吾妻温泉馬車軌道，渋川・中之条間開通。*9-28* 草津軽便鉄道設立。*10-* 前橋瓦斯株式会社設立。*12-31* 足尾鉄道，下新田・足尾間全通。
1913		2	*1-15* 憲政擁護県民大会を前橋市で開催。*3-2* 日本赤十字社群馬支部病院開院。*5-9* 県人口100万人突破と発表。
1914		3	*4-15* 郷土史誌『上毛及上毛人』創刊。*4-15* 群馬県連合青年会結成。*8-2* 東武鉄道，犬伏町・館林間開通。この年，上毛マンドリンクラブ結成。
1915		4	*6-13* 志賀直哉，赤城山に居住。*10-30* 私立前橋盲学校開校。
1916		5	*4-* 官立桐生高等染色学校設立。
1917		6	*2-15* 萩原朔太郎，第一詩集『月に吠える』刊行。*4-28* 岩鼻軽便鉄道，倉賀野・上州岩鼻間貨物営業開始。*9-4* 上毛モスリン製織部工女ストライキ。*12-10* 中島知久平，太田町に飛行機研究所を設立。この年，前橋に活動写真館開館。
1918		7	*6-1* 足尾鉄道会社国有化。*7-29* 中島飛行場で初の製作機のテスト飛行成功。*8-* 各地で米廉売実施。*10-25* 大正用水期成同盟会設立。*10-* 県内にスペイン風邪大流行，死者766人。*11-2*『上野毎日新聞』創刊。
1919		8	*3-6* 前橋市で群馬県普通選挙期成同盟会発会式。*7-* 四万自動車会社，中之条・四万間のバス運行を開始。*8-25* 県工業談話会結成。*9-8* 群馬紡績株式会社に労働組合結成。*11-7* 草津軽便鉄道，新軽井沢・嬬恋間全通。
1920		9	*1-2* 群馬県教育会発足。*8-3* 伊香保町で大火。*11-3* 吾妻軌道，渋川・中之条間全線電化。*11-7* 憲政会群馬支部設立。
1921		10	*3-1* 桐生町に市制施行。*11-4* 市営前橋職業紹介所開設。*11-13* 大渡橋開通。*11-15* 新田郡強戸村で小作人組合結成。
1922		11	*6-15* 県農民組合連合会結成。*7〜9-* 上毛モスリン株式会社ストライキ。
1923		12	*3-23* 関東水平社・県水平社，太田町で創立大会開催。*4-1* 館林の花山公園，初の県立公園となる。*7-8* 水平社員，高崎区裁判所へ押しかける。*8-12* 桐生で国粋会事件おこる。*9-1* 関東大震災，県内で被

		害発生。***9-3*** 群馬青年共産党事件おこる。***9-5*** 朝鮮人を殺害した藤岡事件おこる。
1924	大正　13	***3-*** 高崎常設競馬倶楽部創立。***4-28*** 県立榛名公園設置。***9-8*** 尾上松之助，高崎電気館に来演。この年，木瀬村(前橋市)に信用購買利用組合設立。
1925	14	***1-18*** 世良田事件。***5-1*** 県下初のメーデー，藤岡町諏訪公園で開かれる。***10-30*** 前橋の郊外公園を敷島公園と命名。
1926	昭和　元	***1-10*** 群馬自由大学開校。***2-12*** 県融和会設立。***8-18*** 前橋中学校，全国中学校野球大会の準決勝で，静岡中学校と延長19回で惜敗。***9-19*** 草津電気鉄道，新軽井沢・草津温泉間全通。
1927	2	***2-11*** 組合製糸群馬社の設立許可。***3-3*** 前橋に県立盲唖学校設立。***5-1*** 米国の国際児童親善会から贈られた「青い目の人形」配付。***9-8***『群馬県史』(全４巻)刊行。***9-25*** 普通選挙下の第１回県会議員選挙実施。***10-1*** 東武鉄道，伊勢崎・館林間の電車運転開始。***12-14*** 県会で予算案審議未了事件おこる。
1928	3	***1-15*** 商工省桐生輸出絹織物検査所設置。***4-9*** 県庁舎新築落成。***10-30*** 上越南線，高崎・水上間全通。***11-10*** 上毛電気鉄道，中央前橋・西桐生間開通。
1929	4	***1-29*** 佐久発電所運転開始。***3-27*** 県蒟蒻販売組合連合会設立。
1930	5	***8-28*** 全国大衆党県支部連合会創立。***9-24*** 前橋敷島球場開設。***11-29*** 群馬会館落成，祝賀記念行事として群馬県郷土史料展覧会が開催される。
1931	6	***4-*** 県立水産試験場設立。***9-1*** 上越線，高崎・宮内間全通。***12-15*** 中島飛行機株式会社設立。
1932	7	***9-22*** 群馬県警察部，治安維持法違反事件で共産党員ら154人を検挙。***10-6*** 県，学校給食協議会を組織。***11-20*** 群馬大同銀行発足。***11-*** 第二国立療養所栗生楽泉園開園。
1933	8	***5-*** 弥栄開拓団，中国東北部へ入植。***6-23*** 前橋放送局開局。
1934	9	***8-1*** ドイツの建築家ブルーノ・タウト夫妻来県，高崎少林山達磨寺内洗心亭に住む。***10-6*** 八高線，八王子・倉賀野間全通。***10-22*** 組合製糸群馬社事件。***11-10～13*** 群馬・栃木・埼玉で，陸軍特別大演習。***12-4*** 片品村の一部を含め日光国立公園指定。
1935	10	***2-8*** 赤城山公園，県立公園に指定。***6-4*** 高崎出身の深井英五，日本銀行総裁となる。***9-21*** 県内に大風水害，死者218人・傷者190人・行方不明39人。
1936	11	***2-4*** 吾妻郡草津町の谷所鉱山で雪崩事故，鉱夫44人死亡。***4-19*** 東国敬神道場落成。***4-20*** 古墳祭実施。***10-20*** 白衣観音像，高崎市に建立。
1937	12	***4-23*** 教育会館落成。***6-*** 日本亜鉛精錬株式会社安中工場設立。***8-*** 木炭自動車，前橋・高崎間試走。***11-11*** 吾妻郡小串鉱山で山崩れ事故，死傷者・行方不明合計180人。
1938	13	***3-31***『上毛古墳綜覧』刊行。***3-*** 高崎城南球場完成。
1939	14	***3-*** 前橋に中島飛行機天川工場設立。
1940	15	***4-20*** 中島飛行機小泉製作所設立。***9-13*** 伊勢崎町に市制施行。***10-1***

			県内の新聞が『上毛新聞』1紙に統合。*12-1* 前橋夜間中学校開校。
1941	昭和	16	*4-1* 連隊区司令部，高崎から前橋に移る。*4-17* 私立伊勢崎夜間中学校開校。*10-* 前橋陸軍予備士官学校設置。*11-* 群馬県護国神社，高崎市に創建。*12-1* 県内の5銀行，群馬大同銀行に併合される。
1942		17	*2-15* 県教育会編『新田義貞公根本史料』発刊。*6-8* 県繭糸販売連合会設立。
1943		18	*1-22* 第13回明治神宮国民錬成大会冬季スケート競技会，榛名湖で開催。*3-3* 本県出身者で編成された遠藤部隊，ダンピール海峡でほぼ全滅。*3-19* 満蒙開拓青少年義勇軍群馬県中隊壮行会。*4-1* 群馬県師範学校と女子師範学校が統合，官立群馬師範学校に昇格。*5-10* 官立前橋医学専門学校開校。*8-22* 桐生愛国飛行場，新田郡笠懸村に建設。*11-* 前橋市立図書館を県の中央図書館に指定。
1944		19	*3-15* 東京営林局，前橋に疎開。*4-1* 群馬県立青年学校教員養成所，官立群馬青年師範学校に昇格し高崎市に開校。*7-21* 農地開発公団，大正用水工事に着工。*8-4* 東京都板橋区の学童，北甘楽郡妙義町に集団疎開。*11-7* 米軍機B29，県内にはじめて飛来。*12-1* 日本銀行前橋支店設置。
1945		20	*1-2* 長野原線，渋川・長野原間の貨物営業開始。*2-10* 米軍機，太田地区を初空襲。*3-10* 高崎市の観音塚古墳発掘。*8-5* 前橋市空襲。*8-14* 高崎・伊勢崎市空襲。*11-* 高崎市民オーケストラ結成。*12-10* 米軍進駐，中島飛行機太田製作所接収。*12-10*『桐生タイムス』創刊。
1946		21	*3-6* 群馬県教員組合結成。*6-30* 関東女子専門学校開校。*8-* 群馬演劇文化集団創立，のちにポポロ座と命名。この年，相沢忠洋，新田郡笠懸村岩宿の関東ローム層で旧石器を発見。
1947		22	*4-12* 第1回の知事公選で北野重雄当選。*4-24* 県教員適格審査終了，不適格者74人追放。*7-15* 大正用水完成。*8-14* 浅間山大爆発，以後頻発する。*9-15* 県内，キャスリン台風により大被害。*9-* 群馬県観光協会発足。*11-* 県内各地で越冬資金闘争が活発となる。この年，「上毛かるた」作成。
1948		23	*5-3* 太田町に市制施行。*6-19* 北野知事など県幹部，コーヒー事件で起訴。*9-15* 県内，アイオン台風により被害。*10-* 群馬県視聴覚ライブラリー設置。*12-3* 桐生ユネスコ協会発足。
1949		24	*3-* 岩本発電所始業。*4-1* 群馬ペンクラブ機関誌『鶴』創刊。*5-31* 群馬大学創立。*8-31* 県内，キティ台風により被害。*9-7* 上信越高原，国立公園に指定。*11-29* 県教育委員会，教員レッドパージで38人に辞職勧告。
1950		25	*1-10* 利根川水系総合開発開始。*4-23* 前橋競輪はじまる。*6-9* 信越線熊の平駅土砂崩れ，死者50人。*9-23* 浅間山大爆発，登山の高校生7人死傷。*10-13* 707人の公職追放解除。*11-1* 第1回県美術展開催。
1951		26	*4-5* 県花にレンゲツツジを指定。*12-18* 移動図書館「みやま号」発足。
1952		27	*1-20* 前橋貿易会館落成。*3-1* 高崎市立短期大学開学。*6-1* 前橋市立

		工業短期大学開学。*7-24* 前橋乾繭取引所開設。
1953	昭和 28	*4-1* 工場設置奨励条例制定。*5-15* 群馬大橋竣工。*6-6* 妙義・浅間米軍演習地反対県民大会で期成同盟結成。*9-12* 県立図書館開館。*12-5* 大胡町に「少年の家」落成。
1954	29	*4-1* 渋川ほか4町，市制施行。*8-11* 四万温泉，国民温泉に指定。
1955	30	*2-12* 映画「ここに泉あり」公開。*3-1* 米軍妙義演習地設置中止。*10-6* 赤城山観光道路完成。*10-7* 野反ダム完成。*10-22* 三国トンネル貫通。
1956	31	*1-10* 長野原線，全面気動車化。*4-29* 県内に大霜害。*6-1* 全国初の音楽モデル県に指定。*8-6* 安中の東邦亜鉛公害，問題となる。*8-* 町村合併進み，県内96市町村となる。*11-11* 第16回オリンピックメルボルン大会で体操の相原信行銀メダル。
1957	32	*1-30* 相馬ケ原の米軍演習場で，薬莢拾いの農婦射殺(ジラード事件)。*2-* 三国トンネル完成。*3-12* 県立博物館開館。*7-21* 赤城山ケーブルカー開通。*8-20* 旧中島飛行機製作所工場跡地，米軍から大半が返還。*9-29* 富士見村で，県内初の敬老年金制度実施。
1958	33	*3-3* 富士重工業株式会社，軽自動車スバル360発売。*3-31* 藤原ダム完成。*6-9* 米軍相馬ケ原演習場返還。*6-20* 伊香保・渋川間の有料道路開通式。*7-15* 榛名ロープウェー開通。*8-28* 相俣ダム発電所運転開始。*9-6* 県教育委員会，片品村で第1回民俗調査実施。*11-1* 安中町に市制施行。*11-17* 民主主義擁護県連合結成。*12-* 公立学校職員勤務評定実施。
1959	34	*4-14* 浅間山大噴火。*5-15* 三国新国道(17号線)開通。*7-31* 県立青年の家，高崎市に開設。*8-12* 台風17号が県内をおそい大被害。
1960	35	*1-29* 太田・大泉地区，首都圏に指定。*6-1* 尾瀬，特別天然記念物に指定。*6-19* 安保反対県民総決起集会。*6-21* みやま文庫発足。*6-* ダイハツ前橋製作所設立。*9-11* 第17回オリンピックローマ大会で体操の相原信行金メダル。*10-18* 県対ガン協会発足。*12-12* 谷川天神平ロープウェー完成。
1961	36	*1-10* 県スポーツセンター完成。*5-1* 前橋・高崎，首都圏市街地開発地区に指定。*7-1* 「県遺跡台帳」作成。*7-18* 群馬音楽センター完成。
1962	37	*1-* 自衛隊12師団司令部，相馬ケ原に設置。*4-1* 群馬工業高等専門学校開校。*5-1* 県企業局新設。*10-25* 伊香保・榛名湖間の有料道路開通式。*11-15* 県文学会議発足。*12-21* 県営大八木工業団地完成。
1963	38	*1-11* 金精トンネル開通。*2-16* 沖縄に「群馬之塔」建立。*4-1* 桐丘女子短期大学開学。*5-11* スポーツ少年団，大間々町に本県ではじめて結成。*10-18* 草津町の吾妻川水質中和工場，運転開始。
1964	39	*9-18* 前三百貨店，前橋市に開店。*10-10* 第18回オリンピック東京大会でレスリングの上武洋次郎金メダル。*10-27* 藤五デパート，高崎市に開店。*11-13* 草津有料道路，長野原・草津間営業開始。
1965	40	*3-24* 群馬鉄山閉山。*4-1* 群馬大学教養部設置。*4-1* 明和女子短期大学開学。*8-17* 志賀・草津高原ルート開通。*10-5* 榛名山二ツ岳に

		テレビ中継局(UHF)開局。*11-30* 赤城有料道路開通。
1966	昭和 41	*1-1* 上毛文学賞第1回受賞者発表。*3-11* 水上温泉菊富士ホテル火災。*4-1* 群馬女子短期大学開学。*4-25* 高崎・前橋間にバイパス開通。*4-* 県立金山青年の家開所。*9-17* 県木に「クロマツ」指定。
1967	42	*1-28* 高橋元吉賞創設。*2-18* 谷川岳指導センター発足。*6-21* 群馬用水通水。*8-10* 矢木沢ダム完成。*9-28* 上越線，新清水トンネルの開通により全線複線化。*9-29* 県営水上有料道路開通。*11-* 高崎問屋団地完成。この年，高崎経済大学入学者選抜問題で学生の反対闘争おこる。
1968	43	*4-11* 下久保ダム完成。*4-* 上武大学，伊勢崎市に開学。*9-1* 両毛線，小山・前橋間電化。*10-25* 明治百年県記念式典挙行。*12-23* 太田・大泉飛行場の完全返還決定。
1969	44	*2-10*「県公害防止条例」施行。*4-2* 県立身障者福祉センター完成。*4-10* 妙義・荒船・佐久高原，国定公園に指定。*5-6* 安中公害対策被害者協議会結成。*6-10* 群馬大学教育学部封鎖解除。*8-* 全国高等学校総合体育大会開催。
1970	45	*2-16* 群馬テレビ株式会社設立。*3-20* 前橋FM放送開始。
1971	46	*3-7* 吾妻線，渋川・大前間全通。*4-2* 県民会館開館。*4-16* 群馬テレビ開局。*4-30* 高崎市の国立コロニー「のぞみの園」開園式。*5～7-* 女性8人を誘拐殺人した大久保清事件おこる。*8-1* 県立妙義少年自然の家開所。*8-19* 尾瀬自動車道路建設計画中止。
1972	47	*1-14* 渡良瀬川鉱毒被害農民，「毒米」交換を陳情。*2-17* 妙義山で連合赤軍幹部逮捕。*5-11*「尾瀬憲章」制定。*10-20* 置県百年記念式典。*10-* 県立東毛病院がんセンター始業。
1973	48	*4-12*「県自然環境保全法」制定。この年，オイルショックが，県内の施設野菜農家や畜産農家を直撃。
1974	49	*1-17* 高山村ゴルフ場汚職事件。*4-1* 県立みやま養護学校・県立保育大学校開校。*8-18* 県立前橋工業高校，第56回全国高校野球選手権大会で準決勝に進出。*10-17* 群馬県立近代美術館開館。
1975	50	*7-* 霧積ダム完成。*10-31* 伊香保町と榛名町との榛名湖温泉の利権問題紛争決着。
1976	51	*3-2* 草津白根山の湯釜で水蒸気爆発。*4-* 関東学園大学経済学部，太田市に開学。*7-17* 第21回オリンピックモントリオール大会で高田裕司(レスリング)，前田悦智子(バレーボール)金メダル受賞。*8-3* 草津本白根山で硫化水素による中毒事故。*8-31* 尾島町の利根川渡船廃止。*11-18* 草木ダム完工式。*12-1* 渡良瀬川公害最後の被害補償地太田韮川地区の鉱毒根絶期成同盟会，古河鉱業と正式調印。*12-24* 福田赳夫，本県初の内閣総理大臣に指名。
1977	52	*4-1* 大隅俊平，県指定重要無形文化財(金工・日本刀鍛錬)保持者に認定。*4-* 前橋育英学園短期大学開学。*9-2* 県老人大学開校。*9-20* 山崎青樹，県指定重要無形文化財(草木染)保持者に認定。*10-1* 県スポーツ振興事業団設立。*12-7* 県青年洋上大学開校。
1978	53	*6-19* 県議会，「スポーツ県群馬」宣言。*7-1* 県立図書館，前橋市日吉町に新築移転。*7-15* 財団法人県埋蔵文化財調査事業団設立。*9-*

			27 ヒマラヤ遠征の県登山隊，ダウラギリ主峰登頂で遭難。***10-18*** 県内の電話ダイヤル化100％達成。***11-3*** 福沢一郎，文化功労者となる。
1979	昭和	54	***2-15*** 群馬スモン訴訟結審。***7-26*** 嬬恋村鎌原で，天明３年浅間山噴火による埋没村落発掘調査開始。***10-21*** 県立歴史博物館，群馬の森に開館。***11-1*** 県立東毛少年自然の家設立。***11-26*** 県内に交通非常警報発令。
1980		55	***3-15*** 県文化事業団設立。***4-1*** 県立女子大学開学。***7-17*** 関越自動車道新潟線，東松山・前橋間開通。***8-21*** 第１回草津夏期国際フェスティバル＆アカデミー開催。***8-25*** 本県とブラジルサンパウロ州，姉妹州県提携。***9-*** 冷夏で農作物に大被害。
1981		56	***3-*** 県議会，「文化県群馬」を宣言。***5-23*** 竹久夢二伊香保記念館開館。***11-6*** 県総合体育センターオープン。
1982		57	***4-1*** 県小児医療センター開設。***6-5*** 県青少年会館開館。***10-1*** 県立女子大学，佐波郡玉村町へ新築移転。***11-1*** 県立文書館開館。***11-15*** 上越新幹線，大宮・高崎・新潟間開通。***11-27*** 中曽根康弘，内閣総理大臣に指名。
1983		58	***1-26*** あかぎ国体(第38回国民体育大会)冬季大会開始。***2-27*** 黒岩彰，第14回世界スプリント選手権で総合優勝。***3-1*** 境町町営し尿処理場起工式で流血騒ぎ。***4-1*** 県婦人会館設立。新島学園女子短期大学，高崎市に開学。***5-16*** 黒岩彰・黒岩美智子に，県スポーツ栄誉賞第１号が贈られる。***7-8*** 八ツ場ダム建設で川原湯地区の現地調査はじまる。***9-11*** あかぎ国体夏季大会開始。***10-15*** あかぎ国体秋季大会開始。***10-29*** 第19回身体障害者スポーツ大会(愛のあかぎ大会)開催。***11-*** 群馬交響楽団文部大臣表彰。
1984		59	***9-6*** 全国保険衛生大会開催。***10-20～21*** 地方史研究協議会大会，前橋市で開催。***12-24*** 県赤十字血液センター完成。
1985		60	***1-7*** 玉村町の県央流域下水道処理問題が決着。***2-20*** 片品スキー国体開幕。***4-3*** 多野郡中里村で恐竜の足跡発見。***8-12*** 上野村御巣鷹山で日航機遭難事故。***10-1*** FM群馬放送開局。***10-2*** 関越自動車道新潟線，全線開通。***10-28*** 群馬県民の日制定。
1986		61	***4-1*** 県情報公開条例公布。***9-22*** 安中公害訴訟和解。***10-28*** 代議士長谷川四郎，初の名誉県民となる。***11-3*** 歌人土屋文明，文化勲章受賞。
1987		62	***3-15*** 片倉工業株式会社富岡工場閉鎖。***10-9*** 県立歴史博物館で中国陝西省文物展開催。***10-28*** 生涯学習センター開設。***10-28*** 土屋文明，名誉県民となる。
1988		63	***1-1*** 全日本実業団駅伝競争大会開催。***1-27*** 伊香保国体開幕。
1989	平成	元	***3-29*** 第３セクターわたらせ渓谷鉄道開業。
1990		2	***6-21*** ぐんま腎臓バンク設立。***8-20*** 世界選手権自転車競技大会開幕。***10-10*** ぐんま国際温泉フェスティバル開幕。***10-20*** ぐんまこどもの国児童会館開館。
1991		3	***6-20*** 上越新幹線東京駅乗り入れ。***6-30*** 県立東毛学習文化センター開館。

1992	平成	4	*3-31*『群馬県史』(全37巻)刊行終了。*4-23* ぐんまフラワーパーク開園。*7-14* 八ツ場ダム基本協定等調印式。*8-4* 尾瀬サミット開催。
1993		5	*2-27* 世界スプリントスピードスケート選手権大会，伊香保町で開幕。*3-27* 上信越自動車道，藤岡・佐久間開通。*4-15* 県立医療短期大学開学。*10-19* 県人口200万人。
1994		6	*1-1* 総合教育センター開設。*1-26* 上州国体(スケート)，伊香保町と前橋市で開幕。*2-13* 群馬国際室内陸上競技大会。*7-8* 館林出身の向井千秋，日本人女性初の宇宙飛行士となる。
1995		7	*8-3* 尾瀬保護財団発足式。*8-10* 戦後50周年記念展，前橋市で開催，以後，県内各地で開催。
1996		8	*8-23* 世界詩人会議日本大会，前橋市で開催。*9-3* 人口200万人記念映画「眠る男」，モントリオール世界映画祭で審査員特別大賞受賞。
1997		9	*1-26* 県営水泳場屋内プール開館。*2-13* 映画「眠る男」，ブルーリボン賞特別賞受賞。*11-13* 第7回全国産業教育フェア，前橋市で開催。
1998		10	*3-26* 関越自動車道昭和インター開通。*4-24* 県立日本絹の里開館。*5-10* 第49回全国植樹祭開催。*11-6* 第36回技能五輪全国大会「技能五輪ぐんま '98」開催。
1999		11	*4-29* 県立ぐんま天文台開館。*9-6* 新群馬県庁オープン。*9-22* 第81回全国高等学校野球選手権大会優勝の桐生第一高校野球部に県民栄誉賞。*10-28* ぐんま星空憲章制定。
2000		12	*6-8* ぐんま昆虫の森一部利用開始式。*6-10* 故小渕恵三前総理県民葬。*12-31* インターネット博覧会に群馬パビリオン「星空と宇宙」開設。
2001		13	*1-1* 県新情報公開制度，個人情報保護制度スタート。*6-18* ハンセン病控訴断念の要望書を国に提出。*10-26* 県立館林美術館開館。*11-3* 第16回国民文化祭ぐんま2001開催。
2002		14	*4-19* 県立日本絹の里で「皇居のご養蚕展」開催。*4-* 県食品安全会議設置，農薬適正条例を全国に先駆けて制定。*7-31* スキーの荻原健司に県民栄誉賞。*10-* 「ぐんま文化の日」を10月26日～11月10日に設定。
2003		15	*12-16* 戸倉ダム建設中止。
2004		16	*4-1* 県立中高一貫校中央中等教育学校が高崎市に開校。*8-9* 県内温泉で天然温泉不正表示発覚。*8-13～29* アテネ五輪の柔道女子52kg級で大胡町出身の横沢由貴銀メダル，日立&ルネサス高崎メンバーが加わる女子ソフトボール銅メダル，男子マラソンで佐波郡東村出身の諏訪利成6位入賞。*10-6* 富岡製糸場世界遺産登録推進委員会設立。*10-23* 新潟中越地震，県内にも被害。*12-31* 高崎競馬廃止。
2005		17	*4-1* 県庁機構改革，5県民局設置。県立健康科学大学開学。*7-14* 富岡製糸場が国史跡に指定。*8-1* ぐんま昆虫の森，桐生市新里町に開園。
2006		18	*2-19～22* 第61回国民体育大会冬季スキー競技会尾瀬国体開催。*7-5* 富岡製糸場が国の重要文化財に指定。*8-4* 猛暑，館林・伊勢崎で気温38.6度。*10-1* 市町村合併により12市16町10村，計38市町村となる。

■ 沿 革 表

1. 国・郡沿革表

（2013年 9 月現在）

<table>
<tr><th rowspan="2">国名</th><th rowspan="2">延喜式</th><th rowspan="2">吾妻鏡
その他</th><th rowspan="2">郡名考・
天保郷帳</th><th rowspan="2">郡区編制</th><th colspan="2">現　在</th></tr>
<tr><th>郡</th><th>市</th></tr>
<tr><td rowspan="17">上
野</td><td>吾《あか》妻《つま》</td><td>吾妻
我妻</td><td>吾《あが》妻《つま》</td><td>吾妻</td><td>吾妻郡</td><td></td></tr>
<tr><td>利《と》根《ね》</td><td>利根</td><td>利《と》根《ね》</td><td>利根</td><td rowspan="2">利根郡</td><td rowspan="2">沼田市</td></tr>
<tr><td rowspan="2">勢《せ》多《た》</td><td rowspan="2">勢多
勢田</td><td rowspan="2">勢《せ》多《た》</td><td>北勢多</td></tr>
<tr><td>南勢多</td><td rowspan="2">勢多郡</td><td rowspan="2">前橋市
みどり市</td></tr>
<tr><td rowspan="2">群《くる》馬《ま》</td><td rowspan="2">群馬</td><td rowspan="2">群《ぐん》馬《ま》</td><td>東群馬</td></tr>
<tr><td>西群馬</td><td>北群馬郡</td><td rowspan="2">高崎市・渋川市</td></tr>
<tr><td>片《かた》岡《おか》</td><td>片岡</td><td>片《かた》岡《をか》</td><td>片岡</td><td></td></tr>
<tr><td>碓《うす》氷《ひ》</td><td>碓氷</td><td>碓《うす》氷《ひ》</td><td>碓氷</td><td></td><td>安中市</td></tr>
<tr><td>多《た》胡《こ》</td><td>多胡</td><td>多《た》胡《こ》</td><td>多胡</td><td rowspan="3">多《た》野《の》郡</td><td rowspan="3">藤岡市</td></tr>
<tr><td>緑《みと》野《の》</td><td>緑野</td><td>緑《みと》野《の》</td><td>緑《みど》野《の》</td></tr>
<tr><td rowspan="2">甘《かん》楽《ら》</td><td rowspan="2">甘楽
甘羅</td><td rowspan="2">甘《かん》楽《ら》</td><td>南甘楽</td></tr>
<tr><td>北甘楽</td><td>甘楽郡</td><td>富岡市</td></tr>
<tr><td>山《やま》田《た》</td><td>山田</td><td>山《やま》田《た》</td><td>山田</td><td></td><td>桐生市</td></tr>
<tr><td>那《な》波《は》</td><td>那波</td><td>那《な》波《は》</td><td>那波</td><td rowspan="2">佐《さ》波《わ》郡</td><td rowspan="2">伊勢崎市</td></tr>
<tr><td>佐《さ》位《ゐ》</td><td>佐位</td><td>佐《さ》位《ゐ》</td><td>佐位</td></tr>
<tr><td>新《につ》田《た》</td><td>新田</td><td>新《につ》田《た》</td><td>新田</td><td></td><td>太田市</td></tr>
<tr><td>邑《をは》楽《らき》</td><td>邑楽</td><td>邑《をう》楽《ら》</td><td>邑楽</td><td>邑《おう》楽《ら》郡</td><td>館林市</td></tr>
</table>

2. 市・郡沿革表

(2013年１月現在)

前《まえ》　橋《ばし》　市

明治22年４月１日　町制施行

明治25年４月１日　市制施行

明治34年４月１日　勢多郡上川淵村大字六供村，前代田村，天川原村，市之坪村，紅雲分村，宗甫分村を境界変更

昭和26年４月１日　勢多郡桂萱村大字三俣の一部を境界変更

昭和29年４月１日　勢多郡上川淵村・下川淵村・芳賀村・桂萱村および群馬郡東村・元総社村・総社町の１町６カ村を編入

昭和29年６月４日　勢多郡南橘村大字上小出，川原の一部を境界変更

昭和29年９月１日　勢多郡南橘村を編入

昭和30年１月20日　群馬郡清里村および同郡新高尾村大字鳥羽，中尾の一部を編入

昭和30年４月１日　勢多郡木瀬村大字上大島，天川大島，野中，女屋，東上野，上長磯を境界変更

昭和32年10月10日　勢多郡城南村(昭和32年１月20日，木瀬村，荒砥村が合併して新設)大字小島田，下長磯を境界変更

昭和35年４月１日　佐波郡玉村町大字西善，山王，中内，東善養寺および勢多郡城南村大字駒形町，東駒形町を境界変更

昭和42年５月１日　勢多郡城南村を編入

平成16年４月１日　勢多郡大胡《おおご》町・宮城《みやぎ》村・粕川《かすかわ》村を編入

平成21年５月５日　勢多郡富士見村を編入

高《たか》　崎《さき》　市

明治22年４月１日　町制施行

明治33年４月１日　市制施行

昭和２年４月１日　群馬郡塚沢村・片岡村を編入

昭和14年10月１日　群馬郡佐野村を編入

昭和26年４月１日　群馬郡六郷村を編入

昭和30年１月20日　群馬郡新高尾村大字新保田中，中尾，新保，日高および同郡中川村，碓氷郡八幡村・豊岡村を編入

昭和30年８月１日　群馬郡長野村を編入

昭和31年９月30日　群馬郡大類村，多野郡八幡村を編入

昭和32年８月１日　群馬郡岩鼻村大字岩鼻，矢中，東中里，台新田を編入

昭和32年９月１日　大字下大類，柴崎を群馬郡群南村(昭和31年９月30日，京ケ島村，滝川村が合併して新設)に編入

昭和34年４月１日　柴崎町・中大類町の一部を群馬郡群南村に編入

昭和38年３月31日　群馬郡倉賀野町を編入

昭和40年９月１日　群馬郡群南村を編入

平成18年１月31日　群馬郡倉渕《くらぶち》村・箕郷《みさと》町・群馬町，多野郡新町を編入

平成18年10月１日　群馬郡榛名《はるな》町を編入
平成21年６月１日　多野郡吉井町を編入

桐生《きりゅう》市

明治22年４月１日　町制施行
大正10年３月１日　市制施行
昭和８年４月１日　山田郡境野村を編入
昭和12年４月１日　山田郡広沢村を編入
昭和29年10月１日　山田郡梅田村・相生村および同郡川内村大字高津戸の一部および大字東小倉，西小倉，須永，山田を編入
昭和30年６月１日　山田郡毛里田村の一部を編入
昭和34年１月１日　栃木県足利郡菱村を編入
昭和43年４月１日　栃木県安蘇郡田沼町の一部を編入
平成17年６月13日　勢多郡新里《にいさと》村・黒保根《くろほね》村を編入

伊勢崎《いせさき》市

明治22年４月１日　町制施行
昭和15年９月13日　佐波郡伊勢崎町・殖蓮村・茂呂村の３カ町村が合併して市制施行
昭和30年１月10日　佐波郡三郷村を編入
昭和30年３月25日　佐波郡豊受村・名和村・宮郷村を編入
平成17年１月１日　佐波郡赤堀《あかほり》町・東《あずま》村・境《さかい》町と合併

太田《おおた》市

明治22年４月１日　町制施行
昭和15年４月１日　新田郡九合村・沢野村・韮川村を編入
昭和18年11月10日　新田郡鳥之郷村を編入
昭和23年５月３日　市制施行
昭和32年４月１日　山田郡休泊村，新田郡強戸村を編入
昭和35年７月１日　山田郡矢場川村大字矢場，荒金，大町，植木野を編入
昭和38年４月１日　新田郡宝泉村を編入
昭和38年12月１日　山田郡毛里田村を編入
平成17年３月28日　新田郡尾島《おじま》町・新田《にった》町・藪塚本《やぶづかほん》町と合併

沼田《ぬまた》市

明治22年４月１日　町制施行
昭和29年４月１日　利根郡沼田町・利南村・池田村・薄根村・川田村の５カ町村が合併して市制施行
平成17年２月13日　利根郡白沢《しらさわ》村・利根《とね》村を編入

館林《たてばやし》市

明治22年４月１日　町制施行

昭和29年４月１日　邑楽郡館林町・郷谷村・大島村・赤羽村・六郷村・三野谷村・多々良村・渡瀬村の８カ町村が合併して市制施行
昭和32年８月１日　邑楽郡邑楽村大字赤堀の一部を編入
昭和33年４月１日　邑楽郡明和村大字大輪沼新田の一部を編入

渋《しぶ》　川《かわ》　市

明治22年４月１日　町制施行
昭和29年４月１日　北群馬郡渋川町・金島村・古巻村・豊秋村の４カ町村が合併して市制施行
平成18年２月20日　勢多郡北橘《きたたちばな》村・赤城《あかぎ》村，北群馬郡子持《こもち》村・小野上《おのがみ》村・伊香保《いかほ》町と合併

藤《ふじ》　岡《おか》　市

明治22年４月１日　町制施行
昭和29年４月１日　多野郡藤岡町・神流村・小野村・美土里村・美九里村の５カ町村が合併して市制施行
昭和30年３月１日　多野郡日野村・平井村を編入
昭和31年12月１日　市内の一部を多野郡新町に編入
平成18年１月１日　多野郡鬼石《おにし》町を編入

富《とみ》　岡《おか》　市

明治22年４月１日　町制施行
昭和29年４月１日　甘楽郡黒岩村・一ノ宮町・高瀬村・額部村・小野村を編入し市制施行
昭和30年４月１日　甘楽郡吉田村を編入
昭和34年２月１日　甘楽郡福島町大字君川，星田，田篠を境界変更
昭和35年４月１日　甘楽郡丹生村を編入
平成18年３月27日　甘楽郡妙義《みょうぎ》町と合併

安《あん》　中《なか》　市

明治22年４月１日　町制施行
昭和30年２月１日　碓氷郡安中町・秋間村・後閑村・原市町・磯部町・東横野村・板鼻町・岩野谷村の８カ町村が合併
昭和32年４月１日　町内の一部を碓氷郡松井田《まついだ》町に編入
昭和33年11月１日　市制施行
平成18年３月18日　碓氷郡松井田町と合併

みどり市

平成18年３月27日　勢多郡東《あずま》村，新田郡笠懸《かさがけ》町，山田郡大間々《おおまま》町の３カ町村が合併して市制施行

北《きた》群《ぐん》馬《ま》郡(昭和24年10月1日　群馬郡より分郡)
榛《しん》東《とう》村《むら》　昭和32年3月30日　北群馬郡桃井村と群馬郡相馬村大字広馬場が合併して新設
　　　　昭和34年1月1日　群馬郡箕郷町大字柏木沢の一部を編入
吉《よし》岡《おか》町《まち》　昭和30年4月1日　北群馬郡明治村・駒寄村が合併して村制施行
　　　　平成3年4月1日　町制施行

多《た》野《の》郡
上《うえ》野《の》村《むら》　明治22年4月1日　村制施行
神《かん》流《な》町《まち》　平成15年4月1日　多野郡万場町・中里村が合併して新設

甘《かん》楽《ら》郡(昭和25年3月11日　北甘楽郡を甘楽郡と改称)
下《しも》仁《に》田《た》町《まち》　昭和30年3月10日　甘楽郡下仁田町・馬山村・小坂村・西牧村・青倉村が合併して新設
　　　　昭和31年4月1日　甘楽郡南牧村大字小沢の一部を境界変更
南《なん》牧《もく》村《むら》　昭和30年3月15日　甘楽郡尾沢村・月形村・磐戸村が合併して新設
　　　　昭和31年4月1日　大字小沢の一部を甘楽郡下仁田町に境界変更
甘《かん》楽《ら》町《まち》　昭和30年3月16日　甘楽郡小幡町・秋畑村が合併して小幡町を新設
　　　　昭和34年2月1日　甘楽郡小幡町・新屋村および同郡福島町大字福島，小川が合併して甘楽町を新設

吾《あが》妻《つま》郡
中《なか》之《の》条《じょう》町《まち》　昭和30年4月15日　吾妻郡中之条町・沢田村・伊参村・名久田村が合併して新設
　　　　平成22年3月28日　吾妻郡六合村を編入
長《なが》野《の》原《はら》町《まち》　明治22年4月1日　町制施行
嬬《つま》恋《ごい》村《むら》　明治22年4月1日　村制施行
草《くさ》津《つ》町《まち》　明治22年4月1日　村制施行
　　　　明治33年7月1日　村を二分して草津町と六合村とし，町制施行
高《たか》山《やま》村《むら》　明治22年4月1日　群馬郡高山村として村制施行
　　　　明治29年4月1日　吾妻郡に編入
東《ひがし》吾《あが》妻《つま》町《まち》　平成18年3月27日　吾妻郡東《あずま》村・吾妻《あがつま》町が合併して新設

利《と》根《ね》郡
片《かた》品《しな》村《むら》　明治22年4月1日　村制施行
川《かわ》場《ば》村《むら》　明治22年4月1日　村制施行
昭《しょう》和《わ》村《むら》　昭和33年11月1日　利根郡久呂保村・糸之瀬村が合併して新設
　　　　昭和36年8月1日　利根郡利根村大字生越を境界変更
みなかみ町　平成17年10月1日　利根郡月夜野《つきよの》町・水上《みなかみ》町・新治《にいはる》村が合併して新設

佐《さ》波《わ》郡
玉《たま》村《むら》町《まち》　昭和30年4月20日　佐波郡玉村町・芝根村が合併して玉村町を新設

昭和32年８月１日　群馬郡群南村大字宇貫および八幡原の一部を境界変更
昭和32年８月１日　佐波郡玉村町・上陽村が合併して新設
昭和32年10月15日　群馬郡群南村大字板井を境界変更

邑《おう》楽《ら》郡

板《いた》倉《くら》町《まち》　昭和30年２月１日　邑楽郡西谷田村・海老瀬村・大箇野村・伊奈良村が合併して新設

明《めい》和《わ》町《まち》　昭和30年３月１日　邑楽郡千江田村・梅島村・佐貫村が合併して村制施行
平成15年４月１日　町制施行

千《ち》代《よ》田《だ》町《まち》　昭和30年３月31日　邑楽郡永楽村・富永村・長柄村が合併して新設
昭和31年９月30日　大字篠塚，狸塚，赤堀(旧長柄村)を邑楽郡中島村に境界変更
昭和57年４月１日　町制施行

大《おお》泉《いずみ》町《まち》　昭和32年３月31日　邑楽郡小泉町・大川村が合併して新設

邑《おう》楽《ら》町《まち》　昭和30年３月１日　邑楽郡中野村・高島村が合併して中島村を新設
昭和31年９月30日　邑楽郡千代田村大字篠塚，狸塚，赤堀(旧長柄村)を境界変更
昭和32年１月１日　中島村を邑楽村と改称
昭和43年４月１日　町制施行

■ 祭礼・行事

(2007年1月現在)

〔1月〕

6・7　**少林山《しょうりんざん》だるま市**　➔高崎市鼻高町・少林山達磨寺《だるまじ》(JR 高崎線高崎駅バス藤塚下車)

北斗七星を神格化した北辰鎮宅霊符尊《ほくしんちんたくれいふそん》を本尊とする少林山達磨寺の星祭りの初縁日である1月7日の七草大祭は，前日夕方から寺の境内で張り子のだるまが売られることで有名で，一般には「少林山だるま市」として知られている。張り子だるまは，達磨寺の9代目東嶽《とうがく》和尚が付近の農民の困窮を救うため，農間余業として作り方を教えたと伝えられる。起き上がりだるまの「上がる」と蚕の上蔟《じょうぞく》をいう「上がる」を掛けて，豊蚕の縁起物として養蚕地帯でもてはやされた。

10　**長良《ながら》神社弓取式**　➔邑楽郡板倉町岩田・長良神社(東武伊勢崎線館林駅バス岩田観音前下車)

神事の終了後，岩田地区の男の子(かつては10歳前後の長男)がウツギの弓と篠竹《しのたけ》の矢3本をもち，大世話人が天にむかって矢を放ったあと，社殿の前の的《まと》に矢を放つ。災難除けの行事である。

14　**中之条《なかのじょう》の鳥追い**　➔吾妻郡中之条町中之条伊勢町(JR 吾妻線中之条町下車)

伊勢宮での神事のあと，日の丸や消防の纏《まとい》をつけた大太鼓を青年がたたきながら，町内を上下する。厄年にあたる人や商店がミカンや手拭などを投げてにぎわう。江戸時代にはじまったといわれる。大太鼓は11個あり，明治時代から四輪の木製の台車にのせるようになった。大太鼓は県指定重要有形民俗文化財である。

14　**新寺《にいでら》の鳥追い**　➔安中市上磯部新寺(JR 信越線磯部駅下車)

夕方，子どもたちがムラはずれに集まり，田でお飾りや杉の葉などを焚いてその火にあたる。その後，桟俵《さんだわら》でつくった獅子《しし》，千俵万俵《せんだわらまんだわら》，悪魔祓《あくまばら》いなどに扮し，太鼓をたたき「鳥追いだ，鳥追いだ」ととなえながら家々をまわり災厄《さいやく》や悪魔をはらう。また，ムラ境の田では，ムラの外にむかって大声をあげて走り，鳥を追う所作を行う。

14　**間物《まもの》のオンマラサマ**　➔多野郡神流町神ヶ原《かがはら》間物(JR 高崎線新町駅バス古鉄橋下車)

間物の人びとが宿に集まり，川下の橋の上にキリハギをさげた縄を張りわたし，その中央にヌルデでつくった男根を吊りさげる。第二次世界大戦前までは女陰の作り物もあったという。縄が張りおわると，参加者全員で橋の上にならび，嶽《たけ》の諏訪様《すわさま》がまつられている川上の山にむかい，声をあげて神を呼びおろす。

14　**倭文《しどり》神社の田遊び**　➔伊勢崎市上之宮町(JR 両毛線伊勢崎駅バス上の宮下車)

倭文神社の社殿の前で葉のついた笹竹をふりながら4人の笹男が御神歌《ごじんか》をうたう。その後，集落中をまわるオネリを行う。ふたたび神社に戻って，鳥居から拝殿にむかって笹竹をふりながら近づき，御神歌をうたう。笹男のもつ笹竹は氏子が奪うようにして分けあう。かつてはこの竹で蚕をはさむ箸《はし》をつくると繭がよくできるといわれた。

20　**湯かけ祭り**　➔吾妻郡長野原町川原湯温泉(JR吾妻線川原湯駅下車)
未明に一番太鼓を合図に各家から手桶やバケツをもった人びとが共同浴場に集まる。湯前様での神事ののち，川原湯神社への温泉奉納の儀が行われ，ついで裸になった人びとが紅白に分かれて湯をかけあう。

〔2月〕

11　**春鍬《はるくわ》祭り**　➔佐波郡玉村町上樋越《かみひごし》・神明宮(JR高崎線高崎駅バス森下下車)
神明宮の社殿前で，氏子のなかから選ばれた数十人の「鍬持ち」たちが，「春鍬」と呼ばれる先端に餅をつけた榊《さかき》を手にもってコの字形にならぶ。作《さく》頭《がしら》（鍬頭ともいう）の指揮で，中央で水田の畔《あぜ》を塗るクロヌリなど，稲作の所作が鍬持ちによって演じられる。この間，「田の水」と称して酒が回し飲みされる。その後，拝殿前で神職が「春鍬ようし」と叫び，鍬持ちが「いつもいつも，ももよ(百世)ようし」と唱和する。これを3回繰り返すと，参拝者が鍬持ちの「春鍬」を奪いあう。

11　**すみつけ祭り**　➔佐波郡玉村町上福島(JR高崎線高崎駅バス福島橋下車)
埼玉県騎西《きさい》町の玉敷《たましき》神社から借りてきた御神体をいれた箱をかついだ行列が，上福島の集落全戸をまわり，手にした大根に塗った墨を家の人や道行く人の顔に塗り付ける。墨を塗られると，その年は風邪を引かないという。かつては15日に行っていた。

11　**春駒《はるこま》**　➔利根郡川場村門前(JR上越線沼田駅バス吉祥寺《きちじょうじ》前下車)
かつては2月初午に行われていた。木彫りの馬の首とフリコという鈴付きの布をもった舞い手のムスメ，桑の枝のばちに太鼓をもったオッカア，袋をもったオヤジに青年男子が扮し，吉祥寺の金甲《きんこう》稲荷にお参りしてから本堂で舞い，その後，門前の集落全戸を門付けして歩く。蚕の飼育を織り込んだ豊蚕を予祝する歌をうたいながら，ムスメが座敷で馬の首をふりながら舞う。

15　**榛名《はるな》神社神楽始式《かぐらはじめしき》**　➔高崎市榛名山・榛名神社(JR高崎線高崎駅バス榛名神社下車)
榛名神社神楽殿で行われ，神代《じんだい》神楽と呼ばれる。年間とおして奉納者の要請により随時，神楽組によって奏上されるが，神楽始式はその年の舞い始めとなる。里神楽《さとかぐら》にみられるようなおどけた要素のない神事舞である。男舞のあいだに巫女《みこ》舞が組み込まれている。5月5日，5月8日にも奉納される。

24　**白久保のお茶講**　➔吾妻郡中之条町白久保(JR吾妻線中之条駅バス白久保下車)
重要無形民俗文化財。かつては1月24日にも行った。夜，参加者(男子と13歳未満の女子)が集まると，「天神さんのお茶」がそなえられ参加者に振舞わ

れる。つぎに「一の茶」「二の茶」「三の茶」「客の茶」の４種類の見本茶によって味を覚えたのち，本茶となる。本茶は「客の茶」が１回，他が各２回の計７回だされ，参加者はそれぞれの茶名をあてる。全部正解か，全部はずれた人が多い年は豊作という。

〔３月〕

社日　**小泉《こいずみ》の社日《しゃにち》祭り**　➔邑楽郡大泉町城之内・社日神社(東武鉄道小泉線小泉町下車)

旧小泉村の社日神社では，沸騰させた釜の湯を笹につけて体にあびる盟神探湯《くがたち》が行者によって行われ，この湯をあびると無病息災であるという。また，社務所では，神社境内の土の入った「御土地」と書かれた小袋を頒布する。この土を畑にまくと，豊作になると信じられていた。

〔４月〕

３　**一切経《いっさいきょう》祭り**　➔沼田市沼須《ぬます》町・砥石《といし》神社(JR 上越線沼田駅バス枡形口下車)

砥石神社に保管されている鉄眼版《てつがんばん》一切経全巻33箱を菰《こも》につつみ，沼須地区をまわる。その年に嫁取りした若者か新しくきた婿がボンゼン(梵天)をもって先頭を歩く。行列は数か所で休む。疫病除けの行事である。

３　**おひながゆ**　➔多野郡上野村乙父《おっち》(JR 高崎線新町駅バス乙父大橋下車)

月遅れの雛節供《ひなぜっく》である。神流《かんな》川の川原にオシロと呼ばれる三方を囲った石垣をきずき，その一隅に雛人形をかざる。当日は早朝から子どもたちが集まって，オシロのなかにしつらえたこたつにあたりながら，自分たちでつくったお粥《かゆ》やお菓子などを食べて，半日遊ぶ。

４　**下南室太々神楽《しもなむろだいだいかぐら》**　➔渋川市北橘町下南室・赤城神社(JR 渋川駅バス下南室下車)

式舞《しきまい》７座と興舞《きょうまい》20座が伝えられているが，現在のものは明治期に東京都の御嶽《みたけ》神社から習ったものという。興舞のなかに，養蚕の一連の作業を舞う「養蚕の舞」や「種子まき」「大工の舞」など，生業に関する演目が多く取り入れられている。

15　**下長磯《しもながいそ》の操《あやつ》り式三番《しきさんば》**　➔前橋市下長磯町・稲荷神社(JR 両毛線前橋駅バス女屋町下車)

県指定重要無形民俗文化財。稲荷神社での神事のあと，拝殿を舞台にして上演される。神事芸能としての性格が強く，翁・千歳・三番の三体の操り人形(二人遣い)が謡曲の「翁」にあわせて舞う。

〔５月〕

八十八夜　**オボダテ**　➔東吾妻町岡崎(JR 吾妻線小野上駅バス岡崎公民館前下車)

山仕事終了の節目として，岡崎の組ごとに行われる。当日，宿の家に組の人が集まり，山の神である十二様にそなえるボンデンをつくり，これとお供えの赤飯・魚をもって山の中にある十二様の石宮にいく。ボンデンを石宮のそ

ばの御神木にゆわえ，お供えをあげて，山仕事が無事終了したことを感謝しておがむ。

3　厄神除《やくじんよ》け　➔邑楽郡明和町斗合田(東武伊勢崎線川俣駅下車タクシー)

朝，集落センターに集まり，藁で草鞋《わらじ》や酒樽など7種類の作り物と注連縄《しめなわ》をつくり，それぞれにまじないの符号と「八坂神社」とを書いた紙をつける。出来あがると，お祝いの酒を飲み，ムラ境の7カ所に立てにいく。道の端に竹を立てて注連縄を張り，藁の作り物をさげる。厄神がムラにはいらないようにという意味である。

7・8　老神《おいがみ》の蛇祭り　➔沼田市利根町老神・赤城神社(JR 上越線沼田駅バス老神温泉下車)

赤城の神が，日光二荒山《ふたらさん》の神と戦い，負傷して逃げてきたが，ここで二荒山の神を追い返し(追神＝老神)，湧きでた湯で傷を治したと伝えられ，その故事に基づき旧暦4月8日に湯祭りを行ってきた。昭和28(1953)年からは赤城の神の使いである蛇の張り子をかついで温泉街を練り歩くようになった。

〔6月〕

1　初山《はつやま》　➔館林市小桑原《こくわはら》・富士嶽神社(東武伊勢崎線館林駅下車)

富士嶽神社の6月1日の例祭に，過去1年間にうまれた子どもが参詣し，額に朱の神印を押してもらう。初山《はつやま》をすませた家では初山うちわを購入し，子どもの名前を書いて親戚や隣組などにくばる。

5　粽祭《ちまきまつ》り　➔高崎市榛名山・榛名神社(JR 高崎線高崎駅バス榛名神社下車)

米の粉を丸めてつくったシンコを数本の茅《かや》のなかにつつんだチマキが氏子によって神饌《しんせん》として奉献され，神事のあと，参拝者にくばられる。このチマキを戸口にかざっておくと長虫(蛇)除けになるといい，また，蚕室にさげれば鼠除けになるという。

〔7月〕

24　マガゴト流し　➔富岡市中高瀬・高瀬神社(上信電鉄富岡駅下車タクシー)

午前中に高瀬の10地区の氏子総代などが高瀬神社の境内に集まり，シデの枝で舟と茅《ち》の輪をつくり，本殿の前にそなえる。舟は長さ3mほどで，藁人形3体をのせる。午後，神事がすむと茅の輪くぐりが境内で行われる。ついで舟と茅の輪をかつぎ，子どもたちは木製の槍や長刀をもって鏑《かぶら》川まで行列し，川に舟と茅の輪を流す。その後，各地区で境札を高瀬のムラ境14カ所に立てる。

第四土・日曜日　世良田祇園《せらだぎおん》　➔太田市世良田(東武伊勢崎線世良田駅下車)

神田明神祭り，秩父妙見《みょうけん》祭りとともに関東三大祭りの一つといわれる。愛知県の津島神社から分霊されたとされる世良田の八坂神社の祭礼で，かつては24日が宵祭り，25日が本祭りであった。宵祭りには，各地区から8台の屋台が引きだされて祭囃子《まつりばやし》の競演となる。本祭りにはトウジュウサマ(当住様)と呼ぶ天王《てんのう》の神輿《みこし》が練り歩く。

25日に近い日曜　水神祭り　➔佐波郡玉村町五料(JR 高崎線新町駅下車タクシー)

当日朝から飯玉《いいだま》神社の境内で，長さ６ｍほどの竹と麦藁《むぎわら》で舟をつくる。麦藁舟には「水神丸」と書いた幟《のぼり》がかざられ，神社の本殿前におかれてキュウリなどがそなえられる。夕方，麦藁舟をもってムラ中をまわったのち，若者が利根川のなかに舟をかつぎこみ，下流に流す。本来，飯玉神社に合祀された大杉神社の祭りで，かつては６月15日に行われた。

31　**夏越《なご》し祭り**　➡富岡市宇田字中寺田(上信電鉄富岡駅下車タクシー)
ミソギ祭りあるいはママッコナガシともいう。その年の年番が茅《ち》の輪と竹の皮の舟をつくる。舟には各家から集めた身体の穢《けが》れを移した紙の人形をのせる。午後，年番は諏訪神社跡の石宮にお参りし，辻々で人びとに茅の輪をくぐらせたのち，丹生《にう》川にいって，茅の輪と舟を流す。

〔８月〕

1　**お川下げ**　➡多野郡上野村新羽《にっぱ》字野栗《のぐり》・野栗神社(JR 高崎線新町駅バス八幡下車)
野栗神社から神輿《みこし》が神流《かんな》川にくだっていき，川瀬に設けられた御旅所《おたびしょ》に安置される。神主は御旅所の前で祝詞《のりと》を奏上し，ついで75個の小麦団子(小麦の粉ではなく粒から調製したもの)を川に流す。団子は半分ほど流すと，残りは参会者に分けられる。

14・15　**大日向《おおひなた》の火とぼし**　➡甘楽郡南牧村大日向(上信電鉄下仁田駅下車タクシー)
県指定重要無形民俗文化財。昼のうちに安養寺《あんようじ》境内に武田菱の紋入りの高灯籠を立てる。日暮れに大松明《たいまつ》をもって安養寺のむかいの火とぼし山へのぼり，松明に火をつけてふりながら山から駆けおりてくる。その火を鼓《つづみ》状の松明に移して，川原や橋の上でふりまわす。各家ではその火を盆棚に移す。その後，橋から太鼓を鳴らしながら男衆が安養寺までお練りをする。

15　**地蔵御輿《みこし》**　➡北群馬郡榛東《しんとう》村十三区(JR 高崎線高崎駅バス箕郷経由八之海道《やのかいどう》下車)
県指定重要無形民俗文化財。南《みなみ》・上サ《かさ》・八幡下《はちまんした》の３つの集落からなる十三区の18歳から45歳の男子で構成される親睦会が地蔵御輿を担ぎ，当日の夕方から夜にかけて和讃を唱えながら地区内の主だった道をまわる。所々で御輿を下ろし，線香をあげてもらい，お参りにきた人に色紙と竹でつくったハナとお札を配る。新仏のでた家では，屋敷の中にはいり代表者が線香をあげる。かつては８月１日から24日まで毎晩行ったという。もともと南・上サの２つの集落の行事だったが，御輿を新調するにあたって行政区の十三区全体で行うようになった。

16　**大島の百八燈《ひゃくはっとう》(火祭り)**　➡富岡市大島(上信電鉄富岡駅下車タクシー)
大島の人たちが城山《じょうやま》にのぼり，その中腹で麦藁の束を燃やし，その年にちなんだ火文字を描く盆行事である。朝廷にそむいたとして討たれた羊太夫《ひつじだゆう》の供養のためにはじめたという由来が伝えられる。

17　**藤原の獅子舞**　➡利根郡みなかみ町藤原・諏訪神社(JR 上越線水上駅バス上

の原入口下車)
諏訪神社の祭礼に行われる一人立ちの三頭獅子舞である。獅子は露引《つゆひ》きと呼ばれる着物をきて，張り子の腰太鼓をつけ白足袋に草履《ぞうり》をはいて神社の舞台で舞う。かつては旧暦7月27日，その後9月に行われるようになり，さらに現在の日取りになった。

18　**川施餓鬼《かわせがき》**　➔邑楽郡千代田町赤岩(東武小泉線西小泉下車)
水難者供養のために明治時代から行われているという。利根川堤防に祭壇がつくられ，夕方，僧侶の読経のあと，麦藁束を十文字にしてローソクを立てたものなどを利根川に流す。その後，八木節や民謡踊りが行われる。

第四日曜　**麦祭《ばくまつ》り**　➔甘楽郡甘楽町天引《あまびき》字本村・諏訪神社(上信電鉄上州新屋駅下車タクシー)
もとは，8月26日に行われた。午前中に大麦と小豆を煮た麦飯《ばくめし》がつくられる。午後，諏訪神社で麦飯を大根葉の揉み漬けとともに11枚のバクッパ(川桐の葉)にのせて味噌汁をかけて神々にそなえる。残りの麦飯は祭典後，参拝者にくばられる。麦飯は10月の本祭りにも供えられる。

28　**団子相撲**　➔吾妻郡長野原町林・王城山《みこしろやま》神社(JR 吾妻線長野原草津口駅バス吾妻林下車)
神事のあと，子どもたちは王城山神社の社殿の周りをまわって拝礼し，境内に設けられた土俵で相撲をとる。土俵中央で，取り組み相手と両手を組み合い，手をふりながら数を数えてから取り組む。かつては米の粉で人形をつくって参詣し，子どもにこれを投げさせて勇力をさずけられたというが，のちに「団子」を「男子」にして男子に相撲を取らせるようになったと伝えられる。

〔9月〕

1　**お川降り神事**　➔前橋市粕川町月田・近戸《ちかど》神社(上毛電鉄粕川駅タクシー)
神輿《みこし》が近戸神社から粕《かす》川のほとりにある御旅所《おたびしょ》の石宮に渡御し，神職が元粕川に糟《かす》(濁酒。現在は甘酒)を流す。その後，神輿はふたたび神社に帰る。祭りに際して一人立ち三頭獅子舞が神社境内と御旅所でそれぞれ奉納される。江戸時代には7月1日が祭日であった。

旧暦中の申の日　**猿追い祭り**　➔利根郡片品村花咲《はなさく》(JR 上越線沼田駅バス武尊口経由花咲下車)
神事のあと，拝殿前で氏子代表が東西に分かれて赤飯を投げ合う。ついで拝殿で謡をうたいながらの酒宴となる。頃合をみはからって本殿から御幣を手にもった「猿」役の人が走りでて社殿を3回まわり，それを櫃番《ひつばん》役の人が追いかける。

29　**ヤッサ祭り**　➔利根郡みなかみ町下津字小川島・若宮八幡宮(JR 上越線後閑駅下車タクシー)
褌《ふんどし》一つの男たちが蛇のように長く連なり，八幡宮の鳥居から本殿へくねりながら突進し，それを氏子総代らがさえぎる。これを7回繰り返したのち，

男たちは本殿へよじのぼり，吊るしてある鈴を引きちぎる。

〔10月〕

秋祭　**那須の獅子舞**　➔甘楽郡甘楽町秋畑字那須・稲含《いなふくみ》神社（上信電鉄福島駅下車タクシー）

稲含神社に奉納される一人立ち三頭獅子舞で，稲荷流と称し，古い形式を残していると伝えられる。獅子頭は白木で，祭りの前に顔料が塗られ，金や銀などの色紙が貼られ，山鳥の羽根がかざられる。

第二土・日曜　**龍頭神《りゅうとうじん》獅子舞**　➔伊勢崎市南千木町・千本木《せんぼんぎ》神社（JR両毛線伊勢崎駅バス茂呂小学校下車）

江戸時代，雨乞いの舞をして雨をふらせたことで，伊勢崎藩主から家紋入りの提灯をあたえられたと伝える。頭は龍をあらわすという。祭り当日，練習場所でもあるササラ会所をでて，天神様や区長宅で舞ったのち，南千木・北千木両町の氏神である千本木神社へいき，そこで舞う。舞でちぎれたトブサ（紙製の頭の飾り）を拾って玄関先にかざっておくと，無病息災という。

〔11月〕

3　**ニギリックラ**　➔利根郡片品村越本・武尊《ほたか》神社（JR上越線沼田駅バス細工屋下車）

赤飯のはいったお櫃《ひつ》がふかし番によって組の数だけ武尊神社の社前にそなえられる。神職の祝詞《のりと》のあと，区長の合図によって氏子が赤飯を奪い合って大きな握り飯をつくる。大きな握り飯をつくるほど，また，地面に赤飯が多く散ったほど豊作になると伝えられる。

〔12月〕

旧11月初午　**小池《こいけ》祭り**　➔利根郡みなかみ町東峰（JR上越線後閑駅バス湯宿温泉経由峰須川下車）

県指定重要無形民俗文化財。マケ（本家・分家集団）ごとに行う先祖祭りで，東峰須川の本多マケでは，祭りの前々日の辰の日に，山麓の妙見様をまつるホクラヤシキと呼ばれる場所に，ホクラサマと呼ばれるお仮屋を家ごとに立てる。祭りの当日，赤飯をふかし夜明け前に各家のホクラサマと妙見様にそなえておがみ，赤飯を交換して食べる。夜が明けるころ，さらに山の中の十二様などの小祠に赤飯をそなえて歩く。

8　**鹿占《しかうら》神事**　➔富岡市一之宮・貫前《ぬきさき》神社（上信電鉄一之宮駅下車）

県指定重要無形民俗文化財。甘楽郡下の31カ村の吉凶をうらなう神事である。占いは，31の村それぞれについて神職が炉で焼いた錐《きり》で鹿の肩甲骨《けんこうこつ》をつらぬき，その穴の開き具合をみて「大吉」「吉」「小吉」のいずれかに判じる。

初辰の日　**赤城神社の御神幸**　➔前橋市二之宮町・二之宮赤城神社（JR両毛線前橋駅バス二之宮神社裏下車）

二之宮赤城神社の御神体が三夜沢の赤城神社に渡御する神事である。途中，前橋市の旧大胡町の大胡神社と旧宮城村の柏倉で休憩する。三夜沢の赤城神社に着くと，神事を行い，ふたたび二之宮赤城神社に帰る。4月の初辰の日

にも行われる。かつては徒歩で行っていたが，現在は自動車で行う。

12　**御戸開祭り**《みとびらき》　➔富岡市一之宮・貫前神社(上信電鉄一之宮駅下車)
夜，御供所《ごくしょ》で御衣廻《おんぞめぐ》りを行ったのち，幣帛《へいはく》を中心に大祓の榊，鉾などをもった行列をつくり，神楽殿から不明門をでて惣門の前にいく。代官手水《だいかんてみず》の儀を行ってから，惣門をはいって石段をおり，拝殿にのぼる。神職が本殿の扉を開け，神饌がそなえられて七ツ皿の儀，オケホケの儀が行われる。神子による大和舞が奉ぜられたのち，神職が本殿の扉を閉め，神事は終了する。御戸開祭りはオミトウと称せられ，春3月14日にも行われる。

■ 参考文献

【群馬県における地域史研究の現状と課題】

1977年から20年近くの歳月をかけて『群馬県史』(通史編10巻，資料編27巻)全37巻が1993年に完成したことと，県史編纂と平行して群馬県立文書館が1982年に発足した(同年11月開館)ことの群馬県の地域史研究に及ぼした有形，無形の影響は大きい。戦前，活動をしていた『上毛及上毛人』は1942年，297号で終刊となった。この雑誌の県下の郷土史研究に果たした役割は忘れることはできない。戦後それに代わり県下の幅広い地域史の研究の中心となったのが「群馬文化の会」(現在，群馬県地域文化研究協議会)で会誌『群馬文化』を刊行し，研究大会を毎年開催している。県史の編纂刊行は，この会が中心となって県知事に陳情をしたことによるものであったことは，ながく記憶されなくてはならない。

1964年に発足した群馬県文化事業振興会は「群馬県史料集」「上野国郡村誌」「上野国寺院明細帳」など地域史研究の基礎的資料を刊行している。県史編纂・刊行とともに史料の所在調査がなされ，その間に蓄積された調査・研究が『群馬県史研究』に公表された。県史編纂事業の過程で収集された史料および県から移管された行政文書は県立文書館で保存・公開され，『群馬県立文書館収蔵文書目録』『群馬県行政文書件名目録』として逐次刊行されている。文書館では紀要の『双文』と史料の復刻・紹介を主な目的とする『ぐんま史料研究』がだされている。とくに『ぐんま史料研究』は県史に載せられなかった大部の史料を載せることを目的としている。多くの県史では刊行されたものに分量その他で載せられなかった史料が陽の目をみないままになっているのに対し，この『ぐんま史料研究』の刊行は，県史編纂に示された方向を持続させるものとして注目すべきものと高く評価されるものである。県史の編纂過程で編纂室の果たした役割の一つは地域史研究の情報センターとしてのそれであった。編纂室解散後はその機能は県立文書館に移行され，古文書解読講座，郷土史研究講座や『文書館だより』がだされている。

地域史の共同研究の組織化を継承するものとして，近世史懇話会，群馬近現代史研究会が結成された。県史が戦後の地方史研究を集大成した感があるが，それを批判的に継承し社会史などの新たな動向を取り入れて若い研究者層が加わって共同研究を実施している。

このように県下では群馬県地域研究協議会のほかにも，群馬歴史民俗研究会，渡良瀬川研究会，群馬歴史散歩の会が，それぞれ機関誌を発行し，特色ある研究活動を続けているし，『みやま文庫』(県立図書館に事務局設置)，『上毛文庫』(上毛新聞社発行)が地域史関係の著作を公刊している。

県内には70市町村あるが，ほとんどで自治体史を刊行している。通史編だけでなく資料編をもつものが多くなり，調査した文書目録を公刊しているものもあり，史料の保存・公開にとって好ましい傾向である。

【通　史】
九学会連合利根川流域調査委員会編『利根川』 弘文堂　1971
群馬県高等学校教育研究会『群馬県の歴史散歩』 山川出版社　2005
群馬県姓氏家系大辞典編纂委員会編『群馬県姓氏家系大辞典』 角川書店　1992
群馬県百科事典編集委員会編『群馬県百科事典』 上毛新聞社　1979
篠木弘明『上毛古書解題』 歴史図書社　1979
地方史研究協議会編『交流の地域史』 雄山閣出版　2005
地方史研究協議会編『内陸の生活と文化』 雄山閣出版　1986
西垣晴次編『図説群馬県の歴史』 河出書房新社　1989
西垣晴次ほか『山麓の地域生態』 群馬大学　1987
西垣晴次先生退官記念編集委員会編『西垣晴次先生退官記念　宗教史・地方史論纂』 刀水書房　1994
児玉幸多・坪井清足監修『日本城郭大系 群馬県』 新人物往来社　1980
角川日本地名大辞典編纂委員会編『日本地名大辞典 10群馬県』 角川書店　1988
平凡社地方資料センター編『日本歴史地名大系 10群馬県の地名』 平凡社　1987
峰岸純夫・田中康雄・能登健編『両毛と上州諸街道』 吉川弘文館　2002
山田武麿ほか『群馬県の歴史』 山川出版社　1974
山田忠雄編『中山道』 吉川弘文館　2001

【史　料】
浅間山麓埋没村落総合調査会編『天明三年浅間山噴火史料集』上・下　東京大学出版会　1989
丑木幸男編『上野国郷帳集成』 群馬県文化事業振興会　1992
丑木幸男編『上野国寺院明細帳』1-14　群馬県文化事業振興会　1992-2006
丑木幸男編『高津仲次郎日記』1-3　群馬県文化事業振興会　1998-2000
金井幸佐久校訂『上州狩宿関所御用留日記』 国書刊行会　1987
金井幸佐久編『高橋景作日記』 高橋忠夫　1995
桐生新町史談会編『御用方日誌』 桐生新町史談会　1989
群馬県立歴史博物館友の会編『新居喜左衛門日記』 群馬県立歴史博物館友の会　1987
群馬県編『群馬県歴史』全5巻　群馬県文化事業振興会　1973-76
群馬大学附属図書館編『群馬大学図書館所蔵 新田文庫目録』 群馬大学附属図書館　1984
群馬部落研東毛地区近世史学習会編『下野国太郎兵衛文書(正・続)』 群馬部落研東毛地区近世史学習会　1987・90
須永好日記刊行委員会編『須永好日記』 光風社書店　1968
高崎市歴史民俗調査会編『高崎史料集』全5巻　高崎市　1985-89
千々和実ほか編『高山彦九郎日記』全5巻　西北出版　1980
富田永世『上野名跡志』 歴史図書社　1901(1976復刻)

時枝務校『大泉院日記』 大間々町　1996
西垣晴次ほか編『神道大系 神社編25 上野・下野国』 神道大系編纂会　1992
萩原進編『浅間山天明噴火史料集成』全５巻　群馬県文化事業振興会　1991–95
萩原進編『上野国郡村誌』全18巻　群馬県文化事業振興会　1977–91
樋口千代松・今村勝一編『上野志料集成』上・下　煥乎堂　1917(1973復刻)
前橋市立図書館編『前橋藩松平家記録』第１–38巻　煥乎堂　1994–2006
毛呂権蔵影印版『上野国志』 関東史料研究会　1974
横浜開港資料館編『吉村屋幸兵衛関係書簡』 横浜開港資料普及会　1989

【自治体史】

群馬県史編さん委員会編『群馬県史』全37巻　群馬県　1977–93
赤城村誌編纂委員会編『赤城村誌』 赤城村誌編纂委員会　1990
赤堀村誌編纂委員会編『赤堀村誌』２巻　赤堀村役場　1978
あづま村誌編纂委員会編『あがつまあづま誌』 あづま村誌編纂委員会　1965
東村誌編纂委員会編『東村誌』 佐波郡東村役場　1979
安中市誌編纂委員会編『安中市誌』 安中市役所　1964
伊香保町教育委員会編『伊香保誌』 伊香保町役場　1970
伊勢崎市編『伊勢崎市史』全10巻　伊勢崎市役所　1984–94
糸之瀬村(現，昭和村)誌編集委員会編『糸之瀬村誌』 糸之瀬村役場　1958
岩島村(現，吾妻町)誌編集委員会編『岩島村誌』 岩島村役場　1971
邑楽町誌編纂室編『邑楽町誌』全２巻　邑楽町役場　1983
大泉町誌編集委員会編『大泉町誌』３巻　大泉町誌刊行委員会　1978–83
大胡町誌編纂委員会編『大胡町誌』 大胡町役場　1976
太田村(現，吾妻町)誌編纂委員会編『あがつま太田村誌』 太田村誌編纂委員会　1965
太田市編『太田市史』10巻　太田市役所　1978–96
大間々町誌編さん室編『大間々町誌』３巻　大間々町誌刊行委員会　1994–97
尾島町誌専門委員会編『尾島町誌』全２巻　尾島町　1994
鬼石町誌編さん委員会編『鬼石町誌』 鬼石町教育委員会　1984
小野上村誌編纂委員会編『小野上村誌』 小野上村役場　1978
笠懸村誌編纂室編『笠懸村誌』全６巻　笠懸村役場　1985–91
粕川村誌編纂委員会編『粕川村誌』 粕川村役場　1972
粕川村百年史編さん委員会編『粕川村百年史』 粕川村役場　1995
片品村史編纂委員会編『片品村史』 片品村役場　1963
川場村誌編纂委員会編『川場村の歴史と文化』 川場村役場　1961
甘楽町史編さん委員会編『甘楽町史』 甘楽町役場　1979
北群馬・渋川の歴史編纂委員会編『北群馬・渋川の歴史』 北群馬・渋川の歴史編纂委員会　1971
北橘村誌編纂委員会編『北橘村誌』 北橘村役場　1975

桐生市史編纂委員会編『桐生市史』全4巻　桐生市史刊行委員会　1958-71
草津町誌編さん委員会編『草津温泉誌』3巻　草津町役場　1976-93
六合村誌編集委員会編『六合村誌』 六合村役場　1973
倉渕村誌編集委員会編『倉渕村誌』 倉渕村役場　1975
久留馬村(現，榛名町)誌編纂委員会編『久留馬村誌』 久留馬村誌編纂委員会　1963
久呂保村(現，昭和村)誌編纂委員会編『村誌 久呂保』 久呂保村誌編纂委員会　1961
黒保根村誌編さん室編『黒保根村誌』全5巻　黒保根村誌刊行委員会　1986-97
群馬町誌編纂委員会編『群馬町誌』 群馬町誌刊行委員会　1996
子持村誌編さん室編『子持村誌』全2巻　子持村誌編さん委員会　1987
境町史編さん委員会編『境町史』全10巻　境町役場　1984-97
坂上村(現，吾妻町)誌編纂委員会編『あがつま坂上村誌』 坂上村誌編纂委員会　1971
里見村(現，榛名町)誌編集委員会編『里見村誌』 里見村誌編集委員会　1960
渋川市誌編さん委員会編『渋川市誌』全8巻　渋川市　1981-94
下仁田町史刊行会編『下仁田町史』 下仁田町役場　1971
白澤村誌編纂委員会編『白澤村誌』 白澤村役場　1964
榛東村誌編さん室編『榛東村誌』 榛東村役場　1988
新町町誌編纂委員会編『新町町誌』 新町教育委員会　1990
高崎市史編さん委員会編『新編高崎市史』3巻　高崎市役所　1995-97
高山村誌編纂委員会編『高山村誌』 高山村誌編纂委員会　1972
館林市誌編集委員会編『館林市誌』全2巻　館林市役所　1966-69
多野藤岡地方誌編集委員会編『多野藤岡地方誌』 多野藤岡地方誌編集委員会　1976
玉村町誌編集委員会編『玉村町誌』7巻　玉村町　1987-97
町誌みなかみ編纂委員会編『町誌みなかみ』 水上町役場　1964
千代田村誌編さん委員会編『千代田村誌』 千代田村役場　1975
月夜野町史編さん委員会編『月夜野町史』 月夜野町長高橋芳平　1986
角田恵重編『子持村史』 子持村教育委員会　1968
嬬恋村誌編集委員会編『嬬恋村誌』全2巻　嬬恋村役場　1977
利根村誌編纂委員会編『利根村誌』 利根村役場　1973
富岡市史編さん委員会編『富岡市史』全7巻　富岡市　1984-92
中之条町誌編纂委員会編『中之条町誌』4巻　中之条町役場　1976-83
長野原町誌編纂委員会編『長野原町誌』 長野原町　1976
南牧村誌編さん委員会編『南牧村誌』 南牧村長市川重雄　1981
新里村誌編纂委員会編『新里村誌』 新里村役場　1974
新里村百年史編纂委員会編『新里村百年史』 新里村役場　1997
新治村誌編纂委員会編『新治村史料集』第1-9集　新治村　1956-
新田町誌編さん係編『新田町誌』全5巻　新田町誌刊行委員会・新田町　1983-91

沼田市編『沼田市史』3巻　沼田市役所　1996-97
原町(現，吾妻町)誌編纂委員会編『原町誌』　吾妻町役場　1960
藤岡市史編さん委員会編『藤岡市史』6巻　藤岡市役所　1990-96
富士見村誌編纂委員会編『富士見村誌』全2巻　富士見村役場　1954・79
前橋市史編さん委員会編『前橋市史』全7巻　前橋市役所　1971-85
松井田町誌編さん委員会編『松井田町誌』　松井田町誌編さん委員会　1985
万場町誌編さん委員会編『万場町誌』　万場町役場　1995
箕郷町誌編纂委員会編『箕郷町誌』　箕郷町教育委員会　1975
宮城村誌編集委員会編『宮城村誌』　宮城村役場　1973
板倉町史編さん委員会編『板倉町史』全11巻　板倉町役場　1978-90
妙義町史編さん委員会編『妙義町史』　妙義町役場　1994
室田町(現，榛名町)誌編集委員会編『室田町誌』　室田町誌編纂委員会　1966
明和村誌編さん室編『明和村誌』　明和村役場　1985
藪塚本町誌編纂室編『藪塚本町誌』2巻　藪塚本町役場　1992-96
吉井町誌編さん委員会編『吉井町誌』　吉井町役場　1974
吉岡村誌編纂室編『吉岡村誌』　吉岡村教育委員会　1980

【原始・古代】
相沢忠洋『「岩宿」の発見』　講談社　1969
相沢忠洋・関矢晃『赤城山麓の旧石器』　講談社　1988
新井房夫編『火山灰考古学』　古今書院　1993
尾崎喜左雄『横穴式古墳の研究』　吉川弘文館　1966
尾崎喜左雄『上野国の信仰と文化』　尾崎先生著書刊行会　1970
尾崎喜左雄『上野国神名帳の研究』　尾崎先生著書刊行会　1974
尾崎喜左雄『上野国の古墳と文化』　尾崎先生著書刊行会　1977
尾崎喜左雄『上野三碑の研究』　尾崎先生著書刊行会　1980
群馬県教育委員会編『群馬・歴史発掘最前線』　群馬県教育委員会　1994
群馬県六合村教育委員会編『熊倉遺跡』　群馬県六合村教育委員会　1984
能登健ほか『群馬県民の歴史』1　上毛新聞社　1993
町田洋『火山灰は語る』　蒼樹書房　1977
黛弘道『上毛野国と大和政権』　上毛新聞社　1985
右島和夫『東国古墳時代の研究』　学生社　1994

【中　世】
網野善彦『東と西の語る日本の歴史』　そしえて　1977
石井進『鎌倉武士の実像』　平凡社　1987
網野善彦・石井進・福田豊彦監修『よみがえる中世5浅間火山灰と中世の東国』　平凡社　1989
尾崎喜左雄『上野国長楽寺の研究』　尾崎先生著書刊行会　1984

笠原一男『親鸞と東国農民』 山川出版社 1957
勝守すみ『長尾氏の研究』 名著出版 1978
久保田順一『上野武士団の中世史』 みやま文庫 1996
近藤義雄『上州の神と仏』 煥乎堂 1996
白石元昭『関東武士上野国小幡氏の研究』 群馬文化の会 1981
千々和実『板碑源流考』 吉川弘文館 1986
千々和実『上野国板碑集録』(私家版) 1977
千々和到『板碑とその時代』 平凡社 1988
新田町誌編さん委員会編『新田荘と新田氏』 新田町 1983
福田豊彦『平将門の乱』 岩波書店 1987

【近　世】

相葉伸編『上州の諸街道』 みやま文庫 1971
相葉伸編『中山道』 みやま文庫 1970
相葉伸編『三国街道』 みやま文庫 1968
相葉伸編『例幣使街道』 みやま文庫 1968
青木裕『浮世絵版画にみる上州』 上毛新聞社 1988
あかぎ出版編『江戸時代上州図絵』 あかぎ出版 1996
浅田晃彦『考証岡上景能—笠懸野開拓悲史—』 奈良書店 1983
浅田晃彦『上州遊侠大前田英五郎の生涯』 新人物往来社 1983
安中文化会編『中山道安中宿本陣文書』 安中文化会 1972
五十嵐富夫『近世関所の基礎的研究』 多賀出版 1986
五十嵐富夫『日光例幣使街道』 柏書房 1977
井上定幸『近世の北関東と商品流通』 岩田書院 2004
今井善一郎『今井善一郎著作集』歴史・文学編 煥乎堂 1977
丑木幸男編『岡登用水史』 岡登堰土地改良区 1992
丑木幸男『石高制確立と在地構造』 文献出版 1995
丑木幸男『磔茂左衛門一揆の研究』 文献出版 1992
大石慎三郎『天明三年浅間大噴火』 角川書店 1986
大島史郎『近世農村の研究』 渋川郷土史研究会 1981
大友農夫寿『郷土の人船津伝次平』 富士見村郷土研究会 1963
落合延孝『猫絵の殿様—領主のフォークロア』 吉川弘文館 1996
落合延孝『八州廻りと博徒』 山川出版社 2002
落合延孝『幕末民衆の情報世界』 有志舎 2006
金子緯一郎『利根川と蚕の村』 上毛新聞社 1979
唐沢定市編『真田氏と上州』 みやま文庫 1985
川名登『近世日本水運史の研究』 雄山閣出版 1984
川名登編『群馬の水運史』 上毛新聞社 1987
川村優編『旗本の村落支配史料—上野国(一)』 日本村落自治史料調査研究会

1996
関東取締出役研究会編『関東取締出役　シンポジウムの記録』 岩田書院　2005
群馬県和算研究会編『群馬の算学』 群馬県和算研究会　1987
広桃両用水土地改良区編『広桃用水史』 広桃両用水土地改良区　1994
後閑祐次『磔茂佐衛門 沼田藩騒動』 人物往来社　1968
小島茂男『幕末維新期における関東譜代藩の研究』 明徳出版社　1975
児玉幸多ほか編『新編物語藩史』第3巻　人物往来社　1976
佐藤孝之『駆込寺と村社会』 吉川弘文館　2006
篠木弘明『金井烏洲』 群馬県文化事業振興会　1976
篠木弘明『近世上毛雅人画像集』 みやま文庫　1978
篠木弘明『上州の書』 あかぎ出版　1987
篠木弘明『日光例幣使道　境町織間本陣』 群馬出版センター　1990
神道登『群馬の国学者新井守村考』 群馬出版センター　1991
高井浩『天保期少年少女の教養形成過程の研究』 河出書房新社　1991
高木侃『縁切寺満徳寺の研究』 成文堂　1990
高木侃『泣いて笑って三くだり半』 教育出版　2001
高木侃『三くだり半』 平凡社　1987
高橋敏『近世村落生活文化史序説』 未来社　1990
高橋敏『国定忠次の時代』 平凡社　1991
高橋実『幕末維新期の政治社会構造』 岩田書院　1995
田畑勉『上州の藩士と生活』 上毛新聞社　2001
丹治健蔵『関東河川水運史の研究』 法政大学出版局　1984
中島明『上州の百姓一揆』 上毛新聞社　1986
中島明『上州の明治維新』 みやま文庫　1996
中島明『幕藩制解体期の民衆運動』 校倉書房　1993
中島明『八州廻りと上州の無宿・博徒』 みやま文庫　2004
中島励精『北毛郷学堀口藍園 学統と人脈』 新人物往来社　1984
萩原進『上州路旅日記』 みやま文庫　1970
萩原進『炎の生糸商中居屋重兵衛』 有隣堂　1978
萩原進・丑木幸男『代官岡上景能』 新人物往来社　1976
橋田友治『国定忠次の再研究』 伊勢崎郷土文化協会　1986
長谷川伸三『近世農村構造の史的分析』 柏書房　1981
布施賢治『下級武士と幕末明治』 岩田書院　2006
本多夏彦『本多夏彦著作集』全2巻　本多夏彦著作刊行会　1972–73
道脇義正『和算家の生涯と業績』 多賀出版　1985
森毅編『近世村落の研究―伊香保木暮太夫・八左衛門文書集』 芦書房　1963
諸田政治『法神流聞書』 煥乎堂　1979
柳井久雄『北橘村の寺子屋教育』 北橘村郷土研究会　1963
柳井久雄『群馬の寺子屋』 みやま文庫　1990

山口武夫『真田藩政と吾妻郡』 西毛新聞社 1974
山田武麿『近世上州史の諸問題』 山川出版社 1980
山田武麿編『上州の諸藩』上・下 上毛新聞社 1981-82
渡辺尚志『浅間山大噴火』 吉川弘文館 2003

【近代・現代】

荒畑寒村『谷中村滅亡史』(「荒畑寒村著作集」第1巻所収) 平凡社 1976
石井寛治『情報・通信の社会史』 有斐閣 1994
石井寛治『日本蚕糸業史分析』 東京大学出版会 1972
石原征明『ぐんまの昭和史(上・下)』 みやま文庫 2003・05
石原征明ほか編『事件と騒動』 みやま文庫 1980
稲田雅洋『悲壮は則ち君の生涯なりき』 現代企画室 1987
今井昭彦『近代日本と戦死者祭祀』 東洋書林 2005
井上幸治ほか編『秩父事件資料集成』全6巻 二玄社 1984-89
岩根承成『群馬事件の構造』 上毛新聞社 2004
丑木幸男『蚕の村の洋行日記』 平凡社 1995
丑木幸男『近代政党政治家と地域社会』 臨川書店 2003
丑木幸男『志士の行方』 同成社 2001
丑木幸男『地方名望家の成長』 柏書房 2000
丑木幸男『評伝高津仲次郎』 群馬県文化事業振興会 2002
丑木幸男・宮崎俊弥『群馬県の百年』 山川出版社 1989
大濱徹也『明治キリスト教会史の研究』 吉川弘文館 1979
小野文雄ほか編『秩父事件史料』全6巻 埼玉新聞社出版局 1970-79
甘楽教会編『甘楽教会百年史』 甘楽教会 1984
加藤隆ほか編『日米生糸貿易史料一』 近藤出版社 1987
鹿野政直編『足尾鉱毒事件研究』 三一書房 1974
亀田光三『桐生織物と森山芳平』 みやま文庫 2001
関東学園松平記念経済文化研究所編『利根川水系地域の社会と労働』 関東学園松平記念経済文化研究所 1992
菊池実『近代日本の戦争遺跡』 青木書店 2005
群馬県編『現代群馬県政史』第1-5巻 群馬県 1959-2005
群馬県編『群馬県百年史』上・下 群馬県 1971
群馬県議会事務局編『群馬県議会史』第1-7巻 群馬県議会 1951-92
群馬県議会事務局編『群馬県議会百年史』 群馬県議会 1979
群馬県教育センター編『群馬県教育史』全8巻 群馬県教育委員会 1966-81
群馬県警察史編さん委員会編『群馬県警察史』全2巻 群馬県警察本部 1978-81
群馬県県民生活部世話課編『群馬県復員援護史』 群馬県 1974
群馬県蚕糸業史編纂委員会編『群馬県蚕糸業史』上・下 群馬県蚕糸業協会 1954-55

群馬県総務部地方課編『群馬県市町村合併史』 群馬県総務部地方課　1963
群馬県町村会編『群馬県町村会史』 群馬県町村会　1990
群馬県農地部編『群馬県農地改革誌』 群馬県　1952
群馬県立女子大学地域文化研究会編『群馬・黎明期の近代 その文化・思想・社会の一側面』 群馬県立女子大学地域文化研究会　1994
群馬県歴史博物館編『目で見る群馬の百年』 煥乎堂　1982
群馬県労働運動史編纂委員会編『群馬県労働運動史』全３巻　群馬県労働運動史編纂委員会　1974-76
小池善吉『近代農村の歴史社会学的研究』上・下　時潮社　1991
小池善吉『群馬の村落構造』 退官記念著書刊行会　1981
小池善吉『農村社会論』 時潮社　1982
近藤義雄編『群馬の養蚕』 みやま文庫　1983
阪田安雄『明治日米貿易事始直輸の志士・新井領一郎とその時代』 東京堂出版　1996
島袋善弘『現代資本主義形成期の農村社会運動』 西田書店　1996
清水吉二『群馬自由民権運動の研究』 あさを社　1984
清水吉二『ぐんまの新聞』 みやま文庫　2005
清水吉二『幕末維新期動乱の高崎藩』 上毛新聞社　2005
上毛新聞社編『群馬の20世紀』 上毛新聞社　2000
須永徹『未完の昭和史 須永好の生涯と現代』 日本評論社　1986
高崎経済大学附属産業研究所編『近代群馬の思想群像』 貝出版企画　1988
高崎経済大学附属産業研究所編『近代群馬の民衆思想』 日本経済評論社　2004
高崎経済大学附属産業研究所編『高度経済成長時代と群馬』 日本経済評論社　1987
高崎経済大学附属産業研究所編『高崎の産業と経済の歴史』全２巻　高崎経済大学附属産業研究所　1979-87
高崎歩兵第十五聯隊史刊行会編『高崎歩兵第十五聯隊史』 高崎歩兵第十五聯隊史刊行会　1985
高橋泰隆『中島知久平』 日本経済評論社　2003
高橋泰隆『中島飛行機の研究』 日本経済評論社　1988
田中修『稲麦・養蚕複合経営の史的展開』 日本経済評論社　1990
田村紀雄『川俣事件―渡良瀬農民の苦闘』 新人物往来社　1978
田村紀雄『鉱毒農民物語』 朝日新聞社　1975
田村紀雄『明治両毛の山鳴り 民衆言論の社会史』 百人社　1981
手島仁『総選挙でみる群馬の近代史』 みやま文庫　2002
富岡製糸場誌編纂委員会編『富岡製糸場誌』 富岡製糸場誌編纂委員会　1977
富沢一弘『生糸直輸出奨励法の研究』 日本経済評論社　2002
富沢実『群馬県社会運動物語』 労働旬報社　1968
日本基督教団安中教会編『安中教会史』 日本基督教団安中教会　1988

萩原進『群馬県史 明治時代』 五月書房 1959
萩原進編『群馬の生糸』 みやま文庫 1986
萩原進『萩原進著作選集』全10冊 国書刊行会 1980
馬場光三編『上毛産業組合史』 産業組合中央会群馬支会 1929
ハル＝ライシャワー『絹と武士』 文芸春秋社 1987
深沢厚吉『前橋正教会百年の歩み』 前橋正教会 1985
布川了『田中正造と天皇直訴事件』 随想社 2001
福田薫『蚕民騒擾録 明治十七年群馬事件』 青雲書房 1974
藤林伸治編『ドキュメント群馬事件』 現代史出版会 1979
星野達雄『からし種一粒から 星野るいとその一族』 ドメス出版 1994
星野達雄『星野光多と群馬のキリスト教』 キリスト教新聞社 1987
本田豊編『群馬県部落解放運動六十年史』 部落解放同盟連合会群馬県連合会 1982
正木重之『群馬県政史』 上州タイムス社 1936
松浦利隆『在来技術改良の支えた近代化』 岩田書院 2006
松田徳松編『戦災と復興』 前橋市役所 1954
丸山清康『群馬の医史』 群馬県医師会 1958
丸山知良編『産業遺跡を訪ねる』上・下 あさを社 1987
宮沢邦一郎『日本近代化の精神世界』 雄山閣出版 1988
村上安正『足尾銅山史』 随想社 2006
森長英三郎『足尾鉱毒事件』上・下 日本評論社 1982
森岡清美『日本の近代社会とキリスト教』 評論社 1960
柳井久雄『新制中学校教員の記録』 煥乎堂 2003
柳井久雄『老農船津伝次平』 上毛新聞社 1989
山本三郎『製糸業近代化の研究』 群馬県文化事業振興会 1975
読売新聞社前橋支局編『絹の再発見』 煥乎堂 1969

【民俗・生活】

板橋春夫『葬式と赤飯』 煥乎堂 1995
板橋春夫『平成くらし歳時記』 岩田書院 2004
今井善一郎『今井善一郎著作集』民俗編 煥乎堂 1977
倉石忠彦ほか編『日本民俗誌集成 第５巻 関東編(1)』 三一書房 1996
群馬県教育委員会編『群馬県の農村舞台』 群馬県教育委員会 1972
群馬県教育委員会編『民俗調査報告書』全25冊 群馬県教育委員会 1958–83
群馬歴史散歩の会編『群馬の行事事典』 群馬歴史散歩の会 1993
上毛新聞社編『全集 写真探訪ぐんま ⑤祭りと郷土芸能』 上毛新聞社 1984
高橋秀雄・板橋春夫編集『祭礼行事・群馬県』 おうふう 1996
時枝務『修験道の考古学的研究』 雄山閣 2005
都丸十九一『赤城山民俗記』 煥乎堂 1992

都丸十九一『消え残る山村の風俗と暮し』 高城書店　1959
都丸十九一『歳時と信仰の民俗』 三弥井書店　1986
都丸十九一『上州の風土と方言』 上毛新聞社　1977
都丸十九一『地名のはなし』 煥乎堂　1987
都丸十九一『日本の民俗 群馬』 第一法規出版　1972
都丸十九一『山の神のはなし』 煥乎堂　1996
萩原進『郷土芸能と行事』 煥乎堂　1957
村田敬一『群馬の古建築』 みやま文庫　2002
＊参考文献は1945年以降刊行のものに限った。

図版所蔵・提供者一覧

見返し表　群馬県立歴史博物館
裏　前橋市教育委員会
口絵1上　子持村教育委員会
下　高崎市教育委員会
2上　群馬県教育委員会・群馬県立歴史博物館
下　(財)群馬県埋蔵文化財調査事業団
3上　群馬県教育委員会
下右　前橋市教育委員会
下左　吉井町教育委員会・群馬県立文書館
4上　知恩院・中央公論社
下　蓮華寺・群馬県立歴史博物館
5上　善勝寺・群馬県立歴史博物館
下　富岡市教育委員会
6上　満福寺・群馬県立歴史博物館
下　東京農工大学工学部附属繊維博物館
7上　個人蔵・サントリー美術館
下　群馬県立境高等学校
8上　蛭間治男・群馬県立文書館
下　世界文化社
p. 4　世界文化社
p. 9　桐生市教育委員会
p. 11右　相沢忠洋記念館
左　(財)群馬県埋蔵文化財調査事業団
p. 12　月夜野町教育委員会
p. 23　群馬町教育委員会
p. 29　前橋市教育委員会
p. 33　東京国立博物館
p. 45　高崎市教育委員会
p. 46　奈良県立橿原考古学研究所附属博物館
p. 49右　国(文化庁)保管
左　(財)群馬県埋蔵文化財調査事業団
p. 52下　群馬県教育委員会
p. 77　不動寺・群馬県立歴史博物館
p. 97上　新里村教育委員会
p. 107　高崎市市史編さん室
p. 109　岩松青蓮寺・東毛歴史資料館
p. 120　太田市教育委員会
p. 129　富岡市役所
p. 131　太田市教育委員会
p. 134　井上元・高崎市市史編さん室
p. 143　群馬県邑楽郡千代田町
p. 155　大阪城天守閣
p. 161　国立公文書館
p. 168　龍門寺・群馬県立歴史博物館
p. 177　群馬県立文書館(高野清寄託)
p. 180　上野村教育委員会
p. 183　群馬県新田郡笠懸町
p. 188　高木侃『縁切寺満徳寺の研究』
p. 191　桐生市
p. 193　群馬県立歴史博物館
p. 199　みやま文庫刊『諸国道中商人鑑』・(財)三井文庫
p. 202　片山紀道・高崎市市史編さん室
p. 208　宮下大十郎・群馬県立文書館
p. 222　美斉津洋夫・長野原町営浅間火山博物館
p. 237　赤城村教育委員会
p. 239　荻野登・草雲美術館
p. 252　赤城村教育委員会
p. 256　神奈川県立歴史博物館・大間々町歴史民俗館
p. 260　染谷文雄・群馬県立文書館
p. 262　東京大学史料編纂所
p. 265　上毛新聞社
p. 274　木呂子敏彦
p. 276　杉﨑静代
p. 287　群馬県境町立図書館
p. 289　桐生明治館
p. 295　(財)日本近代文学館
p. 303　富士重工業株式会社
p. 313　共愛学園中学・高等学校，群馬県立歴史博物館
p. 315　水資源開発公団下久保ダム管理所

敬称は略させていただきました。

紙面構成の都合で個々に記載せず，巻末に一括しました。万一，記載洩れなどがありましたら，お手数でも編集部までお申し出下さい。